마가복음
그 위대함

이 저서는 강남대학교 교내연구비 지원을 받아 연구된 것입니다.

마가복음
그 위대함

박노식 지음

머리말

이 책은 '마가복음 읽기'를 어떻게 시작하느냐는 물음에서 비롯되었다. 마가복음을 제대로 읽기 위한 몸부림이 이 책을 이끌어주었다. 이 책은 여전히 감추어져 있다 해도 좋을 마가복음의 선체 모습을 그려 보기 위해 쓰인 글이다. 마가복음의 근본적인 신학이 무엇인지, 시대정신은 무엇인지, 실천과 연결될 수 있는 방법과 해석 등에 대해 궁금해하는 이들을 위하여 길잡이가 되었으면 하는 마음이 담긴 책이기도 하다.

신학을 공부하기 시작하면서 내가 신앙적으로나 학문적으로 고뇌하던 대부분의 순간에 거의 항상 마가복음이 있었던 것 같다. 그런 점에서 마가복음은 내 삶의 전부를 지배하고 있다고 말해도 과언이 아니다. 삶의 무거움뿐만 아니라 '읽기의 고통'이라는 무거운 상념 또한 자리잡고 있었다. 그 읽기의 시작은 글의 장르를 결정하는 것에 있다. 그러면서 마가복음 읽기를 위해 그리스 비극의 위대함을 빌려오기를 원했다. 마가복음은 그리스 비극의 위대함을 그대로 담고 있다. 그 위대함은 마가복음을 복음서 중에서 우선적인 지위를 유지하게 하며 마가복음을 삶에 대한 행동을 실천하게 하는 복음서로 확증하게 한다. 그리스 비극이 현실의 고통스러운 삶에 대하여 도전적이고 창조적인 해답을 제시하였듯이, 마가복음도 현실을 경이롭게 체험하게 한다. 그리스 비극과 마가복음은 혼란한 사회와 공동체를 안정되게 만들고자 하였다. 특히 마가복음은 혼란 속에서 예수

공동체다운 삶을 영위하도록 만든다. 마가의 위대함은 예수의 삶을 통하여 사람의 길을 진정성 있게 걸어갈 수 있는 경이로운 행동을 수행하게 하기 때문이다. 마가복음이 위대하다고 할 수 있는 것은 그것이 귀와 눈 그리고 마음으로 읽는 자들에게 삶의 다양한 동기들을 심오하게 형성해주고 또한 시대정신으로 삶을 실천하게 하기 때문이다. 그리고 그 위대함은 신비와 고난을 갖고 있는 현 세상을 부정하는 것이 아니라 읽는 자로 하여금 적극적이고 능동적으로 참여하게 만들기 때문이다. 마가복음은 공동체의 장점인 부활을 소개하기 보다 공동체의 약점인 고난을 소개하여 그것을 이 세상에서 어떻게 실천할 것인지를 보여주었다.

나의 강의와 생각과 삶을 의미 있게 만들어준 모든 분에게 이 자리를 빌려 진심 어린 감사의 말씀을 드린다. 그들이 내 삶의 의미이듯이, 이 책도 독자들에게 의미 있기를 바란다. 이 책을 위해 노고를 아끼지 않았던 한국학술정보(주) 출판사업부의 조가연 선생님, 그리고 이 책을 같이 읽어 주었던 류정선, 황욱연, 안경순 그리고 김원형 선생님께 감사의 마음을 전한다.

미겔 데 세르반테스는 글쓰기에서 가장 어려운 것이 '머리말 쓰기'라고 했다. 그 말에 동의를 하면서 나의 머리말 쓰기는 책의 내용을 곱씹을 수 있는 기회를 다시 주었고, 황망하고 산란해졌던 정신을 정리할 수 있는 동력을 제공하였다. 이 깨어남은 마가복음 읽기의 더 나은 방법을 위해 다시 상념 있게 만들기도 하였다.

2014년 새봄
천은관에서
박노식

c o n t e n t s

서문

　종교의 특징 중의 하나는 절대성이라는 것이다. 기독교에 있어 절대성은 성서에 대한 경외심에서도 잘 드러나고 있다. 하지만 역설적이게도, 기독교의 믿음과 교리는 절대적인 성서에 의존하고 있는 것도 사실이지만, 수세기를 지나면서 형성된 기독교 자체의 신념과 관행으로 이루어진 부분도 많다. 이 상황에서 성서는 교리적으로 읽힐 수밖에 없었다. 교리를 위한 성서는 지난 수세기 동안 문학의 아류로 다루어지거나, 그 자체의 문학적 특징이 완전히 무시되기도 했다. 그리고 성서는 기독교의 이상을 실천하기 위한 잣대로 사용하기보다는 기독교를 변증하기 위한 도구로 사용되었다. 그러다 보니 지나친 경외심으로 무장한 독자들은 성서를 문자 그대로 받아들이려는 경향을 가졌다. 이런 경향성은 성서 자체가 갖고 있는 풀기 어려운 사실들에 의해 오해를 일으키기도 했다. 그리고 해석자들은 이런 어려움을 제거하려는 노력을 해왔다. 이런 경향에 따른 오류와 오해를 제거하는 방법이 성서를 문학적으로 읽는 것일 수 있다.

　성서를 문학적으로 읽을 수 있는 또 다른 타당성은 기독교가 로고스의 종교라는 점에서도 나타난다. 특히 요한복음은 태초에 말씀이 있었고 그 말씀이 하나님이라고 한다. 이것은 하나님이 살아계셔서 말씀하신다는 특유의 신념으로 발전되었다. 특히 말씀을 통하여 세상이 만들어졌다는 것은 말씀이 생명이라는 의미이다(요 1:4). 말씀과 만물의 존재성을 연결한 기독교의 독특한 개념이다. 릴케도 이런 개념을 언급하고 있다: "사람이 말을 하지 않으면 사물들 스스로는 결코 존재의 내연성을 얻지 못한다."[1] 많은 이들은 문학을 시인들에 의한 말의 관리로 이해한다. 시인들도 문학 안에서 그들의 말을 통하여 인간 존재의 일면을 보여주려 노력한 것이다. 그러므로 생명의 말씀을 갖고 있는 성서를 문학적으로 향유하는 것은 의미 있는 것으로 여겨진다.

문학이라는 것은 넓은 의미에서 기록된 모든 것을 의미하지만, 좁은 의미에서 문학은 시, 희곡, 소설 등의 순수문학을 가리킨다. 넓은 의미에서든 좁은 의미에서든, 문학이란 책이나 인쇄물의 형태 안에서 말을 표현하고 있다. 곧 말을 표현한 글쓴이는 일련의 추상적이거나 일상적인 표시인 문자를 도구로 사용하여 문학적 표현을 주도한다. 그래서 문학은 사람이 누리는 삶의 현장에서 일어날 수 있는 모든 말을 담기 마련이다. 왜냐하면 언어는 생활에 밀착해 있으며, 사회관계에 있어 불가결한 요소이기 때문이다. 작가는 문학의 소재를 이용하여 삶의 소리를 완전하게 표현하려 노력해 왔다. 문학이 사회를 묘사하고 인생을 표현하고 있는 이상, 그것이 사회적 산물인 것은 말할 나위도 없다. 문학은 그것이 속한 사회로부터 영향을 받을 뿐만 아니라 그 사회에 영향을 준다. 문학의 사회적 영향은 시대정신을 반영하는 것에서 확인할 수 있다. 문학이 그 시대정신을 반영하지 못할 경우 그 사회는 그것을 도태시킬 것이 뻔하다. 왜냐하면 독자가 글쓴이의 시대정신을 공감하지 못하면 독자들은 독서행위를 중단할 것이기 때문이다.

문학의 일차적인 목표는, 영웅의 아름다운 사랑이야기든 영웅의 야망을 보여주든, 관객들이나 독자들을 즐겁게 만들어야 한다. 독자

---

1) 성염, "성서가 문학에 끼친 영향", http://blog.daum.net/woon153/2401393, 2013.04.01.

들의 취향에 따라 문학을 판단하는 기준도 달라질 수 있다. 하지만 문학의 즐거움은 개인적인 취향의 문제는 아니다. 개인의 취향을 넘어선 어떤 보편적인 가치를 가지고 있는 문학을 즐거움을 주는 문학으로 인정하고 있다. 그렇다면 성서의 독자들도 성서를 읽으면서 즐거움을 찾을 수 있을까? 만일 독자들이 성서 읽기를 통하여 보편적 가치와 즐거움을 찾는다면, 성서도 문학으로 인정될 수 있을 것이다. 일반문학과 마찬가지로 성서도 이러한 일차적인 목표를 갖고 있는 것이 분명한 사실이다. 성서는 다양한 종류의 양식으로 이루어져 있다. 양식의 다양성은 성서를 문학적으로 보게 한다. 특별히 성서도 일상의 구체적인 삶과 문학적인 양식들 안에서 진리를 전달하며 사람을 변화시키고 시대정신을 반영하고 있다. 그런 점에서 성서는 문학이다. 성서를 문학이라고 할 때, 소극적인 의미로 성서는 하나님의 말씀을 문학이란 형태 안에서 담아 둔 것을 의미한다. 반면에 적극적인 의미로 성서는 일반문학처럼 언어, 역사, 문화의 진공상태에서 쓰인 것이 아니라 첫 번째 독자들의 삶의 자리와 그들의 언어와 문학적 도구 등을 활용하여 쓰였다는 것이다.

성서문학 특히 마가복음의 문학적 즐거움을 획득하는 것은 기독교인들에게 상당한 의미와 중요성을 가져올 것이다. 성서문학의 즐거움은 읽기의 정확도에 따라 차이가 있을 것이다. 이런 점에서 읽기의 정확도를 높이는 중요한 척도는 마가복음이 무엇인가를 묻는 것이다. 마가복음은 무엇인가? 마가복음은 어떤 문학장르에 속하는가?

루이스(C. S. Lewis)는 장르 결정의 중요성을 인정하면서 장르 결정을 읽기의 첫 번째 조건으로 제안하고 있다. 첫 번째 조건으로 장르 결정은 무엇을 위해 쓰였고 그리고 어떻게 사용할 것인지를 찾는 것이다. 쉽게 말해서 장르는 문학적 종류 또는 형태를 의미한다. 장르 안에서 저자는 다양한 문학적 표시를 사용하여 독자들이나 관객들에게 글의 종류를 알려준다. 본문 안에서 장르를 나타내는 표시들이 글의 종류를 안내한다는 점에서 그것은 이정표와 같은 것이다. 그리고 이런 기능은 분문 읽기를 위해서도 중요할 것이다. 뿐만 아니라 시인의 문학은 문헌 전체를 지배하기에 충분한 힘을 가질 수 있는 장르적 요소들을 갖고 있다. 장르에 대한 감각과 결정은 어떤 종류의 책인가? 작가가 그것을 어떻게 진행하는가? 진행의 결과가 어떻게 나타나는가? 등과 같은 질문에 영향을 받고 있다. 왜냐하면 동일한 글이라 할지라도, 그 글이 읽히는 장르에 따라서 전혀 다른 읽기의 결과들이 만들어질 수 있기 때문이다. 독자들이 톨킨의 『반지의 제왕』 혹은 김소월의 『진달래꽃』을 읽을 때 독자들의 읽기 방법은 전혀 다를 것이다. 먼저 톨킨의 『반지의 제왕』과 같은 판타지 문학을 읽을 때 독자들은 그 글 속에 표현되는 것이 현실적으로 가능하다는 것을 전제하지 않는다.2) 반면 김소월의 『진달래꽃』을 읽을 때 독자들은 시를 문자적이고 문법적으로 읽지 않을 것이다. 독자들은 김소월의 시가 갖고 있는 '사뿐이 즈려 밟고' 혹은 '죽어도'의 이미지, '진달래꽃', '영변에 약산' 혹은 '아름'의 상징 또는 '이별'의 은유성 등을 찾아 읽을 것이다. 그러므로 여기서 중요한 것은 독자들이 장르를 올바로 결정하지 않고 글을 읽는다면, 그들의 독서 행위는 효과적인 결과를 얻지 못할 것이라는 점이다.

---

2) 유승원은 『반지의 제왕』에 대한 흥미로운 언급을 하고 있다. "톨킨(J. R. R. Tolkiens)의 작품 The Lord of the Rings가 서기 2000년이 되기 전에 발생하도록 되어 있는 정치적 사건들을 예견한 영감 받은 예언이었다는 주장을 퍼트리는 종파가 생겨났다고 가정을 해 보자. 그 종파의 구성원들은 이 책에 등장하는 인물들과 1990년대의 세계 정치 무대의 주요 인물들 사이의 상징적 상호관계를 짝 맞추려는 노력에 분주할 것이다. 그들의 그러한 제안들은 자세하고 기발한 것들일 수 있다. 그러나 우리가 그러한 해석자들에게 해줄 수 있는 말은 너무 간단하다. '아닙니다. 당신들은 한참 잘못 되었어요. The Lord of the Rings는 절대로 그런 종류의 책이 아니라니까요.'" http://m.blog.naver.com/PostView.nhn?blogId=holyhillch&logNo=60008941995. 유승원의 언급은 판타지 장르를 잘못 읽었을 때 일어나는 현상을 보여주는 것이다.

이렇게 장르 결정은 중요한 해석적 동기를 제공하고 있음에도 불구하고 역사비평가들은 장르에 대하여 그동안 크게 관심을 두지 않았다. 그래도 1903년 바이스(J. Weiss)는 복음서의 장르에 관한 질문을 처음으로 제기했으며, 복음서의 문학장르를 고대 회고록(memorabilia)의 연관성 안에서 결정했다.[3] 하지만 양식비평가들은 복음서를 개별적인 이야기로 접근하였다. 반면에 편집비평가들은 복음서를 전체 안에 있는 단락으로 연구하면서 복음서의 문학적 가치를 소극적으로 인정해왔다. 그럼에도 불구하고 편집비평은 '마가복음의 장르가 무엇인지'를 질문할 수 있는 기초를 만들었다. 편집비평의 성과는 복음서가 저자의 의도에 따라서 사건들을 나열하고 기록되었다는 것을 밝힌 데 있다. 하지만 장르연구는 편집비평의 한계를 극복하여 복음서 전체를 하나의 완성된 이야기, 더 나아가 문학작품으로 인정하는 것에서 출발한다. 그래서 만일 독자들이 마가복음의 장르를 결정한다면, 주인공과 관련된 이야기와 사건들의 배열을 통하여 드러난 각각의 신학과 예수에 대한 묘사를 좀 더 용이하게 이해할 수 있을 것이다. 독자들은 저자의 도움이나 자기 인지에 의해 글의 성격을 규정해야 한다. 왜냐하면 이러한 장르규정은 독자 개개인이 어떻게 글을 읽을 것인지 결정하는 도구이기 때문이다. 장르는 작품의 형태, 저자의 강조, 저자가 사용한 상징이나 범위 그리고 내부적으로 암시된 의미와 관련되었기에, 이러한 결정들은 문학작품을 해석하는 기준을 보여준다. 장르는 독자들이 글을 읽을 때 독자들에게 그 속에서 무엇을 찾고 배울 것인지에 대한 기대를 갖게 하는 수단이다. 그러므로 장르이해는 최초의 독자들이 작품을 읽는 순간부터

---

3) J. Weiss, *Die Schriften des Neuen Testaments, neu übersetzt und für die gegenwart erkldrt von Otto Baumgartern, Willhelm Bousset* (Göttingen: Vandenhoeck & Ruprecht, 1907), 1:6.

시작되었고 지금까지 진행되고 살아 역동하는 해석의 시발점이다. 마가복음의 장르를 결정하는 것은 마가복음을 해석하기 위한 가장 중요한 기초 작업이다.

신문학비평은 마가복음 연구에 새로운 전환점을 가져왔다. 성서 비평에 있어서 신문학비평은 역시비평에서 이루어진 본문의 발전과 정에 관련된 연구에서 출발한 것으로 보아야 할 것이다. 그럼에도 불구하고 신문학비평은 다음과 같은 기준에서 출발한다; 1) 신문학 비평은 본문의 완결성과 최종성에 초점을 둔다; 2) 신문학비평은 본 문의 전체적인 통일성과 일관성을 인정한다; 3) 신문학비평은 본문 의 현재성을 인정한다; 4) 신문학비평은 저자, 본문, 독자라는 구성 요소들로 이루어지는 의사소통 모형에 근거를 둔다. 곧 신문학비평 은 현재의 본문을 최종적인 것으로 인정하며, 그 본문을 통하여 저 자와 독자 간의 의사소통의 방법을 찾는 것이다.

신문학비평의 출현 이래, 마가복음은 매우 독특한 문학적 구조로 이루어진 문헌으로 인정되었다. 그리고 문학적 구조와 의도를 밝혀 내는 것이 마가복음의 저자(이하 마가)의 신학적인 의도를 밝힐 수 있는 주요한 방법으로 간주되었다.[4] 그러면서 신문학비평은 마가를 편집자가 아니라 창조적인 의도를 드러낸 저자로 인정하였다. 예를 들어 마가복음에 등장하는 인물들의 모습은 인물구성에 있어서 일 관성과 현실적인 타당성을 가져야만 하는데, 이러한 일관성과 타당 성 안에서 등장인물에 대한 마가의 인물구성과 배열은 마가복음의 문학성을 나타내는 중요한 기준일 뿐만 아니라 그의 신학적인 의도 를 보여주는 도구이기 때문이다.[5] 신문학자들 중에 많은 연구자들이

---

4) W. A. Beardslee, *The Literary Criticism of the New Testament: Guide to Biblical Scholarship* (Philadelphia: Fortress Press, 1970), iii.

5) Wayne Rollins, *The Gospels: Portraits of Christ* (Philadelphia: Westminster Press, 1963); Stephen H.

마가복음의 인물구성에 관한 연구들을 수행해 왔다. 신문학비평 중에서 장르연구는 본문의 의미를 분문을 담고 있는 문학 형태와 관계 안에서 읽어가는 것이다.

마가복음을 전체로 읽으면서 그것을 창조적인 글로 인정하고 그것의 문학적 특성을 발견한 후, 학자들은 새로운 질문을 하게 되었다. 마가복음이 무엇인가? 마가복음은 어떤 글인가? 그들은 마가복음의 정체성, 곧 장르에 관련된 질문을 하게 된 것이다.[6] 왜 장르에 대하여 질문해야 하나? 그것은 어느 누구도 역사의 흐름으로부터 자유로울 수 없듯이 글을 읽는 독자들은 장르 결정으로부터 자유로울 수 없기 때문이다.[7] 독자들이 어떤 글을 읽거나 해석할 때마다 독자들이 행하는 최초의 행위는 '이것이 무엇인가?'라고 묻는 것이다.

루이스(C. S. Lewis)는 "어떤 글이든지 그것을 결정하기 위한 첫째 조건은 그것이 무엇인지를 알아야 한다. 곧 그것이 무엇을 위해 쓰였는지를 알아야 하고, 그것이 어떻게 사용되었는지 아는 것이 첫째

Smith, *A Lion with Wings: A Narrative-Critical Approach to Mark's Gospel* (Sheffield: Sheffield Academic Press, 1996), 52~81.

6) 마가복음의 장르 연구는 보토우(Votaw)의 논문으로부터 이미 시작되었다. 보토우(Votaw)는 복음서의 장르를 그리스 위인전으로 결정하였다. 이러한 장르 결정에 대하여 보토우(Votaw)는 거센 저항에 직면하였으며, 장르 연구는 주춤하게 되었다. 이러한 결정에 대한 반응으로 슈미트(Karl L. Schmidt), 디벨리우스(Marti Dibelius), 그리고 불트만(R. Bultmann)은 복음서는 훈련된 저자에 의해 기록된 것이 아니라 구전으로 전해 오는 전통을 수집한 사람에 의해 생성된 글로 간주하였다. 이들이 비록 장르에 대한 극단적 입장을 취할지라도 보토우(Votaw)와 그의 비평가들 사이에는 공통적인 것이 있다. 그것은 복음서의 저자를 훈련된 사람으로 인정하지 않은 것이다. C. W. Votaw, "The Gospels and Contemporary Biographies", American Journal of Theology 19(1915), 45~73 그리고 217~249. 보토우의 논문에 대한 반응을 위해 아래의 글을 보라. K. Schmidt, "Die Stellung der Evangelien in der allgemeinen Literaturgeschichte", *EUCHARISTERION: Studien zur Religion und Literatur des Alten und Neuen Testaments: Hermann Gunkel sum 60* (Göttingen: Vandenhoeck & Ruprecht, 1923); R. Bultmann, *The History of the Synoptic Tradition* (New York: Harper and Row, 1963). 복음서의 장르 연구는 1970년대 후반에 다시 활발하게 되었다. Charles H. Talbert, *What is A Gospel? The Genre of the Canonical Gospels* (Philadelphia: Fortress Press, 1977); Philip L. Shuler, *A Genre for the Gospels: The Biographical Character of Matthew* (Philadelphia: Fortress Press, 1982); 권성수, "장르 분석과 성경 해석", 『신학지남』 61(1994): 31~76.

7) Thomas Kent, *Interpretation and Genre: The Role of Generic Perception in the Study of Narrative Texts* (London and Toronto: Bucknell University, 1986), 152.

조건"이라고 말한다.8) 그는 장르 연구의 중요성을 인정한 것이다. 독자들이 장르를 결정하지 않고 글을 읽기 시작한다면, 그의 독서 행위는 효과적인 결과를 갖기 어렵다. 비록 장르를 결정하지 않고 글을 읽고 해석할 수 있을지라도, 이러한 읽기의 결과는 저자의 의도를 확보하기가 어렵다. 신문을 읽을 때와 시를 읽을 때 또는 산문이나 소설을 읽을 때마다 독자들은 글의 종류에 따라 읽기의 기법을 달리 한다. 어떤 독자들이 시를 읽을 때 신문 읽기 방법으로 독서를 진행한다면, 그들은 효과적인 읽기를 수행할 수 없다. 어린아이의 일기를 읽으면서, 시의 운율을 찾는 것은 불가능한 일이다. 설령 어린아이의 일기에서 운율을 찾았다고 할지라도, 그것이 시가 될 수 있는 문학적인 판단의 기준이 될 수 없다. 이러한 사실들은 글의 장르(종류) 혹은 성격에 따라서 읽기 기법, 해석 방법, 그리고 독자들의 기대가 달라진다는 것을 암시한다. 장르를 결정하는 단초들은 무엇인가? 그것들은 작품의 형태와 저자의 강조, 저자가 사용한 상징이나 범위, 그리고 내부적으로 암시된 의미 등에 관련되며, 이러한 구분들은 문학작품을 해석하는 기준을 보여주는 것이다.9)

'장르가 무엇인가?'라는 것은 해석자가 작품에 관하여 묻는 가장 중요한 최초의 질문이다. '무엇이냐?'라는 정체에 대한 질문은 전반적으로 '어떻게'라는 방법에 대한 질문을 동반한다. '마가복음이 무엇인가?'라고 질문을 한 해석자들은 곧바로 마가복음을 '어떻게 읽어야 하는가?'를 질문하게 된다. 최초의 독자들이 '마가복음을 어떤 글로 결정하였는지' 그리고 '마가복음을 어떻게 읽었는지'를 묻는 것이 그들 질문의 핵심이다. '무엇'과 '어떻게'의 질문들은 장르에

---

8) C. S. Lewis, *Preface to Paradise Lost* (Oxford: Oxford University Press, 1942), 1.

9) E. D. Hirsch, Jr. *Validity in Interpretation* (New Haven: Yale University Press, 1967), 263.

관련된 것이고, 두 질문은 동시에 질문되어야 하는 것임을 의미한다. 이런 장르에 대한 질문은 마가복음 연구를 한층 뜨겁게 만들었고, 이러한 질문들의 관계성은 장르 결정과 해석학 사이의 밀접한 연관성을 보이는 것이다.[10] 쾨스터(Helmut Köster)도 해석학적인 견지에서 장르 연구의 중요성을 인정하였으며, 다음과 같이 말하고 있다. "나는 …… 장르 연구의 목적을 분석하려고 한다. …… 나는 장르 결정이 제일 중요하다는 전제 안에서 복음서를 읽는 나의 노력을 계속하기를 원한다. 어떤 사람이 글이 희극이라는 사실을 알지 못하고 희극을 읽을 때, 그는 저자가 심각한 질문을 아주 경박하게 다루는 것을 보고 분개할 것이다. 복음서를 알려진 대로 역사서로 읽는다면, 그는 헤아릴 수 없는 많은 어려움을 만날 것이다. 그렇다고 신학적 진리의 선언으로 복음서를 읽는 것이 수월하다고 하기 어렵다. 과거의 역사로부터 본문의 의미를 인지하는 것은 그것의 문학적 장르의 삶의 자리(Sitz im Leben of its literary genre)에 대한 세밀한 연구로 가능할 수 있다. 그렇지 않으면 역사적이고, 문화적인 상황으로부터 분별되어서 인식될 수 있는 특별한 의도가 없기 때문에 그것의 특별한 의도는 안개 속에 있게 된다. 그런 연구 없이 복음서에서 신학적인 의도를 찾는다는 것은 광활한 옥수수 밭에서 세상에서 가장 아름답고, 중요한 꽃을 찾는 것과 같은 것이다."[11]

위에서 언급된 학자들의 주장과 장르 자체의 중요성에 따르면, 독자들은 저자를 통하여 혹은 독자 스스로의 인지를 통하여 문헌의 장

---

10) 구엘리히(Robert Guelich)도 장르의 기능을 세 가지 측면에서 살피고 있다. 그는 장르가 규범적 기능, 서술적 기능, 그리고 마지막으로 해석적 기능을 갖고 있다고 주장한다. Robert Guelich, "The Gospel Genre", *Das Evangelium Und Die Evangelien* (Tübingen: Mohr, 1983), 183.

11) Helmut H. Köster, "Romance, Biography, and Gospel", in "The Genre of the Gospels", unpublished working papers of the Task-group on the Genre of the Gospels, ed. Helmut Koester (Missoula: Society of Biblical Literature, University of Montana, 1972), 130~131.

르적 성격을 규정해야만 한다. 왜냐하면 이러한 장르 이해는 독자 개개인이 어떻게 글을 읽어야 하는지 보여주는 도구이기 때문이다. 즉 장르는, 문학작품을 읽을 때, 독자들이 그 속에서 무엇을 찾을 것인지 그리고 그것에서 무엇을 배울 수 있을지에 대한 기대를 갖게 한다.[12] 마가복음의 해석자가 행하는 장르 결정은 가장 우선적인 행위일 뿐만 아니라 올바르고 적절한 읽기를 가능하게 하는 중요한 요인이다. 장르 결정은 최초의 독자들이 작품을 읽는 순간부터 일어나는 역동적인 행위이다. 그러므로 마가복음의 장르 결정은 중요한 해석의 과정으로 포함되어야만 한다.

　장르 결정이 해석과정에 포함되어야 하는 이유는 복음서의 신학에 영향을 미치는 각 에피소드의 기능을 확인할 수 있기 때문이다. 그러나 장르 안에서 개별적 에피소드의 연구가 활발할지라도 장르 연구는 이야기의 형태(the form of a story)를 결정하는 연구이다. 새로운 장르는 에피소드의 새로운 기능과 의미를 가져오기 마련이다. 하지만 장르 연구는 전체가 어떻게 구성되었는지를 먼저 물어야 한다. 그리고 전체와 세부적인 요소들이 어떻게 연결되었는지를 확인한다. 이런 과정을 통하여 최종적으로 완성된 이야기에서 개별적인 이야기는 결정된 장르에 의하여 나름의 기능과 의미를 부여받게 되는 것이다. 복음서의 저자는 자신의 신학적인 의도를 위하여 주인공의 가르침과 사건 그리고 다른 인물들의 반응을 장르를 통하여 배열하였다. 그러므로 장르연구는 '무엇이냐'는 본질의 물음과 함께 '어떻게'라는 기능의 물음을 갖고 있는 연구인 것이다.

---

12) Thomas Kent, "Classification of Genres", *Genre* 16(1983), 1~2.

I

장르

20세기 이후, '장르'라는 단어는 예술에서의 종류를 분류하는 단어로 사용되고 있다. 그리고 그 형태가 너무 다양하여 분류하는 것 자체가 쉽지 않은 작업으로 받아들였다. 그럼에도 불구하고 장르는 시대정신을 품고 있는 일련의 관습과 코드를 갖고 있기에 문학의 장르 결정은 중요한 작업으로 여겨진다. 그레코-로만 사회에서 장르는 어떤 경우에는 명백하고, 확고하게 그리고 또 다른 경우에는 암묵적으로 그 사회의 관습들과 코드들을 인정하고 사용하였다. 그리고 장르 연구는 문학을 체계적으로 질서화하는 것이며, 문학적 본질을 보다 잘 이해하기 위해서는 장르 연구는 매우 중요한 영역이다. 그러나 이러한 장르 결정의 중요성에도 불구하고, 장르 연구와 그 기능에 관한 토론은 방법론 자체의 어려움과 혼동을 가져오는 것이 사실이다. 도티(William Doty)는 이러한 어려움과 혼동은 본문 자체가 갖고 있는 복잡성(complexity)과 난해함이나 또는 장르에 대한 독자들의 정확한 이해의 부족에서 파생한다고 단언하였다.[1] 브리지(Richard Burridge)도 장르비평에 실패하는 이유를 설명하고 있다. 그에 따르면, 학자들은 장르에 대한 부족한 정보와 무지 그리고 부적절한 방법론을 사용하고 있다.[2] 만약 이것이 사실이라면, 장르에 대한 기본적인 이해가 절실히 필요하다.

장르비평의 선구자는 아리스토텔레스이다.[3] 그는 기원전 4세기의 문학과 이전 시대의 많은 작품들을 연구하여 장르 이론을 정립하였다. 그의 작품 『시학』은 문학으로서 시와 그것의 형태(poetry and its

---

1) William G. Doty, "The Concept of Genre in Literary Analysis", *Society of Biblical Literature Seminar Papers* (1972), 414.

2) Richard A. Burridge, *What are the Gospels?: A Comparison with Graeco-Roman Biography* (Cambridge: Cambridge University Press, 1992), 105.

3) 아리스토텔레스 이전에는 표현의 양식에 따라 세 부분으로 문학작품을 분류하였다. 간단한 이야기, 미메시스(mimesis)를 전달하는 이야기, 그리고 두 가지 모두를 포함한 이야기로 구분한다. *Republic*, 392d.

forms)라는 주제로 장르 이론을 설명하고 있다. 아리스토텔레스는 문학의 장르를 서사시(epic), 비극(tragedy), 희극(comedy), 그리고 찬가(dithyramb)로 체계화하였으며, 그중 비극을 가장 가치 있는 것으로 인정하여 집중적으로 연구하였다. 그는 작품의 수단(media), 대상(object), 그리고 양식(mode)을 연구하여 장르를 정립하였다; 수단(media)에 관련하여, 리듬(rhythm), 화법(speech), 그리고 화성(harmony)을 장르의 요소들로 이해하였다; 대상(object)에 따른 이해로, 주인공이 누구이며 혹은 그들이 무엇을 하는가에 따라 장르를 이해했다; 마지막으로 어떤 양식(mode)을 사용하느냐에 따라 장르를 이해하였다. 그는 작가의 내러티브(authorial narrative)를 자기 스스로가 말하는 방식으로 취하고 있는지 혹은 등장인물들의 행위를 통하여 내러티브를 전하는 방식을 취하고 있는지 등으로 장르를 이해했다(『시학』 I 1447a-1448a). 아리스토텔레스의 이러한 이해는 플라톤의 이상적인 형태(Ideal Forms)라는 개념을 상당히 반영하고 있다.

1. 고전적 이론

장르는 프랑스어 genre에서 유래되었지만, 라틴어 genus에 어원적 의미를 두고 있다. 라틴어 어원은 출생, 혈통, 출신, 성, 종류, 종족 등의 의미를 갖고 있다. 그래서 장르라는 것은 기본적으로 생물구분의 기본단위를 뜻하기에 분류의 의미를 갖고 있다. 장르에 대한 고전적인 이해는 규정적이고, 규범적(regulative and prescriptive)인 것에 그 특징이 있다. 규정성과 규범성의 특징은 장르의 계보를 중시하게 한다. 그리고 이 특징은 장르를 고정된 것으로 이해하게 한다.

이것은 장르가 어떤 점에서 통제적인 의미를 갖고 있다는 것을 보여준다. 이 이론에 따르면, 장르를 결정하는 것은 한 문학이 어떤 종류의 양식(mode of naming)인가를 알아보는 것이다. 그래서 고전적인 이론에 의한 장르 연구는 표준적이고, 규범적인(normative) 법칙을 찾아내는 것이 가장 중요한 열쇠이다. 왜냐하면 고유한 특정 장르가 그것의 의도된 의미를 결정하는 법칙을 제공하기 때문이다.

규범적인 법칙은 작품의 장르 결정을 위한 주된 기준으로 역할을 하였다. 규범적인 법칙에 따라 작품의 장르를 결정하고, 어떤 속 혹은 종류에 속하는지 판단했다.[4] 고전적 개념 안에서 한 장르에 속하는 작품들은 그들만이 갖고 있는 공통적이며, 독특한 법칙과 양식을 갖고 있다. 그러나 규정적이고 규범적인 특징을 갖고 있음으로 고전적 이해에서 장르는 포용적이지 못하고, 배타적인 특성을 보인다. 고전적인 이해의 이러한 배타성이 가장 잘 표현된 개념이 '어울림'(적당성, propriety)이다(『시학』 XX-XXIV 1459a-1460a).[5] 고전적인 이해에서 문학작품이 동일한 장르로 분류되기 위해서는 그것의 고유의 법칙에 따라 적당하게 그리고 비슷하게 창작되어야 한다. 어떤 장르에 속한 작품들은 그 장르가 항상 갖고 있는 독특한 특성을 공유해야 하며, 이러한 독특한 특성의 유무는 동일한 장르로 분류하기 위한 필수 조건이다.

고전적인 이해에서 장르는 분류를 위한 수단이다. 이러한 이해로 장르는 어떤 종류의 문학작품을 호칭하는 상표 정도로 간주되었다.[6]

---

4) Ren Wellek and Austin Warren, *Theory of Literature* (New York & London: A Harvest/HBJ Book, 1977), 236.

5) 키케로(Cicero)와 호라케(Horace)도 '어울림'(decorum)의 원칙으로 연설문과 운문으로 분류하고 있다. Cicero, *Orator*, 70~75. Horace, *Ars Poetica*, 73~92. Quintilian, *Institutio Oratoria*, 10.2.21.

6) Alastair Fowler, *Kinds of Literature: An Introduction to the Theory of Genres and Modes* (Cambridge: Harvard University Press, 1982), 22.

케언스(Cairns)도 헬라의 문학작품을 연구하여 39개의 특별한 장르를 정의했다.[7] 이러한 이해는 장르가 개별적 해석을 중요시하지 않아 해석학의 필수적인 과정으로 인정받지 못하는 주된 동기가 되었다. 장르에 대한 현대적 이해를 추구하는 프라이(Northrop Frye) 역시 장르를 분류학상의 개념 안에서 분류(classification)로 이해했다.[8] 그는 장르의 종류를 네 가지로 분류한다: 서정시, 서사시, 극, 그리고 산문. 고전적인 이해처럼 그도 특징적인 규범과 표준의 유무에 따라 문학작품의 가치와 장르를 결정했다. 프라이(Frye)는 어떤 작품의 종류를 분류하는 것으로 장르를 이해하는 것에 대한 불충분성을 인정하면서, 다음과 같이 말했다. "장르비평이 갖고 있는 고유의 규범적인 전통의 유사성을 찾아내어 작품이 어떤 종류에 속한다고 결론짓는 분류 작업이 장르비평의 전체적인 목표는 아니다."[9]

문학작품을 규범적인 전통에 따라 종류로 분류하고자 하는 고전적인 이해는 각 작품에 대한 개별적 해석의 중요성을 인정하지 않았다. 고전적인 이해 안에서 작품의 의미와 가치는 그 작품이 한 장르의 종류로 분류되었을 때 이미 결정된다. 왜냐하면 종류의 특징적인 요소의 유무에 따라 어떤 문학작품의 가치가 인정되기도 하고, 무시되기도 하기 때문이다. 같은 종류의 문학작품은 글의 진행과 배경이 다를지라도 비슷한 의미를 갖게 된다. 고전적인 장르 이해 안에서 독자들은 각 작품을 연구하거나 독서할 필요가 없고, 한 종류의 장르적인 특징을 갖고 있는 대표 작품을 독서하는 것으로 충분할 수 있다. 한 종류의 작품들이 비슷한 종류의 법칙들을 갖고 있고, 이러

---

7) Franscis Cairns, *Generic Composition in Greek and Roman Poetry* (Edinburgh: University Press, 1972), 283~286.

8) Northrop Frye, *Anatomy of Criticism: Four Essays* (Princeton: Princeton University Press, 1957), 248~253.

9) Frye, *Anatomy of Criticism*, 247.

한 법칙들은 본문에 비슷한 기능으로 작용하기 때문이다. 같은 종류로 분류된 모든 작품에 포함된 규범들은 기능적인 면에서 비슷한 기능을 하고 있기 때문이다. 그리고 고전적인 장르 이해는 각 작품의 독특한 배경을 무시한다. 고대의 어떤 특정한 장르의 특징적인 표준과 규범은 모든 시대를 통하여 동일한 장르의 작품을 평가할 수 있는 절대적인 기준으로 사용되었다. 그러나 어느 누구도 한 작품에서 그 특별한 장르를 위해 사용된 특징들을 적당성과 일치성에 따라 정확하게 나열할 수는 없다. 그것은 어떠한 작품도 그 장르의 특징적인 요소만을 순수하게 갖고 있지 못하기 때문이다. 그러므로 문학작품의 규범이나 법칙에 따라 분류된 장르는 결코 장르비평의 목표나 종착점이 될 수 없고 분류 방법(method of classification)은 더욱 아니다.

2. 현대적 이론

고전적인 이해가 종류의 법칙들(generic rules)을 찾았던 반면 현대 장르 이해는 이러한 종류의 법칙들이 장르 안에서 어떻게 기능하고 있는지 연구하였다. 20세기에 들어와서, 장르의 보편성과 규범성에 대한 회의가 확산되었다. 그래서 해석자들은 장르를 역사적 산물로 이해하며 문화적·사회적 합의의 산물이라는 특징에 주목하기 시작하였다. 현대 이론은 각 작품의 독특성에 관심을 두기 시작했다. 작품의 독특성은 저자의 의도와 환경에 밀접한 관계를 갖게 된다. 현대 장르 이해는 작품의 독특성이 작품의 해석을 위한 중요한 기능임을 인지한 것이다. 현대 장르 이해에 의해 고전적인 이해의 단점이 부각되었고, 장르 이론은 새로운 국면에서 토의되었다. 현대 장르 이해에 의해 장르비평은 작품에 대한 장르 결정이 갖고 있는 해석학적인 관계(hermeneutical implication), 장르 자체가 갖고 있는 역동성(dynamic), 그리고 작품들 사이의 유사성(resemblance)이라는 장르적 요소에 관심을 두었다. 이러한 장르 이해는 성서를 장르비평에 적용할 수 있는 측면을 보여주고 있다.[10) 그 이유는 장르비평과 장르 결정의 보편성과 타당한 해석의 방향을 쉽게 보여주기 때문이다. 올바르고, 적당한 장르 결정은 해석자들에 의해 흔히 자행되는 해석적 오류, 곧 작품의 문학적 의도와 배경을 무시하는 그릇된 해석을 방지하는 도구가 될 수 있다.

1) 해석적 암시

허쉬(Hirsch)는 장르를 해석학의 범주 안에서 이해할 것을 주장하고 있다. 허쉬(Hirsch)는 장르 선택을 저자의 가장 중요하며, 고유한 특권으로 간주한다. 저자의 장르 선택에 따라 작품의 의미는 윤곽을 드러내며, 새로운 생명을 잉태하는 것이다. 저자가 선택한 장르의 복원은 작품의 의미의 표상을 드러내게 한다.[11) 작품의 언어가 갖고 있는 의미의 모든 이해는 장르에 의해 필연적으로 결정된다. 허쉬(Hirsch)의 '장르에 의해 의미가 결정된다'는 말은 장르 이해가 해석학의 한 범주인 것을 인정하는 것이며, 또한 작품의 어떤 한 단락과 전체 사이의 상호의존성에 집중해야 하는 것을 강조하는 것이다.[12) 곧 저자는 장르를 독자들의 읽기 행위에 도움을 주는 수단으로 사용

---

10) Robert A. Guelich, "The Gospel Genre", *The Gospel and the Gospels*, ed. Peter Stuhlmacher (Grand Rapids: Eerdmans, 1991), 183.

11) Hirsch, *Validity in Interpretation*, 209~244.

12) Hirsch, *Validity in Interpretation*, 76.

했다고 추론할 수 있다. 물론 저자에 의한 장르 선택이 작품 안에 있는 모든 의미를 확정하고 보여주는 유일한 도구는 아니다. 오직 장르 이해만이 작품과 본문의 최종적인 의미를 결정하지는 않는다. 그럼에도 불구하고 이것은 해석의 과정에서 최초로 행해지는 일이며, 많은 암호를 해독할 수 있는 결정적인 단서이다. 이렇게 최초로 행해지는 해석의 과정은 본문 해석의 절대적이고, 중요한 영향을 갖게 된다.[13)

본문 해석을 위하여 저자가 필요한가? 독자들이 저자의 의도를 어떻게 구분할 수 있는가? 비록 저자의 의도를 구분할지라도, 어떻게 그리고 얼마나 그것을 믿을 수 있는가? 어떤 해석자들은 본문 해석을 위해 저자의 필요성을 인정하지 않기도 한다. 그들에 의하면 일차적인 문학 활동(본문을 남긴 것)만으로 저자의 역할은 충분하며, 본문은 오직 독자들의 환경에 의해서만 지배되고, 읽혀지고, 생동감을 갖게 된다.[14)

반면에 일부 해석자는 다음과 같이 지적한다: 저자가 그의 모든 의도를 작품 속에 남겨 놓았기 때문에, 독자들은 작품 속에 남겨진 저자의 도움으로 본문에 대한 올바른 읽기가 가능하게 된다. 저자의 활동은 이차적 문학 활동을 통하여 독자들과 함께 전혀 새로운 환경에서 이루어지는데 이차적 활동의 주된 기능은 해석에 필요한 자료를 독자들에게 제공하는 것이다. 저자의 이차적 활동이 가능할 수 있는 수단이 바로 그가 선택했고, 사용했던 장르이다.[15) 독자들은 장르를 인지함으로 일련의 기대들을 가질 수 있다. 저자는 그가 선

---

13) Mary Gerhart, "The Dilemma of the Text: How to 'Belong' to a Genre", *Poetics* 18(1989), 371.

14) 마가복음에 대한 독자반응비평을 위해 Robert M. Fowler, *Let the Reader Understand: Reader-Response Criticism and the Gospel of Mark* (Minneapolis: Fortress Press, 1991)를 보라.

15) 저자에 대한 이해는 컬페퍼(R. Alan Culpepper)의 *Anatomy of the Fourth Gospel: A Study in Literary Design* (Philadelphia: Fortress Press, 1987), 15~18을 보라.

택했던 장르를 독자들과의 만남의 매개체로 사용했기 때문에 독자들의 독서 행위는 저자의 객관성(역사성 그리고 사실성)을 갖게 된다. 작품의 장르 분석은 저자의 장르 선택에 관련된 역사·문학적 배경을 이해하게 한다.16) 저자 당대의 역사·문학적 배경에 대한 정보는 독자들로 하여금 저자와의 대화를 더욱 쉽게 만들고, 작품 해석을 위해 긍정적이고, 효과적인 기능을 제공한다.

현대적인 이해 안에서 장르는 다양한 형태의 언어로 표현된 글을 이해하는 적당한 도구이다. 특별히 독자들과 저자 사이의 대화수단으로 장르의 기능을 밝혀낸 것은 현대 장르 이론의 가장 중요한 업적이다. 장르는 저자와 독자들 간의 대화와 서로의 이해를 위한 가장 본질적인 요소이며, 작품의 장르 결정과 이해는 시공간을 초월하여 저자와 독자들 사이를 연결시켜 주는 중요한 고리이다.17) 독자들과 대화하기 위하여 저자는 선택한 장르와 그것의 특징적인 요소들 안에서 사건들과 인물들을 치밀하게 구성하여 배열하였다. 독자들은 저자를 직접 만날 수는 없으나 사건들과 인물들로 구성된 장르의 틀 안에서 저자를 자유롭게 만날 수 있고, 대화할 수 있다. 현대적인 장르 이해는 이러한 시공간을 초월한 만남의 매개체가 장르임을 간파한 공로가 있다.

파울러(Alastair Fowler)는 독자들과 저자 사이의 대화 수단으로, 그리고 해석상의 기능 안에서 장르를 정의한다. 그에 따르면 장르는 대화 방식(communication system)이다. 대화 방식으로 장르는 저자가 글을 쓸 때 사용하는 방식이고, 독자들이 독서 행위와 해석에서 사

---

16) Vernon Robbins, "Mark as Genre", *Society of Biblical Literature Seminar Papers* (1980), 387.

17) Robert Scholes, *Structuralism in Literature* (New Haven and London: Yale University Press, 1974), 21: H. Dubrow, *Genre* (London: Methuen, 1982), 31; Jonathan Culler, *Structuralist Poetics: Structuralism, Linguistics and the Study of Literature* (London: Routledge and Kegan Paul, 1975), 147, 136; Hirsch, *Validity in Interpretation*, 92.

용하는 수단이다.[18] 허쉬(Hirsch)도 장르를 대화 체계로 이해했다. 그는 장르를 작품 전체를 지배하는 대화 체계로 정의하였는데 그 이유는 해석자의 글에 대한 장르 결정이 각 단락을 올바르게 이해할 수 있게 하기 때문이다.[19] 게하트(M. Gerhart)는 장르와 그것에 대한 반응을 구조적 상황(structural exigences)과 주제의 기대 간의 상호작용으로 이해했다. 여기서 상황과 기대는 대화의 매개체로 볼 수 있다. 이러한 상호작용은 독서 행위의 의도로부터 시작한다.[20] 그녀가 언급한 구조적 상황은 저자가 선택한 장르를 의미하는 것이다. 저자는 그가 선택한 장르를 통하여 독자들이 그의 의도와 특별한 주제 간의 상호작용을 기대할 수 있도록 장치를 했다. 독자들은 이러한 주제를 보여주는 장치를 찾아가면서 저자와 대화의 장을 연다. 케르모데(F. Kermode)도 장르를 기대 상황으로 정의하고자 노력하였다. 이러한 기대는 저자에 의해 글 내부에 암시된 개연성(internal probability)을 통해 추적이 가능하다.[21] 그러므로 장르는 독자들이 독서 행위를 할 때 드러나는 기대치의 체계로 이해될 수 있다. 이러한 기대치는 부차적인 문학적 체계(a second-order literary system)에서 다른 종류들과 구분되게 글의 문장들을 만든다. 곧 같은 말이라 할지라도 그것이 사용된 장르에 따라 다른 의미를 가질 수 있다.[22]

---

18) Fowler, *Kinds of Literature*, 256.

19) Hirsch, *Validity in Interpretation*, 86. 곧 장르는 저자가 그의 글을 쓸 때만큼 독자들이 글을 읽을 때도 영향을 주는 것이다. 다브로우(Dubrow)는 장르를 저자와 독자들 사이의 계약이라고 생각한다. *Genre*, 31.

20) Mary Gerhart, "Genre, the larger Context", *Journal of the American Academy of Religion Thematic Studies* 49(1983), 29.

21) F. Kermode, *The Genesis of Secrecy: On the Interpretation of Narrative* (London: Harvard University Press, 1979), 162~163. 여기서 '기대'란 저자의 입장에서는 그의 사상이나 주장이 독자들에게 알려지기를 위한 바람 같은 것이며, 독자의 입장에서는 저자의 작품을 읽어가면서 저자가 무엇을 말하고 있는가를 기대해 보는 것이라 할 수 있다. 즉, 서로의 바라는 것이 기대이고 이 과정이 진행하는 것을 기대의 상호작용이라 할 수 있다.

22) Culler, *Structuralist Poetics*, 129.

2) 역동성

　고전적인 개념 안에서 장르는 매우 정적이고(static), 고정된(fixed) 것으로 이해되었으나 현대 장르 이해는 그 자체의 역동성(dynamic) 과 유연성(flexibility)의 측면을 강조하였다. 이러한 유연성과 역동성 은 기존 장르의 끊임없는 진화과정을 내포하고 있다. 장르는 항상 미래를 향하여 성장하고, 확장된다.[23] 하나의 장르는 전체적으로 혹 은 부분적으로 받아들여지기도 하고, 거부되기도 하며, 변화되기도 하여 계속 새롭게 만들어진다.[24] 비록 한 장르가 쇠퇴할지라도 완전 히 없어지거나 사라지지 않고, 다른 종류의 장르 안으로 흡수 통합 된다. 이러한 흡수와 통합은 기존 장르의 변화와 새로운 장르의 출 현을 위한 초석이 된다. 다른 두 종류의 장르가 하나로 통합될 수도 있고, 또는 존재하는 장르가 새로운 환경의 영향으로 확장 발전되는 경우도 있다.[25] 다른 종류의 장르 간의 융합도 새로운 환경과 새로 운 저자에 의해 일어날 수 있다. 그리고 저자에 의한 기존 장르의 사 용은 독특한 환경 아래서 또는 다른 목적을 위해 새로운 장르의 생 산을 가능하게 한다. 이러한 새 장르의 출현은 독특한 문화와 특별 한 환경이 만났을 때 가능하게 된다.[26] 그러므로 장르는 항상 당시 의 특정 문화와 밀접한 관계를 유지한다.

　문화라는 특수한 상황에 의해 장르는 특징적인 요소를 갖게 되며,

---

23) 롱만(Longman)은 많은 문화와 모든 역사적인 기간의 문학작품에 나타나는 장르의 한정된 표준 (a limited set)은 존재하지 않는다고 단언하였다. Tremper Longman Ⅲ, *Fictional Akkadian Autobiography: A Generic and Comparative Study* (Winona Lake: Eisenbrauns, 1992), 13.

24) Dubrow, *Genre*, 77~81.

25) Hirsch, *Validity in Interpretation*, 105.

26) Doty, "The Concept of Genre in Literary Analysis", 442~443. 파울러(Fowler)도 장르는 다양한 방법으로 변형된다고 설명하고 있다. Fowler, *Kinds of Literature*, 170~190.

또한 문학작품은 그 시대의 역사적인 그리고 문학적인 환경의 관례와 형편에 따라 새롭게 변형된다.[27] 문화 속에서 장르는 새롭게 태어나기도 하고, 사라지기도 하며, 새로운 것을 모방하기도 한다. 그리고 장르는 저자의 독특한 문화적인 경험에 의해 새롭게 변형되기도 한다. 문학의 장르는 항상 역사적이고, 문화적인 상황에 밀접한 영향을 갖는 것이지 배타적이거나 정적이지 않다. 예를 들어 서사시 혹은 서정시라는 단어들은 일반적인 문학의 가능한 양식을 특징짓는 것이지, 특정 시대에 속한 서사시나 서정시의 실질적인 양식을 특징짓는 것은 아니다.[28] 색다른 문화와 특별한 환경에 적응되어 이해되고, 사용되면서 기존의 장르는 새로운 특성을 갖게 될 것이다. 그러므로 특정한 작품에서 순수한 장르적 특징을 찾기란 거의 불가능하다. 저자는 어떤 특정 장르에 의해 영향을 받을 수 있으나 그 장르에 의해 완전히 지배되지는 않기 때문이다.[29] 롱만(Longman)이 지적하였듯이, 문화 속에서 장르는 저자에게 특정한 법칙을 강요하지 못한다.[30]

그렇다고 해서 새롭게 만들어진 장르가 기존 장르와 전혀 다른 별개의 모습과 구조를 갖는 것은 아니다. 새로운 장르는 기존 장르로부터 발전되고, 확장되어 새롭게 되기 때문이다. 장르의 역동성은 하나의 문학으로부터 새로운 부속 장르들(sub-genre) 또는 별개의 새로운 장르들(new genes)로 발전하는 것을 가능케 한다. 이러한 부속

---

27) Paul Zumthor, *Oral Poetry: An Introduction, Theory and History of Literature, trans. Kathryn Murphy-Judy* (Minneapolis: University of Minnesota Press, 1990), 35.

28) Tzvetán Todorov, *Genres in Discourse, trans. Catherine Porter* (Cambridge: Cambridge University Press, 1990), 18. 일반적으로 서사시는 타인에 대한 보고적인 형태, 서정시는 자기 자신에 관한 형태, 극은 행위로 드러내는 형태이다. 하지만 어떤 한 특정시대의 서사시나 서정시는 그 시대를 반영하는 특별한 특징을 반영하고 있다.

29) Wellek and Warren, *Theory of Literature*, 234.

30) Tremper Longman III, *Fictional Akkadian Autobiography*, 13.

장르들과 별개의 장르들은 독특한 경험과 차이점을 바탕으로 파생한다. 그러므로 장르개념을 이해하기 위해 장르의 내적, 외적 경계를 확인하는 것이 필수적이다. 내적 경계는 상위장르와 하위장르(부속장르)를 나누는 기준이며, 외적 경계는 본문 유형, 화행론적 상황, 작법 등의 개념들과 구분 짓는 근거이다. 그러므로 독자들은 한 장르에 속한 작품의 다양성만큼 각 문학이 갖고 있는 장르의 다양성을 함께 인지할 수 있어야 한다.

장르 결정을 위해 독자들은 장르 사이에 발생하는 변동과 합병, 그리고 다른 문화적인 환경 안에서 사용된 한 장르의 다양한 관계성을 동시에 인지해야 한다. 하나의 장르로 쓰인 문학은 몇 개의 다른 장르의 특징을 소유할 수 있는 가능성이 충분히 있다. 장르는 저자가 사용할 수 있으며, 독자들에게 이미 알려진(already intelligible) 미학적 도구들의 총계를 대표하는 것이다. 탁월한 저자는 당시에 존재하는 장르에 부분적으로 순응하게 되며, 또 다른 장르를 부분적으로 이용한다.[31] 다른 작품들과 비교 없이 하나의 문학작품을 생각하고, 해석하는 것은 거의 불가능한 일이다. 그러므로 장르 이론의 이러한 역동적이고, 유연한 특징에 의하면 어떤 문학적 행위도 완전한 무에서 창조(sui generis)될 수 없다.[32]

저자는 그의 장르를 결코 무에서 창조한 것이 아니다. 모든 장르는 그것의 근원과 자료를 갖고 있다. 장르가 갖고 있는 근원은 먼저 문화적인 배경이다. 이 문화적인 배경은 장르가 나타난 시대 상황을 대변한다. 그리고 장르가 갖고 있는 자료는 작품 내부에 있다. 이러한 자료는 장르의 사상적 배경이라고 할 수 있다. 곧 내부적인 근원

---

31) Wellek and Warren, *Theory of Literature*, 245.

32) Doty, "The Concept of Genre in Literary Analysis", 428.

과 자료는 저자가 갖고 있는 표본이며, 모방한 장르이다. 새로운 장르는 이전 장르에 의존한다.[33] 그러므로 한 작품의 장르를 연구하기 위해 해석자는 선행된 장르들의 특징을 연구해야 한다.

카프만(Linda Kauffman)도 한 작품의 장르는 다른 텍스트의 흡수와 다른 텍스트에 대한 응답에 의해 나타난다고 지적하고 있다.[34] 그녀의 언급은 어떤 문학의 장르는 반드시 당시의 문화와 전해진 문화를 근원과 자료로 갖게 된다는 것을 지적한 것이다.[35] 저자는 주어진 소재를 새로운 눈으로 보며, 창조적인 동기로 모든 환경을 소화해서 새로운 장르를 선보인다. 모든 문학장르는 기존의 장르와 친밀한 연관성을 갖고 있다. 이것은 양식비평가들과 일부 편집비평가들이 행한 마가복음의 장르 결정의 허구성을 보여주는 중요한 부분이다.[36] 그들의 마가복음 장르 결정은 장르 이론의 역동성과 유연성을 무시하는 잘못된 이해이다.

3) 그룹 유사성

어떤 글이든지 문학은 장르의 특징들을 분명하게 나타내고 있다. 이것이 우리가 마지막으로 살펴야 하는 장르 이론의 특징인 그룹 유

---

33) Robert C. Elliott, *The Power of Satire: Magic, Ritual, Art* (Princeton: Princeton University Press, 1960), 105.

34) Linda S. Kauffman, *Discourse of Desire: Gender, Genre and Epistolary Fictions* (Ithaca and London: Cornell University Press, 1986), 18.

35) Philip L. Shuler, *A Genre for the Gospels: The Biographical Character of Matthew* (Philadephia: Fortress Press, 1982), 30~32.

36) 양식비평과 편집비평의 장르 결정의 허구성이란 의미는 다음과 같은 배경을 갖고 있다. 그들은 복음서를 어떤 문학작품들과 비교될 수 없는 무에서 이루어진 창조적 활동으로 보았다. 작가의 문학활동은 당대의 사회 문화적인 환경과 밀접한 연관성을 갖고 있다. 작가는 전적으로 새로운 양식을 창조하기보다는 기존의 양식을 새롭게 개선할 수 있다. 이런 점에서 양식비평과 편집비평의 복음서에 관한 장르 결정은 장르 자체의 특성을 무시했던 판단이었다.

사성(family resemblance)이다. 작품들을 비교함으로 유사성을 찾아내어 특정 장르로 분류할 뿐만 아니라 선행된 장르와의 관계를 분석하여 역사-문학적 배경을 찾을 수 있는 것이다. 이로 인하여 독자들은 글의 장르를 인지하고, 장르의 특징과 방법에 따라 독서를 한다. 그러므로 이러한 장르의 특징을 찾아내는 것은 장르 결정을 위한 결정적인 수단이 되는 것이다. 만일 복음서의 독자들이 이러한 장르의 특징을 찾는다면, 복음서 연구와 해석에 획기적인 방향을 제시할 수 있을 것이다.

다브로우(Heather Dubrow)는 동일한 글에 대하여 다른 종류의 장르 결정이 독자들의 기대와 해석에 어떻게 달라지는지에 대하여 상세하고 명확한 실례를 보여주고 있다.[37] 발견된 장르의 특징은 독자들에게 저자의 의도와 의미를 찾게 하는 안내자의 역할을 한다. 한 장르에만 특별히 나타나는 요소들을 구분할 수 있을 뿐만 아니라 다른 장르에도 나타나는 공통적인 요소들을 발견할 수 있다.[38] 작품들을 비교하여 그들이 공유하고 있는 특징적인 요소에 따라 장르의 상관관계를 살필 수도 있다. 그러므로 장르 결정을 위해 작품이 갖고 있는 외적인 요소와 내적인 요소를 조사해야 한다. 외적인 요소들은 크기, 자료, 구조 등이며, 내적인 요소들은 주제, 목적, 분위기(tone), 스타일 등이다. 저자는 이러한 내·외적인 요소들을 가지고, 그의 작품에 장르의 암호들을 배치하면서 글을 썼다. 해석자들은 이러한 요소들을 찾아서 저자의 의도를 파악하고, 해석의 가능성을 기대할 수 있다. 저자는 외적인 요소들을 통하여 본문이 어떻게 구성되었는가를 보여주며, 내적인 요소는 사회적인 환경, 그리고 저자의 의도

---

37) Heather Dubrow, *Genre* (London and New York: Metheum, 1982).

38) Fowler, *Kinds of Literature*, 41.

안에서 본문이 어떠한 기능을 갖게 되는지를 보여준다. 저자는 이러한 요소들을 치밀하게 구성함으로 독자들의 기대를 유발시키며, 외적, 그리고 내적인 요소들을 통하여 독자들과 대화한다.

II

마가복음의 장르

보토우(Votaw) 이후 많은 학자가 마가복음의 장르 연구를 시도하
였다.[1] 탈버트(C. H. Talbert)가 마가복음 장르 연구에 새로운 전환
을 주도하였다. 탈버트(Talbert)는 장르에 대한 고전적 개념이나 현
대적 개념에 대한 기초적인 토론을 생략하고, 구조, 기능, 그리고 태
도라는 세 가지 기준으로 복음서의 장르를 그레코-로만 위인전이
라 선언하였다.[2] 그의 세 가지 기준은 불트만(Bultmann)의 세 가지
기둥에 대한 맹목적 비판의 결과이다. 불트만에 따르면 복음서는 신

1) Albrecht Dihle, "The Gospels and Greek Biography", *The Gospel and the Gospels* (Grand Rapids: Eerdmans, 1991); David Aune, *The New Testament in Its Literary Environment* (Philadelphia: Westminster, 1987); M. Hadas and M. Smith, *Heroes and Gods: Spiritual Biographies in Antiquity* (New York: Harper & Row, 1965); Dieter Georgi, "The Records of Jesus in the Light of Ancient Accounts of Revered Men", *Society of Biblcial Literature Seminar Papers* (1972); O. A. Piper, "Unchanging Promises: Exodus in the New Testament", *Interpretation* 11(1957); Raymond Brown, "Jesus and Elijah", *Perspective* 12(1971); M. Kline, "The Old Testament Origins of the Gospel Genre", *Westminster Theological Journal* 38(1975); D. Lührmann, "Biographie des Gerechten als Evangelium", *Worst and Dienst* 14(1977); K. Baltzer, Die Biographie der Propheten (Neukirchen: Neukirchener Verlag, 1975); D. Dormeyer, *Die Passion Jesu als Verhaltensmodell* (Münster: Aschendorff, 1974); H. B. Carré, "The Literary Structure of the Gospel of Mark", *Studies in Early Christianity* (New York: The Century Co., 1928); G. Bilezikian, *The Liberated Gospel: A Comparison of the Gospel of Mark and Greek Tragedy* (Grand Rapid: Baker, 1977); B. H. M. G. M. Standaert, *L'Evangile selon Marc* (Brugge: Sint-Andriesabdij, 1978); S. H. Smith, "A Divine Tragedy", *Novum Testamentum* 37(1995); F. Lang, "Kompositionsanalyse des Markusevangeliums", *Zeitschrift für Theologie und Kirche* 74(1977); W. S. Vorster, "Kerygma/History and the Gospel Genre", *NTS* 29(1983); P. Carrington, "St. Mark and His Calendar", *The Church Quarterly Review* 154(1953); M. D. Goulder, *The Evangelist's Calendar* (London: SPCK 1978); John W. Bowman, *The Gospel of Mark: A New Christian Passover Haggadah* (Leiden: Brill, 1965).

2) 그레코-로만 위인전은 종류에 따라 다양한 형태를 갖고 있지만 그레코-로만 위인전은 일반적으로 크게 두 가지 형태로 구분할 수 있다: 플루타르키안 위인전과 슈에토니안 위인전. 그러나 그레코-로만 위인전의 다양성으로 인하여 학자들은 그레코-로만 위인전에 대한 자신들의 독특한 분류와 정의를 갖고 있다. 보토우 역시 자신만의 그레코-로만 위인전에 대한 이해를 갖고 있다. 그는 그레코-로만 위인전을 역사적 위인전과 대중적 위인적으로 분류한다. 역사적 위인전은 주인공의 모든 중요한 정보와 사실들을 기록하기를 원하는 반면 대중적 위인전은 독자들에게 주인공을 모방할 수 있는 모델로서 보여주는 정도로 주인공에 대한 성격을 스케치하는 것을 목적으로 한다. 역사적 위인전은 주인공에 대한 조사, 비평, 해석, 사람과의 관계성, 시대와의 관계성 등을 포함한다. 무엇보다도 역사서의 기록 원칙을 따르고 있다. 반면에 대중적 위인전은 주인공의 행위와 가르침의 일부분을 선택적으로 기록하여 주인공을 특별한 공동체의 모범으로 만들기 위한 문헌이다. 대중적 위인전에서 저자의 의도는 그의 능력, 흥미, 목적 등에 따라 크게 달라진다. 그러면서 탈버트(Talbert)는 그레코-로만 위인전을 다섯 종류로 나누고 있다: 1) 주인공을 모방하기 위한 형태로 제안하는 위인전; 2) 주인공에 대한 잘못된 신분을 교정하면서 공동체의 이상적인 모델로 제안하는 위인전; 3) 주인공을 비방하는 위인전; 4) 주인공을 기념하는 위인전; 5) 주인공의 가르침에 대한 해석적 단서를 제공하는 위인전.

화적인 구조를 갖고 있으나 그레코-로만 위인전은 신화적이 아니다; 복음서는 제의적인(cultic) 기능을 갖고 있으나 그레코-로만 위인전은 제의적 기능이 없다; 마지막으로 복음서는 세상에 대한 부정적인 태도를 대변하고 있으나 그레코-로만 위인전은 세상에 대한 긍정적인 태도가 있다.[3] 비록 다른 상황이라 할지라도, 슐러(Shuler)는 형태(pattern), 자료(source), 그리고 저자의 의도(authorial intent)를 기준으로 제시하면서 마태복음과 그리스 예찬 위인전의 일종인 엔코니움(encomium)을 비교하여 복음서의 장르를 예찬 위인전으로 결정하였다.[4] 그러나 나는 장르의 고전적 개념과 현대적 개념의 토대위에 복음서의 장르를 결정하기 위하여 네 가지 기준을 제시한다: 플롯, 주제, 크기, 그리고 목적.

1. 플롯

독자들이 장르를 결정하는데 플롯은 아주 중요한 요소로 작용한다. 이것은 고전에서부터 현대에 이르는 장르 이해의 이론적 근거를 제시해왔기 때문이다. 사건들(에피소드)의 치밀한 배열, 즉 작품에서 외형적으로 분명하고 일관성 있게 전개된 사건들의 연속(linear sequence)이 플롯이다.[5] 사건이라는 것은 내러티브의 본질적인 요소이

---

3) C. H. Talbert, *What is a Gospel? The Genre of the Canonical Gospels* (Philadelphia: Fortress Press, 1977).

4) Philip L. Shuler, *A Genre for the Gospels: The Biographical Character of Matthew* (Philadelphia: Fortress Press, 1982).

5) 아픈 두 사람에 관한 이야기는 다음과 같다: 영희가 아팠다. 그리고 영희 엄마도 아팠다. 이 이야기는 두 사람이 아팠다는 사실 외에는 어떤 것도 전달하지 못한다. 이 같은 이야기는 플롯을 갖고 있는 이야기라 할 수 없다. 왜냐하면 단순한 정보의 전달이기 때문이다. 아픈 두 사람에 관한 플롯을 갖고 있는 이야기는 다음과 같다: 영희가 아팠다. 그 옆에서 밤새도록 간호한 탓인

다. 그리고 치밀한 배열이라는 것은 사건을 시공간적 배경에 연결시키는 것을 의미한다. 플롯은 자료나 이야기가 어떻게 배열되었고, 조직되었는지 나타내는 단서이다. 곧 구체적이고 특이한 시간과 공간이라는 맥락 속에서 사건들을 인과 관계적으로 배열한 것이기에 플롯은 사건들의 배열이 갖고 있는 전개의 과정이지 대상이 아니다. 플롯은 결코 대상이 아니며 과정이다. 플롯을 작품의 구조로 이해하는 것도 적절하지 않다. 플롯은 사건들의 배열을 인과관계로 지탱하는 힘이다. 플롯은 내러티브의 요소들을 연결시키는 힘이 있어 작품의 모든 요소에 스며들어 있다. 곧 플롯은 독립적으로 보이는 내러티브 속의 이미지, 사건, 등장인물, 배경들을 서로 연결시키는 접착제와 같다. 플롯은 사건들을 순차적으로 늘어놓은 것이기보다는 여러 요소들 사이에 '왜'라는 접착제를 첨가시켜 절대 분리될 수 없게 만들어 놓은 것이다. 곧 저자는 주제에 따라, 지형에 따라, 역사적인 순서에 따라 사건들의 배열을 완성할 수도 있지만, 그는 이런 사건들의 배열에 왜라는 인과 관계적 요소를 첨가하여 플롯을 완성하는 것이다. 작품의 플롯은 어떤 사건을 시작(발달), 중간(전개), 그리고 마지막(결말)의 흐름을 가지고, 일관성 있게 구성된다. 그러므로 어떤 특정한 장르에 속한 문학적 활동은, 구체적인 사건들은 다를지라도, 비슷한 플롯을 갖게 된다. 효과적인 설득을 위해 고대 수사가들(rhetors)도 그들의 제자들에게 각각의 수사적인 상황에 따라 다른

지 다음날 엄마도 아팠다. 곧 플롯이 있는 이야기란 엄마가 아픈 원인을 추가하여 개연성과 필연성의 인과관계 안에서 이야기를 완성하는 것이다. 곧 더 구체적인 사건의 개연성을 부여하는 것이 플롯이다. 학자들은 플롯에 대한 다양한 용어를 사용하여 이해하고 있다. 슐러(Philip L. Shuler)는 패턴이라는 단어를 사용하고 있다. 탈버트(Charles H. Talbert)는 구조(structure)라는 단어를 사용하고 있다. 웰렉(Wellek)과 와렌(Warren)은 구조를 순서의 원칙(a principle of order)으로 정의한다. 그에 따르면 문학작품은 특별한 구조에 의해 결정된다. 그래서 그는 장르 결정을 위해 부분의 구조를 살피는 것이 아니라 전체의 구조를 살필 것을 요청한다. *Theory of Literature*, 216. 하지만 아리스토텔레스의 영향 아래 있는 문학비평가들은 구조(structure)라는 단어보다는 플롯이라는 단어를 즐겨 사용하고 있다.

방법의 전달방식이나 자료 배열을 가르쳤다.6)

마가의 플롯을 이해하기 위해 두 가지 모티프를 살펴보는 것이 필요하다: 하나는 예수의 신분이며 다른 하나는 그것에 대한 반응이다. 이 두 가지 요소가 마가 플롯의 접착제 역할을 하여 현재의 마가복음을 완성한 것이다. 먼저 마가 플롯의 특징을 살피기 위해서 예수의 신분을 간략하게 살펴보자. 예수는 하나님의 아들이며, 고난받는 인자(the Son of Man)이다. 마가는 복음서를 시작하면서 예수가 누구인지 확실하게 보여주었다(막 1:1). 예수는 하나님이 사랑하고, 기뻐하는 아들이다(막 1:11, 9:7). 마가는 예수가 하나님의 사랑하는 아들임을 하늘의 음성을 통하여 전하고 있다(막 1:9~11). 하늘의 음성뿐만 아니라 초자연적인 존재들에 의해서도 예수의 신분은 표현되고 있다(막 1:24, 3:11, 5:6~7). 중간 부분에서 마가는 예수가 앞으로 경험하게 될 운명을 여러 가지 사건을 통하여 보여주고 있다. 마지막까지 마가는 하나님의 아들로서 고난받는 인자 예수의 모습을 일관성 있게 보여준다.

예수의 신분과 함께 그의 신분을 이해하지 못하는 제자들의 반응 곧 '이상적인 제자도'라는 핵심적인 모티프는 마가 플롯의 다른 접착제로 기능한다. 예수에 대한 열두 제자와 유대 지도자들의 이해하지 못함(몰이해) 속에서 예수는 그의 사역을 감당하고 있다(막 2:18~3:35, 6:1~6). 이러한 이해하지 못함은 결말 부분에서 예수를 고난과 죽음으로 인도하는 원인이기도 하다.7) 예수의 제자들은 특별한 사역을

---

6) Cicero, Brutus, *Orator*, Loeb Classical Library (Cambridge: Harvard University Press, 1939); Demosthenes, *The Orations of Demosthenes*, Loeb Classical Library (Cambridge: Harvard University Press, 1926~1949); Quintillian, *Institutio Oratoria*, Loeb Classical Library (New York: Putnam's Sons, 1921~1922).

7) 그리스 비극에서 두 그룹 사이(주인공과 적대자)의 이해하지 못함은 쉽게 찾을 수 있다. 그리스 비극에서 주인공은 고난과 죽음을 감지하면서 필연적으로 그의 운명을 따라간다. 그리스 비극의 사건들은 주인공의 비극적인 운명을 절정에 도달하게 구성하였다. 마가복음에서는 예수에

위해 부름 받았고, 권세와 권위를 부여받아 사역지로 보내졌다. 그리고 그들의 사역은 성공적이었다(막 3:15, 6:7~13). 그러나 이야기가 중반으로 진행될수록, 그들은 예수가 누구인지 정확하게 이해하지 못할 뿐만 아니라 그의 가르침도 이해하지 못하는 그룹처럼 반응한다. 예수의 가르침에 대한 제자들의 무지는 예수의 비극적 운명을 극대화시키는 구조 안에 있다. 제자들의 무지와 예수의 신분 사이의 긴장은 중간 부분에서 절정을 이루고 있다(막 8:22~10:52). 이 부분에서 제자들은 예수가 사천 명과 오천 명을 먹이시는 기적을 보며, 열두 제자 중 하나가 예수가 그리스도이심을 고백한다. 곧바로 예수는 그의 능동적 존재형태를 가르쳤으나(8:34~38; 9:38ff.; 10:38ff.) 제자들은 예수의 가르침과 신분을 여전히 이해하지 못하고 있다.[8] 예수의 가르침에 대한 제자들의 무지는 예수의 길에 대한 그들의 무지에도 연결된다. 예수의 길은 정해진 종국을 향하여 점진적인 진행을 보여주고 있다. 마가는 갈릴리에서 예루살렘으로 옮겨가는 예수의 길을 강조하고 있다. 예루살렘은 여행의 목적인 십자가의 고난이 일어나는 장소이다. 그러므로 예루살렘을 향한 예수의 길은 십자가의 길이다.

이런 사건들의 배열을 통하여 마가는 예루살렘을 향한 길에 나타나는 예수의 신분과 제자들의 무지에서 파생되는 제자도라는 주제를 연결하여 마가의 플롯의 힘을 만들었다.[9] 제자들(독자나 관객)은

대한 열두 제자와 유대 지도자들의 끊임없는 이해하지 못함이 긴장을 형성한다. 마가는 비극적 구조 안에서 예수의 운명, 고난과 죽음을 짜임새 있게 구성하여 처음부터 끝까지 전체적으로 통일성 있는 플롯을 완성하였다. 매리 랜돌프(Mary Randolph)는 그녀의 책에서 풍자시와 정상적인 시를 비교하여 성격이 다른 두 등장인물을 발견하였다. 이들은 끊임없는 긴장과 대치를 유지한다. "The Structural Design of the Formal Verse Satire", *Philological Quarterly* 21(1942), 372.

8) 김광수도 이러한 점을 분명하게 밝히고 있다. 그는 마가복음의 갑작스러운 종결이 예수와 제자들 사이의 충돌을 극대화하는 의도라고 결론 내렸다. 김광수, 『마가 마태 누가의 예수 이야기』(대전: 침례신학대학교 출판부, 1997), 113.

예수가 누구인지 그리고 무엇을 행하는지 알아야 할 뿐만 아니라 그들이 무엇을 해야 하는지(하나님의 뜻을 행해야 함, 막 3:35)도 깨달아야 한다(막 4:12). 결론적으로 마가의 플롯의 힘은 기독론과 제자도이다. 마가복음에서 예수의 신분은 '하나님의 아들'과 '인자' 칭호의 밀접한 관계에서 이해되어야 한다. 칭호 '하나님의 아들'은 그의 신분의 핵심을 보여주는 본질적인 존재형태에 관한 속성이며, 이러한 신분은 하늘로부터 들려지는 선언적 형태 안에서 나타난다(막 1:1, 1:11, 9:7). 마가복음에서 선언적인 예수의 신분은 예수가 무엇을 하는지에 대한 관심으로 넘어간다. 마가는 선언적 신분에 기초한 그 하나님의 아들 예수가 어떤 삶을 살게 되는지 점진적으로 보여주고 있다. 예수가 어떻게 살아야 되는지에 관련된 모티프는 칭호 '인자'에 연결되어 있다. 그가 살아야 하는 삶의 형태는 고난과 죽음에 관련되어 있다. 마가복음에서 그는 고난받는 종으로서 인자이다. 고난받는 종의 기독론은 마가가 전하고자 하는 의도된 예수의 신분이다. 마가복음에서 하나님의 아들 예수는 존재적 속성을 드러내며, 인자 예수는 기능적인 속성을 나타낸다. 그리고 이상적인 제자들은 하나님의 아들인 예수가 고난받는 인자라는 사실을 깨닫고, 그의 길에 참여하는 자이다.[10]

---

9) 마가의 플롯은 도넛 중 하나인 꽈배기 모양으로 플롯의 구성을 설명할 수 있다. 꽈배기의 한 축은 기독론(예수의 신분)이며, 다른 한 축은 제자도이다. 이 두 축이 복잡하고 단단하게 필연적으로 연결되어 마가복음의 확고한 플롯 구조를 이루고 있다.

10) 킹스버리(Kingsbury)도 마가복음의 갈등 구조가 베드로의 고백 이후에 변화되었다고 지적하였다. 그러나 본인은 조금 다른 측면에서 플롯의 변화를 살피고자 한다. 베드로의 고백 이전에 플롯은 예수와 적대자 사이의 충돌과 대치였다면 고백 이후는 예수의 신분에 대한 가르침과 그것에 대한 제자들의 무지 혹은 예수의 본래 신분과 의도된 신분 사이에서 발생하는 인물들의 행동에 따른 것이다. 그러나 마가복음 어느 곳에서도 갈등은 존재하지 않는다. 마가복음에 갈등이 존재하지 않는다는 것은 플롯을 연구하는 4장에서 자세히 다루어질 것이다. Jack D. Kingsbury, "The Significance of the Cross within Mark's Story", *Gospel Interpretation: Narrative-Critical and Social-Scientific Approach*, ed. J. D. Kingsbury (Harrisburg: Trinity Press International, 1997), 100~1001. 여기서 간과할 수 없는 점은 브레데(Wrede)의 '메시아의 비밀'에 대한 이해이다. 비록 그의 메시아 비밀에 대한 주장에 반대하지만 만일 이러한 주제가 마가

마가의 플롯은 마가복음 14:1~11에 기록된 향유를 깨뜨린 여인의 이야기에서 비극적 인식(recognition)과 반전(reversal)이 완벽하게 일어나고 있으며, 절정에 도달한다. 여인의 이야기에서 기독론과 제자도가 완전하게 드러난다. 여인의 행동은 예수가 누구인지를 밝히며, 이상적인 제자가 되기 위해 행해야 하는 것을 보여주고 있다. 예수가 하나님의 아들이며, 고난받아야 하는 인자임을 여인은 알고, 예수의 행동을 준비한다. 그리고 그녀의 행동의 정당성은 예수의 입으로 변호되고, 보호된다. 그리고 이러한 플롯은 두려움(fear)과 연민(pity)을 독자들이나 관객들에게 유발한다. 인식, 반전, 두려움, 그리고 연민은 비극적 플롯 구조의 중요한 요소들이다. 이러한 요소들이 완벽하게 구성되어 적절하고 필요한 카타르시스를 유발하게 한다. 그래서 마가의 플롯을 연구할 때 이러한 요소들이 어떻게 진행되고 있으며, 기능하고 있는지를 살피는 것이 필요하다. 유발된 카타르시스를 통하여 관객들은 새로운 삶으로 참여한다. 그러므로 마가의 플롯의 목적은 새로운 제자들에게 깨달음을 주고, 새로운 삶으로 참여하게 한다. 곧 마가는 이러한 구조 안에서 옛날부터 전해 내려오는 이야기나 사건들을 수집하여 묶은 것이 아니라 그의 특별한 구조 안에서 사건들을 하나의 내러티브로 쓰고 있는 것이다.

2. 목적

작품의 목적은 작품 속에 완전히 어우러져 있다. 비록 딜레(Dihle)

복음에 존재한다면 비밀 모티프는 하나님의 아들로서 예수가 고난받고, 죽음을 당하고, 부활하신다는 것이다. 곧 하나님의 아들 예수는 인자로서 고난받는 종이 되며, 참 제자는 이 사실을 바로 이해하고, 깨닫는 자들이다. 이것이 바로 메시아 비밀의 핵심적인 구조이다.

는 목적을 장르 결정을 위해 필요한 요소가 아니라고 말하고 있으나, 저자의 목적은 저자와 관객들을 연결시켜 주는 장르의 본질적인 개념이다.[11] 저자의 장르적인 목적에 의해 독자들이나 관객들은 의미에 대한 기대를 가질 수 있다. 저자는 전하고자 하는 메시지를 장르 안에서 전달한다. 어떤 공동체의 공적인 관심사에 대한 권면을 직접적으로 할 수 없을 때 서신 형태가 가장 효과적이듯이 선택한 장르는 저자의 특별한 목적을 달성하기 위한 가장 적절한 수단이다. 웅변가는 자신의 정당성을 증명할 때와 관객들에게 권면하려 할 때 전혀 다른 수시적인 진행을 선택한다. 웅변가는 장르를 그의 목적을 달성하기 위하여 사용하는 것이다.

위인전의 일종인 예찬 위인전(encomium)의 목적은 전적으로 인물을 찬양하는 것이다. 사실 마가복음에서 관객(독자)들은 예수를 찬양하는 단락을 쉽게 찾을 수 있다. 그러나 마가복음의 궁극적인 목적은 예수를 위기에 직면한 관객(독자)들의 모델로 제시하여 예수의 삶을 모방하게 하고, 그를 따르게 하는 것이다. 이것은 그리스 비극의 목적과 동일하다. 그리스 비극은 완전하고, 고귀한 행동을 재현하게 하는 것인데, 고귀한 행동의 재현은 관객들에 의해 일어난다. 그리고 관객들의 이러한 행동의 재현은 카타르시스를 통하여 발생한다. 김광수는 마가복음 10:46~52의 바디메오의 시력회복 사건을 해석하면서 다음과 같이 결론을 내리고 있다. 바디메오의 시력회복은 "예수에 대한 눈이 뜨이고, 그의 길을 따라가는 제자직의 예를 나타낸다. 마가는 예수가 예루살렘으로 가는 길에서 그의 길의 본질과 참된 제자직에 관한 교훈을 집중적으로 제시했다."[12] 마가는 예

---

11) Philip L. Shuler, *A Genre for the Gospels*, 32~34.
12) 김광수, 『마가 마태 누가의 예수 이야기』, 178. 보른캄(Günther Bornkamm)은 마태복음 연구에서 제자도의 중요성을 연구하였다. "The Stilling of the Storm in Matthew", 14.

수가 하나님의 아들이며, 고난받고 죽임을 당하는 인자임을 알게 하고, 그의 삶을 따르게 하는 데 목적을 두고 있다. 그러므로 예수의 이상적인 제자는 그의 모든 것을 포기하고, 그를 따르는 자이다(막 8:34~38). 마가는 관객들로 하여금 예수의 완전하고, 고귀한 삶을 재현하게 한다. 예수의 삶을 재현한다는 것은 예수의 길에 참여하는 것이다. 베드로전서 2:21에서 예수 그리스도는 제자들이 따라야 하는 모델이다.

마가복음은 예수의 삶의 재현이라는 최종적인 목적과 함께 교육적인, 복음적인, 교리적인, 변증적인 목적도 갖고 있다. 저자가 다양한 목적을 갖고 있다고 할지라도, 이러한 목적은 종합적으로 이해되어야 한다. 그러나 마가복음의 지배적인 목적은 관객들로 하여금 예수 안에서 새로운 삶을 살도록 격려하는 것이다.[13] 새로운 삶은 예수의 삶을 재현하고, 따르는 것을 의미한다. 특히 마가복음이 기록된 당시의 상황은 이러한 목적을 확증하게 한다. 마가 공동체는 고난과 박해에 직면한 무리이다. 마가복음의 역사적인 상황은 여러 비유들과 13장에서 잘 반영되고 있다. 고난과 박해에 직면한 공동체에게 예수의 삶, 고난과 죽음, 그리고 부활은 새로운 미래의 가능성이다. 예수의 고난과 죽음에 동참하는 것에 대한 두려움과 놀람과 떨림이 있지만 그 길이 예수를 따르는 자들이 가야 하는 길이고, 부활에 참여하는 유일한 길이다. 그러므로 예수의 이상적인 제자는 그의 모든 것을 포기하고, 그를 따르며(막 8:34~38, 9:33~37, 10:42~45), 하나님의 뜻을 행하는 자이다(막 3:34~35). 예수의 삶을 재현함은 이상적인 제자의 삶을 사는 것이며, 예수의 길에 참여함으로 구원에

---

13) Stanton, "Origin and Purposes", *Aufstieg und Niedergang der römischen Welt* II.25.3(1941), 178; 서용원, 『생존의 복음』, 62~63.

대한 미래의 가능성을 확보한다. 이러한 구성은 마가복음이 이 땅에서의 예수의 고난과 죽음의 사역을 통하여 그들의 삶을 투영하고 있음을 보여준다.

마가는 그의 관객들이 알고 있는 예수 이야기를 가지고, 특별하고 독특한 무언가를 전하고자 노력했다. 이것은 특별한(particular) 인물 나사렛 예수를 보편적인(universal) 인물로 제시한 것이다. 이러한 보편성으로 예수는 교회와 관객들을 위한 자신의 의미를 갖게 된다. 마가가 재현한 예수의 행동 안에서 예수의 고난과 죽음은 지나간 과거의 사건이 아니라 지금 여기서 경험할 수 있는 현재 진행의 사건이다. 복음서를 역사적 정보만을 제공하기 위해 쓰지 않고, 예수에 대한 특별한 정보의 보편적인 중요성과 공동체 안에서 새로운 의미를 창조하기 위해 마가는 그리스 비극의 장르를 통하여 그의 복음서를 기록하였다. 보편적인 중요성을 통하여 그를 따르는 자들이 예수의 삶을 재현하는 것의 중요성을 배우고, 그의 삶의 방법을 따라 살게 한 것이다. 이러한 개념은 문학작품들의 목적인 미메시스(재현)와 관련된다. 특별한 예수의 삶을 통하여 독자들이나 관객들이 그들의 특별한 상황에서 보편적인 중요성을 찾아 예수의 삶을 재현하도록 한 것이다.[14]

---

14) 아리스토텔레스는 『시학』에서 모든 문학작품은 미메시스를 유발시켜야 좋은 작품이 될 수 있다고 하였다. 그러므로 작품의 질은 미메시스의 유무에 따라 결정된다. 좋은 작품으로 분류되기 위해 마가복음은 관객들에게 미메시스를 일으켜야 한다. 그리고 마가복음은 충분하고, 효과적인 미메시스를 일으키고 있다. 인류 역사상 많은 마가복음의 관객들이 예수의 삶을 재현하면서 자신의 십자가를 지고, 예수의 길에 참여하고 있다.

3. 주제

작품의 주제(subject matter)도 전통적으로 장르 결정의 주요한 기준이 되어 왔다. 고전 이론부터 현대 이론에 이르기까지 주제와 장르는 밀접하고, 강력한 관계를 보여주었다. 비록 주제만 갖고서 장르를 결정하는 것은 아니지만 주제나 내용은 장르 결정을 위해 간과될 수 없는 중요한 요소이다. 고전 장르 이해에는 '주제의 어울림'(decorum)이라는 개념이 있다. 이것은 어떤 특정 장르에 필요하고, 어울리는 주제나 내용이 있다는 것이다. 호라케(Horace)는 희극의 주제와 비극의 주제는 전적으로 다르다고 하였다. 각 장르는 그것의 고유한 주제에 의해 가치를 인정받았다.[15] 몬트고메리(Montgomery)는 단테의 『연옥(Purgatory)』을 갖고서 주제와 장르 사이의 밀접한 관계를 증명하였다.[16]

주제의 특징에 따르면 인물이라는 주제는 어느 장르에서나 발견될 수 있는 주제이다. 그 주제는 특정 장르의 구조 안에서 그 장르의 특징에 따라 적당하게 구성되어 발전한다. 서사시에서의 인물 전개와 비극에서의 인물 전개는 전혀 별개의 방식 안에 있다. 서사시나 그리스 비극 모두 영웅적인 인물을 주제로 사용하고 있으나 둘의 차이는 주인공의 특성에 관한 관심도이다. 서사시는 인물의 영웅적인 행적을 주제로 글을 구성하였으나 그리스 비극은 인물의 고난과 죽음을 강조함으로 극의 주제를 구성하고 있다. 그리스 비극에 등장하는 주인공은 평범한 사람이 아니다. 그는 고귀하며, 완전한 행동을

---

15) Horace, Satires, Epistles, *Ars Poetica*, trans. H. Rushton Fairclough, Loeb Classical Library (Cambridge: Harvard University Press, 1929), 73~76, 83~85, 89~92.

16) Robert L. Montgomery, *The Reader's Eye: Studies in Didactic Literary Theory from Dante to Tasso* (Berkeley: University of California Press, 1979), 73.

재현하는 사람이다. 그리스 비극은 관객들이 잘 알고 있는 고귀한 인물이 경험한 삶을 고난과 죽음을 중심으로 인물구성을 한다. 주인 공의 고난과 죽음의 원인은 그에게 일어난 비극적 결함 혹은 주위 등장인물들의 판단 착오에 의해 이루어지고 있다.[17] 고귀한 인물의 고난과 죽음의 경험은 우연히 일어난 일시적인 사건이 아니라 치밀 하게 계획된 필연적인 사건이다. 비극의 구조 안에서 고귀한 인물의 경험들은 보편적인 것으로 인지되어 관객들이 카타르시스에 도달하 게끔 한다.

마가복음에 대한 장르 결정을 위해 살펴보아야 하는 핵심적인 주 제(focal point)도 예수의 고난과 죽음이다. 마가복음은 전체적으로 예수에 의해, 예수를 위해, 예수를 중심으로 모든 이야기나 사건들 이 연결되었다.[18] 즉, 예수가 마가복음의 지배적인 주제이다. 예수라 는 한 인물에 대한 집중적인 관심과 성격 구성은 그리스 비극의 주 제와 유사성을 확실하고 명백하게 보여준다. 마가복음의 예수상의 본질은 고귀함과 완벽함이다. 그의 행동자체가 완전하다. 마가는 그 리스 비극의 인물구성 방법대로 예수를 보여주고 있다. 마가는 예수

---

17) 사실상 비극적 결함이라는 것은 작품의 주제보다는 플롯에서 언급되고, 설명되어야 하는 것이 마땅하다. 그러나 이장의 진행 방식에 따라 인물구성이라는 주제의 틀에서 설명하고자 한다. 그럼에도 불구하고 아리스토텔레스는 이것을 오류(hamartia)라고 했다. 그러나 해석자는 하마 르티아를 주인공의 신분에 대한 판단의 실수(error of judgment)로 정의하고자 한다. 왜냐하면 하마르티아는 플롯이나 주인공의 모습에 밀접한 관계를 갖게 되는 것이다. 엘스(Else)는 하마르 티아를 플롯과 밀접한 관계에서 설명하고 있으나 래티모(Lattimore)는 주인공과 밀접한 관계에 서 설명하기 위해 노력하였다. 아리스토텔레스는 플롯을 인물보다 더 중요한 것으로 구분하였 다. 그러나 둘의 관계는 비극의 전체구조에서 구분될 수 있는 것이 아니다. 이 둘의 밀접한 관 계안에서 극의 주제와 분위기가 전개되고 있다. 곧 하마르티아를 어떻게 배열하느냐는 것은 플롯과 관계되지만 등장인물에 의해 행해지는 판단의 오류는 인물과 연관되어 있음을 부인할 수 없다. G. F. Else, *Aristotle's Poetics: The Argument* (Cambridge: Harvard University Press, 1957), 379; Richard Lattimore, *Story Patterns In Greek Tragedy* (Ann Arbor: University of Michigan Press, 1964), 19.

18) Jack Shelby Spong, *Born of a Woman: A Bishop Rethinks the Birth of Christ* (San Francisco: Harper & Row, 1992); Barbara Thiering, *Jesus the Man: A New Interpretation From the Dead Sea Scrolls* (London: Doubleday, 1992); 권종선, "마가복음의 서사적 기독론", 『복음과 실천』 77(2000), 77.

라는 인물을 중심으로 일어난 사건을 짜임새 있는 구성과 전체적인 통일성을 유지하면서 배열하였다. 마가복음에서 예수는 하나님의 아들로 선포되고, 인정되었다(막 1:1, 11). 하나님의 아들인 예수는 죄가 없고, 결함이 없는 고귀한 존재이다. 그리고 그의 삶은 진지하고, 완전하다. 그러나 마가복음에서 예수는 자신의 비극적 결함이 아니라 주위의 어리석고, 무지한 사람들과 그의 자발적 선택(겟세마네의 기도에서 내포된 자발적인 선택)에 의해 고난과 죽음을 경험하였다.

마가복음의 비극적 인물 묘사는 짜임새 있는 구성뿐만 아니라 전체적인 통일성을 유지한 인물구성을 통하여 예수의 고난과 죽음에 관련된 삶을 그리스 비극의 구조 속에서 나타내고 있다. 마가복음의 지배적인 주제를 구체적으로 표현한다면 예수는 고난받고, 죽임당하는 하나님의 아들이라는 것이다. 마가는 예수의 고난과 죽음의 삶을 치밀하고, 완성도 있게 구성하였다. 캘러(Kähler)도 마가복음을 긴 도입부를 갖고 있는 수난 이야기로 정의하였듯이, 어느 누구도 마가가 고난과 죽음에 관련된 예수의 중요성과 신학적인 이해에 따라 그의 복음서를 기록하였다는 것을 부인할 수 없다.[19]

갈릴리에서 시작한 예수의 초기 사역 때부터 예루살렘에서 일어날 사건, 곧 예수의 고난과 죽음을 일관성 있게 그리고 계속적으로 암시하였고, 분명하게 보여주었다. 마가는 전반부에서 예수의 신분을 하나님의 아들로 기록하고 있다. 하나님의 아들로서 예수는 많은 기적과 가르침을 행한다. 그리고 주위에 등장하는 인물들은 예수의 이러한 모습을 보고, 놀라고 있다. 이러한 신적인 모습과 함께 마가는 예수의 인간적인 모습도 무시하지 않았다. 그는 예수의 신성과

---

19) Martin Kähler, *The So-Called Historical Jesus and the Historic, Biblical Christ* (Philadelphia: Fortress Press, 1964), 80.

인성을 동시에 보여준다. 기적을 행하는 특별한 하나님의 아들 예수는 그 인자로서(The Son of Man) 십자가에 점점 가까이 가고 있다.

마가복음에서 독자들이나 관객들은 '길에서'라는 관용구를 자주 접할 수 있다(막 8:22~10:52). 마가는 이러한 관용구를 사용하면서 예수의 운명, 곧 고난당하고 죽음을 경험하는 운명을 암시했던 것이다. 그가 가야 하는 길은 십자가의 길이다. 십자가의 길은 고난과 죽음의 길이다. 마가는 예수가 비록 죄 없는 인물이지만 고난을 감당하고, 죽음을 경험하는 인물로 끊임없이 그리고 일관성 있게 묘사하였다. 한편 주위의 인물들은 예수의 신분에 관련된 판단 오류를 범하게 되었다. 그러한 오류는 예수를 십자가에서 죽게 하는 원인이다. 이러한 판단과 이해의 오류를 갖고 있는 사람들을 향하여 마가는 "인자를 파는 그 사람에게는 화가 있으리로다"(막 14:21)라고 기록하였다.

예수는 신분이 고귀하고, 결함이 없음에도 불구하고 자발적으로 고난과 죽음에 동참했다. 이러한 자발적이고 능동적인 예수의 모습은 겟세마네 동산의 기도에서 절정에 이른다. 하나님의 아들로서 고귀하고 뛰어난 인간(the superior man)이지만 그는 인자로서 하나님의 말씀에 계속적으로 순종하였다. 이러한 모습의 표현과 구성을 통해 저자는 예수가 그의 운명 앞에서 흔들림 없이 그것을 자각하고 있음을 보여주었다. 그러므로 예수의 십자가의 길은 마가복음의 신학적인 핵심일 뿐만 아니라 해석을 위한 결정적인 단서이다.[20]

마가복음에 나타난 이러한 고난과 죽음에 대한 강조와 중심성은 마가 공동체의 경험을 반영할 뿐만 아니라 인간 존재의 실질적인 경

---

20) Burton L. Mack, "The Innocent Transgressor: Jesus in Early Christian Myth and History", *Semeia* 33(1985), 145~146.

험을 반영한다. 박해, 고난, 무지, 배반, 기적적인 행위, 공포, 희망, 섬김, 승리 등 이 모든 것은 마가복음의 중심 주제인 예수의 고난과 죽음의 경험에 반영되었다. 예수의 고난과 죽음은 옛날에 일어난 사건이 아니라 오늘날 모두가 경험하고 있으며, 또한 충분히 일어날 수 있는 사건이다. 이러한 특수성의 일반화는 비극적 구조에 의해 더욱 절정에 도달하였다. 주인공의 고난과 죽음에 관련된 중심성은 마가복음과 그리스 비극 간의 유사성을 부인할 수 없게 만드는 요소이다.

마가복음의 장르를 결정하기 위한 주제의 다른 측면은 구약의 인용이다.[21] 마가복음에는 구약의 직접적인 혹은 간접적인 인용이 많이 있다. 문학작품으로 마가복음에 있는 다양한 구약 인용은 마가복음의 독특성을 반영하는 요소이다. 마가복음의 구약 인용들은 예수의 신분과 제자도의 전체적인 윤곽과 목적을 보여준다. 마가복음에 나타나는 구약 인용들은 예수의 삶, 곧 고난과 죽음의 신적 성취를 반영한다. 고난 이야기의 이미지들은 특별히 출애굽기, 시편, 이사야, 다니엘, 그리고 말라기에 깊이 연관된 것들이다.[22] 이러한 연결은 해석의 방향을 보여준다.[23] 예수는 하나님에 의해 선택된 종으로서(사 42:1; 막 1:11) 많은 사람들을 대신하여 고난받고, 죽음을 경험한다(막 10:45, 14:24). 고난받는 의로운 자가 침묵하고, 불의한 지배자에

---

21) 마가의 구약 인용에 대하여 아래의 연구들을 살피라. A. Suhl, *Die Funktion der alttestamentlichen Zitate und Anspielungen im Markusevangelium* (Gütersloh: Gerd Mohn, 1965); H. C. Kee, "The Function of Scriptural Quotations and Allusions in Mark 11~16", *Jesus und Paulus* (Göttingen: Vandenhoeck und Ruprecht, 1975), 165~188. 예수의 삶은 성서의 성취로 보이고, 예수의 죽음의 필요성은 마가복음 8:31; 9:12; 14:27; 14:49에서 발견된다.

22) 마가복음의 첫 인용은 출애굽기 23장, 말라기 3장, 그리고 이사야 40장을 혼합한 것(막 1:2~3) 이다. 마가복음 1:9~11은 시편 2장과 이사야 42장을 연상시킨다. 예수의 신분과 관련된 인용은 시편 110편을 암시한 다니엘서를 인용하고 있다(막 14:61~62).

23) 고난받는 종의 모습은 마우러(C. Maurer)의 "Knecht Gottes und Sohn Gottes im Passionbericht des Markus", *Zeitschrif für Theologie und Kirche* 50(1953), 1~51; M. Hooker, *Jesus and The Servant* (London: SPCK, 1959), 62~103를 보라. James L. Mays, "Prayer and Christology: Psalm 22 as Perspective on the Passion", *Theology Today* 42(1985), 329.

의해 박해받고, 조롱당하고, 그리고 마침내 어리석은 자로 간주되는 모습은 마가복음의 고난 이야기의 많은 부분을 위한 모델을 제공하고 있다.[24] 구약 인용의 이해와 관심은 마가복음의 독특성을 위한 것뿐만 아니라 마가복음 해석을 위한 가치 있고, 필수적인 시금석이다.

4. 크기

구조에 연관된 것으로 징르 결정의 중요한 단서는 길이(length) 혹은 크기(size)이다. 아리스토텔레스는 길이를 비극을 위한 주요한 특징으로 언급하고 있다(『시학』 VI 1450b 25). 일반적인 장르의 기준으로서 크기는 아주 중요하다. 작품이 너무 길어도 효과적인 카타르시스를 유발하지 못하고, 너무 짧아도 저자의 의도를 극대화할 수 없다. 그러므로 길이 혹은 크기는 좋은 작품이 되기 위한 중요한 요소 중 하나이다. 브리지(Richard A. Burridge)는 작품의 길이를 장르 법칙 중의 주요한 요소로 간주하고 있다.[25] 그러나 어떤 학자는 이것을 무시하기도 한다. 로마시대의 문학작품들은 저녁 만찬 자리에서 한 번에 읽을 수 있는 적당한 길이를 갖고 있었다.[26] 『오이디푸스 왕』은 1,500라인보다 조금 많은 길이를 갖고 있는 반면, 마가복음은 1,300라인보다 조금 적게 갖고 있다. 모르겐탈러(Morgenthaler)

---

24) 적대자들이 의인을 죽이려는 음모가 있다(막 14:1; 시 31:4; 35:4; 38:12; 71:10); 친구들이 그를 배반한다(막 14:18, 43; 시 55:14~21); 거짓 증인들이 일어난다(막 14:61; 15:5; 시 38:14~16; 39:9); 그리고 적대자들이 그를 조롱한다(막 15:20, 29; 시 22:7; 31:11; 109:25). 참조, S. E. Johnson, "The Davidic Royal Motif in the Gospels", *Journal of Biblical Literature* 87(1968), 136~150.

25) Richard A. Burridge, *What are the Gospels?: A Comparison with Graeco-Roman Biography* (Cambridge: University Press, 1992), 117~119.

26) Fowler, *Kinds of Literature*, 64.

는 마가복음이 11,242단어들을 갖고 있다고 하였다.[27] 이 정도의 길이는 중간 크기의 범주에 속하며, 저녁 만찬 후 그 자리에서 한 번에 읽을 수 있는 적당한 길이이다. 켈버(Kelber)는 마가복음을 비유 장르로 결정하였다.[28] 그러나 비유는 100단어 이하로 구성된 짧은 이야기로 간결성이 비유의 가장 큰 특징이다. 비유와 마가복음은 크기로 비교할 수 있는 대상이 아니다.

5. 마가복음은 무엇인가?

마가복음의 장르는 무엇인가? 결론적으로 마가복음은 여러 장르들의 특징을 복합적으로 갖고 있다. 그중에서 마가복음은 그리스 비극과 그레코-로만 위인전의 장르적인 특징들을 지배적으로 보여주고 있다. 그리스 비극, 위인전, 그리고 마가복음 사이의 관계성을 밝히는 것은 마가복음의 장르 결정과 해석을 위한 주요한 해석학적인 원칙과 단서들을 제공한다. 마가복음과 그레코-로만 위인전 사이의 관계성은 많은 학자에 의해 논쟁되었다. 그럼에도 불구하고 마가복음의 장르를 그레코-로만 위인전으로 분류하기는 어렵다.[29] 마가복

---

27) Robert Morgenthaler, *Statistik des neutestamentlichen Wortschatzes* (Zurich, 1958), 164.

28) W. H. Kelber, *Oral and Written Gospel: The Hermeneutics of Speaking and Writing in the Synoptic Tradition, Mark, Paul, and Q* (Philadelphia: Fortress, 1976); James G. Williams, *Gospel Against Parable: Mark's Language of Mystery* (Sheffield: Almond, 1985); John R. Donahue, *The Gospel in Parable: Metaphor, Narrative, and Theology in the Synoptic Gospels* (Philadelphia: Fortress 1988); Paul Ricoeur, "From Proclamation to Narrative", *The Journal of Religion* 64(1984), 501~512.

29) 양식비평가와 편집비평가의 대부분은 복음서의 장르를 위인전으로 인정하지 않는다. 그러나 양식-편집 비평가들의 위인전에 대한 이해는 문제가 있다. 그들은 그레코-로만 위인전과 현대 위인전을 동일한 기준으로 평가하고 있다. 그러나 그레코-로만 위인전과 현대 위인전은 내용, 주제, 구조 등에 많은 차이를 갖고 있다. Willi Marxsen, *Introduction to the New Testament* (Philadelphia: Fortress Press, 1968), 125; Bultmann, *History of Synoptic Traditions* (New York: Harper & Row, 1963), 371.

음은 인물 예수를 가장 중요한 주제로 사용하면서 제자들에 대한 특별한 관심을 동시에 보이고 있기 때문이다. 문학비평가들의 등장으로 제자의 중요성이 언급되며, 이 주제는 마가복음 해석에 새로운 중심이 되었다. 만일 제자도를 중심으로 마가복음을 읽는다면 이 복음서는 제자들을 중심으로 하는 위인전이 될 가능성도 있다.

마가복음이 그리스 비극의 특징을 갖고 있는 것도 부인할 수 없다. 그러나 어느 누구도 마가복음이 그리스 비극의 장르적 특징을 완벽하게 재현했다고 할 수 없다. 마가복음에 그리스 비극과의 유사점뿐만 아니라 차이점이 동시에 나타나기 때문이다. 마가복음과 그리스 비극 사이의 가장 큰 차이는 합창의 존재와 역할이다. 그리스 비극은 합창이라는 중요한 요소를 가지고 있다. 그러나 마가복음은 합창단의 기능적인 측면에서 그 흔적을 찾을 수 있음에도 불구하고 본질적인 측면에서 합창은 존재하지 않는다.[30] 그리스 비극에서 합창은 아주 중요한 역할을 하고 있으나 후기 비극들은 점차적으로 합창의 중요성보다 등장인물의 대사에 치중하게 되었다.[31]

그렇다면 마가복음의 장르는 무엇인가? 마가복음의 장르를 결정하기 위해서는 먼저 장르의 양식과 부속 장르(sub-genre)에 대한 이해가 필요하다. 장르 이해에 따르면 어떤 문학작품도 순수하게 어떤 한 장르의 특징만을 가질 수 없다.[32] 한 문학작품은 다른 장르의 양식과 분위기를 포함하게 된다. 그 이유는 문학작품이 당시에 영향을 받았던 이미 존재했던 장르와 새로운 환경에 지배를 받았기 때문이

---

30) 합창에 대한 자세한 연구는 8장을 보라.

31) 아이스킬로스(B.C. 525/524~456/455) 이전의 극작가 테스피스는 합창단에게 대부분의 역할을 수행하게 했으며, 등장인물을 단 한 명만 등장시켰다. 하지만 아이스킬로스는 합창단의 역할을 축소하였고, 그리고 등장인물도 추가시켰다. 이러한 합창의 축소는 에우리피데스(B.C. 480?-406)에 이르러 완성되게 된다. 니체는 합창의 축소를 비극의 소멸의 원인으로 보고 있다.

32) David E. Aune, *The New Testament in Its Literary Environment*, 13.

다. 복음서 당시에 행해지고 번성했던 문화는 그레코-로만이지만 헤브라이즘의 영향도 무시할 수 없다. 그러므로 마가복음의 양식 혹은 분위기는 이러한 문화들의 분위기를 반영하게 된다. 장르의 복잡한 양식은 셰익스피어의 작품 활동에서도 찾아볼 수 있다. 셰익스피어가 『햄릿(Hamlet)』을 비극 장르로 완성하였을지라도 작품 속에는 희극적인 분위기를 포함하고 있다.[33] 한 인물의 역사를 기록한 역사 속에서도 독자들은 위인전의 장르적인 특징을 찾을 수 있다. 비록 저자가 주인공의 일대기를 연대기적으로 혹은 사건에 따라 역사서로 기록할지라도, 이러한 역사서가 위인전적인 양식을 보여주는 것은 자연스러운 것이다. 마가복음도 예수라는 인물을 중심으로 그의 가르침과 사역에 대한 반응을 치밀하게 나열하여 구성하고 있음으로 위인전의 특징을, 미약할지라도 확인할 수 있다. 그럼에도 불구하고 이러한 분위기나 양식은 장르의 구조나 결정에 절대적인 영향보다 부분적인 영향을 미친다.[34]

이미-존재하는 장르는 새로운 사회·문학적 배경에 노출될 때 새롭게 확장 발전하는 특징이 있음을 이미 지적하였다. 도티(Doty)도 기존 장르가 새로운 환경에서 어떻게 발전되어 사용되었는지를 찾아내는 것이 장르 연구의 중요한 부분이라고 언급하였다.[35] 어떤 문화에서 창조적으로 확장 발전된 장르는 새로운 환경에 따른 변화

---

33) 비아(Via)는 복음서를 비-희극(tragic-comedy) 장르로 간주하고 있다. 그에 따르면 복음서가 비극적인 분위기를 갖고 있는 희극이라는 것이다. 아리스토텔레스의 두 장르에 대한 정의에 따르면 마가복음의 예수는 결코 희극적인 인물로 이해될 수 없다. 비록 마가복음에는 희극적인 난센스가 등장하고 있을 지라도 이러한 난센스 자체가 마가복음의 장르 결정을 위한 지배적인 요인이 될 수 없다. 부분적으로 나타나는 분위기가 전체적인 장르를 지배할 수 없는 것이다. D. O. Via, *Kerygma and Comedy in the New Testament: A Structural Approach to Hermeneutic* (Philadelphia: Fortress Press, 1975).

34) Fowler, *Kinds of Literature*, 106~111.

35) Doty, "Genre", 428. 웰렉과 와렌(Wellek and Warren)도 장르는 새로운 환경에서 새로운 장르로 창조된다고 결론하였다. *Theory of Literature*, 225.

를 포함하고 있을 뿐만 아니라 이미-존재하는 장르의 흔적을 동시에 갖고 있다. 이러한 창조적이고, 자발적인 확장과 변화는 기존 장르와 다른 장르의 만남, 기존 장르와 새로운 문화의 만남으로 이루어진다. 그렇다고 새롭게 확장되고, 발전된 장르를 완전히 새로운 종류의 장르로 분류할 수 없다. 새롭게 확장된 장르는 기존 장르의 부속 장르로 이해하는 것이 오히려 적절하다. 이런 점에서 볼 때 그리스 비극이 위인전의 장르적인 특징을 수용했다면, 위인전의 분위기나 양식을 갖고 있는 그리스 비극의 부속 장르가 만들어질 수 있다.[36)

그레코-로만 위인전이라고 하기에는 마가복음은 너무 많은 인물들을 갖고 있다. 비록 다양한 인물이 등장할지라도 예수가 주인공임을 부인할 수 없다. 마가복음의 예수에 집중된 주제로 인하여 관객들이 동의할 수 있는 것은 마가복음이 위인전적인 양식을 갖고 있다는 것이다. 또한 부인할 수 없는 것은 마가복음이 주인공 예수의 고난과 죽음의 경험을 이야기하고 있다는 것이다. 마가복음은 하나님의 아들인 예수가 고난받고, 죽임을 당하는 것을 전체적이고, 전반적으로 일관성 있게 나타내고 있다. 그리고 고귀하고 완전한 하나님의 아들인 예수가 주위의 무지, 비극적 결함, 그리고 하나님의 뜻에 자발적으로 순종함으로 고난받고, 죽음당하는 운명을 받아들이고 있다. 마가복음의 이러한 이야기의 진행 구조, 비극적 결함, 주제, 길이, 목적, 카타르시스의 유발 등은 그리스 비극의 대표적인 특징들이다. 그러나 마가가 복음서를 완벽한 그리스 비극의 구조 안에서 재현한 것은 결코 아니다. 오히려 마가복음은 그레코-로만 위인전과의 관계 안에서 그리스 비극의 부속 장르로 이해되어야 한다. 그리스 비극의 부속 장르로 마가복음은 그레코-로만 위인전과 비극

---

36) Fowler, *Kinds of Literature*, 56~57.

의 특징을 포함하고 있는 독특한 드라마이다.[37] 드라마로 마가복음은 극적인 효과를 포함하고 있는 이야기 형태를 가지고 있다. 이러한 이야기 형식의 특징은 로마의 문화적이며, 철학적인 영향을 반영한다.

또한 간과할 수 없는 것은 마가는 헬레니즘의 구조 가운데 예수의 사건들을 인과관계 안에서 배열하고 그것들을 구약성서, 즉 히브리적 내용으로 이해함으로 그레코-로만 문화로부터 복음서 문학의 독특성과 차별성을 유지하고 있다는 것이다. 그레코-로만 문화가 마가복음에 외형적인 구조를 제공하는 반면 구약성서는 마가복음에 사상의 핵심과 기초를 제공한다. 이러한 히브리적인 사상의 배경은 마가복음의 기독교적인 독특성을 보여주는 중요한 요소이다.[38] 위인전의 분위기 혹은 양식을 갖고 있는 그리스 비극의 부속 장르로 마가복음이 새로운 문화, 즉 히브리 사상과 만남으로 그 독특성을 확고하게 한 것이다. 마가복음 안에 있는 다양한 구약성서의 인용은 이것이 상당히 기독교적인 문서임을 결정짓는 단서가 된다. 여기서 주목해야 할 것은 마가복음이 두 문화의 융합 가운데 있다는 것이다. 마가는 히브리적인 내용과 헬레니즘적인 구조의 환경과 배경에 지배되고 있었다. 그러므로 위인전의 성격을 갖고 있는 그리스 비극의 부속 장르인 마가복음이 전혀 새로운 문화, 즉 히브리 사상과 만남으로 그리스 문학의 외형적인 특징과 동시에 기독교의 독특성을

---

37) 마가가 왜 그리스 비극의 구조를 사용하여 예수의 복음을 전하였을까? 마가복음이 기록될 당시 가장 활발한 문학 활동이 비극이었다. 각 도시마다 그리스극장이 있었고, 비극도 이 극장에서 매일같이 공연되었다. 이 사실로부터 추론할 수 있는 것은 마가의 관객들은 비극이라는 장르에 충분히 노출되었고, 그것의 특징들을 잘 알고 있었다는 것이다. 복음을 효과적으로 전하기 위해 마가는 관객들이 잘 알고 있는 비극 장르의 구조와 특징을 사용하였다고 가정할 수 있다. 나는 비극에 대해 아리스토텔레스의 정의를 따른다(『시학』, 1449b 6~7).

38) H. Köster and J. Robinson, *Trajectories Through Early Christianity* (Philadelphia: Fortress Press, 1971), 162. 쾨스터(Köster)는 복음서가 비록 헬레니즘의 영향 아래 있다 할지라도 그것은 기독교적인 문서임을 부인하지 않는다.

보여주는 기독교 비극으로 발전했다. 마가는 그의 복음서를 그리스 비극의 부속 장르 혹은 파생 장르인 기독교 위인전적 비극(Christian biographical tragedy)을 창조했다. 기독교 위인전적 비극으로 마가복음은 두 문화의 상충과 대치, 그리고 조화를 통해 돌출된 새로운 예수 운동에 속한 문학 활동의 부산물이다. 부속 장르로 그리고 두 문화(히브리와 그리스 문화)의 이상적이고 창조적인 융합과 합병의 결과로 기독교 위인전적 비극인 마가복음서는 전혀 새로운 문학적 활동이다(tertium quid).[39] 그렇다고 새롭게 만들어진 기독교 위인전적 비극은 전적으로 새로운 것도 아니며, 무에서 창조된 것은 더욱 아니다. 마가는 기독교의 절대적인 진리를 나타내는 언어의 요소들과 구약성서의 예언적 성취를 이차적으로 사용하여 창조적인 문학 활동의 산물을 만들어냈다. 다양한 장르의 특징들을 통하여 예수의 행동을 재현함으로 마가는 관객들과의 대화의 길을 모색했다.

---

[39] David E. Aune, *The New Testament in Its Literary Environment* (Philadelphia: Westminster Press, 1987), 12.

마가복음과 그리스 비극

마가는 자신의 의도를 전달하기 위하여 예수의 고귀한 행동을 재현하는 기독교 문학을 생산했으며,[1] 기독교 문학의 산물로 복음서는 저자와 관객들이 알고 있는 문학장르의 특징에 따라 구성되었다. 왜냐하면 저자는 자신의 문학세계를 통하여 관객들과 대화하기를 원했기 때문이다. 그렇다면 마가는 당대의 문학적 활동과 유행에 민감할 수밖에 없었을 것이다. 보르체르트(G. L. Borchert)는 정경화된 복음서들이 당시의 문학적 특징들의 영향 안에 있음을 부인할 수 없다고 단언한다.[2]

저자와 장르의 관계성에 대한 이러한 이해는 장르 이론의 지배적인 흐름이다. 장르 이론은 어떤 장르가 특수한 시기와 장소 안에서, 저자의 의식이든 혹은 무의식이든, 새로운 구조와 양식으로 발전할 수 있음을 인정하고 있다. 당대에 많은 사람에게 익숙했던 구조와 양식을 사용하여 저자는 독자들이나 관객들의 독특한 환경 안에서 어떤 특정한 사건을 보편적 사건으로 재현한다. 저자는 이런 재현을 새로운 장르적 환경 안에서 실현한다.

예수의 십자가 사건이 마가 공동체의 독특한 경험 안에서 창출한 고유한 이해를 전달하기 위하여 마가는 그리스 비극의 구조, 그리스 위인전의 특징, 그리고 자신의 독특한 사상(개념)을 사용하였다. 그리스 위인전과 구약성서는 내용적으로 마가복음에 상당한 영향을 주고 있는 반면 그리스 비극은 내용뿐만 아니라 구조적인 측면에서 마가복음에 지배적인 영향을 주고 있다. 비록 마가복음이 그리스 문화의 특징들을 갖고 있을지라도, 복음서가 초기 기독교의 독특한 신학과 경험을 반영하고 있음을 어느 누구도 부인할 수 없다. 이러한

---

1) Craig L. Blomberg, "Genre Criticism for the 1990s", *Themelios* 15(1990), 42.

2) Gerald L. Borchert, *John 1-11* (Nashville: Broadmann and Holman Publishers, 1996), 29.

초기 기독교의 독창성과 그리스 문학과의 유사성은 마가복음을 새로운 문학의 세계로 인도할 것이다.[3] 그러므로 마가복음의 장르적 특징을 정의하기 위한 원칙은 마가복음 안에서 그리스 비극의 구조와 그리스 위인전의 분위기, 그리고 복음서 자체의 독특성을 찾는 것에 있다.

이 장은 그리스 비극이 갖고 있는 자유정신의 중요성에 대하여 살펴보며, 그 자유정신이 어떻게 마가복음에서 나타나고, 어떤 영향을 주고 있는지 살펴볼 것이다. 그리고 마가복음과 그리스 비극을 비교하는 데 있어서 가장 걸림돌인 마가복음의 종결과 그리스 비극의 종결 사이의 장르적 동질성 혹은 연속성을 살펴볼 것이다. 그리스 비극의 종결에 대한 고정된 이해가 있는 듯하기에, 그리스 비극을 살펴봄으로 그리스 비극의 종결에 대한 오해를 교정하고 마가복음과 그리스 비극 사이의 장르적 동질성의 가능성을 열어보고자 한다. 그리고 마가복음에 사용된 아이러니를 통하여 장르적 연관성을 살피고자 하는데 그리스 비극에 나타나는 비극적 아이러니에 대한 실질적인 사례들을 찾아 마가복음의 아이러니와 비교하고자 한다. 그리고 마지막 부분에서 마가복음의 장르적 독특성을 확인할 것이다.

1. 유사성

마가복음에서 주인공이 무엇을 하였고, 인물들과 관객들이 어떻게 반응하였는지에 대한 관심은 그리스 비극의 특징을 반영하고 있

---

3) 온(D. Aune)도 장르 자체의 독특한 변형과 장르들 사이의 독창적인 결합을 통한 새로운 장르의 발생에 대하여 지적하였다. "The Gospels as Hellenistic Biography", *Mosaic* 20(1987), 2.

다. 그리스 비극의 중요한 요소 중의 하나가 주인공이 고통스러운 인간적 현실을 극복하기 위하여 신적 의지에 맞추어가는 것인데, 이러한 적응이 그리스 비극을 운명비극으로 이해하였음을 보여주는 것은 아니다. 그럼에도 불구하고 신적 의지의 실현과 편만함을 보여주기 위해 주인공의 행동은 비극 구성에 있어서 상당한 중요성을 갖게 된다. 그래서 아리스토텔레스는 '행동'이란 단어를 사용하여 비극을 정의한다.[4] 이 말은 그리스 비극이 행동을 재현하였다는 의미이다. 더 나아가 그는 비극적 행동을 '고귀하고, 진지한[심각한] 행동'으로 한정시킨다. 그리스 비극에서 주인공이 보여준 행동의 진정성은 현실의 고통을 극복하기 위해 고난과 죽음을 마다하지 않는 것에서 나타나고 있다. 비극을 드라마로 부르기도 하는데 이것은 드라마라는 말이 행동을 뜻하기 때문이다. 드라마라는 말은 '행하다'라는 동사 드란(dran)에서 온 말인데, 이 단어는 고대 그리스 펠레폰네스 지방의 도리스 사람에게 일상적으로 사용된 동사이다. '행하다'라는 도리스어 동사를 대체하는 아티카어의 동사는 프래테인(prattein)이다.[5]

마가복음은 행동을 재현했다. 특히 예수가 무엇을 했고, 사람들이 그것에 어떻게 반응했는지를 보여주는 행동은 고난이란 단어로 요약할 수 있다. 곧 예수의 고난적 행동은 그의 에피소드 가운데 핵심적인 요소이다. 마가복음은 긴 도입부를 갖고 있는 예수의 고난받는 이야기라고 지적한 학자도 있듯이,[6] 예수의 에피소드들을 고난에 나

---

4) 아리스토텔레스는 다음과 같이 비극을 정의한다: 적절한 크기를 갖고 있는 고귀하고 완결된 행동이며, 서술적 형식이 아니라 극적인 형식으로 제시되며, 연민과 두려움의 감정을 자아내는 사건들의 재현을 통하여 그러한 비극적 사건들의 카타르시스를 성취한다. 『시학』 VI 1449b.

5) 아리스토텔레스, 『시학』 III 1448b; IX 1452a.

6) 마가복음은 다른 복음서에 비해 예수의 고난 이야기에 상당한 지면을 할애하고 있는 것이 사실이다. Martin Kähler, *The So-Called Historical Jesus and the Historic, Biblical Christ* (Philadelphia: Fortress Press, 1964), 80; Robert A. Spivey and D. Moody Smith Jr., *Anatomy of The New Testament*

타난 신적 의지 앞에서 인간적 의지를 포기하는 예수의 진지한 행동으로 요약할 수 있다는 점에서 마가복음은 그리스 비극의 특징을 갖고 있다.

1) 자유정신

마가복음과 그리스 비극 사이의 장르적 유사성은 복음서와 그리스 비극이 주인공의 고난에 관련된 여러 가지 사건으로 구성되었다는 것에 있다.[7] 그럼에도 불구하고 마가복음과 그리스 비극 사이의 장르적 비연관성으로 인해 해석자들은 난제에 직면하게 된다. 복음서와 그리스 비극의 장르적 비연관성은 니체의 영향 안에 있는 듯하다. 니체는 먼저 아리스토텔레스의 그리스 비극에 대하여 상당한 오해를 갖고 있었다.[8] 차정식은 그리스 비극에 대한 니체의 오해를 '음흉한 계략'으로 평가한다.[9] 음흉한 계략이라는 그의 언급은 그리스 비극을 통한 복음서 읽기의 효용성과 유익성을 인정하는 표현이라 생각된다. 니체의 음흉함은 마가복음과 그리스 비극 간의 융합적 연구를 불가능하게 하였다. 차정식은 비극과 기독교에 대한 니체의 평가를 마가복음 연구를 위한 '비극의 숭고한 가치'를 격리시켰던 주요한 동기로 본다.[10] 니체의 이러한 이해는 비극의 고귀한 정신을

(New York: Macmillan Co., 1969).

7) 킹스베리(J. D. Kingsbury)는 마가복음의 가장 두드러진 특징을 예수의 십자가에 대한 집중이라고 지적하였다. 그는 십자가 사건을 '예수의 이 땅의 사역 가운데 가장 결정적인 사건'으로 말하고 있다. 복음서의 저자 마가는 십자가를 중심으로 그의 이야기를 구성하였고, 구원 역사의 전개를 설명하였다고 이미 지적하였다. "The Gospel in Four Editions", *Interpretation* 33(1979): 364~366.

8) 심재민, "니체의 아리스토텔레스 비판과 비극론", 『드라마연구』 35(2011), 241~269.

9) 차정식, "예수의 수난, 그 비극적 진정성", 『기독교 사상』 490(1999).

10) 차정식, "예수의 수난, 그 비극적 진정성", 113.

마가복음의 정신과는 상관없는 것으로 만들었다. 그리고 니체의 영향으로 인하여 기독교와 비극 간에는 건널 수 없는 깊은 장애물이 놓였다. 그의 음흉함은 기독교와 그리스 비극의 장르적 연관성을 이해하는 데 있어서 가장 큰 걸림돌이 되었다.

니체에 따르면 아리스토텔레스와 니체 당대의 기독교는 비극이 갖고 있는 삶의 근원적인 생명력을 부정하였다. 니체가 아리스토텔레스를 이렇게 이해하게 된 것은 카타르시스에 관한 이해에 관계된 듯하다. 니체는 카타르시스가 타인의 고통에 대한 연민에 가득 찬 참여와 공감을 통해 이루어진다는 생각에 반대하였다. 니체는 카타르시스를 타인과의 관계가 아니라 자기 자신 안에서 일어나는 것으로 보았다. 니체에 따르면, 비극은 아리스토텔레스가 생각했던 것처럼 타자에 대한 연민과 공포의 격심한 방출을 통해 자기 속에 응어리져 있는 그 위험한 감정을 정화하기 위해서 존재하는 것이 아니라, 오로지 자기 자신 안에서 생성의 영원한 기쁨을 실현하기 위해서 존재하는 것이다. "연민과 공포를 없애기 위해서가 아니라─아리스토텔레스는 그렇게 이해했었지만─연민과 공포를 넘어서서 자기 자신 안에서 생성의 영원한 기쁨을 실현하기 위해서─파멸에 대한 기쁨까지도 포함하는 그 기쁨을 실현하기 위해서 말이다."[11] 니체의 이러한 이해도 결국 아리스토텔레스의 언어 안에서 마음이 고통으로부터 정화된 상태 곧 카타르시스를 의미하지만, 더 나아가 니체의 카타르시스는 삶의 변화를 추구하는 것이다.[12] 니체는 카타르시스에 대한 도덕적 해석 그리고 의학적 해석을 거부했던 것이다.

아리스토텔레스의 카타르시스를 어떻게 해석하느냐에 따라 니체

---

11) 니체/송무 역, 『우상의 황혼』 (청하, 1995), 114.
12) 심재민, "니체의 아리스토텔레스 비판과 비극론", 250.

의 이러한 이해는 재평가받을 수 있다. 아리스토텔레스의 카타르시스는 연민과 두려움을 단순히 제거하는 것이 아니라 그 같은 감정들을 관객들의 행동 속에서 극복하게 하는 원천으로 이해할 수 있다.[13] 결국 아리스토텔레스의 카타르시스에 대한 니체의 오해다. 그리고 마가복음의 카타르시스도 결국 절대적으로 타인을 위한 삶의 태도의 변화를 통하여 완성된다. 기독교 위인전적 드라마인 마가복음은 자기 자신의 이성적 깨달음을 통하여 타인을 위한 삶으로의 참여에서 가장 위대한 카타르시스를 분출하게 한다. 왜냐하면 마가복음의 카타르시스는 궁극적으로 예수의 삶을 재현하는 것에서 완성되기 때문이다. 마가복음에 대한 이러한 이해는 카타르시스를 타인의 고통에 대한 참여와 공감으로 본 니체의 이해와 유사하다.

그리고 니체의 기독교에 대한 계략은 그의 그리스 비극의 기원에 연관되어 있다. 니체는 그리스 비극의 기원을 디오니소스적 광기로 보았다.[14] 니체는 디오니소스적인 것을 도덕에 등을 돌린 본능인 "삶에 대한 근본적으로 대립되는 가르침과 평가, 즉 하나의 순전히 예술적이고 반그리스도적인 가르침과 평가"로 정의했다.[15] 여기서 니체가 언급했던 도덕은 기독교적 도덕이다. 니체에게 있어서 당시의 기독교는 본질적인 측면에서 삶의 구토와 권태로 나타난다. "이러한 것들이 '다른', 혹은 '더 좋은' 삶에 대한 믿음 아래 거짓으로

---

13) 이러한 이해는 이 책의 6장에서 심도 있게 다시 다루어질 것이다.

14) 니체는 그리스 비극의 기원을 아폴론적인 것과 디오니소스적 것 간의 충돌에 두었다. 그가 말한 아폴론적이라 함은 합리적 이성을 대표하는 것으로 논리와 철학적 가치를 추구하고 있으며, 회화, 조각, 서사시에서 나타난다. 반면에 디오니소스적인 것은 바커스의 축제가 보여주듯이 행동에의 즐거움, 고양된 정서, 모험, 굽힘 없는 수난 등으로 음악과 춤, 드라마로 나타난다. 곧 아폴론적인 것이란 정적인 것을 가리키며, 디오니소스적인 것은 본능적이며 열정적인 것으로서 동적인 것을 의미한다. 그래서 아폴론적인 것은 조화, 문화 질서 등의 정제된 형식을 추구한다면, 디오니소스적인 것은 야성적인 예술 충동을 발산하는 것을 추구한다.

15) 프리드리히 니체/곽복록 역, 『비극의 탄생』 (서울: 동서문화서, 2009), 18.

꾸며지고 숨겨지고, 치장될 뿐이다. '현세'에 대한 증오, 감정에 대한 저주, 미와 권능에 대한 공포는 이 세상을 더 잘 비방하기 위해서 피안을 생각해냈다. 이것은 궁극적으로 허무, 종말, 휴식에, '안식일 중의 안식일'에 도달하려는 욕구이다. 내게는 이 모든 것이 도덕적인 가치만을 인정하려는 그리스도교의 절대적인 의지와 마찬가지로, 언제나 '몰락에의 의지'의 모든 가능한 형식 가운데서 가장 위험하고 불쾌한 형식처럼 보였다. 적어도 삶에 대한 가장 깊은 질병, 피로, 불만, 소모, 가난의 징후처럼 보였다. 왜냐하면 도덕(특히 그리스도교적, 즉 절대적 도덕) 앞에서 삶은 본질적으로 비도덕적이라 항상 불가피하게 부정될 수밖에 없기 때문이며, 결국 삶은 경멸과 영원한 부정의 중압 아래 짓눌려 갈망할 만한 가치가 없는 것, 그 자체로 무가치한 것으로 느껴져야만 하기 때문이다."16)

이런 점에서 니체는 기독교적 현실과 문화를 염세주의나 허무주의적 태도로 바라보았다. 그리고 그는, 쇼펜하우어와는 다르게, 비극을 염세주의나 허무주의의 소산이기보다는 삶에 대한 무조건적인 긍정, 삶에 대한 적극적 의지의 표현으로 보았다.17) 그리고 니체에게 있어서 당시의 기독교는 인간의 자유정신을 말살시키는 절대적인 파괴세력이었다. 기독교는 비극적 가치를 지향하기보다는 진정성이 없는 구원을 열망하는 비이성적인 집단이었다. 그에게 있어서 그리스 비극은 삶의 적극적인 의지의 표현이었지만, 기독교는 거짓과 가장 불쾌한 형식 안에서 삶을 파괴하는 세력이었다. 하지만 기독교에 대한 니체의 평가와는 다르게 본질적으로 기독교는 타인의 고통

---

16) 프리드리히 니체/곽복록 역, 『비극의 탄생』, 17.

17) 쇼펜하우어의 글을 인용하면서 비극의 본질에 대하여 언급하고 있다. "모든 비극적인 것은, 세계와 삶은 참된 만족을 줄 수 없고, 따라서 우리가 집착할 만한 것이 못된다는 [것을] 깨달아서야 획득되는 것이다. 여기에 비극적 정신의 본질이 있다. 그러므로 비극적 정신은 체념으로 이끈다." 프리드리히 니체/곽복록 역, 『비극의 탄생』, 18.

에 대한 연민으로 인하여 그 고통을 제거해 주려는, 타인을 위한 삶
의 가치를 적극적으로 지향한다. 기독교의 타인을 위한 이러한 자세
는 삶 그 자체에 대한 부정이 아니라 타인의 삶을 자기의 삶으로 실
현하고 긍정하는 진취적인 삶의 태도 안에 있다. 기독교는 본질적으
로 타인의 고통을 통하여 자기 자신 안에 일어나는 영원한 기쁨을
실현하는 이상을 최고의 덕목으로 인정한다.

　또한 니체는 그리스 비극을 기독교의 신화적 해석을 비판하는 도
구로 사용하였다. 기독교의 신화적 요소는 마가복음을 포함한 정경
으로 인정된 모든 복음서에서 재현된 예수의 승리를 담보하는 종결
에서도 보인다. 반면에 비극은 주인공의 승리나 문제해결보다 주인
공의 고난과 죽음으로 종결한다는 점에서 니체는 비극과 복음서를
같은 장르로 인정할 수 없었다. 디오니소스적인 것의 내용 중에 하
나가 고통인데, 예수의 고난, 죽음 그리고 부활과 외형적으로 유사
하지만 니체는 예수의 고난과 디오니소스적 고난을 대척점으로 두
었다. 그에 따르면 기독교의 고난은 피해야 할 어떤 것이지만, 디오
니소스적 고난은 바로 지금 이곳의 삶을 긍정하는 표시이다. 그에게
있어서 기독교는 고난이 없는 피안의 세계, 거짓의 세계를 선전했다
면, 그리스 비극은 고통스러운 삶을 긍정하고 사랑하게 하는 것이
디오니소스적 삶의 태도이다. 니체는 그리스 비극 작가가 비극적 영
웅을 고난과 고통에 대하여 무감각한 존재로 만들었고, 고통에 대한
두려움이 없는 신과 같은 영웅 곧 승리의 상태로 표현하기를 원했다
고 이해했다. 그에 의하면, 비극시인의 목적은 바로 영웅의 '두려움
없는 상태'와 고통을 향한 자발적인 움직임을 보여주는 것인데 이것
이 비극이 지향하는 고귀한 목적이다.[18] 그러나 결코 비극은 영웅숭

---

18) 니체/송무 역, 『우상의 황혼』 (청하, 1995), 86.

배만을 고집하는 드라마는 아니다. 오히려 고통스러운 삶으로부터 신적 의지를 향하여 무한히 상승하려는 욕구 혹은 삶의 충동이 그리스 비극정신의 본질이다.[19] 삶에 드러난 고난의 문제를 재현한 것이 바로 비극이다. 그리고 마가복음은 바로 한 인물의 고난에 관련된 행동을 재현하고 있다.[20] 마가의 관객(독자)들도 고난을 재현한 인물의 영웅적 위대함을 인정하고 있다. 니체는 그리스 비극처럼 기독교의 마가복음이 피안의 세계를 선전하는 것이 아니라 삶의 비극적 진실과 고통을 재현함으로 삶을 긍정하도록 하는 것임을 깨닫지 못한 것이다. 니체에 따르면, 아리스토텔레스가 무시했던 비극의 디오니소스적 특징 중에 하나가 어려운 문제들에 처하더라도 삶을 긍정하는 것 곧 삶의 무한함을 기뻐하며 삶에 대한 의지를 긍정적으로 가지는 것이다. 이것은 마가가 본 예수가 보여준 행동에서도 확연히 드러나는 특징이다.

학자들에 의해서 복음서에서 비극의 숭고한 가치가 격리되었던 이유로 차정식이 요약한 것은 당시의 기독교적 현실에 대한 니체의 염세주의나 허무주의적 기원뿐만 아니라 복음서 자체가 갖고 있는 묵시적 경향성이다.[21] 일반적으로 묵시문학은 현실 도피적인 공동체에 의해 창조된 문학 활동이다. 특별히 유대 묵시문학은 억압받는 공동체에 의한 자기 최면과 현실 부정에서 시작한 것이다.[22] 어느

---

19) 김상봉, 『그리스 비극에 대한 편지: 김상봉의 철학이야기』 (한길사, 2003), 62~64, 304.

20) 성서의 해석자들이 성서의 일부로서 비극을 무시해 왔다. 비극은 성서에서 삶의 엄정한 일부로 이미 묘사되고 있다. 니체뿐만 아니라 기독교 자체가 이 부분을 무시했던 것이 사실이다.

21) 차정식, 『예수는 어떻게 죽었는가: 예수의 수난 전승 탐구』 (한들출판사, 2006), 28.

22) 바벨론 포로 이후에 예언문학은 쇠퇴하고 묵시문학이 나타나기 시작했지만, 압도적인 발전은 안티오쿠스 4세의 험악하고 볼썽사나운 통치 기간인 기원전 2세기에 일어난다. 묵시문학이 독자들에게 강조하고 있는 것은 현실세계에 대한 잘못된 망상이나 기대를 가져서는 안 된다는 것이다. 하나님이 다스리는 새로운 세계가 저 너머에 있는 것을 알리고, 그 새로운 세계를 소망하고, 기다리게 하는 것이다. 묵시문학에서 역사의 종말은 반드시 하나님이 결정하는 시간에 온다. 종말은 우주적인 대파국으로 이루어진다.

누구도 부인할 수 없는 묵시문학의 지배적인 역사관은 결정론적 운명론인데, 이러한 결정론적 운명론에서 묵시문학 공동체는 아무것도 할 수 없었다. 묵시적 공동체는 결정된 시간 속에서 주체적으로 할 수 있는 일이 없어서 부여된 역사 속에서 소극적인 태도만을 갖게 된다. 그들에게 있어서 현재로부터의 단절은 오직 초월적인 존재만이 할 수 있는 영역이다. 묵시문학은 비극적 현실을 극복하기 위해 역사의 끝 너머에 있는 환상적 세계를 꿈꾸게 하기에 묵시적 공동체는 나약한 인간적 실존으로 버거운 현실에서의 도피를 위해 신의 간섭을 기대하며, 소극적이고 피동적인 삶의 태도를 갖는다. 묵시 공동체는 단지 고통스러운 현실을 인정하고 부정할 수 없어 수긍해야만 했다. 소위 마가복음의 묵시적 경향성(막 13장)과 니체의 영향을 중요하게 생각하는 해석자들은 마가복음이 갖고 있는 비극적 가치를 전면적으로 부정하였다.

그러나 복음서에서 묘사된 예수는 묵시에 빠져서 현실을 부정하거나 외면하지 않았다. 적어도 복음서의 예수는 현실에 대하여 비관적인 묵시적 경향성을 타파하였다.[23] 마가가 본 예수는 묵시적 경향성보다는 종말론적 경향성 안에 있는 듯하다. 왜냐하면 마가의 플롯은 고난에 대하여 능동적인 이해와 참여를 유도하기 때문이다.[24] 마가가 능동적인 참여을 유도하는 것은 수동적이고, 비관적인 행동을 보여주는 묵시문학의 태도와는 너무나 다른 것이다.

그리스 비극의 관객들은 비록 주인공에게 주어진 운명이 있을지라도, 주인공의 자유정신 안에서 운명에 자발적으로 반응하는 적극적이고, 능동적인 삶의 태도를 숭고한 것으로 인정하였다. 비극은

---

23) D. C. Allison Jr., "Apocalyptic", *Dictionary of Jesus and The Gospels*, eds. Joel B Green and Scot McKnight (Downers Grove: IVP, 1992), 18~19.

24) 4장에서 확인하라.

현실 세계든지, 문학세계든지 주인공이 경험하는 고난과 죽음을 인간의 주체적인 의지로 받아들이게 한다. 이것이 바로 그리스 문학이 유난히 강조하는 자유정신이다.[25] 그리스인들은 그들의 위대한 영웅이 고난에 아무런 저항 없이 그냥 그렇게 수난당하는 것을 동정적인 눈으로 바라보지 않았다. 그리스인들이 중요하게 생각하는 자유정신이 영웅을 만들었다. 문학 속의 영웅들은 고난에 대하여 적극적이고, 능동적으로 반응하여 영웅의 반열에 올라가는 것이다. 그리스인들에게서 위대한 영웅들은 바로 이 자유정신을 소유한 사람이다. 위대한 자유정신을 소유한 사람이라면 누구든지 위대한 영웅으로 대접받았다. 그래서 그리스 비극은 수난당함의 비극이나 수동적 비극이 아니라 자유인의 비극, 곧 능동적 비극이다.[26]

『안티고네(Antigone)』를 통하여 그리스 비극의 자유정신의 중요성을 간략하게 살펴보자. 안티고네는 크레온 왕의 명령을 거역하여 죽음에 처해지게 되었다. 안티고네의 오빠인 에테오클레스가 테베를 침공해 전투를 벌이다 사망했을 때 테베의 왕 크레온은 조국에 대한 에테오클레스의 반역죄에 대한 형벌로 그에 대한 장사를 금지하는 명령을 내렸다. 그러나 안티고네는 오빠가 반역자였지만 가족의 의무를 다하기 위해 왕의 명령을 어기고 오빠의 시신을 흙으로 덮고 장사지냈다. 그런데 나중에 그것이 발각되어 처형을 당하게 되었다. 여기서 안티고네의 행동은 수동적으로 고통을 당하는 것이 아니라 앞으로 그녀가 당할 모든 고통에도 불구하고 자신의 자발적이고 주체적인 결심을 포기하지 않았다. 이 일로 인하여 안티고네는 그리스인들에게 위대한 영웅으로 추앙받게 되었다. 안티고네가 재현했던

---

25) D. D. Raphael, *The Paradox of Tragedy* (Bloomington: Indiana University Press, 1960), 25; William G. McCollom, *Tragedy* (New York: Macmillan, 1957), 5.

26) 김상봉, 앞의 책(2003), 107.

삶은 관객들에게 연민과 두려움을 유발시켰는데 그것은 그녀가 갖고 있는 자유정신 안에서 능동적인 삶의 태도를 가졌기 때문이다. 능동적인 행동이 고난과 죽음으로 인도할 것이라는 것을 알았음에도 불구하고, 그녀는 자신의 행동을 멈추지 않았다. 그녀는 능동적이고 자발적으로 자신의 행동을 완성했다. 이것이 비극『안티고네(Antigone)』의 위대함을 보여주는 자유정신이다.

『오이디푸스 왕(Oedipus the King)』에도 비슷한 경우가 있다. 오이디푸스가 델포이의 신전에 가서 자신의 부모가 누구인지를 신에게 물었을 때 델포이의 신은 묻는 말에 대답하지 않고, 그기 자신의 친아버지를 죽이고, 친어머니와 결혼할 운명을 타고 태어났다는 신탁을 전달했다. 그 말과 함께 오이디푸스는 운명에 적극적으로 저항하기 시작했다. 만일 그가 신들에 의해 결정된 자신의 운명을 받아들이고, 부모의 집에 갔다면 그는 자신에게 내려진 저주스런 운명을 피할 수 있었을 것이다. 그가 자신의 부모라고 알고 있었던 사람들은 사실은 자신의 친부모가 아니었기 때문이다. 그는 자유인으로 부당한 운명 앞에 결코 머리를 숙이지 않았다. 오이디푸스는 운명에 철저히 저항하기 위해 집을 떠났는데 그의 모든 불행은 이처럼 그에게 주어진 운명 앞에서 능동적으로 저항했기 때문에 일어난 일이었다.[27] 이런 것이 그리스인들이 중요하게 생각하는 비극의 자유정신, 비극의 위대함이다. 그래서 비극을 드라마라고 하는데 이것은 비극이 수동적 당함이 아니라 능동적 행함에서 비롯되는 이야기이기 때문이다.

마가가 본 예수도 자신의 고난의 삶에 대하여 능동적이고, 자발적

---

27) Gordon Kirkwood, "What is Greek Tragedy?" *Critical Thinking: Reading Across the Curriculum*, ed. Anne Bradstreet Grinols (Ithaca and London: Cornell University Press, 1984), 193; 천병희, 『그리스 비극의 이해』 (서울: 문예출판사, 2002), 114. 김상중, 앞의 책(2003), 81~83.

인 태도를 보여주었다.[28] 예수는 신적 의지 속에 있는 현실의 고통을 자발적이고, 주체적으로 받아드렸다. 복음서에서 마가가 무대 위에서 재현하려 했던 예수의 삶은 모든 사람이 피하고자 하는 고난과 죽음을 향한 적극적이고 능동적인 태도 안에서 주체적으로 십자가를 향하여 움직이는 행동이다. 이것이 복음서의 예수가 보여준 가장 숭고한 행동이다. 그가 죽음 앞에서 나약함을 보이지 않고, 오히려 적극적으로 반응했다는 점에서 그의 행동은 숭고하고 진지하며 완전하다. 이런 점에서 마가복음은 그리스 비극의 핵심적인 요소인 자유정신을 품고 있는 것이다. 마가가 본 예수가 재현했던 진지한 행동을 보고 듣고 읽는 이들은 자신의 현실의 삶을 되돌아보며, 단지 수긍하는 것이 아니라, 능동적이고 긍정적으로 세상 속에서 진지한 행동을 재현할 수 있다.

이것은 바울에게서도 동일하게 나타나는 요소이다. 다수의 학자가 바울의 사상을 묵시적 성향 안에서 해석하고 있지만, 바울의 서신은 묵시문학처럼 도피적 세계를 대안으로 제시하는 것이 아니라 현재에서의 억압과 핍박을 자발적으로 또는 기쁨으로 견디도록 독려하고 있다(롬 8:17~25; 고전 4:10~13; 고후 1:5; 빌 1:29; 골 1:24). 예수와 마찬가지로 바울도 현재의 고난과 어려움 때문에 현실을 수긍하거나 부정하지 않았다. 이것은 묵시문학의 사상과는 상당히 다른 현실이해이다. 묵시문학에서 현실은 타도되어야 하는 부정적인 것이고, 극복할 수 없는 악이 지배하는 세계이다. 묵시적 사상들은 수동적으로 현재를 부정하여 극복할 수 없는 것으로 인정하였다. 예수와 바울은 결코 현재를 부정하지 않았다. 그들은 오히려 현재를 능동적이고, 주체적으로 살아가며, 그 속에서 활동하는 존재들

---

28) 최재덕, "고난에 대한 역사적 예수의 시각", 『신약논단』 12(2005), 538.

이다. 이러한 태도는 비극의 자유정신의 태도를 그대로 보여주는 것
이다.

2) 종결

마가복음과 그리스 비극 사이의 장르적 유사성을 가로막는 가장
주요 요소는 종결방식의 차이이다. 마가복음은 주인공의 부활을 암
시하는 행복한 종결이라면, 그리스 비극은 주인공의 죽음으로 끝을
맺는 불행한 종결이다. 이 사이로 인해 학자들은, 비록 마가복음에
서 그리스 비극의 분위기와 요소들을 인지했을지라도, 마가복음을
그리스 비극으로 분류할 수 없었다. 장르적 동질성을 찾기 위해서
장르 결정자는 마가복음과 그리스 비극에서 동일한 종결을 찾아야
할 것이다. 마가복음에서 그리스 비극의 불행처럼 고난과 죽음의 종
결을 찾든지 아니면 그리스 비극에서 마가복음의 부활처럼 문제해
결이나 화해의 종결을 찾는다면, 그것은 두 문학 사이의 장르적 동
질성을 보여주는 것이다.[29] 일반적으로 그리스 비극의 종결을 고난
과 죽음으로 이루어진 불행한 종결로 결정하려는 경향이 있다. 대치
나 충돌을 해결하여 화해로 이루어진 행복한 종결을 갖고 있는 그리
스 비극은 없는가? 만일 그러한 구조의 그리스 비극이 존재한다면,
그것은 마가복음과 그리스 비극 사이의 장르적 동질성을 판단하는

---

[29] 마가복음은 사본에 따라 그 종결이 다르게 나타나고 있다. 바티칸 사본과 시내 사본 등은 마가
복음 16:8 이후의 구절을 갖고 있지 않다. 하지만 A C D E H K M S U W X Y G D Q P
A F W 47 055 0211 등은 마가복음 16:9~20을 갖고 있다. 이런 사본들의 증거는 원래의 복음
서에 없었던 마가복음 16:9~20을 후대사본들이 삽입한 것임을 강력하게 시사하고 있다. 나는
짧은 종결(막 16:8)을 마가의 의도된 결말로 인정하는데, 일반적으로 마가복음의 결말은 행복
한 종결로 인정되고 있다. 왜냐하면 예수의 부활에 대한 암시가 여러 차례 있었기 때문이다.
그럼에도 불구하고 마가복음의 결말은 부활한 예수의 출현 에피소드를 기록하고 있지 않고 있
다. 이런 점에서 나는 마가복음이 실제로 행복한 종결로 마치고 있는지에 대해 질문하고 싶다.

것에 긴요하게 사용되리라 본다.

상당수의 연구자가 '그리스 비극의 종결은 불행한 종결이다'라는 고정관념에 도전하고 있으며, 더 나아가 그리스 비극의 종결을 행복한 종결로 언급하고 있다.[30] 키토(H. D. Kitto)는 그리스 비극은 문제를 해결한 긍정적인 종결을 갖고 있으며, 행복한 종결을 통하여 비극적 카타르시스를 성취하였다고 결론을 내렸다.[31] 빌레지키안(G. Bilezikian)은 그리스 비극의 종결을 주인공의 승리 혹은 난국을 타개한 종결로 이해하고 있다.[32] 팔머(Richard H. Palmer) 역시 그리스 비극이 해결을 제공하고 있다고 지적한다.[33] 크로산(J. D. Crossan)도 그리스 비극의 종결을 긴장을 해소한 것으로, 더 나아가 이러한 종결을 일반적인 현상으로 지적하였다.[34] 그에게 있어서, 긴장 해소라는 것은, 비극을 본 관객들의 반응에 관련되어 있는데, 관객들이 주인공의 죽음으로 인하여 공포나 충격이 아니라 행복한 감정을 느낀다는 것을 말한다. 하디슨(O. B. Hardison)은 '그리스 비극의 종결은 불행한 종결이다'는 고정관념을 비극에 대한 현대적 이해의 산물로 여기고 있다. 그는 그리스 비극의 개념과 현대 비극의 개념 사이의 개념적 차별성을 지적하면서 그리스 비극의 다수가 행복한 결말로 종결했다는 것을 지적하였다. 그는 『자비로운 여신들(the Eumenides)』, 『콜로누스의 오이디푸스(Oedipus at Colous)』, 그리고 『타우리스의

---

30) 니체도 그리스 비극의 종결을 부정적으로 보는 것이 아니라 긍정적으로 보고 있다.

31) H. D. Kitto, *Greek Tragedy: A Literary Study* (Garden City: Doubleday, 1955), 331.

32) G. Bilezikian, *The Liberated Gospel: A Comparison of the Gospel of Mark and Greek Tragedy* (Grand Rapids: Baker, 1977), 53.

33) 그는 그리스 비극 안에서 세 가지 종류의 해결을 제시하고 있다. 다음에서 확인하라. Richard H. Palmer, *Tragedy and Tragic Theory: An Analytical Guide* (Westport: Greenwood Press, 1992), 155~159.

34) John D. Crossan, "Review of Kerygma and Comedy in the New Testament", *Journal of Biblical Literature* 95 (1976), 487.

이피게니아(Iphigenia in Tauris)』를 행복한 결말을 갖고 있는 드라마로 지명하였다.[35]

(1) 아이스킬로스의 오레스테이아 3부작

그리스 3대 비극 작가 중의 하나인 아이스킬로스(Aeschylus, B.C. 525/524-456/455)는 그의 드라마를 주인공의 고난과 죽음으로 항상 종결시키지 않았다.[36] 그의 드라마에는 행복한 종결을 보여주는 드라마가 있다. 행복한 결말을 보이는 비극은『오레스테이아』3부작인데,[37] 아이스킬로스는 3부작, 즉『아가멤논(Agamemnon)』,『제주를 바치는 여인들(The Libation Bearers)』, 『자비로운 여신들(The Eumenides)』에서 복수의 여신과 아테네 여신 사이의 문제 해결로 인하여 탄탈로스 가문에 처음으로 속죄의 평화가 오는 것으로 종결하고 있다.

---

35) 아리스토텔레스는『시학』13장에서 불행에서 행복으로 진행하는 비극의 플롯에 대하여 토론하였다. O. B. Hardison, *Aristotle's Poetics* (Englewood Cliffs: Prentice-Hall, 1968); Leon Golden/최상규 역,『아리스토텔레스의 시학』(예림기획, 1997), 210; 김상중도『콜로누스의 오이디푸스』에 대하여 언급하고 있다. 김상중, 앞의 책(2003), 54.

36) 아이스킬로스는 아테네(Athenai) 근처의 엘레우시스(Eleusis)에서 귀족의 아들로 태어났다. 그는 사튀로스(satyros) 극을 포함하여 약 90편의 드라마를 썼는데 그중 현재 온전하게 남아 있는 것은 비극 7편(『페르시아인들(The Persians)』,『테베를 공격하는 일곱장군들[Seven against Thebes]』, 오레스테이아 3부작, 즉『아가멤논[Agamemnon]』,『제주를 바치는 여인들[The Libation Bearers]』,『자비로운 여신들[The Eumenides]』,『탄원하는 여인들[The Suppliants]』,『결박된 프로메테우스[Prometheus Bound]』)뿐이다. 그는 합창과 낭송만으로 이루어진 초기 비극을 노래와 대사, 그리고 행위로 이루어진 완전한 형태의 비극으로 발전시켰다. 아이스킬로스는 아테네와 페르시아 사이에 벌어진 첫 번째 전쟁에 참여했으며, 나중에는 아테네의 자유주의자와 보수주의자들 사이에 벌어진 정치적 갈등을 관찰했다. 그는 B.C. 484년 봄에 연극 부문에서 처음으로 우승했다. 한편 그는 아테네를 위한 전투에도 참여했다. 전해 오는 말에 따르면 그는 B.C. 490년에 마라톤 전투에서 부상하여 전쟁터 밖으로 실려 나왔다고 한다. B.C. 480년에 페르시아인들은 그리스를 재침략했고, 아이스킬로스는 또다시 전투에 참여하였다.

37) 3부작은 기원전 458년에 발표된 극으로 아이스킬로스의 열세 번째 우승을 안겨준 작품이다. 3부작(trilogy)은 아이스킬로스의 대표작이기도 하다. 아이스킬로스의 3부작은 그리스 비극의 3부작의 전형이며, 현존하는 유일한 3부작이다. 3부작은 탄탈로스가의 이야기이며 인물들 사이의 갈등을 말한 작품이다. 이 가계의 인간들의 평화와 복수, 필연적으로 내려지는 벌, 정의와 사랑으로 해결되는 과정을 아이스킬로스는 종교적인 눈으로 전개하고 있다.

아이스킬로스의 『아가멤논(Agamemnon)』은 3부작의 서론에 해당한다. 아가멤논은 트로이를 함락시킨 후, 트로이에서 포로로 끌려온 무녀 카산드라와 함께 아르고스에서 의기양양하게 승전을 선언한다. 그러나 클리타임네스트라는 남편의 승전소식을 봉화를 통해확인하고 신들에게 제사를 드린다. 그녀는 겉으로는 기뻐하지만 실제로는 이기기 위해서 딸 이피게니아를 제물로 희생시킨 아가멤논을 증오하며 살해하려 한다. 트로이 전쟁 때 아가멤논은 그리스군의총지휘관으로서 출전했었는데 여신 아르테미스의 노여움을 사 출항할 수 없게 되자 여신의 노여움을 풀기 위하여 자신의 딸 이피게니아를 산 희생제물로 바쳤다.

아가멤논을 살해하려는 음모에는 클리타임네스트라의 정부 아이기스토스도 관련되어 있다. 아이기스토스는 아버지대의 원수를 갚기위해 클리타임네스트라와 손을 잡게 되었던 것이다. 클리타임네스트라는 아가멤논이 궁전으로 돌아왔을 때 살의를 품고 있으면서도 아가멤논을 정성껏 맞이하여 그를 안심시킨다. 이런 점에서 클리타임네스트라의 인물구성에 대한 아이스킬로스의 묘사는 일품이다.

그런 후에 클리타임네스트라는 무방비 상태의 아가멤논을 세 번흉기로 찔러 살해했고, 잇따라 들어온 카산드라도 죽인다. 그러한살인 행위에 대하여 클리타임네스트라는 아가멤논이 죗값을 받은것이라고 주장하며 당당해한다. 그리고 아이기스토스도 살해한 것을복수라는 의미로 살인행위의 정당성을 찾고 있다. 아르고스의 노인들로 구성된 합창단은 앞으로 다가올 고뇌를 말하며, 인간은 다만이 고뇌를 통해서만 지혜를 배울 수 있다는 사실과 정의가 모든 것을 해결할 것이라는 예언으로 극은 끝난다. 『아가멤논』의 마지막 장면도 표면상으로 비극적으로 보이지만 합창단의 노래는 정의가 모든 것을 해결할 것이라는 문제해결을 암시하고 있다.

『아가멤논(Agamemnon)』의 후속편인 『제주를 바치는 여인들(The Libation Bearers)』의 원명은 '꿀벌과 유즙으로 된 기름을 무덤에 바치는 여인들'에서 왔다. 엘렉트라가 처음으로 등장한다. 아가멤논이 살해된 후, 아르고스는 왕비와 그녀의 정부에 의한 잔악한 통치를 경험한다. 아버지를 잃어버린 엘렉트라는 남편을 죽인 클리타임네스트라의 명령으로 궁전 하녀들과 함께 아버지의 무덤을 찾아가서 제주를 바친다. 클리타임네스트라는 악몽으로 인하여 걱정하면서 고인과 화해하기 위해 고인의 무덤에 세주를 바치라고 엘렉트라에게 명령했던 것이다. 그러나 엘렉트라는 제주를 부으며, 그의 어머니를 위해 기도하지 않았다. 오히려 엘렉트라는 아버지를 죽인 어머니와 그녀의 정부에 대해 증오와 멸시의 감정으로 하루속히 오레스테스의 귀환과 복수를 기도한다.

엘렉트라는 친동생인 오레스테스가 애도의 표시로 아버지의 무덤가에 바친 머리털 묶음을 발견한다. 이미 오레스테스는 복수를 위해 아르고스에 돌아와 아버지의 무덤에서 애도하고 있었다. 제주를 바치는 무녀들이 오는 것을 보고, 그는 그들의 태도를 살피기 위해 친구 필라데스와 함께 몸을 숨겼던 것이다. 오레스테스가 돌아온 이유는 아버지의 원수를 갚으라는 아폴론의 신탁 때문이다. 엘렉트라와 오레스테스, 그리고 합창단은 무덤가에서 서로 화답하며, 애탄가를 부르고, 궁전 안으로 들어갈 계획을 세운다. 이 애탄가는 『제주를 바치는 여인들(The Libation Bearers)』에서 결정적 반전을 일으킨다. 애탄가 전에 오레스테스는 아폴론 신으로부터 받은 신탁에 의해 복수를 결심했지만 애탄가를 부른 후 그의 태도는 아폴론의 신탁이 아니라 자발적 의지 속에서 복수를 결심한다. 그리고 엘렉트라는 남동생을 재촉하여 어머니와 그의 정부를 죽일 것을 요구한다. 어머니와 그녀의 정부를 죽이려는 오레스테스는 궁에 들어가기 위해 계략을 꾸민다. 오레스테스는 자신이 죽었다는 소문을 만든다. 그는 그 소식을 전하러 온 사람으로 가장하여 궁전 안으로 들어간다. 그는 어머니의 정부를 죽인 후, "오 내 아들아, 이 젖에 매달려 잠들면서도 이빨도 없는 그 입으로 빨았었는데"라고 젖가슴까지 풀어 헤치는 어머니인 클리타임네스트라도 죽인다. 아버지의 복수를 실현한 것이다. 하지만 극은 또 다른 복수를 예언하는 합창단의 노래로 마친다. 그럼에도 불구하고 합창단은 신의 돌봄과 보호를 기원하고 있다. 신의 돌봄과 보호를 기원하는 합창단의 노래는 문제해결을 암시하는 것이다.

복수의 여신들이 『자비로운 여신들(The Eumenides)』의 결말에 이르러서는 아테나 여신의 간곡한 설득으로 오레스테스를 용서하고, 세상에 복을 주기로 맹세하는 자비로운 여신들로 변한다. 오레스테스가 아가멤논의 아들이기에 그의 살해행위는 사적인 혈연관계에 의한 복수라는 혐의가 짙다. 복수의 여신들에게 쫓긴 오레스테스는 아폴론 신을 찾아 델포이 신전으로 간다. 복수의 여신들을 피하여 쉬고 있는 동안 오레스테스는 복수의 여신들에 의해 포위당한다. 복수의 여신들은 유령으로 나타난 클리타임네스트라에게 복수를 다짐한다. 오레스테스는 아폴론 신의 도움과 보호로 복수의 여신들의 포위망을 빠져 나와 아테네로 간다. 복수의 여신들은 오레스테스를 아테네까지 뒤쫓아 가 아테나 여신의 재판을 받게 한다. 그리고 아테나 여신의 재판을 통하여 오레스테스는 무죄선고를 받고, 고향인 아르고스로 돌아간다. 그러나 복수의 여신들은 아테나 여신의 판결에 대하여 화를 내지만 아테나 여신의 간곡한 부탁과 설득으로 마음이

풀려 자비로운 여신들로부터 안식처를 얻게 된다. 복수의 여신들이
자비로운 여신들로부터 안식처를 제공받으면서 몇 대를 두고 내려
오던 탄탈로스 가문에 처음으로 속죄가 이루어졌으며, 평화를 누리
게 된다.

이상에서 관찰한 3부작의 종결은 화해와 용서를 보여주는 갈등의
해결로 마치고 있다. 이것은 '그리스 비극는 복수와 죽음으로 이루
어진 불행한 종결로 마쳐야 한다'는 비극의 종결에 대한 일반적 이
해에 새로운 전환점을 갖게 한다. 골드만(L. Goldmann)도 그리스 비
극의 종결이 결코 불행으로 종결하지 않고, 문제해결로 대미를 장식
하고 있다고 결론을 내렸다.[38] 3부작 비극의 종결이 문제와 충돌의
해결과 속죄로 끝난다면, 마가복음과 그리스 비극 사이의 장르적 유
사성에 있어서 가장 큰 걸림돌이 제거될 수 있는 토대를 만든 것이
다. 그러므로 마가복음이 예수의 죽음을 넘어서 그의 부활하심을 암
시하면서 종결할지라도, 그것은 그리스 비극적이다.[39] 더 나아가 레
스키(A. Lesky)도 아이스킬로스의 3부작 외에도 행복한 결말을 갖고
있는 비극 작품이 많이 있다는 결론을 내리고 있다.[40] 더 중요한 것
은 이러한 종결이 비극의 일반적인 종결로 이해되어야 한다고 지적
한 것이다. 위의 사실은 그리스 비극의 종결이 반드시 '불행한 종결'
이어야 한다는 고정관념을 버리게 한다.

---

38) L. Goldmann, *The Hidden God*, tr. by P. Thody (London: Routledge & Kegan Paul, 1964), 41.

39) 마가복음의 십자가와 그리스 비극의 유사성을 위해서는 아래의 글을 참조하라. A. J. Lunn, "Christ's Passion as Tragedy", *Scottish Journal of Theology* 43(1990), 308~320; Roger L. Cox, "Tragedy and the Gospel Narrative", *The Yale Review* 57(1968), 545~570.

40) Albin Lesky, *Greek Tragic Poetry*, tr. by Matthew Dillon (New Haven: Yale University Press, 1983), 114.

(2) 소포클레스의 『필록테테스(Philoctetes)』

소포클레스(B.C. 497~406)의 『필록테테스(Philoctetes)』도 행복한 결말을 갖고 있다. 오디세우스는 네오프톨레모스에게 거짓말로 필록테테스를 속이라는 지시를 한다. 필록테테스를 속여야 하는 이유는 트로이를 함락하기 위해 필록테테스가 갖고 있는 활이 필요했다. 그러나 네오프톨레모스는 반항한다. 오디세우스는 이 일이 성사되어 트로이가 함락되는 날에 그도 명성을 얻을 것이라고 반항하는 네오프톨레모스를 설득한다. 한편 병들어 버림받은 필록테테스는 자신을 버린 오디세우스에 대한 증오심을 불태운다.[41] 네오프톨레모스는 오디세우스가 약속대로 죽은 아버지의 무구를 돌려주지 않는 것에 분개하여 심한 말다툼 끝에 트로이를 떠나 고향으로 돌아가는 중이라고 필록테테스를 속인다. 네오프톨레모스는 고향으로 데려다 달라는 필록테테스의 간청을 수락한다. 오디세우스의 정탐꾼은 필록테테스에게 예언자 헬레노스의 신탁을 전해준다. 신탁은 트로이를 함락하기 위해서 필록테테스의 활의 필요성을 언급한다.

필록테테스의 심각한 병으로 인하여 네오프톨레모스는 힘들이지 않고 원하던 활을 손에 넣게 된다. 그런 중에 네오프톨레모스와 필록테테스는 깊은 우정을 공유하기 시작했다. 이로 인하여 네오프톨레모스는 필록테테스를 속일 수 없어 가면을 벗어던지며 사실을 털어놓는다. 그러자 필록테테스는 네오프톨레모스에게 활을 돌려줄 것을 요구하고 자신을 떠나라고 한다. 네오프톨레모스가 활을 돌려주

---

41) 필록테테스는 헤라클레스의 화장용 장작더미에 불을 붙여준 대가로 헤라클레스의 활과 화살을 유산으로 물려받았다. 필록테테스는 그 후 유명한 궁수가 되었다. 필록테테스는 트로이로 건너가던 도중 뱀에 물렸고, 뱀의 독이 어찌나 강했던지 필록테테스는 고통 속에서 신음하게 되었으며, 쉽사리 치료되지도 않았다. 상처 곪는 냄새는 사방으로 퍼졌고, 동료들은 고약한 냄새를 참을 수 없을 지경이었다. 비명소리도 여간 거추장스러운 게 아니었다. 오디세우스의 제안으로 병든 필록테테스를 그리스 군이 렘노스 섬에 버린다.

려는 순간 오디세우스가 나타나 그를 제지한다. 오디세우스는 활과 함께 필록테테스를 트로이로 데려가겠다고 하자 필록테테스는 절벽에서 떨어져 죽겠다고 위협한다. 그리고 오디세우스와 네오프톨레모스는 필록테테스와 합창단을 남겨두고 떠난다. 필록테테스가 자살할 방법을 찾고 있는 동안, 네오프톨레모스는 활을 주인에게 돌려주겠다는 심경의 변화를 갖는다. 활을 돌려줌으로 필록테테스와 네오프톨레모스는 화해하고, 다시 친구가 된다. 그리고 친구가 된 네오프톨레모스는 새로운 신탁을 전하면서 필록테테스에게 트로이에 돌아가자고 설득한다. 신탁은 필록테테스가 트로이로 돌아가서 환부를 치료받고, 명성을 얻게 된다는 내용이다. 비록 필록테테스와 함께하는 네오프톨레모스의 길은 자기희생의 길이지만, 그는 그와 함께 길을 내려간다. 돌아가지 않겠다던 필록테테스를 갑자기 나타난 헤라클레스가 설득한다. 완강한 필록테테스도 헤라클레스에게 설득당하여 정든 렘노스 섬의 샘과 초원, 그리고 거친 파도에 작별을 고한다. 『필록테테스』의 종결 역시 불행이 아니라 화해와 문제해결로 마치는 행복한 종결이다.

(3) 에우리피데스의 『알케스티스(Alcestis)』

에우리피데스(Euripides, B.C. 480?-406)의 4부작[42] 중에 하나인 『알케스티스(Alcestis)』는 헤라클레스가 알케스티스의 생명을 회복하는 것으로 종결한다. 알케스티스는 테살리아의 왕 아드메토스의 아내이다. 알케스티스의 아버지 펠리아스는 딸의 구혼자에게 사자와 멧돼지를 동시에 전차에 붙들어 매야 한다는 난제를 주었는데 아드메토

---

[42] 에우리피데스의 4부작은 『크레타의 여인』, 『포소피스의 알크마이온』, 『텔레포스』, 『알케스티스』로 구성되어 있다.

스는 아폴론의 도움을 빌려 난제를 해결했고, 그녀와의 결혼에 성공하였다. 아폴론이 아드메토스를 도와주게 된 이유는 그가 아드메토스의 하인이었을 때 아드메토스로부터 받은 따뜻한 사랑과 돌봄에 감사하여 사례한 것이었다.

아폴론의 도움은 이것에서 그치지 않았다. 아드메토스의 목숨이 끝나갈 즈음에 아폴론은 운명의 여신 모이라에게서 아드메토스를 살릴 수 있는 방도를 찾게 된다. 아폴론이 찾았던 방도는 아드메토스의 친척 중에 한 사람이 그의 목숨을 대신할 수 있다는 것이다. 그러나 아드메토스가 죽을 날이 왔을 때 늙은 부모를 포함하여 어느 누구도 그를 대신하여 죽기를 원하지 않았다. 그런 중에 젊은 아내 알케스티스가 남편을 대신하여 죽기를 결심하고, 남편을 위한 희생적인 죽음을 받아드린다. 알케스티스는 아이 둘을 남겨두고 죽음의 길을 선택한 것이다.

알케스티스가 죽고, 그녀의 남편 아드메토스가 슬픔에 잠겨 있을 때 헤라클레스가 아드메토스를 방문하였다. 헤라클레스는 새로운 모험을 위해 이곳저곳으로 돌아다니던 중이었다. 헤라클레스가 그곳에 방문했을 때 아드메토스는 사랑하는 알케스티스의 죽음을 숨기고, 헤라클레스를 환대한다. 그런 중에 헤라클레스는 알케스티스의 죽음을 인지한다. 아드메토스의 따뜻한 배려에 감동한 헤라클레스는 아드메토스를 도와주기를 원한다. 헤라클레스는 알케스티스의 묘지에 가서 알케스티스를 데리러 온 죽음의 신 타나토스와 격투한다. 그의 격투는 알케스티스를 되찾아 그의 남편에게 돌려주기 위함이다. 결국 헤라클레스는 알케스티스를 사랑스러운 남편 곁으로 데려온다.

우리는 에우리피데스의 『알케스티스(Alcestis)』의 결말을 결코 불행한 종결로 단정할 수 없으며, 오히려 『알케스티스(Alcestis)』를 행복한 종결로 분류해야 한다. 에우리피데스의 비극 중에 행복한 결말로 마치는 비극이 『알케스티스(Alcestis)』가 유일한 것은 아닌 것 같다.[43] 이것이 사실이라면 그리스 비극의 결말은 불행한 종결로 고정된 것이 아니다. 비극의 종결은 비극적 카타르시스를 완성하기 위한 극작가의 의도에 따라 불행한 종결 혹은 행복한 종결로 선택될 수 있음을 보여준다.

위에서 살펴본 세편의 비극은 문제 해결을 갖고 있는 행복한 종결이라는 점에서 마가복음의 종결과 비슷하다. 마가복음도 부활이라는 해결을 암시하면서 극을 마치고 있다. 이것을 인정하면서 시몬(U. Simon)은 예수의 십자가의 사건에 대해 복음서를 가장 그리스 비극으로 만드는 요소로 인정하며, 더 나아가 비극을 죽음과 삶의 문제에 대한 확실한 답을 제공하는 것으로 정의한다. 그러면서 그는 마가복음과 그리스 비극 사이의 장르적 동질성을 인정한다.[44] 슈텔랜드(Steward R. Sutherland)는 비극적 드라마의 발전과 성장을 위해 신뢰할 수 있는 초석으로써 기독교의 가능성을 이야기하고 있다.[45] 그는 마가복음을 그리스 비극에서 시작하여 새롭게 변형되고, 확장된 기독교의 비극적 드라마의 첫걸음으로 간주한다.

마가복음을 비극 드라마로 읽는 것은 마가복음의 세계에 대한 관객들의 이해를 더욱 심화시킬 수 있을 것이다. 특별히 드라마로서 마가의 종결은 관객들을 새로운 세계로 인도한다. 이런 점에서 마가복음의 종결은 '불행한 종결'(unhappy ending)이나 '행복한 종결'이 아니라 '개방된 종결'이라 할 수 있다.[46] 차정식도 그리스 비극의 종

---

43) 천병희, 앞의 책(2002), 156.

44) Ulrich Simon, *Pity and Terror: Christianity and Tragedy* (London: Macmillan, 1989), xvi.

45) Steward R. Sutherland, "Christianity and Tragedy", *Literature and Theology* 4(1990), 163.

46) Mary A. Tolbert, *Sowing the Gospel: Mark's World in Literary-Historical Perspective* (Philadelphia: Fortress

결을 '불행한 종결'이라는 도식으로 인정하지 않으면서 마가복음의 종결과 그리스 비극의 종결 사이의 유사성을 인정한다.[47] 더 나아가 그는 마가의 수난 내러티브와 그리스 비극 사이의 장르적 연관성을 인정한다. 그는 예수 내러티브의 비극성을 수평적 동기와 수직적 동기로 이해하고 있다. 그에게 있어서 수평적 동기로 예수의 수난은 독자들이나 관객들의 삶의 문제를 심사숙고하게 하고, 수직적 동기로 예수의 비극성은 독자들이나 관객들의 삶의 문제 안에서 초월적인 환희, 즉 신적 본성의 회복을 보여준다. 그렇다고 신적 본성이나 의지가 드라마의 주인공을 전지전능하게 행동하도록 만드는 것은 아니다. 오히려 주인공의 자발적인 결단과 행동을 통하여 인간적 의지의 포기와 신적 본성의 회복이 재현된다. 주인공의 재현은 관객들의 삶의 환경에서 다시 재현될 것이다. 개방된 종결이라 함은 바로 재현의 가능성을 열어 놓은 것을 암시한다. 개방된 종결은 독자들이나 관객들에게 삶에 대한 계속적인 물음을 제공하며, 신적 본성을 향하여 끊임없는 여정을 지속할 수 있는 공간을 만들어주고 있다. 어쩌면 독자들이나 관객들의 인간적인 심사숙고를 통하여 신적 본성을 향한 결단은 또 다른 영웅의 출현을 가능케 한다. 그렇다고 관객들의 결단이 인간적 의지를 버리고 신적 본성을 향한 결단이라고 단정할 수 없다. 영웅이 출현할 수도 있고 그렇지 않을 수도 있다. 공동체의 새로운 영웅은 카타르시스를 통하여 결단한 관객들에 의해서 만들어지는 것이다. 그리스 비극의 종결을 '개방된 종결'로 정의한다면, 마가복음의 종결과 그리스 비극의 종결은 장르적 동질성 안에 있는 것이다. 마가도 자신의 복음서를 개방적 종결로 마침으로

Press, 1989), 288~299.

47) 차정식, 앞의 책(2006), 27.

그의 독자나 관객들을 삶의 새로운 행동으로 인도한다. 마가가 원했던 행동의 재현은 바로 예수의 고귀한 행동이다. 관객들은 예수의 행동을 재현해야 할 것이다.

3) 아이러니

그리스 비극의 요소를 더 가미시키며, 복음서의 의미를 효과적으로 극대화시키기 위해 마가는 이중성(duality) 혹은 아이러니라는 문학적 기법을 사용하였다. 아이러니는 외형과 실체의 대조를 깨닫지 못했을 때 최적의 효과를 발생시킬 수 있는 문학적 기법이다.[48] 아이러니는 통상적인 의미 이상의 것으로 사건과 사실에 대한 폭넓은 의식을 창출하기 위해 사용된다. 아이러니는 독자들이나 관객들에게 사건의 이면과 실재를 동시에 밝혀 봄으로써 본문에 대한 보다 깊은 이해를 가능케 한다. 무에케(D. C. Muecke)의 아이러니에 대한 정의를 따르면서 카메리-호가트(Jerry Camery-Hoggatt)도 아이러니를 두 개의 층으로 이해하고 있다. 그는 '본문'과 '본문 속의 본문'(subtext)으로 아이러니의 구조를 확인하고 있다.[49] '본문'이라는 것은 실질적으로 나타난 의미를 전해주는 것이며, '본문 속의 본문'은 저자가 말하고자 하는 숨겨진 의미를 전달하는 세부 본문을 의미한다. 이런 점에서 아이러니라는 문학적인 기법 안에서 실질적인 언어와 사건은 두 개의 의미를 가질 수 있는 것이다. 곧 아이러니는 두 개의 층을 가지고 있는 하나의 실체라 할 수 있다. 그러므로 아이러니를 적

---

48) D. C. Muecke, *The Compass of Irony* (London: Meth & CO. 1969), 19~20.

49) Jerry Camery-Hoggatt, *Irony in Mark's Gospel: Text and subtext* (Cambridge: University Press, 1992). 문학적 기법인 아이러니를 위해서는 이것을 보라. James E. Miller, *Word, Self, and Reality* (NY: Dodd, Mead & Co., 1972).

절하게 이해하려는 독자들이나 관객들은 단순한 문자적 의미를 거절해야 하며, 오히려 저자가 숨겨놓은 새로운 의미를 찾아내는 것이 필요할 것이다.[50]

아이러니는 언어적 아이러니와 상황(극)적 아이러니로 크게 분류할 수 있다.[51] 언어나 비유를 통하여 숨겨진 의미를 드러내는 것이 언어적 아이러니이며, 상황적 아이러니는 화자의 무지 안에서 다른 사람의 상황을 자신의 것으로 이해하지 못하게 하는 문학적 도구이다. 아이러니의 언어적 의미는 '표현의 효과를 높이기 위하여 실제와 반대되는 뜻의 말을 하는 것'이다. 김소월의 시 『진달래꽃』의 "나보기가 역겨워 가실 때에는 죽어도 아니 눈물 흘리오리다"가 언어적 아이러니의 적절한 예이다. 그리고 성서 안에서 언어적 아이러니의 좋은 예가 비유이다. 반면에 극적 아이러니는 사건들의 배열을 통하여 드러난다. 극적 아이러니는 주인공의 행동이 종국에 자신의 의도했던 것과는 다르게 드러나는 행동에 관련된 것이다. 이 극적 아이러니는 비극적 아이러니와 희극적 아이러니로 구분할 수 있는데, 마가복음과 그리스 비극 간의 장르적 유사성을 위해 필요한 것은 비극적 아이러니에 대한 이해일 것이다. 이런 아이러니는 비극에서 흔히 사용되기 때문에 비극적 아이러니 혹은 소포클레스적 아이러니라고 하며, 비극적 인물의 대사에 흔히 사용된다. 비극적 아이러니는 등장인물이 극중의 실제 상황과 맞지 않는 행동을 하거나 앞으로 다가올 운명에 대하여 반대의 것을 기대할 때 등장인물의 무지

---

50) Wayne C. Booth, *A Rhetoric of Irony* (Chicago: University of Chicago Press, 1974), 10~12.

51) 학자들에 따라서 우주적 아이러니, 낭만적 아이러니, 소크라테스의 아이러니 등등으로 분류하고 있다. 세부적인 것에 대한 이해는 다음의 자료들을 참고하라. 이상섭, 『문학비평 용어사전』 (민음사, 2001), 227~231; 오세영, 『문학과 그 이해』 (국학자료원, 2003), 139; 이중재, 『구인회 소설의 문학사적 연구』 (국학자료원, 1998), 139~140; 김병택, 『현대시론의 새로운 이해』 (새미, 2004), 188~189.

와 관객들의 인지 사이의 대립에서 발생한다.[52] 극에 등장하는 특별한 인물이 자신의 환경과 상태에 대하여 충분히 알지 못하기 때문에 그의 말을 다른 사람이 들을 때 의도하지 않은 의미를 알게 된다. 곧 비극적 아이러니는 극작자가 대사 속에 등장인물들이 의식하지 못한 의미를 추가함으로 그 의미를 관객들에게 알려주는 문학적 기교다. 극의 결말은 작가나 관객들에게 알려져 있지만 실제로 드라마에서 등장인물들은 모르고 행동함으로써 빚어지는 아이러니이기도 하다. 셰익스피어가 『오셀로(Othello)』에서 이러한 방법을 자주 사용하고 있는데 주인공 오셀로는 신뢰하는 기수 이야고가 자신을 배신하고 있다는 사실을 눈치 채지 못했기 때문에 오셀로가 하는 말은 복잡한 의미나 효과를 가지게 되는 것이다.

『제주를 바치는 여인들(The Libation Bearers)』에서 오레스테스의 옛 유모는 그가 죽은 줄 알고, 애탄가를 노래한다. 옛 유모의 애탄에 찬 대사를 던지는 장면은 이른바 그리스 비극의 생명이라 할 수 있는 극적 아이러니의 극치라고 할 수 있다. 유모는 오레스테스의 죽음을 확신하고, 그의 생모조차 흘리지 않던 눈물을 흘리며, 어릴 때 정성을 다해 애써 기르던 일들을 회고한다: "…… 아 이제는 귀여운 오레스테스 왕자가 밤낮으로 내 성의를 다한 분이! 에미의 배에서 떨어지기가 무섭게 내 손으로 기른 오레스테스. 울 때마다 잠을 못 이루고, 보살펴 기른 보람도 없이. 분별심 없는 어린 시절에는 백치같아 짐승의 새끼를 기르듯 양육해야 하는 법. 포대기에 싸여 있는 동안엔 말도 못해 배가 고프건 목이 타건 오줌이 마렵건 모르는 것이고, 배는 제멋대로 작용하니 이러한 모든 것을 사전에 알아서 보아 주었지…… 선왕도 내 팔에 애를 맡기곤 했고, 그런데 아, 그 도련

---

52) Jerry Camery-Hoggatt, 앞의 책(1992), 61~62.

님이 죽다니! 하여튼 이 집안을 더럽히는 사내한테 가서 이 소식을 전해야 할 팔자, 그에게는 좋은 소식일 테지." 애탄가 속에서 그녀는 비극적 세계 안에서 일어나고 있는 일이나 자신이 말하고 있는 것이 무엇인지 정확하게 이해하지 못하고 있다. 유모는 원래 아이기스토 스를 무장한 호위병들과 함께 데려오라는 클리타임네스트라의 지시 를 받았다. 그러나 사건의 내막을 알고 있는 합창단으로부터 오레스 테스가 죽지 않았다는 암시를 받고는 결정적인 순간에 그 지시를 바 꿔버린다. 노래가 끝나면 아이기스토스가 호위병 없이 혼자서 등장 하여 오레스테스의 칼에 쓰러진다. 이때 클리타임네스트라는 시종으 로부터 "죽은 사람이 산 사람을 죽이고 있다"는 말을 듣고, 사건의 전말을 일순간에 깨닫는다.[53]

『제주를 바치는 여인들(The Libation Bearers)』에서 오레스테스가 아가멤논 대왕의 무덤에 나타나 머리카락을 놓지만, 엘렉트라는 혈 족인 오레스테스를 알아보지 못하는 비극적 아이러니가 있다.[54] 모 든 사람이 아는데 당사자인 유모와 엘렉트라만 모르고 있으니 비극 적 아이러니의 극치라고 할 수 있다. 오레스테스는 아버지의 복수를 계획한다. 애탄가를 부르기 전에 그의 복수는 신의 의지 안에서 결 심한 것이었다. 그러나 애탄가를 부른 후, 그의 복수는 순전히 자신 의 의지 안에서 일어나는 행위로서 자신의 책임 아래 행하기로 결심 한 것이다. 여기서 우리는 신의 의지와 인간의 의지라는 이중적 동 기부여를 본다. 극적 아이러니가 다시 부각된다. 신의 신탁에 의하 여 아버지의 원수를 갚는 오레스테스는 누구보다도 효자이지만 동 시에 모친 살해범으로 그의 가문을 옭아매고 있는 죄와 벌의 사슬

---

53) 천병희, 앞의 책(2002), 69.
54) 조우현, 『희랍비극』, 126.

속으로 뛰어들게 되는 것이다. 그러므로 그의 의지에 의한 복수는 또 다른 복수를 불러오게 될 것이다.

『오이디푸스 왕(Oedipus the King)』에서도 비극적 아이러니는 작품의 곳곳에서 보인다. 살인자에 대한 저주와 처벌에 대한 오이디푸스의 선언은 비극적 아이러니를 보여주는 중요한 사건이다.[55] 테베 시민들이 오이디푸스에게 테베를 역병의 고통에서 구해달라고 애원한다. 이러한 탄원에 대하여 오이디푸스는 "내 가엾은 아들들이여"라고 부르며, 기꺼이 도와주겠다고 대답한다. 그러나 그의 대답은 자신을 저주하는 것이었다. 스스로가 라이오스를 죽인 그 살인자임에도 불구하고 그 사실을 모르고, 자신에게 저주를 내리는 오이디푸스를 통해 우리는 쉽게 극의 결말을 짐작할 수 있다. 극의 마지막 장면은 스스로 장님이 된 오이디푸스가 자신을 추방해달라고 애걸하는 장면이다. 이러한 비극적 아이러니는 이를 지켜보는 관객들에게 준엄한 경고로 작용하기도 한다: 자신의 신분에 대한 무지가 어떤 결과를 가져오는지를 알려준다. 오이디푸스가 비참한 모습으로 등장하여 추방해 줄 것과 딸들과 작별인사를 할 수 있게 해달라고 애원하는 장소는 극의 시작에서 백성을 도우려는 인자하고, 유능한 왕의 모습을 보여준 바로 그 장소이다.[56] 이 장소는 『오이디푸스 왕(Oedipus the King)』의 아이러니가 극명하게 나타나는 곳이다.

『오이디푸스 왕(Oedipus the King)』의 주된 내용을 살펴보면 이러한 아이러니가 곳곳에 내재하고 있음을 알 수 있다. 눈을 뜨고도 자신의 운명을 보지 못하는 오이디푸스, 맹인임에도 신탁의 예언이 옳음을 알고 있는 테이레시아스의 대조적 모습 또한 아이러니하다. 또

---

55) 소포클레스/김혜니 역, 『소포클레스 그리스 비극』(타임기획, 1999), 171.
56) 천병희, 앞의 책(2002), 113.

한 한 에피소드에서 이오카스테는 코린토에서 온 사자에게 오이디푸스의 아버지로 알려진 폴리보스의 죽음에 대한 소식을 전해 듣고, 오이디푸스는 신탁의 예언이 빗나갔음을 기뻐하지만 결국 이는 다음에 일어날 비극적 효과를 배가시키는 역할을 할 뿐이다. 스핑크스의 수수께끼를 푼 오이디푸스는 자신의 운명에 가해진 수수께끼를 결국 풀지 못하고, 비극적 최후를 맞는다.

『오이디푸스 왕(Oedipus the King)』의 시작 부분에서 인자하고, 품위 있는 왕으로서의 오이디푸스가 생부를 죽인 살인자를 찾아내겠다는 그의 숭고한 노력 때문에 결국 파국으로 몰려가는 비극적 아이러니를 통해 극적 긴장을 지속적이고, 집중적으로 고조시키는 효과를 발휘하고 있다. 『오이디푸스 왕(Oedipus the King)』이 최고의 비극으로 인정된 것은 이렇듯 위대한 한 인간이 아이러니하게 파멸되어 버렸다고 하는 바로 그 아이러니한 사실에 있다고 할 것이다. 아버지를 살해하고, 어머니와 결혼하여 동생이자 자식인 아이를 얻는 용서받지 못할 죄를 저지른 오이디푸스는 결코 악의적이지 않고, 착한 본성을 가지고 있음에도 자기 자신의 신분적 본질에 대한 무지 때문에 비참한 최후를 맞게 된다. 소포클레스의 『오이디푸스 왕(Oedipus the King)』은 인간의 의지와 신의 의지의 대립을 극화시킨 작품이다. 이러한 의지의 대립은 오이디푸스의 살인자에 대한 저주와 라이오스를 위해 싸우겠다는 호언, 이오카스테와 코린토의 사자가 전해준 말이 파멸로 인도하는 것과 같은 비극적 아이러니에 의하여 더욱 극화되었다.[57]

마가는 자신의 의도를 효과적으로 전달하기 위해 아이러니라는 문학적 기법을 사용하여 그의 복음서를 상당히 안정된 구조로 만들

---

57) 천병희, 앞의 책(2002), 112~113.

었다. 특별히 마가는 『오이디푸스 왕(Oedipus the King)』과 같은 방식으로 관객들의 배움과 등장인물들의 무지 사이에 긴장감을 불러일으킨다. 마가복음의 비극적 아이러니는 예수의 신분과 운명, 그리고 그것에 대한 반응에 관계되어 대체적으로 은밀히 숨겨져 있다. 마가복음의 아이러니는 예수의 신분과 운명, 그리고 그것에 대한 반응을 드러내거나 경우에 따라서는 잘못된 이해를 교정하기도 한다. 이런 점에서 마가복음의 아이러니는 비극적 아이러니의 전형을 따르고 있다.

관객들은 내러티브의 시작부터 예수가 '하나님의 아들'이라는 사실을 안다(막 1:11, 9:7).[58] 칭호 '하나님의 아들'은 마가복음의 사건들의 배열 안에서 그 독특하고 놀라운 의미를 부여받는다. 그래서 내러티브를 적절하게 읽으려면 복음서 저자와 함께 이 칭호를 따라가야 한다. 내러티브의 말미에 가서야 인간으로서는 유일하게 한 등장인물이 그의 신분을 제대로 드러낸다. 그는 이방인 백부장이었으나 예수의 치욕스러운 십자가 죽음을 목격하면서 오히려 그의 신분을 말한다: "이 사람은 진실로 하나님의 아들이었도다!"(막 15:39). 여기서 마가가 사용한 극적 아이러니의 최적의 효과가 나타나는 것이다.[59] 마가복음의 내러티브는 십자가에 달려 죽은 한 사나이에 대한 그러한 신분의 낯설음을 파악할 수 있도록 우리 관객들을 이끌기 위해 세심하게 구성이 되어 있다.

예수는 하나님의 대리자이지만 자신의 운명 앞에서 어떤 것도 할 수 없는 나약한 존재이기도 했다. 예수의 전능성은 사역에서 분명하

---

58) 소포클레스는 이러한 목적을 담당하는 특별한 서언을 발전시켰다. 전지하게 모든 것을 보여주는 서언은 드라마에서 반드시 있어야 하는 중요한 요소이기도 하다. Philip W. Harsh, *A Handbook of Classical Drama* (Stanford: Stanford University Press, 1944), 316.

59) 유승원, "마가복음: 십자가 짊어지기", http://blog.naver.com/holyhillch/60008941791.

게 보였다. 그는 가장 먼저 죄 사함의 권세가 자신에게 있음을 선언하고, 곧바로 자신이 안식일의 주인임을 고백한다(막 2:28). 또는 폭풍을 잔잔하게 하는 장면에서 예수의 모습은 자연까지도 통제하는 존재임을 보여준다. 그렇지만 이러한 전능성을 갖고 있음에도 불구하고 예수는 하나님의 의지 앞에서 십자가를 향하는 행동을 재현한다. 전능성을 보여준 주인공이 십자가에서 아무것도 할 수 없는 상태는 마가복음이 보여주는 큰 극적 아이러니이다. 예수의 이러한 양면성은 비극적 카타르시스를 급상승시킨다는 점에서 요긴하다.

군중이 예수에게 자색 옷을 입히고, 면류관을 씌우고, 유대인의 왕이라고 외치는 모습에서도 비극적 아이러니를 볼 수 있다. 비록 예수가 죄인으로 고통을 당하고 죽어 정치적으로 실패한 유대인의 왕으로 그들 앞에 있지만 예수는 많은 사람을 위하여[60] 자발적으로 십자가의 죽음을 감당하여 하나님 나라를 도래시킨 왕이었다. 왕으로서 예수는 그 많은 사람에 의해 조롱받고, 죽음의 십자가 위에서 왕으로의 등극을 완성했다. 그의 실패는 많은 사람을 위한 특별한 일로서 결국에는 모든 사람에게 승리를 가져온다. 군중은 '십자가에 못 박아라'는 외침과 함께 그들이 하는 것의 의미를 모르고 있지만 독자들이나 관객들은 군중이 하는 일의 의미를 분명하고, 확실하게 알고 있다. 등장인물들에게 십자가는 실패의 상징이지만 역설적으로 극 안에서 십자가는 유대인을 포함한 많은 사람을 위한 섬김의 상징이 된다.

마가는 예수의 신분이나 능력이 나타날 때마다 특별한 언급을 했다(막 1:22, 1:27, 3:12, 6:2). "그들이 다 놀라 하나님께 영광을 돌리

---

60) M. Wilcox, "On the Ransom-Saying in Mark 10:45c, Matt 20:28c", *Frühes Christentum* (Tübingen: Mohr-Siebeck, 1996), 178.

며, 이르되 우리가 이런 일을 도무지 보지 못하였다 하더라"(막 2:12). 예수가 사역을 시작하자 곧바로 거의 모든 등장인물은 예수의 가르침과 능력에 놀라는 반응을 보여준다. 이러한 놀라움은 마가의 의도적인 언급이라 할 수 있다. 이러한 언급은 예수의 신분과 능력에 놀라는 사람들의 모습을 나타낼 뿐만 아니라 예수의 신분과 능력에 대한 확증을 가져오는 것이다. 그리고 이러한 의도적인 언급은 예수의 고난과 죽음을 예고하고 암시하는 분위기와 함께 배열되어 있다. 그럼에도 불구하고 예수의 가르침에 놀라움으로 반응한 무리의 소리는 예수를 십자가에 못 박으라는 소리로 바뀌었다. 그들의 환호는 전혀 다른 의도 속에서 기능한다. 처음의 환호가 죽음을 위한 소리로 바뀐 것이다. 이것은 오이디푸스의 그것과 비슷하다.

마가복음의 비극적 아이러니는 하나님의 아들과 고난받는 인자 사이의 비극적 긴장, 그리고 신적 의지와 인간적 의지 사이의 긴장을 창조하고 있다. 하나님의 아들로서 예수의 신분은 복음서의 초반부터 언급되었으나 하나님의 아들됨은 하늘의 보좌가 아닌 형틀의 십자가 사건에서 완전하게 드러난다(막 15:39). 그러므로 마가복음에서 십자가는 아이러니의 최고의 절정이다. 예수의 표면적인 신분은 하나님의 아들로서 기적을 행하고, 가르치고 있으나 예수의 심층적인 신분은 십자가에 연관되어 이해되어야 하는 것이다. 곧 고난받는 인자로서 예수의 모습은 인간을 구원하는 하나님의 신성한 계획에 필수적인 조건이다. 그러나 제자들은 이러한 고난의 필요성을 이해하지 못하고, 오직 영광스러운 승리의 예수만을 생각하고, 요구하는 것을 볼 수 있다(막 10:28, 37, 39a; 14:29). 제자들의 이러한 행동이 비극적 아이러니를 고조시키고 있다. 곧 비극적 아이러니는 하나님의 아들이지만 예수는 고난을 받고, 죽음을 당해야만 하는 그의 신분의 비밀에 관련된 것이다.

특별히 마가복음의 개방된 종결도 비극적 아이러니를 보여주고 있다.[61] 개방된 종결을 통하여 보여주는 비극적 아이러니는 관객들을 극 안으로 참여하게 하는 최대의 효과가 있다. 여인들이 아무 말도 하지 못하고 도망한 것은 표면상으로 실패한 이야기로 끝났지만 관객들은 개방된 종결로 인하여 자신들이 무엇을 해야 하는지 분명하게 깨닫게 되는 것이다. 관객들의 참여를 유도했다는 점에서 이것은 최대의 효과를 발생시키는 최고의 비극적 아이러니이다. 관객들의 참여는 그들의 배움에서부터 시작한다. 이러한 아이러니는 하나님의 아들인 예수를 십자가의 영웅으로 만들고 있다. 고난과 죽음을 향한 예수의 운명은 주인공의 성격을 보여주는 행동의 도구가 되는 것이다.

마가가 사용한 아이러니의 문학적인 기법은 등장인물들보다 관객들이 사건에 대한 더 깊은 이해를 갖게 한다. 이러한 문학적인 기법을 사용하는 이유는 관객들의 반응을 유발하기 위함이다. 문학적인 기법 안에서 관객들은 등장인물들의 행적을 자신들의 이해와 반응에 비교하여 새로운 배움의 단계로 옮겨갈 것이다. 부우트(W. C. Booth)에 따르면 극적 아이러니는 관객들에게 주어진 중요한 해석의 도구이며,[62] 이러한 문학적인 기법에 의해 관객들은 예수의 삶에 대하여 동정을 갖게 되고, 그의 삶에 동참하게 된다. 관객들은 이러한 문학적인 기법으로 등장인물들의 말과 자신들의 행동을 비교하며, 어떤 말과 행동이 올바르고 적절한 것인지를 확인하여 새로운 삶의

---

61) N. Petersen, "When is an End not an End?; Literary Reflections on the Ending of Mark's Narrative", *Interpretation* 34(1980), 162~163; Donald Juel, *Introduction to New Testament Literature* (Nashville: Abingdon, 1978), 169 이하; David Hester, "Dramatic Inconclusion: Irony and the Narrative Rhetoric of the Ending of Mark", *Journal for the Study of the New Testament* 57(1995), 84.

62) Wayne C. Booth, 앞의 책(1974), 29.

방향으로 결단할 것이다.

2. 마가복음과 그레코 – 로만 위인전

마가복음이 한 인물, 예수에 무게 중심을 두었다는 점에서 마가복음은 위인전의 특징을 갖고 있다.[63] 마가복음은 예수의 가르침, 행적, 고난과 죽음에 관련된 에피소드들을 집중적으로 보도하고 있다. 이런 점에서 복음서와 고대 위인전 사이의 장르적 관계성은 마가복음의 해석을 위하여 중요한 관심의 대상이 되리라 본다.

그레코 – 로만 위인전은 공동체라는 절대적인 삶의 자리를 갖고 있다. 공동체라는 특별한 삶의 자리 안에서 그레코 – 로만 위인전은 자연스럽게 발생한 문학활동의 하나이다. 그레코 – 로만 위인전에 관련된 공동체는 어떤 특정 지도자를 중심으로 구성된 사람들의 그룹이다. 그래서 그레코 – 로만 위인전은 다양한 인물을 주제로 다루고 있다. 특별히 현자, 순교자, 그리고 성인은 물론 정치가, 철학자, 그리고 문인들까지도 그레코 – 로만 위인전의 중요한 주제가 되었다.[64] 공동체의 구심점이 지도자이기에 그의 가르침과 행적은 공동체 자체의 존립과 번영을 위한 중요한 자료가 분명하다. 공동체의 구성원은 그들의 지도자의 가르침에 따라 살려는 의도와 지도자의 행적을 모방하려는 의지를 갖는 것은 자연스러운 일이다. 지도자의 가르침과 이상을 기억하려는 열망은 구성원의 고귀한 소망으로 기능할 것이다. 유명한 사람을 포함한 역사적 영웅들의 삶의 세부적인 것들을

---

63) C. H. Talbert, *What is a Gospel?: The Genre of the Canonical Gospels* (Fortress Press, 1977); Philip L. Shuler, *A Genre for the Gospels: The Biographical Character of Matthew* (Philadelphia: Fortress Press, 1982).

64) Arnaldo Momigliano, *The Development of Greek Biography* (Cambridge: Harvard University Press, 1993), 104.

기록한 것도 모범적 동기를 다분히 보여준다.[65] 이런 점은 공동체의 지도자에 대한 행적을 기록하려는 의도를 자연스럽게 갖게 했으리라 짐작되는 요인이다. 그레코-로만 위인전의 공동체적 성격은 위인전의 주요한 목적이나 기능을 교육적인 것과 기념하는 것에만 한정할 수 없으며, 철학적 논쟁과 갈등에 대한 변증적인 것으로도 이해할 수 있다. 그래서 그레코-로만 위인전은 역사(history)와 찬사(encomium)의 수식어를 동시에 가질 수 있음을 유념해야 한다.

위인전 중에 가장 뛰어난 것으로 인정되는 플루타르크(Plutarch)의 『영웅전』[66]은 연대기적 구조 안에서 기록된 반면에 수에토니우스(Suetonius)의 위인전들은 좀 더 조직적이거나 주제적인 구조로 배열되었다. 플루타르크 계열의 위인전은 영웅을 중심으로 내용적인 요소들을 배열하였는데 영웅의, 영웅에 대한, 영웅을 위한 위인전으로 표현할 수 있을 정도로 한 영웅을 중심에 두고 있다. 그러나 플루타르크 계열의 위인전은 영웅이 살고 있던 시대의 세부적인 사항이나 상세한 부분에 대한 언급들을 과감히 배제하고, 오직 영웅의 성품과 행실을 드러내는 것에 지면을 할애하여 필요한 부분을 선택하여 연대기적으로 기록하고 있다.[67] 영웅의 업적보다는 그가 지니고 있던 생각과 처세방법 등에 초점이 맞춰져 있기에 영웅에 관련된 역사를 배우기보다 공동체의 삶을 위해 필요한 가르침을 터득할 수 있다. 플루타르크 계열의 위인전은 모든 영웅을 공평한 잣대를 통하여 평가하고, 거기에서 드러나는 허물과 실수까지 낱낱이 기술하여 공동체에게 교훈을 주고 있다. 반면에 수에토니우스 계열의 위인전은 영

---

65) Richard A. Burridge, *What are the Gospels? A Comparison with Graeco-Roman Biography* (Cambridge: University Press, 1992), 76.

66) Alan Wardman, *Plutarch's Lives* (London: Paul Elek, 1974), 2.

67) Momigliano, 앞의 책(1993), 18~19; Burridge, 앞의 책(1992), 74~75, 156~157, 168.

웅(황제)의 가문, 공적 생활 이전의 삶, 공적인 활동, 사생활, 외모, 성격, 죽음 등을 주제별로 배열하였다.[68] 추문들을 거리낌 없이 기록하고 있으나 로마 제국의 발전이나 행정, 국방 등에 대해서는 거의 기록하지 않은 것은 아주 특이하다. 수에토니우스는 로마 공공의 생활과 사회의 기준 및 전통적인 관심사에 따라 황제들의 인간 됨됨이를 평가하려고 노력했으나 플루타르크처럼 그도 개개인의 에피소드를 그 내용의 사실 여부를 자세히 가리지 않고 기록했다.

그레코-로만 위인전과 마찬가지로 마가복음 자체의 중요성도 한 명의 영웅인 예수에 있다 해도 과언이 아니다. 마가복음의 주제적 중요성은 주인공인 예수, 즉 예수가 누구이며, 무엇을 위해 살았나를 보여주는 것에 있다. 마가복음은 예수가 무엇을 했고, 사람들이 어떻게 반응하였는지 보여주는 에피소드들을 상당한 지면에 할애한 것은 주목할 만하다. 마가복음이 예수의 에피소드들을 기록했다는 점에서 마가복음과 그레코-로만 위인전 사이의 장르적 유사성을 인정할 수 있다. 그레코-로만 위인전이 주인공의 가르침을 기록하였듯이 예수의 가르침들에 대한 마가의 집중적인 관심은 장르 연구가들의 호기심을 자극하는 요소이다. 이러한 가르침은 주인공의 도덕적·종교적 관심과 공동체에 있어서 그것의 중요성을 반영하는 것이다.

예수와 영웅들은 복음서와 그레코-로만 위인전의 중심에 있으며, 문헌들의 전적인 관심의 대상들이다. 이러한 중심과 관심은 복음서나 그레코-로만 위인전이 예수와 주인공의 연설이나 가르침을 갖고 있는 것에서 두드러지게 나타난다. 그들의 연설은 도덕적·종교적인 사고를 보여주는 중요한 도구이다. 또한 저자들은 주인공의 연

---

68) Momigliano, 앞의 책(1993), 86~88; Burridge, 앞의 책(1992), 166, 168.

설과 가르침을 변증적인 기능 안에서도 사용하고 있다. 마가복음에서 변증적인 기능을 대표적으로 보여주는 것이 안식일 논쟁이라 할수 있다. 마가 기독교 공동체는 유대교의 율법적인 개념 안에서 안식일을 엄격하게 지키지 못했을 것이다. 이런 상황에서 마가는 예수의 에피소드들과 가르침을 통하여 안식일 논쟁을 해결하고자 했을 것이다. 마가복음에서 안식일 논쟁을 재현한 것은 마가 당시에 나타난 극보수적인 유대교의 영향 안에서 안식일로 인하여 교회에 관련된 오해와 갈등을 해결하기를 원한 것일 수 있다.

마가복음의 사건들은 예수의 움직임에 관련되어 있다. 더 구체적으로 말하자면 마가복음의 사건들의 배열은 갈릴리에서 갑작스럽게 사역을 시작하여 그의 사역의 절정을 보여주는 예루살렘으로 옮겨가는 예수의 움직임에 있다. 마가는 주인공 예수를 요단강에서의 침례에서부터 시작하여 예루살렘에서 마치는 십자가 사건으로 이루어진 삶의 형태 안에서 보여준다. 마가복음은 예수의 침례에서 시작하여 죽음으로 마친다는 점에서 연대기적이고, 그의 에피소드들과 가르침을 십자가 고난과 죽음에 조준한다는 점에서 주제적인 구조 안에 있는 듯하다. 마가복음에서 예수의 고난과 죽음은 복음서의 관객들에게 모범적인 기능을 하고 있는 것도 사실이다. 사실상 예수의 부활은 그의 메시아적 사역의 마지막이라는 점에서 예수 연대기의 절정으로 기능하고 있다. 이런 점에서 마가복음은 고대 위인전의 문학적 특징의 일부를 채용한 것을 보여주고 있다. 그럼에도 불구하고 마가복음은 그레코-로만 위인전과는 분명한 차이가 있다. 마가는 예수의 에피소드들을 플루타르크 위인전처럼 연대기적으로 기록하지 않았으며, 그렇다고 수에토니우스 위인전처럼 하나의 주제를 보여주기 위해 에피소드들을 주제별로 배열한 것도 아니다. 마가복음은 오히려 구조적으로 예수의 에피소드들을 그의 움직임 안에 두고 있다. 이러한 움직임과 함께 저자의 의도 안에서 필요한 곳에 예수의 교훈적 가르침들과 모범적 행적들을 삽입하여 배열하였다. 이러한 형태는 그레코-로만 위인전에서 보여주는 중요한 요소들인 듯하지만 명백한 차이를 보여준다. 마가복음은 다양한 주제를 보여주는 다수의 플롯을 갖고 있는 것이 아니라 다양한 주제를 하나의 플롯에 연결하여 일관성 있는 흐름과 구조로 구성한 것이 그레코-로만 위인전과의 가장 큰 차이이다.

그리고 그레코-로만 위인전은 주인공의 역사, 찬가와 수사, 철학과 윤리에 깊은 관계를 갖고 있는 유연한 장르이다. 그레코-로만 위인전은 당대의 문학적 상황에 복잡하게 얽혀 있는 문헌이기에 그레코-로만 위인전의 문학적 특징을 어떤 하나만으로 특정지어 정의하는 것에는 상당한 어려움을 수반한다. 그래서 학자들은 그레코-로만 위인전을 문학적으로 정의하는 것 자체가 쉬운 작업이 아님을 고백하고 있다.[69] 그러나 분명한 것은 그레코-로만 위인전들이 당대의 장르들의 문학적 특징을 상당하게 공유하고 있다는 점이다.

3. 독특성

1) 하나님 나라 모티프

공관복음에서 하나님 나라는 예수의 가르침의 핵심을 이루는 중

---

69) H. C. Kee, "Aretalogies, Hellenistic 'Lives', and the Sources of Mark", *Colloquy 12, The Center for Hermeneutical Studies in Hellenistic and Modern Culture*, ed. W. Wuellner (Berkeley, 1975).

요한 신학적 주제이다. 나라에 해당하는 헬라어의 언어적인 측면은 본질적으로 정치적인 범주와 지리적 영역을 포함하고 있다. 하지만 이 단어는 활동의 개념도 포함하고 있다. 그래서 하나님 나라는 다르심의 활동을 의미하는 통치의 개념을 갖고 있다. 이런 점에서 '하나님 나라' 개념은 고정적이기보다 활동적으로, 간헐적이기보다 면연적으로 이해되는 역동적인 개념이다. 이것은 성서학자들의 가장 확실한 결론들 중의 하나이다. 이러한 이해에 기초하여, "때가 찼고 하나님의 나라가 가까이 왔으니"라는 예수의 선포는 다음과 같이 요약할 수 있다: 하나님의 통치는 가깝다 또는 하늘의 통치가 가깝다(막 1:15; 마 4:17). 하나님의 통치라는 것은 이 땅이 하나님에 의해 회복될 것이며, 평화와 의로 충만하게 된다는 것을 의미한다. 예수의 하나님 나라 선포에서 '하나님의 나라가 가깝다'는 것도 이러한 희망의 회복과 실현 가능성을 암시하는 것이다. '가깝다'는 것은 예수의 전 생애를 통해 드러난 가르침을 통하여 하나님 나라의 임하심을 의미한다.

마가복음에서 용어 '하나님 나라'는 14번 사용되었으며, 무엇보다도 '하나님 나라'의 신학적 중요성은 예수의 첫 번 선포에서 그것을 언급함으로 보여주고 있다. '하나님 나라' 메시지는 마가복음 4장의 비유적 가르침을 통하여 '비밀'과 관련되어 세련되게 구성되었을 뿐만 아니라 용어 '하나님 나라'는 중간부분(막 8:22~10:52)의 고난과 죽음에 대한 마지막 예언(막 10:33~34)에 앞서서 집중적으로 사용되었다.[70] 이러한 배열은 마가복음에서 하나님 나라를 핵심적인 사상 중에 하나로 인정하게 하며 하나님 나라를 제자도에 의도적으로

---

70) 마가복음에서 하나님 나라는 14번 사용되었는데, 특히 8:22~10:52에서 무려 7번 사용된다(막 9:1, 9:47, 10:14, 10:15, 10:23, 10:24, 10:25).

연결했음을 보여준다. 마가복음에서 하나님 나라는 "때가 찼고 하나님의 나라가 가까이 왔으니 회개하고 복음을 믿으라"는 예수의 선포에서 의미와 중요성이 이미 나타났다(막 1:15). 예수의 선포는 특별한 구속사건의 완성을 나타내는 중요한 선포이다.[71] 예수의 '하나님 나라' 선포는 다른 어떤 선포와도 구별되는 특별한 것이다. 마가복음에서 예수는 역사 안에서 이루어지는 하나님의 통치를 선포하고 있다(막 1:14~15). 그리고 예수의 선포는 하나님 나라의 도래를 알리는 것과 그것에 대한 응답 혹은 반응으로 구성되어 있다. 예수의 요약적 선포는 하나님이 통치하는 나라는 새로운 시대(καιρός)로서 두 가지에 기초하고 있다는 것을 보여주고 있다. 하나는 이전 것에서 돌아서는 것을 의미하는 것(μετανοέω)이고 다른 하나는 하나님의 복음에 대한 온전한 헌신을 의미하는 믿는 것(πιστεύω)이다. 회개와 믿음은 마가복음에서 하나님 나라를 어떻게 이해해야 하는지 보여주는 중요한 단서이다. 마가는 자신의 복음서를 하나님 나라에 실존적으로 반응할 사람을 위하여 기록했다. 마태복음에서 반응이 하나님 나라를 위해 선행되어야 하는 것이라면, 마가복음은 하나님의 통치에 대한 반응인 회개와 믿음을 선행되어야 할 조건이 아니라 하나님의 통치의 결과로 제시하였다. 특별히 동사 '찼다'(πεπλήρωται)라는 단어는 하나님 나라가 과거의 약속에 기초하여 이미 드러난 기대에 대한 응답임을 나타내고 있다. 예수는 하나님 나라의 도래를 선포할 때 새로운 용어를 사용한 것이 결코 아니었다. 예수는 하나님 나라가 있다는 것을 선포했던 것이 아니라 하나님 나라가 지금 오고 있으니 그것에 따른 합당한 행동을 하라는 것이다.[72]

---

71) E. Schweitzer, *The Good News According to Mark* (Atlanta: John Knox Press, 1970), 45.

72) L. Goppelt, *Theology of the New Testament* (Grand Rapids: Eerdmans, 1981), 1:45.

(1) 현재성과 미래성

마가는 하나님 나라의 도래를 선포한 예수의 선언을 통하여 마가
복음의 신학적 메시지를 요약하였다(막 1:15). 마가복음에서 사람은
하나님 나라를 기다리다(막 15:43) 받아야 한다(막 10:15). 하나님 나
라의 현재성은 '복음을 믿으라'(πιστεύω)는 선언에 내재하고 있다.
또한 예수는 사탄왕국의 끝을 말하면서 그에게 부여된 혐의에 대하
여 언급한다(막 3:24). 뿐만 아니라 예수의 귀신축출 행위는 사탄왕
국이 스스로 무너지고 있다는 것 혹은 사탄보다 뛰어난 힘의 소유자
가 이미 나타났다는 표시이다.

공관복음에도 예수가 하나님 나라를 그의 사역 안에서 이미 현존
하는 것으로 보는 말씀들과 비유들이 있다. 현재로서 하나님 나라에
대한 가장 중요한 말씀은 누가복음 17:20~21에 기록된 짧은 선언
이야기이다: "바리새인들이 하나님의 나라가 어느 때에 임하나이까
묻거늘 예수께서 대답하여 이르시되 하나님의 나라는 볼 수 있게 임
하는 것이 아니요 또 여기 있다 저기 있다고도 못하리니 하나님의
나라는 너희 안에 있느니라." 헬라어 전치사 ἐντός에 의해 하나님 나
라는 너희 '안에' 있느리라로 번역될 수 있다. 이러한 번역은 하나님
나라의 현재성의 개별적이고 영적인 견지를 나타낸다. 그러나 이 에
피소드는 하나님 나라가 너희 안에 있다고 바리새인들에게 이야기
하는 예수를 보여주려고 의도하는 것 같지 않다. '너희 가운데'가 더
문법적으로 가능하며 만족스러운 해석이다. 어떤 해석자는 현재로서
하나님 나라와 미래로서 하나님 나라 사이의 대조를 부인하고 있다.
그들은 미래 나라의 도래를 계산할 수 있느냐는 질문을 갖고 있으
며, 이러한 질문에 대하여 어떤 경고도 없이 갑작스럽게 도착하는
나라에 대하여 예수가 대답하고 있다고 생각한다. 그들은 예수의 대

답이 하나님 나라가 갑작스럽게 너희 안에 현존할 것임을 보여준다는 것이다. 바리새인은 하나님 나라의 도래에 대한 전통적인 묵시적 질문으로 예수에게 다가온다. 그들의 질문은 하나님 나라의 도래의 때가 외형적인 표시, 전쟁, 기근, 지진과 같은 것에 의해 계산될 수 있다는 묵시적인 확신을 가정하고 있다. 그러나 예수의 대답은 계산의 개념을 부인한다. 복음서 저자는 바리새인들의 미래 하나님 나라를 찾는 것이 인간 예수와 예수의 사역 안에 현존하는 하나님 나라를 간과한 결과임을 바리새인들에게 말하고 있다.

현재로서 하나님 나라에 대한 말씀은 다음에서도 확인할 수 있다. 복음서 기자들은 Q 자료를 마가의 바알세불 논쟁 단락에 삽입하였다. 예수는 다음과 같이 선언한다: 내가 하나님의 성령을 힘입어 귀신을 쫓아내는 것이면 하나님의 나라가 이미 너희에게 임하였느니라(마 12:28=눅 11:20). 어떤 해석자는 헬라어 동사 φαίνομαι(ἔφθασεν)를 '임하다' 보다는 '가까이 왔다'를 의미한다고 주장한다. 강한 자 비유(막 3:27)는 마태복음과 누가복음에서 이 말씀 뒤에 배열되어 있으며, 이러한 배열은 복음서의 기자들이 φαίνομαι(ἔφθασεν)를 '왔다'라는 의미로 사용했음을 제시한다. 귀신을 축출하는 예수는 강한 자 사탄을 묶기 시작했다는 것을 그의 사역에서 보여주었다. 누가 역시 70명의 제자들이 사탄에 대한 그들의 성공적인 통제를 선언하면서 "사탄이 하늘로부터 번개 같이 떨어지는 것을 내가 보았노라"라는 예수의 말씀을 기록하고 있다(눅 10:18). 예수는 사탄의 최초의 추락이 아니라 제자들의 승리를 통한 사탄의 추락을 언급하고 있다. 예수와 그의 추종자들에 의한 귀신축출은 악한 세력의 마지막의 시작임을 알리는 것이다. 기대된 미래 왕국은 예수의 사역에서 이미 현존하고 있다.

마가복음 4장에 있는 하나님 나라에 관련된 비유도 하나님 나라의 현재적인 실재를 말하고 있다. 하나님 나라의 비밀은 예수와 그의 가르침을 통하여 역사적인 실재로 도래한 것이다. 씨 뿌리는 자의 비유는 예수의 말씀이 이 땅에서 성공하고 있음을 표현하고 있다. 그렇다고 모두가 성공하는 것은 결코 아니다. 마가복음 4:26~29의 비유에서 씨는 비밀스럽게 자라고 있다. 겨자씨 비유는 하나님 나라가 작게 시작하지만 크게 번성하여 나타날 것임을 보여준다(막 4:30~32). 한편 마가복음에서 하나님 나라의 현재성은 예수의 변화된 모습에서도 아주 분명하게 나타나고 있다. 예수의 제자들 중 일부는 하나님 나라가 그의 능력으로 임하는 것을 볼 수 있도록 허락되었다(막 9:1~8). 예수의 변형에서 제자들은 하나님 나라가 능력으로 있는 것을 보았다. 하나님 나라는 예수 안에 있다. 하나님의 아들인 예수 안에 하나님 나라가 내재하는 것이다. 하나님 나라는 예수와 동일하다. 하나님 나라는 그의 말씀 안에 있고, 그의 말씀으로 병이 고쳐지고 귀신이 쫓겨나는 것이다. 마가복음에서 하나님 나라는 하나님의 구원계획과 의로운 계획의 완성이라 할 수 있다.

그러나 아직도 하나님 나라는 미래에 완성될 일이다. 예수는 하나님 나라를 현재에 현존하는 나라로 이해하도록 하고 있으나, 현존하는 하나님 나라의 완성은 감추어져 있다. 하나님 나라는 아직 영광과 권능으로 이루어지지 않았지만, 하나님 나라는 이미 비밀스럽고 감추어진 형태로서 사람들 안에 임하였다. 하나님 나라가 사람들 안에 임했다는 점에서 하나님 나라는 그의 구속적 통치를 의미하는 것이다.[73] 이 일은 예수의 사역과 그 자신을 통하여 이루어지게 된다.

---

73) George E. Ladd, *The Gospel of The Kingdom: Scriptural Studies in The Kingdom of God* (Grand Rapids: Eerdmans, 1959), 95.

그러나 하나님 나라는 본질적으로 아직은 감추어져 있다. 본질적으로 감추어진 하나님 나라는 이 땅의 사람들에 의해 분명하게 드러나게 될 것이다. 예수는 이 땅에서의 사역을 미래 지향적인 하나님 나라의 완성과 함께 종결하고 있다(막 14:25). 놀랍게도 예수는 하나님 나라의 성취를 말하지 않고 대신에 미래에 오는 것을 절대적인 단어로 표현하였다.

하나님 나라에 관련된 미래성은 예수와 그의 말씀의 수용이나 거부에 관련되어 있기도 하다(막 8:38). 공관복음은 어떤 사람이 현재 운명과 상태를 유지하는 것이 아니라 근본적으로 전환할 것이라는 역설적인 말씀들도 갖고 있다. 먼저 된 자가 나중 되고 나중 된 자가 먼저 될 것이다(막 10:31). 이와 유사하게 겸손한 자는 높임을 받고 높임을 받은 자는 낮아질 것이다(마 18:4, 23:11~12; 눅 14:11, 18:14).

(2) 개념으로서 하나님 나라

하나님 나라에 대한 과거의 연구는 하나님 나라를 개념으로서 이해하고 해석하였다. 이러한 전통 안에서 학자들은 하나님 나라를 복음서에 내재하는 하나의 분명하고 일관성 있는 사상으로 인정하였다.[74] 그들에게 있어서 하나님 나라는 하나님의 최종적이며 결정적인 개입이다. 하나님의 개입은 구약의 예언자들에 의해 선포되었고 예수의 삶과 가르침 안에서 드러났다. 하나님 나라는 유대교의 묵시사상과 구약의 약속 사이의 연관성을 기초로 하여 연구되었으며, 결과적으로 하나님 나라를 공간 개념보다는 통치 개념으로 이해하였다.

---

74) 개념으로 하나님 나라는 저자를 중심에 놓고 하나님 나라를 이해하는 것인데, 다음과 같은 기본적인 질문에서 시작한다: 성서의 저자가 이 개념을 통하여 보여주고 의미하는 것은 무엇인가?

개념으로 하나님 나라는 어거스틴(Augustine)의 『The City of God』에서 가장 잘 나타나고 있다. 그는 이 책에서 하나님 나라를 신학적 개념으로 설명하고 있다. 그는 '하나님 나라'와 교회를 동일시하여 교회를 '신의 도성'(The City of God)으로 여겼으며, 천년왕국은 예수 그리스도의 초림으로 이미 세상에 들어왔으며 진행하고 있는 과정이므로 더 이상의 아무런 미래적 성취를 기대할 수 없다고 이해했다. 그의 견해는 최근의 신학적 경향에도 영향을 미치고 있는 것이 사실이다.[75] 이와 같은 그의 주장은 종교 개혁자들에게도 아무런 비판 없이 수용되었다. 이들에게 있어서 '하나님 나라'는 하나님의 통치 영역을 의미하는 것이기에 구속받은 성도 각자의 마음이 하나님께서 다스리시는 영역이라고 보았다. 그러므로 하나님 나라는 미래에 일어날 사건이 아니라 현재적인 실재였으며 전적으로 종교적인 개념에 해당되는 것이었다.

종말론적 개념을 사용한 알베르트 슈바이처(Albert Schweitzer)에 의해 개념으로서 하나님 나라에 대한 이해는 더욱 발전하게 되었다. 슈바이처(Schweitzer)는 하나님 나라를 유대교의 묵시사상 안에서 이해해야 한다고 주장했다.[76] 그는 예수가 임박한 종말론적 혼란을 기대하고 있었으며, 이러한 혼란을 하나님의 직접적인 개입을 기대하게 하는 가장 분명한 징조로 이해하였다고 보았다. 이러한 기대는 하나님을 현존하는 세상의 질서를 초월한 통치자로 있게 한다. 불트만(R. Bultmann)도 슈바이처(Schweitzer)의 개념의 기본 골격을 유지하면서 하나님 나라에 대한 예수의 가르침을 임박한 종말과 하나님의 마지막 부르심에 대한 결단으로 해석하였다.[77]

---

75) Benedict T. Viviano, *The Kingdom of God in History* (Wilmington: Michael Glazier, 1988)를 확인하라.

76) Johannes Weiss, *Jesus' Proclamation of the Kingdom of God* (Philadelphia: Fortress, 1971); Albert Schweitzer, *The Mystery of the Kingdom of God* (New York: Schocken, 1914).

종말론적 개념에 뒤이어 현재와 미래 사이의 긴장을 보여주는 성서적 개념에, 학자들은 관심을 집중하며 하나님 나라를 해석하였다. 현재와 미래 사이의 긴장은 하나님 나라에 대한 예수의 메시지 안에서 드러나고 있다. 도드(C. H. Dodd)는 예수가 하나님 나라의 현존을 선포했다고 확신했다.[78] 도드(Dodd)의 이러한 이해는 하나님 나라에 대한 19세기 신학자들의 이해, 즉 하나님 나라를 사람들의 도덕적 고양의 과정으로 이해하는 것과는 상당히 다르다. 도드에게 있어서 현존은 윤리적인 측면이 아니라 악의 세력에 반대하여 나타난 신적인 통치의 명백하고 분명한 주장으로써 나타나는 것이다. 역사에서 신적 간섭 없이 하나님 나라가 어떤 실질적인 중요성을 갖는가를 상상하는 것은 어렵다. 개념으로 이해된 하나님 나라는 불충분(narrow)하며 고정된 개념으로 간주될 수 있다.[79] 그럼에도 불구하고 연구자들은 개념으로서 하나님 나라를 일관성의 특성 안에서 중요하게 다루었다.

(3) 상징으로서 하나님 나라

최근의 신학적 경향에서 하나님 나라는 개념 보다는 상징(symbol)으로 이해되고 있다.[80] 하나님 나라를 상징으로 이해하는 노력은 하나님 나라에 관련된 전체의 개념을 환기시킨다.[81] 이러한 이해 안에

---

77) Rudolf Bultmann, *Theology of the New Testament* (London: SCM Press, 1983), 4~10, 19~22.

78) C. H. Dodd, *The Parable of the Kingdom* (London: Collins, 1961).

79) Ron Farmer, "The Kingdom of God in the Gospel of Mark", *The Kingdom of God in 20th Century Interpretation* (Peabody: Hendrickson, 1987), 123.

80) Philip Wheelwright, *Metaphor and Reality* (Bloomington: Indiana University Press, 1962), 92~96. 그는 상징(symbol)을 지각적 경험에 대해 상대적으로 안정적이고 반복적인 요소로 정의한다. Amos Wilder, *Early Christian Rhetoric: The Language of the Gospel* (Cambridge: Harvard University, 1971). 와일더(Wilder)는 상징과 은유를 사용하여 하나님 나라에 대한 새로운 이해의 문을 열어 놓았다.

81) Norman Perrin, *Jesus and the Language of the Kingdom* (Philadelphia: Fortress Press, 1975), 30~33. 상

서 하나님 나라는 예수의 관점이나 복음서 기자들의 견해에 의존하지 않는 언어적이거나 긴장을 일으키는(tensive) 상징이다.[82] 상징으로서 하나님 나라는 본래 상황과 저자들로부터 분리되어 독자들의 실존적인 이해 안에서 의미가 부여된다. 이러한 이해는 본문의 표층 아래 있는 하부구조적 실재, 즉 복음서 기자들이 무의식적으로 언급한 것과 독자들의 관심을 집중시키는 실재들을 찾고자 노력하였다. 그래서 상징으로서 하나님 나라는 이스라엘에서 이루어진 하나님의 활동이 현대 독자들에게 어떤 의미로 다가오는가를 이해하게 한다. 이런 점에서 하나님 나라는 하나님의 백성을 위한 역사 안에서 이루어진 하나님의 활동이며, 더 나아가 예수의 모든 가르침과 활동도 하나님 나라를 위한 것이다. 상징으로 하나님 나라는 하나님과 이루어지는 개별적 관계성을 표현하는 다양하고 풍부한 종교적 경험들을 나타낸다. 하나님 나라를 상징으로 해석하는 학자들에게 있어서, 예수는 결코 하나님 나라를 논증적인 언어로 정의하지 않았고, 예수는 논증적인 언어보다 오히려 비유를 사용하여 하나님 나라를 보여주었다.[83] 예수는 하나님 나라에 대한 가르침을 분명하게 설명하도록 끊임없이 요청받았다.

페린(N. Perrin)에 의하면 상징으로서 하나님 나라는 자신들을 하나님의 백성으로 이해하는 유대인의 자의식 안에서 시작한다. 상징으로서 하나님 나라는 하나님의 통치와 하나님의 구속적 행위 안에서 이해되는 것이며, 현재와 미래에 대한 언급 없이 왕으로서 하나님의 활동의 다양한 상징적 의미를 찾고 있다.[84] 곧 그에게 있어서

징으로 하나님 나라는 본문을 중심에 놓고 이해하는 것인데, 이러한 전통 안에서 질문은 다음과 같을 수 있다. 본문 자체가 의미하는 것이 무엇이며 그것이 오늘날 무엇을 말하고 있는가?

82) M. Eugene Boring, "The Kingdom of God in Mark", *The Kingdom of God in 20th-Century Interpretation*, ed. Wendell Willis, (Pedbody: Hendrickson, 1987), 131~145.

83) B. Scott, Jesus, *Symbol-Maker for the Kingdom* (Philadelphia: Fortress Press, 1981), 11.

하나님 나라는 하나님의 구속활동과 구속된 자들의 상태에 관련된 상징적인 표상이다.85) 상징으로서 하나님 나라는 인간 삶의 존재적인 실재를 위한 왕으로서 하나님을 언급한다. 하나님 나라는 인간들의 실존적 참여를 요청하는 것이다. 그러면서 그는 하나님 나라를 이해함에 있어서 고려해야 하는 중요한 사항을 지적하고 있다: 해석자는 예수의 종말론적 가르침을 직선적 시간 이해의 관점에서 해석해서는 안 된다;86) 예수는 묵시적 역사이해를 떠나 예언자적 이해로 기울었다; 예수의 종말론적 가르침은 반드시 시간의 종말 혹은 우주적 대혼란에 연관될 필요는 없다; 예수의 종말론적 가르침은 그 완성의 방식이나 때와 관련하여 아무런 안내를 해주지 않는다.87)

하나님 나라를 이해하고 해석하기 위하여 이와 같이 많은 제한을 둔 것 자체가 하나님 나라에 대한 연구의 어려움을 단정적으로 보여주고 있는 것이다. 이렇게 많은 제한은 어쩌면 해석자들이 하나님 나라 혹은 하나님 나라에 관련된 종말론이라는 것이 과연 의미 있는 것인가? 하고 질문할 여지를 갖게 한다. 예수가 선포한 하나님 나라와 해석자들이 보여준 하나님 나라 이해에는 아무런 차이가 없는 것인가? 이처럼 많은 제한을 두면서 예수가 슈바이처(Schweitzer)가 주장했던 의미에서 하나님 나라였다고 말하는 것이 과연 올바른가? 하나님 나라 혹은 종말론이라는 용어가 무의미한 단어가 되지 않은 채 얼마나 넓은 의미를 지닐 수 있는가? 독자 개인의 종교적 경험을 객관적인 개념으로 정의하기가 어려운 것이 사실이다. 1세기에 전해진

---

84) Perrin, *Jesus and the Languages of the Kingdom*, 20~21.

85) 김덕기, "푸코의 역사 이해로 본 하나님의 나라", 『신약논단』 1(1995), 9~43의 13.

86) 만일 하나님 나라에 대한 예수의 말씀이 직선적 시간 이해에서 이해되지 않는다면, 연대기적 미래성은 사라지는 것이다.

87) Norman Perrin, *The Kingdom of God in the Teaching of Jesus* (London: SCM, 1963), 185, 176~178, 190, 198.

하나님 나라를 해석자들의 관점과 환경 속에서 읽는다는 것은 분명히 시대착오적이며 부정확할 수 있는 가능성이 많다.

(4) 모델로서 하나님 나라

나는 하나님 나라를 개념과 상징이 아니라 모델을 사용하여 하나님 나라가 갖고 있는 신학적 함의와 그 적용을 이해하고자 한다. 모델을 사용하는 이유는 모델은 이슈를 분명하게 하기 위해 실재로부터 찾아내거나 혹은 의도한 추상적 개념(abstraction)으로 어떤 실재를 표현하기 위한 개념적-상징적인 구조 안에 있기 때문이다.[88] 둘레스(Dulles)는 모델을 설명적 모델(explanatory)과 탐험적(exploratory) 모델로 구분하는데, 설명적 모델은 우리가 이미 알고 있는 것을 종합하는 것이며, 탐험적 모델은 확립된 사실(data)보다는 가정(hypothesis)에 기초한 새로운 견지를 찾을 수 있을 것이다.[89] 그리고 집중해야 하는 것은 하나님 나라가 갖고 있는 다면적인 실재성이다. 이러한 특징으로 인하여 스니더(Howard A. Snyder)는 하나님 나라가 갖고 있는 여섯 가지 긴장관계를 언급하고 있다: 현재적/미래적(이미/아직); 개별적/공동체적; 영적/물질적; 점진적/급진적; 신적/인간적; 그리고 하나님 나라에서 교회의 관계. 하나님 나라의 신학적 함의와 적용을 위한 이상적인 모델은 이러한 긴장을 유지해야 한다. 만일 이러한 긴장이 와해된다면, 그는 그러한 모델을 비성서적인 것으로 단호하게 간주한다.[90] 본문 자체와 해석자의 이해 사이의 긴장을 인

88) Antonio B. Lambino, "A New Theological Model: Theology of Liberation", *Towards Doing Theology in the Philippine Context* (Manila: Loyola, 1977), 6.

89) Avery Dulles, *Models of the Church* (London: Macmillan, 1974), 22~24.

90) 하나님 나라에 대한 모델에 대한 연구는 다음의 책을 참조하라. Howard A. Snyder, *Models of the Kingdom* (Nashville: Abingdon Press, 1991), 16~18, 127~128.

정하면서, 모델로서 하나님 나라를 이해하고자 하는 것은 둘 사이의 상호보완적 연관성 안에서 하나님 나라를 이해하고자 하는 것이다. 마가가 본 예수는 하나님 나라를 신비 혹은 비밀로 언급하고 있다. 그렇다면 마가복음에서 하나님 나라의 신비와 비밀을 가장 적절하게 드러내는 모델은 무엇인가?[91]

나는 하나님 나라를 해석하기 위하여 마가의 제자도를 모델로 사용하고자 한다.[92] 첫째, 나는 마가복음의 제자도를 하나님 나라의 현재적/미래적 완성, 개별적/공동체적인 참여, 점진적/급진적인 결단을 위한 모델로 가정하고자 한다. 마가복음에서 용어 '하나님 나라'는 제자도 단락(막 8:22~10:52)에서 가장 빈도 있게 사용되었다.[93] 이러한 빈도수는 하나님 나라와 제자도 사이의 연관성과 보완성을 가정하게 하는 요인이다.

둘째, 한 사람의 제자됨의 시작은 하나님 나라의 현재적 실재를 암시할 뿐만 아니라 미래적 완성을 위한 기초이다. 왜냐하면 제자됨은 하나님의 통치의 시작을 의미하기 때문이다. 마가복음에서 예수는 하나님 나라의 가까움과 복음을 선포하고(막 1:15) 곧바로 제자들을 불렀으며(막 1:16~20) 그들과 함께 사역을 진행한다. 이러한 배열은 하나님 나라가 제자들의 삶에 임한다는 것을 보여주는 핵심적인 배열이다. 마가는 하나님 나라와 이상적인 제자됨 사이의 중요

---

91) Augustine Stock, *Call to Discipleship: A Literary Study of Mark's Gospel* (Wilmington: Michael Glazier, Inc., 1982), 149~155.

92) 위에서 살펴보았듯이, 페린은 '하나님 나라' 연구에 대하여 상당히 많은 제한을 두고 있다. 지적하였듯이 이러한 제한은 '하나님 나라' 연구의 효율성과 유효성에 상당한 심각한 질문을 유발하게 한다. 정말 '하나님 나라'에 대한 연구의 유효함과 효율성이 존재하지 않는 것일까? '하나님 나라'에 대한 연구의 효과성과 효율성을 인정하면서, 본문의 의미와 원 저자의 의도 사이의 긴장은 하나님 나라를 개념과 상징보다 모델로서 더 잘 이해할 수 있음을 가정하는 것이다.

93) 나라(βασιλεία)가 다양한 격을 갖고 있고 단어의 사용 환경이 다를지라도, 하나님 나라로 해석할 수 있는 경우는 다음과 같다: 막 1:15, 4:11, 4:26, 4:30, 6:23, 9:1, 9:47, 10:14, 10:15, 10:23, 10:24, 10:25, 14:25, 15:43.

성을 복음서 진행의 중심에 놓고 있다. 그리고 제자도는 기독교인의 존재성에 관련된 핵심적인 이슈이다.[94] 만일 하나님 나라가 기독교인의 실존을 위하여 핵심적인 이슈라면, 제자도 모델은 하나님 나라를 통하여 형성된 핵심적인 삶의 형태를 제공하는 본질적인 요소이다. 하나님 나라의 비밀이 부활한 주의 말씀에 한정되지 않고 예수의 삶과 죽음에 관련된 모든 것에 포함되었듯이, 하나님 나라는 선택된 제자들에게 한정된 것이 아니라 모든 사람에게 개방되어 있다. 한 사람이 제자의 삶으로 들어감은 하나님 나라의 현재적 실재를 위한 출발점과 미래적 완성을 위한 기본적 전제를 구성하는 것이다.

셋째, 고난의 수용, 포괄성, 그리고 죽음을 받아들이는 의지는 하나님 나라를 위한 인간의 근원적인 결단(radical decision)이다.[95] 이러한 결단은 점진적이며 동시에 급진적인 것이다. 하나님의 통치는 제자됨으로 시작하여 완성된다. 하나님 나라는 제자됨으로 완성되지만 제자됨의 시작과 완성은 곧바로 일어나야 하는 즉각적 응답이 있어야 하며 또한 점진적으로 이루어져야 한다. 점진적인 결단은 씨 뿌리는 자 비유에서 잘 나타나고 있다.[96] 하나님 나라를 이해하기 위해 필요한 것은 예수를 재현함으로 시작되고 그것을 통하여 완성해야 하는 제자됨을 중심적인 개념으로 인식해야 한다. 왜냐하면 하나님 나라는 예수 안에서 도래하며, 실현되고 있기 때문에 사람은 예수의 제자됨으로 하나님 나라에 대한 필연적인 반응 안에 있어야 하지만 이 재현은 곧바로 시작되어야 한다. 왜냐하면 사람의 행동은

---

94) Fernando F. Segovia, "Introduction: Call and Discipleship-Toward a Re-examination of the Shape and Character of Christian Existence in the New Testament", *Discipleship in the New Testament*, ed. Fernando F. Segovia (Philadelphia: Fortress Press, 1985), 2.

95) Fernando F. Segvia, "Introduction: Call and Discipleship", 18; Frank J. Matera, *The Kingship of Jesus: Composition and Theology in Mark 15* (Chico: Scholars, 1982), 149.

96) John R. Donahue, *The Gospel in Parable* (Philadelphia: Fortress Press, 1988), 33~34.

하나님 나라로부터 동떨어진 것이 아니어야 하기 때문이다. 그래서 하나님 나라가 도래했을 때 사람은 하나님 나라로부터 멀리 있지 않다(막 12:34). 그들은 급진적인 결단이 필요했던 것이다.

넷째, 마가복음에서 예수의 길(ὁδός)은 제자들의 삶을 위한 중요한 모범이 된다. 그리고 마가복음에서 십자가를 향하여 가신 예수의 길은 하나님 나라로의 들어감에 연결되어 사용된다.[97] 마가복음에서 예수의 길은 종말적인 분위기를 나타내는 중요한 단서이며, 그것은 하나님의 통치가 보여주는 종말적인 분위기를 보완하고 있다. 마가복음에서 하나님 나라에 들어간다는 것은 그의 통치에 참여함을 의미한다.

(5) 마가복음 4:10~12의 하나님 나라와 제자도

마가복음에서 하나님 나라의 비밀은 제자도와 비유 이야기에 연결되어 구성되어 있다. 마가복음 4:10~12는 이러한 구성을 보여주는 결정적인 단락이다. 마가복음 4:10~12를 중심으로 하나님 나라를 제자도 모델 안에서 이해할 수 있다. 마가복음 4:10~12의 '외인'과 '너희'의 정체성은 제자도를 완성하고 하나님 나라를 소유할 사람들이 누구인지 보여주는 중요한 단서이다. '너희'에게 주어진 하나님 나라의 비밀과 제자도는 하나이며, 동일한 것이다. 곧 하나님 나라의 비밀은 제자도에 대한 예수의 가르침 이상도 이하도 아니다.[98]

표면적으로 마가복음 4:10~12에서 하나님 나라의 비밀이 '밖에 있는 자들'에게 알려지지 못하도록 비유로만 남아 있게 된다. 비밀

---

97) W. Kelber, "Kingdom and Parousia in the Gospel of Mark" (PhD. diss., University of Chicago, 1970), 109. 하나님 나라를 기다린 아리마대 요셉은 예수의 십자가 죽음에서 하나님 나라가 도래했다는 것을 이해하지 못했지만, 로마 백부장은 십자가에 죽은 예수를 통하여 도래한 하나님 나라를 인지했다.

98) Stock, *Call to Discipleship: A Literary Study of Mark's Gospel*, 149.

118 마가복음 그 위대함

이라는 단어를 중심으로 마가는 제자들과 '외인'(ἐκείνοις τοῖς ἔξω) 사이를 엄격히 구별한다. 마가복음 4:11에 나타나는 관용구 '외인'은 벰(J. Behm)에 의해 제자들에 속하지 못하는 사람들의 그룹으로 제시되었다.[99] 열두 제자만이 하나님 나라의 비밀을 소유했으며, 밖에 있는 자들은 보고 듣기는 했지만 하나님 나라의 비밀을 이해하지 못했다.[100] 열두 제자는 특권을 갖고 있는 예수 주위의 그룹으로서 그들만이 예수로부터 비밀에 대한 특별한 가르침을 받았다. 외인들은 이러한 특권 있는 주위 그룹이 아닌 자들이며 비유를 수수께끼로 듣게 되었다. 그러나 특권 속에 있던 제자들은 예수를 부인했으며, 도망갔고, 배반하였다. 하나님 나라의 비밀을 갖고 있던 특권층의 배반은 특별한 의도를 보여주는 듯하다. 열두 제자의 몰이해 뿐만 아니라 마가의 종결 부분에 나타난 그들의 배반도 하나님 나라의 비밀을 소유하지 못한 자들의 모습을 보여준다. 열두 제자의 실패와 배반을 보여주면서, 마가는 하나님 나라의 비밀을 소유한 자에 대한 새로운 질문을 갖게 하였다: 누가 하나님 나라의 비밀을 갖게 되는가?

마가복음 4:11의 '외인'은 마가복음 3:31에 언급되어 있는 '밖에 서 있는'(ἔξω στήκοντες) 예수의 모친과 동생들과의 관계에서 이해해야 한다.[101] 마가복음 4:10의 "그들과 함께 있는 열둘"(οἱ περὶ αὐτον

---

99) J. Behm, "οἱ ἔξω", *Theological Dictionary of the New Testament* II, 576. 공관복음을 제외하고, 관용구는 항상 바울서신에서 나타나고 있으며, 벰(Behm)은 이 관용구가 믿지 않는 자들을 언급할 때 항상 사용되었다고 제시한다(고전 5:12~13; 살전 4:12; 골 4:5). V. Taylor, *The Gospel According to St. Mark* (London: Macmillan, 1966).

100) D. Nineham, *Saint Mark* (Harmondsworth: Penguin, 1963), 135; R. Pesch, *Markusevangelium* (Freiburg: Herder, 1977), 1: 237~238. 그닐카(J. Gnilka)는 밖에 있는 자들은 메시아를 죽인 유대인을 의미한다고 생각한다. *Die Verstockung Israels* (Munich: Kösel, 1961), 85. 그닐카는 제자들을 마가 교회를 상징적으로 나타내는 그룹으로 간주하였다.

101) 베스트(Best)에 의하면 마가는 이미 마가복음 4:11~12를 포함한 최초의 자료를 갖고 있었다고 가정하면서, 관용구 '외인'은 이 자료로부터 전해오는 부분이라고 생각하고 있다. *Disciple and Discipleship*, 137~140.

σὺν τοῖς δώδεκα)은 마가복음 3:34의 '둘러앉은 자들'(τοὺς περὶ κύκλῳ καθημένους)을 상징적으로 보여 준다. 예수의 부모와 형제들은 밖에 있었지만(막 3:21), 군중은 예수 주위에 있었다(비교 막 4:10). 마가복음 3:32에서 군중은 그의 어머니와 형제들이 예수를 찾고 있다고 알려준다. 그것에 대한 응답으로, 예수는 자기 주위에 있는 그들에게 말했다; "내 모친과 내 동생들을 보라 누구든지 하나님의 뜻대로 하는 자는 내 형제요 자매요 모친이니라"(막 3:34, 35). 그는 둘러앉은 사람들에게 하나님 나라의 비밀을 공개했다. 하나님 나라의 비밀은 하나님의 뜻에 관련되어 있다. 하나님 나라의 비밀은 하나님의 뜻대로 행하는 자에게 드러난다. 마가복음 3:35에 의하여 외인과 내부인 간의 구분은 하나님의 뜻을 행하느냐 아니냐에 따른 것이다. 외인은 내부인이 될 수 있었고 내부인도 외인이 될 수 있었다.

마가복음 3:35는 하나님 나라의 새로운 가족의 이름을 구체적으로 언급하지 않았지만 마가복음 6:3에서 가족 구성원에 대한 분명한 이름을 언급하고 있다. 마가복음 3:13~19에서 제자들의 이름이 기록되어 있는 것과 비교할 때 이것은 굉장히 중요한 점을 보여주는 것이다. 새로운 가족에 대한 명단의 부재는 하나님 나라의 구성이 개방되었다는 것을 보여 준다. 곧 하나님 나라의 구성원은 하나님의 뜻대로 행하는 모든 사람이다.[102]

마가복음 3:35의 하나님의 뜻을 행하는 새로운 가족은 하나님 나라의 비밀을 보여주는 특별한 단서이다. 하나님 나라의 새로운 가족이 되기를 원하는 사람은 누구든지 하나님의 뜻을 행해야 한다. 하나님의 뜻의 완전한 실현은 하나님의 다스림으로 완전히 이루어진

---

102) Stephen C. Barton, *Discipleship and Family Ties in Mark and Matthew* (Cambridge: Cambridge University Press, 1994), 79. 여기서 마가는 하나님의 뜻대로 행하는 것을 하나님 나라의 새로운 가족을 위한 은유적 표현으로 사용한 것이다.

다. 하나님의 통치의 완전성은 그의 뜻을 드러내고 실행하며 능력을 발휘한다. 그러므로 하나님의 통치가 이루어지는 곳은 뜻이 선포되고, 드러나며, 실현되는 곳이며, 거기가 바로 하나님 나라이다. 한 사람에게서 이것이 완전하게 이루지기 위해서는 마가가 가르치는 제자도 안에 있어야 한다.

만일 군중이 하나님의 뜻을 행했다면, 그들도 '너희'에 속할 수 있었다. 군중이 '너희'에 속했다면, 그들도 예수의 개인적 가르침을 받을 수 있었고 하나님 나라의 비밀을 소유했을 것이다.[103] 그들은 하나님 나라의 비밀을 소유한 예수의 제자들이 되었을 것이다. 반면에 하나님의 뜻을 알지도 못하고 행하지 못하는 사람들은 하나님 나라를 기다리지도 않고 나라로부터 멀리 있는 자들이다. 마가복음 3:20~35에서 나타나는 새로운 가족, 하나님의 뜻 안에서 예수의 제자로 좇아가는 사람들과 하나님의 뜻에 관련되지 않은 예수의 친족 사이의 구분은 열두 제자와 군중 혹은 유대인과 이방인 사이의 단순한 구별이 아니라, 제자도의 진정한 의미를 이해한 사람들과 이해하지 못한 사람, 하나님 나라를 소유한 사람과 소유하지 못한 사람, 사람의 일을 추구한 사람과 하나님의 일을 추구하는 사람 간의 구별이다. 제자도의 진정한 의미를 이해한 사람들은 하나님 나라의 비밀을 소유한 자이며, 제자되는 것은 하나님 나라를 위하여 사람이 할 수 있는 근본적이고 근원적인 결정(radical decision)이며 사건이다.[104] 외인과 너희 사이의 차이는 하나님 나라의 비밀에 어떻게 반응하고 행동하느냐에 따른 것이다.[105] 하나님의 뜻을 이해하고 행하는 자들

---

103) Elizabeth S. Malbon, *In the Company of Jesus: Character in Mark's Gospel* (Louisville: Westminster John Knox Press, 2000), 95~99.

104) George Eldon Ladd, *The Gospel of the Kingdom: Scriptural Studies in the Kingdom of God* (Grand Rapids: Eerdmans, 1959), 99.

105) Brenda B. Colijin, "Salvation as Discipleship in the Gospel of Mark", *Ashland Theological Journal*

은 하나님의 다스림을 경험할 자이며 그렇지 못한 자들은 하나님의 다스림을 알지 못할 자들이다.

여자, 이방인, 귀신들린 자들, 그리고 부정한 자들은 믿음을 갖고 있는 무리로 제시되고 있다.[106] 이름 없는 무리들은 예수의 사역과 운명에 대한 가르침을 보고 들은 후 점점 더 예수를 이해하고 깨달아 갔으며, 결국에는 그의 길에 동참하며 하나님의 통치를 그들의 삶 속에서 시작하는 자들이다.[107] 마가복음에서 예수의 길에 참여하여 견디는 자들이 바로 비밀스럽고 나약하게 시작하였으나 결국 하나님 나라에 이른 자들이다. 이 새로운 제자들은 예수의 새로운 가족이며, 하나님의 뜻을 행하여 하나님의 다스림 안에 있을 것이다. 제자들, 종교 지도자들, 그리고 유대 지도자들은 하나님 나라에 관련하여 부정적으로 묘사되고 있다. 이들에 대한 부정적인 태도에 관련된 마가의 의도는 무엇인가? 그들의 부정적인 모습은 그들 자신들의 문제며, 그들의 선택에 따른 결과이다. 그것은 하나님 나라를 위하여 사람이 할 수 있는 근본적인 결정을 하지 못한 것을 보여준다. 믿음으로 반응하느냐 또는 불신앙으로 반응하느냐에 따라 하나님 나라의 현재성과 미래성이 결정되는 것이다. 만일 사람이 적절한 결정을 내린다면, 그 사람은 하나님 나라의 현재적 도래를 경험하고 그의 현재적 삶 속에서 이루어지는 하나님의 거룩한 통치 안에 있게 된다. 이것은 하나님 나라가 예수 안에 드러났다는 의미와 동일하다. 믿음으로 적절하게 행동하는 사람은 예수의 이상적인 제자로서 그

30(1998), 14. 죄인이나 나병환자 누구든지 예수를 영접하여 하나님의 뜻을 실행해야만 '너희'에 속할 수 있다(막 9:37). 예수의 가르침에 반응하는 모든 사람은 예수의 내부인 그룹에 속하는 것이다.

106) J. A. Baird, "A Pragmatic Approach to Parable Exegesis: Some New Evidence on Mark 4:11, 33~34", *Journal of Biblical Literature* 76(1957:210~217), 205.

107) 나귀 새끼 옆에 섰던 어떤 사람(막 11:5)과 유월절 만찬 장소를 준비한 사람(막 14:14)이 이런 사람의 예로 간주할 수 있다.

의 삶 안에서 예수를 모방한 사람이다.

마가복음에서 이상적인 제자의 표상을 보여주는 인물은 누구인 가? 마가복음에서 하나님 나라를 소유할 사람들은 예수 같은 사람들 이다. 이상적인 제자들은 예수의 삶 안에서 드러나는 하나님 나라의 실재와 능력을 깨닫고, 그의 사역에 동참하며 견딤으로 하나님의 통 치를 경험한다.[108] 마가는 믿음 안에서 자발적으로 십자가의 길을 선택한 예수를 가장 이상적인 제자의 모델로 제시하였다.[109] 마가의 이상적인 제자상은 십자가의 길을 이루었던 예수 자신이라는 것이 더 적절하다.[110] 마가가 본 예수는 십자가 위에서 끝까지 인내를 이 루어 사람들(관객들)에게 구원의 길을 열어 주었다.

결론적으로 예수를 모방하는 무리는 마가복음이 제시하는 이상적 인 제자들의 무리, '너희'에 속하여 하나님 나라의 현재적 실존 안에 서 그것을 소유할 자들이다. 하나님의 뜻을 행하는 '안에 있는 사람 들'이 하나님 나라의 비밀을 소유한 자이며, 하나님 나라의 큰 가지 를 내어 세상의 모든 것들에게 안식을 제공할 자들이다. 본질적으로 감추어진 하나님 나라는 하나님 나라를 소유한 사람들에 의해 드러 나게 된다. 하나님 나라를 소유한 사람들은 예수 안에 믿음을 가지

---

108) Hurtado, "Following Jesus in the Gospel of Mark and Beyond", 10~15.

109) Brenda B. Colijin, "Salvation as Discipleship in the Gospel of Mark", *Ashland Theological Journal* 30(1998), 18; Wright, *And Then There Was One*, 102; Philip Davis, "Christology, Disciples and Self-Understanding in Current Debate", *Self-Definition and Self-Discovery in Early Christianity: A Case of Shifting Horizons. Essays in Appreciation of Ben F. Meyer from his former Students*, ed. D. Hawkin & T. Robinson (Lewiston: Mellen, 1990), 109; Donahue, *Jesus as the Parable of God*, 377~378.

110) 콜리진(Colijin)은, "Salvation as Discipleship in the Gospel of Mark", 18, 마가는 제자도가 구원 을 획득한다고 결코 제시하지 않는다고 지적한다. 제자도는 예수 안에 현존하는 하나님의 통 치에 적절한 반응이다. 그러므로 마가복음의 유일한 행동유형의 모범은 예수뿐이다. 예수가 그러했던 것처럼 제자 됨을 통하여 구원을 완성하기를 원하는 자도 그렇게 되어야 한다. Best, *Following Jesus*, 92; Frank J. Matera, 『마가복음 신학』(기독교문서선교회, 1985), 71; 김광 수, 『마가 마태 누가의 예수 이야기』 (대전: 침례신학대학교출판부, 1997), 176~177.

고 예수의 삶을 능동적으로 따라가는 사람들이다.[111] 이런 점에서 하나님 나라는 이 땅의 사람을 위한 것이다. 에드워드 슈바이처 (Edward Schweitzer)는 하나님 나라의 도래는 전적으로 인간의 결정에 달려있다고 지적하였다.[112] 그러므로 제자도의 완성은 하나님 나라를 소유한 것과 동일한 것으로 간주할 수 있다. 제자도 모델은 하나님 나라와 그것의 연관성, 실재성, 현재/미래 또는 이미/아직 사이의 긴장을 이해할 수 있고 만족시킬 수 있는 모델이다. 제자도 모델은 마가의 하나님 나라 범주를 넓혀주고 있으며 이해를 용이하게 한다.

2) 광야 모티프

복음서의 구조를 위해 마가는 그레코-로만의 문화적인 영향을 받았지만 그것의 내용에 있어서 구약성서의 영향 아래 있는 것은 확실하다.[113] 마가는 예수의 행적을 구약성서 안에서 이해하고 있는데 특별히 예언의 성취로 예수의 행적들을 해석하였다. 특별히 마가는 그의 복음서의 시작을 예언서의 글로 시작한다. 마가복음의 시작으로 인용된 이사야의 글은 예수를 통하여 임하는 새로운 시대의 도래와 그것에 필요한 반응이 무엇인지를 보여주고 있다. 마가복음 전체 안에서 예수의 사역을 예언의 성취로 이해하지 못하는 사람들에게 있어서 예수의 에피소드들은 그들의 눈에 신기한 일로 남아 있을 뿐이다(막 12:11).

---

111) Schweitzer, *The Good News According to Mark*, 46.

112) Schweitzer, *The Good News According to Mark*, 45; Ladd, *The Gospel of The Kingdom*, 99.

113) Robert H. Stein, "Is Our Reading the Bible the Same as the Original Audience's Hearing it?: A Case Study in the Gospel of Mark", *Journal of Evangelical Theological Studies* 46(2003), 66. 마가는 구약을 인용하면서 그것에 대한 해석을 제공하지 않고 있다. 이런 점은 마가의 관객들이 구약성서에 대한 이해를 갖고 있었다는 것을 보여준다. 반면에 아람어는 해석을 제공하고 있다.

마가는 요한의 모습을 예언자 엘리야의 모습으로 묘사하였다. 마가는 광야에 나타난 침례자 요한을 예언자의 반열에 놓으면서 그의 사역을 예언자의 사역과 대비시키고 있는 듯하다. 마가는 요한을 새로운 엘리야로 상징화하였고, 그의 사역을 메시아의 선구자로서 그의 길을 준비하는 자로 묘사하였다.[114]

왜 마가는 광야에 침례자 요한이 나타났다고 말할 수 있나? 광야와 침례는 어울리지 않는 단어들이다. 광야에 물이 없기 때문에 침례를 행할 수 없지만 마가는 광야에 침례자 요한을 등장시키고 있다. 요한이 광야에 나타났으나 침례는 요단강에서 행해지고 있다. 어떻게 이러한 결합이 일어나고 있을까? 마가의 의도가 무엇인가? 광야에 나타난 침례자 요한과 요단강에서 침례를 행하는 요한의 행위가 보여주는 의미는 무엇인가?

쿰란 문헌도 마가의 시작부분에서 인용된 이사야 40:3을 인용하고 있다. 1QS 8:13~14는 다음과 같이 기록한다: "그들[쿰란 공동체]은 스스로를 하나님을 믿지 않는 자들의 거주지로부터 격리하며, 주의 길을 예비하기 위하여 광야로 갈 것이다; 이것이 기록된 대로 광야에서 여호와의 길을 예비하라, 사막에서 우리 하나님의 대로를 평탄케 하라." 여기서 이사야 40:3은 왜 쿰란 공동체가 광야로 피신했는지를 설명하는 중요한 개념을 갖고 있는 구절로 인용되고 있다. 쿰란 공동체가 성전의 타락을 피해 도망한 곳이 광야이듯이 쿰란 공동체에게 광야는 순결과 청결의 장소로 인식되고 있으며, 이러한 순결과 청결의 장소로 광야는 그들의 정체성을 위해 필요한 자료가 되었다. 결론적으로 쿰란 공동체는 이사야 40:3의 원래적인 상황에서

---

114) 지면 관계상, 구약성서의 배경을 마가의 서론에서만 간략하게 연구하기를 원한다. W. Roth, *Hebrew Gospel: Cracking The Code of Mark* (Bloomington: Meyer-Stone, 1988), 29~76, 101~103; Raymond E. Brown, "Jesus and Elijah", *Perspective* 12(1971), 87~90.

쿰란 공동체의 신분을 보여주는 사상적 기초로써 구약을 인용하였다.[115] 쿰란 공동체는 이사야 40:3을 광야로 인도하시는 하나님의 말씀으로 인용하였다(1QS 8:13~14 그리고 1QS 9:19~20). 이렇듯 마가도 공동체를 위해 이사야 40:3을 인용함으로 공동체의 삶과 신분을 보여주고자 하는 의도가 있었을 것이다. 쿰란 공동체가 광야를 새로운 시대를 위한 장소로 선택하였듯이 마가도 주의 길을 예비하는 곳을 광야로 한정했다. 광야에서 시작한 주의 길은 이스라엘의 출애굽과 약속의 땅으로 들어감을 상징적으로 보여준다.[116]

광야에서 회개의 침례를 선포하는 침례자 요한의 사역은 마가에 의해 중요한 의미를 갖게 된다. 광야 모티프와 침례 모티프가 보기 좋게 결합되어 마가의 의도를 분명하게 보여준다. 침례자 요한이 광야에서 회개의 침례를 선포하고, 요르단 강에서 침례를 행한 것은 마가가 구약에서 나타나는 사상을 응용하여 자신의 공동체의 사상적 배경을 삼은 것이다. 회개로의 부르심은 하나님 나라로의 부르심, 곧 새로운 길로의 부르심이다. 이것이 광야에서 일어나고 있다. 회개자들은 광야에서 다시 하나님과의 관계가 회복되어 새로운 시대를 맞이하게 된다. 그러므로 요단강은 새로운 시대를 준비하는 문과 같은 것이다. 새로운 시대는 예수의 선포에서 소개된 하나님 나라의 도래를 상징적으로 보여주며, 새로운 시대의 도래는 예언의 성취로 입증한다.

마가는 개종자들이 이스라엘 백성이 홍해를 건너면서 경험했던 것을 동일하게 경험하게 함으로 침례가 새로운 시대를 준비하고 시

---

115) Joseph A. Fitzmyer, "The Use of Explicit Old Testament Quotations in Qumran Literature and in the New Testament." *New Testament Studies* 7(1961: 297~333), 318.

116) M. A. Swartley, "The Structural Function of the Term 'Way'(Hodos) in Mark's Gospel", *The New Way of Jesus: Essays Presented to Haward Charles*, ed. W. Klassen (Kansas: Faith and Life Press, 1980), 80.

작하는 사람들에게 필요한 것임을 알게 하기 위함이었다.[117] 새로운 시대를 준비하는 이들에게 청결과 순결은 상당한 신학적인 의미를 부여하는 것이다. 청결과 순결을 위한 준비는 광야에서 침례를 받음으로 시작되는 것이다. 침례 받음은 예루살렘을 향한 예수의 십자가 길로 시작된 메시아의 도래를 보여주는 새로운 시대에 동참하는 것을 의미한다. 침례가 새로운 시대의 도래의 종말론적인 선포와 연결되는 것처럼 하나님의 성령이 새로운 시대를 준비하는 새 이스라엘에 주어진다.

4. 결론

마가복음과 그리스 비극은 분명한 여러 유사점을 갖고 있다. 문학적 다양성 안에서 마가는 드라마적 구조가 그의 목적에 가장 효과적인 것으로 간주했기에 그것을 선택한 것이다. 예수의 이야기는 기독교 공동체의 구전 전통에서 이미 알려져 있는 것이며, 그것과 함께 드라마적 구조는 가장 대중적인 문학 형식이었기에 마가는 자신의 의도를 위해 드라마적 구조를 쉽게 선택할 수 있었을 것이다. 아마도 마가에게 있어서 드라마적 구조는 그리스도 사건을 현재적 사건으로 유지하기 위해 사용된 새로운 수단이었다.

복음서에 기록된 사건들과 인물들은 1세기의 팔레스타인에서 일어난 '역사적 실재 사건'이지만 이것들이 '복음서 최초 관객들의 공동체'나 오늘의 우리들에게 전달될 때는 '상징적 실재'(symbolic reality)로 해석된다. 즉, 문학이라는 구조 안에서 역사적 에피소드들

---

117) J. Jeremias, *Infant Baptism in the First Four Centuries* (London: SCM, 1960), 32.

은 관객들의 상상력을 자극하는 은유(metaphor)나 이미지(imagery)로 관객들에게 다가온다. 따라서 복음서의 해석자는 본문에 대한 적절한 관찰과 해석뿐만 아니라 상상력까지도 발휘하여 본문을 이해해야 한다. 상상력을 활용하기 위해서는 최초 관객들이 처한 삶의 정황에 대한 역사적·문화적·언어적 이해가 있어야 하며, 역사적·문화적·언어적 이해에 기초하여 복음서 기자가 일차적 관객들에게 전하고자 했던 그것을 오늘날의 관객들도 전달받을 수 있다.

IV

플룻

마가복음의 이야기는 시작을 알리는 특정한 에피소드와 종결을 나타나는 특정한 에피소드를 갖고 있다. 곧 마가복음은 에피소드들의 나열과 배열에 따른 결과물이다. 연구자들은 이러한 나열과 배열을 근거하여 마가복음의 장르를 그레코-로만 위인전, 소설, 그리스 비극의 세부 장르로 정의하였다. 사건들의 배열을 갖고 있는 문학으로 마가복음을 결정한다면, 플롯이 문학의 전반적인 통일성을 이루는 인과관계를 완성하는 원칙이기 때문에[1] 마가의 플롯에 대한 질문은 신중하게 다루어져야 한다. 마가의 플롯에 대한 연구는 특정 사건들의 배열과 관계성을 이해하는 데 필수적이며, 또한 사건들의 배열과 관계성은 마가복음의 신학을 형성하는 기초가 될 뿐만 아니라 장르 결정의 기준이기도 하다.

그동안 마가의 플롯에 대한 연구는 서사 비평가들에 의해 활발하게 진행되었다.[2] 하지만 나는 아리스토텔레스의 『시학』을 기본으로 하여 플롯에 대한 기본적인 개념과 특성을 마가복음의 문학적인 구성에 대한 연구에 적용하고자 한다. 아리스토텔레스에 의하면 비극적 플롯은 진지성(고귀성, nobility), 완전성(완결성, completeness), 그리고 적절한 규모(크기, a certain magnitude)의 특성을 만족시켜야한다. 왜냐하면 플롯은 가능함, 있음직함 그리고 필요함의 인과관계 안에서 사건들과 인물들이 직간접적으로 연결되어야 하는 최종적이며, 유일한 원인이기 때문이다. 그래서 플롯의 고귀성, 완전성, 그리고 적절한 규모의 범주 안에서 마가복음의 사건들의 배열을 조사하

---

1) Paul Goodman, *The Structure of Literature* (Chicago: University of Chicago, 1964), 14~17.

2) David Rhoads, Donald Michie and Joanna Dewey, *Mark as Story: An Introduction to the Narrative of a Gospel* (Philadelphia: Fortress Press); Jack D. Kingsbury, *Conflict in Mark: Jesus, Authorities, Disciples* (Minneapolis: Fortress Press, 1989); Paul L. Danove, "A Failed but a Successful Plot: An Analysis of the Plot of the Gospel of Mark as a Guide to the Narrative Rhetoric", PhD. Dis., (Graduate Theological Union, 1991). 이외에도 많은 연구들이 있다.

여 마가의 신학과 목회적인 관심을 이해하고자 한다.

아리스토텔레스에게 비극은 재현의 일반적인 범주로서 행동의 재현이며, 또한 이 행동의 재현은 플롯 안에서 이루어진다. 플롯은 행동의 예술적인 객관화이다. 그러므로 플롯은 항상 행동을 언급해야 한다(『시학』 XVII 1455b 17~24). 행동은 비극의 부분이 아니라 비극 안에서 재현되는 실체이다. 아리스토텔레스는 행동을 정의하면서 "보편적이란 말로, 나는 이러 이러한 사람은 개연성과 필연성에 따라서 이러이러한 것을 말하거나 행하게 될 것이라고 말하는 것을 의미한다"(『시학』 IX 1451b 8~10)고 지적한다. 예를 들어 행운에서 불행으로 추락한 오이디푸스의 행동은 플롯 밖에서 이미 일어났으며, 극작가는 그의 행동을 극 안에서 예술적으로 다시 재현한 것이다.3) 그렇다면 '행동'이라는 말은 어떤 신체적인 활동이나 등장인물이 무대 위에서 하는 행동이 아니라 어떤 과정에 가까운 것을 의미한다. 곧 행동은 본질적으로 극의 시작과 결말 사이에 일어나는 변화의 과정이다.4) 플롯이 행동을 재현했기 때문에 플롯이 비극에서 가장 중요한 요소이다.5)

이 같은 배경 안에서 마가의 플롯과 관련하여 증명하고자 하는 나

---

3) 베르낭은 비극의 역사적 의식에 대하여 아주 뚜렷하게 강조하고 있다. "그러므로 비극의 소재는 역사 밖의 인간현실로 가정되는 꿈이 아니라 기원전 5세기 폴리스 특유의 사회사상이다. 말하자면 법이나 정치적 삶에서 여러 제도의 출현으로 말미암아 지난날의 종교적 도적적인 전통이 의문시될 때, 그 모든 긴장과 모순이 표출된 장소로서 당시의 사회사상이다." 임철규, 『그리스 비극: 인간과 역사에 바치는 애도의 노래』, (서울: 한길사, 2007), 재인용 373. 그리스 비극의 소재는 과거의 이야기에서 왔다. 기원전 약 1600년부터 기원전 1200년에 이르는 고대 그리스의 청동기 시대의 영웅들의 이야기이다. 그리스 비극의 채용된 영웅들의 이야기는 호머의 『일리아드(The Iliad)』에 의해 집대성된 서사시에서 온 것이다.

4) O. B. Hardison, *Aristotle's Poetics* (Englewood Cliffs: Prentice-Hall, 1968), 114.

5) 극에 있어서 행동은 인물을 묘사하기 위한 것이 아니라 오히려 인물이 행동을 위하여 극에 포함된 것이다. 극에서 일어난 변화의 과정인 행동은 사건의 결합이며, 행동을 보여주는 것이 플롯의 목적이다. 그러므로 플롯이 가장 중요하며, 제일의 원인이다(『시학』 VI 1450a 15). 아리스토텔레스는 이것을 다음과 같이 표현한다: 인물 없는 비극은 가능하나 행동 없는 비극은 불가능하다.

의 노력은 플롯이 삶을 통하여 드러난 행동의 예술적인 재현이기 때문에 마가의 플롯을 행동적 플롯으로 이해하고자 하는 것에 있다.6) 행동을 보여주는 삶의 예술적인 재현으로 플롯은 주인공이 갖고 있는 의지의 변화를 구체적으로 표현해야 한다. 의지의 변화를 통하여 드러난 삶의 변화는 주인공의 행동을 통하여 가장 분명하게 나타난다. 그러므로 플롯 연구가 변화를 갖고 있는 행동을 찾고 있다는 점에서 나는 마가의 플롯을 행동적 플롯으로 정의하는 것이다. 이 장은 마가복음의 행동적 플롯 구성을 보여주면서 마가복음의 기독론이 관객들에게 어떻게 기능하고 있는지 살피고자 한다.

1. 특성

미메시스(μίμησις)의 큰 틀 안에서 그리스 비극 장르를 정의하면서, 아리스토텔레스는 『시학』에서 플롯에 대한 조직적인 토론을 하였다. 미메시스는 문학작품의 본질적인 특성이다. 일반적으로 미메시스는 모사(imitation)로 번역되고 있으나 단순히 복사(copy)의 의미보다는 보편적인 것에 대한 묘사, 표현 또는 재현(representation)으로 해석되어야 한다.7) 미메시스는 관객들이 배울 수 있는 실재의 어떤 면에 대한 재현이거나 표현이다. 하디슨(O. B. Hardison)은 보편화의

---

6) 아리스토텔레스에 의하면 플롯은 사건들의 배열 안에 있는 행동(action)이다(『시학』 VI 1450a 40~50). 마가복음에서 해석자들은 갈등적인 분위기를 감지할 수는 있지만 그것이 마가의 플롯을 구성하는 제일의 원인은 아니라고 한다. 마가복음은 플롯 안에서 사건들의 인과관계로 배열한 주인공과 인물들의 의도된 행동을 보여주고 있다. 마가복음에서 인물보다 의도적으로 정렬된 예수의 행동이 플롯 구성의 제일 원인이다.

7) F. L. Lucas, *Tragedy in Relation to Aristotle's Poetics* (New York: Harcourt, Brace and Co., 1928), 17. 표현 또는 묘사로의 번역도 미메시스의 정확한 의미를 전달하지 못한다고 지적되고 있다. G. M. A. Grube, *Aristotle on Poetry and Style* (Indianapolis: Bobbs-Merrill, 1958), xviii.

과정으로 이 배움을 규정짓는다.8) 왜냐하면 미메시스는 관객들으로
하여금 실재의 어떤 측면을 이해할 수 있게 하기 때문이다. 삶의 보
편적 법칙들은 표현된 혹은 재현된 특별한 행동(action) 안에서 나타
난다. 아리스토텔레스는 시(poetry)를 역사(history)보다 더 철학적이
며, 의미심장한 것으로 간주하였다(『시학』 IX 1451b 6~7). 역사는
개인의 특별한 행동에 관심을 두고 있는 반면 시(poetry)는 행동의
형태(type)안에서 그것에 대한 이해에 관련되어 있다. 시는 모든 문
학의 재현적 특성, 곧 특별한 것에서 보편적인 것을 보여주는 특성
을 공유한다. 이러한 보편적인 것의 재현을 통하여 이루어진 배움
안에는 예술의 특별한 즐거움이 있다. 아리스토텔레스는 배움을 모
든 사람들에게 최상의 즐거움을 가져오는 매개체로 선언하였다(『시
학』 IV 1448b 10~12). 미메시스는 배움으로부터 오는 즐거움이다.
재현으로서 비극은 관객들에게 특별한 것으로부터 보편적인 것을
배우고, 인식하는 즐거움을 허락한다.

　아리스토텔레스에 따르면 재현의 일반적 범주로서 비극은 행동의
재현이며, 또한 이 행동의 재현은 플롯을 통하여 이루어진다. 적절
하게 표현한다면, 행동은 비극의 부분이 아니라 비극 안에서 재현되
는 실체이다. 극에 있어서 행동은 인물을 묘사하기 위한 것이 아니
라 오히려 행동을 위하여 인물이 극에 포함되는 것이다. 극에서 일
어나는 변화의 과정인 행동은 사건들의 결합의 결과이기에 행동을
보여주는 것이 플롯의 목적이다. 그래서 플롯이 가장 중요한 것이다
(『시학』 VI 1450a 15). 완전한 행동의 재현으로서 비극을 이해하기
위해 우리의 관심은 플롯에 있어야 한다(『시학』 VII 1450b 1~10).
아리스토텔레스는 행동의 재현을 위해 플롯의 세 가지 특성을 언급

---

8) O. B. Hardison, *Aristotle's Poetics* (Englewood Cliffs: Prentice-Hall, 1968), 281~296.

하였다: 적절한 크기, 완결성, 그리고 고귀성(진지성).

1) 크기

그리스 비극에서 크기라는 개념은 이론적인 것뿐만 아니라 실질적인 것을 의미한다. 이론적으로 크기는 아름다움에 관련된 것이다. 아름다움을 유지하기 위해 사물은 지나치게 크거나 작지 않은 적당함을 가져야만 한다. 적당함이라는 크기의 개념을 설명하기 위해 아리스토텔레스는 『일리아드(Iliad)』와 그리스 비극을 비교하면서 『일리아드(Iliad)』에 비해 비극은 조금 작은 플롯을 갖고 있다고 지적하였다. 그러나 만일 서사적 구성의 동일한 크기를 비극에서 사용한다면 서사의 크기가 비극의 규모보다 크기 때문에 저자는 소기의 성과를 거둘 수 없을 것이다(『시학』 XVIII 1456a 12~13). 이런 점에서 문학 안에서 크기는 비율의 문제이기도 하다.

비극의 행동은 비극적 크기를 가져야 한다. 비극적 크기의 적당성은 어떤 사람이 쉽게 기억할 수 있을 정도를 의미 한다. 만일 플롯이 너무 길다면 관객들은 플롯에서 구성된 이미 일어난 사건들을 쉽게 잊어버릴 수 있다. 그래서 너무 긴 플롯은 관객들의 흥미를 붙들기가 어려울 수 있다. 또한 적절한 반전과 인식을 위해 사건을 치밀하게 배열할 지면이 부족하기 때문에 너무 짧은 플롯은 효과적인 카타르시스를 유발하기가 어렵다. 그럼에도 불구하고 플롯의 크기를 결정하는 실질적인 기준은 플롯 자체가 갖고 있는 직관적인 측면에 의존한다. 아리스토텔레스에 따르면 "전체를 쉽게 통관할 수 있는 한도 내에서는 보다 더 긴 것이 그 크기 때문에 더 아름답다. 대체로 말해서 개연성과 필연성에 따라서 주인공의 운명이 불운에서 행운으로 또는 행운에서 불운으로 바뀔 수 있는 길이라면 크기의 한계로써 충분할 것이다"(『시학』 Ⅶ 1451a 11~14). 그러므로 적당한 크기는 비극적 카타르시스를 이룰 수 있는 정도를 말하는 것이다. 비극적 행동의 적당한 크기는 다음과 같이 요약할 수 있다: 주인공의 운명의 전환을 묘사하기에 충분한 것, 기억하기에 적당한 것, 마지막으로 행동이 재현되는 장르와의 균형. 이런 기준들에 의해 어떤 행동들은 비극 안에서 재현을 위한 적당한 대상이 될 수 있으나 반면에 어떤 것은 서사시나 다른 문학적 양식에 적절할 수 있다.

2) 완전성(완결성)

아름다움은 비극적 행동에 다른 요소를 필연적으로 갖고 있다. 그것은 적절한 규모를 가져야 할 뿐만 아니라 적절한 배열과 진행을 이루어야 한다. 왜냐하면 아름다움은 규모, 배열, 그리고 진행에 의해 결정되기 때문이다(『시학』 Ⅶ 1450b 38). 순서가 올바르고 적절하게 배열되고, 진행된 행동은 완벽하며, 결함이 없는 것이다. 아리스토텔레스는 이 기준에 대하여 다음과 같이 서술하였다. "전체는 시작, 중간, 그리고 결말을 가지고 있는 것이다. 시작은 그 자체가 필연적으로 다른 것 다음에 오는 것이 아니고, 그것 다음에 다른 것이 존재하거나 배열되어야 하는 성질의 것이다. 반대로 결말은 그 자체가 필연적으로 또는 대개 다른 것 다음에 존재하고, 그것[결말] 다음에는 다른 것이 아무것도 존재하지 않는 성질의 것이다. 중간은 그 자체가 다른 것 다음에 존재하고, 또 그것[중간] 다음에 다른 것이 존재하는 것이다"(『시학』 Ⅶ 1450b 27~32).

(1) 행동의 배열

비록 플롯의 완전성에 대한 아리스토텔레스의 서술(바로 위에 언급된)이 동의어를 반복할지라도, 그것은 하나의 심각한 문제와 몇 가지 중요한 견지를 포함하고 있다. '시작'이라 함은 극 안에서 원인 없는 본성을 갖고 있는 에피소드다. 아리스토텔레스가 『시학』에서 '시작'이라고 했을 때, 그것은 행동의 시작이 아니라 플롯의 시작을 의미한다. 시작이 플롯의 시작이며 또한 플롯이 사건들의 배열이라면, 아리스토텔레스는 행동을 이야기 또는 사건을 의미하는 것으로 이해하였다. 그러므로 우리는 『오이디푸스 왕(Oedipus the King)』에서 어떤 행동이 재현되고 있는지 질문해야 한다. 그것은 역병의 문제를 해결하려는 오이디푸스의 생애 자체가 아니라 문제 해소를 위하여 행운으로부터 불행에 이르는 오이디푸스의 행동 과정을 재현한 것이다. 이 이야기를 전하고, 재현하는 것은 필연성에 의해 『오이디푸스 왕(Oedipus the King)』의 첫 장면(사건)을 선행해야 하는 사건이 필요 없는 것이다. 시작은 이미 그 자체로서 필요성을 확고하게 확보하고 있다.

시작, 중간, 그리고 결말을 연결하는 인과관계는 극의 역동성을 보여주는 요소이다. 이 역동성은 가능함, 있음직함 또는 필요함으로 이루어진다(『시학』 IX 1451a 38). 가능함, 있음직함과 필요성의 인과관계는 사건들의 우연한 배열이나 구성이 아니라 실질적으로 일어난 사건들을 포함하여 통일성을 제공하여 함께 묶는 기능을 한다. 가능함, 있음직함과 필요성의 부재는 관계되지 않는 에피소드를 무의미한 나열로만 남아있게 한다. 곧 삽화적인 사건들의 단순한 나열이다. 가능함, 있음직함과 필요성에 의해 통일된 플롯은 한 특별한 사건 자체의 중요성이 아니라 재현된 행동에 연관된 사건의 보편적인 중요성을 보여준다.[9] 그래서 플롯은 각 에피소드가 필요함 혹은 있음직함의 결과로서 이전 에피소드를 따르는 연속된 직선의 운동이 되는 것이다. 그러므로 플롯은 가능함, 있음직함과 필요성의 인과관계 안에서 완성되어야 한다. 가능함, 있음직함과 필요성의 역동성은 사건의 잘 배열된 순서를 생산한다. 이러한 인과관계 안에서 배열된 전체 사건의 순서가 파괴되지 않는 이상 어떤 사건이라도 배열된 사건의 일정한 질서에서 배제될 수 없다.

플롯 구성 안에서 행동과 그것의 미메시스 사이에는 본질적인 차이가 있다: 행동은 사건들의 계속적이고, 일관성 있는 배열이며, 또한 사건들의 흠 없는 배열이다(『시학』 VI 1450a 4~5). 플롯은 시작, 중간, 그리고 결말로 이루어진 한 행동을 미메시스(재현)하기 때문에 통일성을 갖는다. 한 사람에 대한 단순한 쓰기는 원하는 통일성을 만들 수 없다. 왜냐하면 한 사람의 삶은 너무 많은 행동을 포함하고 있기 때문이다. 통일성은 특별한 이야기를 관객들에게 배움의 즐거움을 주는 보편적인 진리로 만든다. 플롯 안에서 일어난 이야기나 사건 자체는 실제 세계에서보다 더 큰 중요성을 갖게 된다. 이것은 플롯이 들려진 이야기보다는 사건들의 배열을 통해 나타난 행동이라는 아리스토텔레스의 주장을 지지한다. 이것은 『오이디푸스 왕 (Oedipus the King)』에서 분명하게 나타난다. 오이디푸스의 삶은 우연과 행운으로 일어난 사건의 연속이 아니다. 그의 탄생부터 즉위와 결혼까지의 모든 결정적인 사건은 매우 가능했고 있음직했다. 그러나 플롯은 사건을 가능하고 있음직함으로만 만들지 않았고, 플롯 안에서 사건들을 피할 수 없었던 필요성으로 구성한다. 필요성에 의해 사건들은 자체의 중요성을 갖게 된다. 사건들이 논리적으로 배열되

---

9) Hardison, *Aristotle's Poetics*, 286.

었기 때문에 플롯은 논리적인 통일성을 갖게 된다. 그러나 부분적으로 논리적인 필연성은 라이오스의 살해 같은 사건을 극 밖에다 배치함으로써 이루어진 것도 있다. 이 같은 경우 극에서 오이디푸스가 행동하는 과정이 치밀하게 배열되었을지라도, 관객들은 주인공이 경험한 삶의 상황에 대하여 부분적으로 이해할 수 있다. 극은 오이디푸스의 삶에 일어난 사건들에 대한 단순한 관찰이 아니라 사건의 배열 안에서 사건들의 본질에 대한 배움이다. 극 안에서 사건들은 관객들이 삶의 보편적인 순서(order)를 볼 수 있도록 가능함, 있음직함과 필요성을 통하여 제시되기 때문에 주인공이 경험한 것은 관객들에게 깨달음을 통하여 전달된다.

사실상 극작가는 그의 플롯 안에 우연한 사건을 소개할 수 있는 자유가 없다. 왜냐하면 가능함, 있음직함과 필요성이 행동의 배열과 그것의 보편적인 중요성을 결정하기 때문이다. 그러나 그리스 비극을 보면 사건의 배열에서 가능함, 있음직함과 필요성의 인과관계가 파괴되는 예외성의 법칙이 존재한다. 인과관계의 파괴는 문학적 도구인 기계장치(deus ex machine)에 의해 이루어진다. 어떤 그리스 비극에서 결말 부분에 나오는 메시지는 기계장치라고 불리는 특별한 기법에 의해 진행된다. 극작가는 신적 인물이 무대에 내려와 어떤 특별한 상황을 해결해야 하는 경우에만 이런 특별한 문학적 도구를 사용한다. 에우리피데스(Euripides)가 이러한 문학적 기법을 발전시켰다. 그의 18개 작품 중에 12개가 이 기법으로 종결한다.[10] 이 신적 존재는 위기가 최고조에 이르렀을 때 극 안으로 들어와서 위기를 해결하거나 미래에 있을 반전을 예언하거나 혹은 불가항력적 상황

---

10) G. Bilezikian, *The Liberated Gospel: A Comparison of the Gospel of Mark and Greek Tragedy* (Grand Rapids: Baker Book House, 1977), 133.

으로부터 화해를 도모하며, 그리고 죽은 자에게 생명을 가져온다. 아리스토텔레스는 기계장치의 사용을 부인하지 않았으나 기계장치의 사용에 대한 단서를 언급하였다: "기계장치는 드라마 밖의 사건, 즉 인간이 알 수 없는 과거의 사건이나 예언, 또는 고지할 필요가 있는 미래의 사건에 한해서만 사용되어야 한다"(『시학』Ⅵ 1454b 4~5). 호라케(Horace) 역시 기계장치는 해결할 수 없는 어떤 복잡한 문제를 제외하고는 도입되지 않아야 한다고 지적한다.11)

(2) 행동의 발전

중간 부분에 관한 언급들이 필요하다. 중간 부분은 어떤 에피소드를 따르거나 다른 에프소드들 뒤에 나오는 에피소드들로 구성되어 있다. 중간 부분에 나오는 에피소드들의 배열은 시작부터 결말까지 단순하며, 연속적인 진행일 수 있으며(단순진행) 또는 가능함, 있음직함과 필요성의 인과관계 안에서 복합적인 진행일 수 있다(복합진행). 아리스토텔레스는 비극적 효과를 극대화하기 위해 두 가지 특별한 요소를 지적하였다: 반전(급전, reversal)과 인식(recognition). 반전은 사태가 반대 방향으로 변화하는 것을 의미한다(『시학』Ⅺ 1452a 22~23). 행동의 반대 방향으로 전환되는 것은 상대적으로 단순한 개념의 반전이다.12) 아리스토텔레스는 『오이디푸스 왕(Oedipus the King)』에서 예언자 테이레시아스가 오이디푸스를 기쁘게 해주고, 모친의 공포로부터 그를 해방시킬 목적으로 왔지만 오이디푸스의 신분을 밝힘으로써 정반대의 결과를 가져왔다는 점에서 이 장면을 반전으로 보고 있다. 반전은 결코 우연한 전환이 아니다. 그것은

---

11) Horace, *On the Art of Poetry*, trans. T. S. Dorsch, (Baltimore: Penguin, 1965), 85.

12) Hardison, *Aristotle's Poetics*, 168.

가능함, 있음직함과 필요성의 인과관계 안에서 논리적으로 일어나는 것이다.

반전에 대한 루카스(F. Lucas)의 해석은 매우 유혹적이다. 그는 반전을 결과에 연관시켜 이해한다. 루카스는 운명으로부터 도망하기를 원하나 피할 수 없는 운명에 사로잡힌 오이디푸스, 그가 가장 사랑하는 아내 데스데모나를 죽인 오셀로, 그리고 딸들에게 자신을 넘겨준 리어(Lear)를 예로 들고 있다. 이것은 아리스토텔레스의 사상에 대한 주석이기보다 루카스 자신이 갖고 있는 사고의 발전과 적용이다. 『오이디푸스 왕(Oedipus the King)』으로부터 아리스토텔레스가 인용했던 반전은, 루카스가 이해하는 것처럼, 인물의 요소로서 오이디푸스의 반전이 아니라 플롯의 부분으로 주어진 것이다. 루카스는 반전이 행동의 반전이 아니라 결과의 아이러니한 반전으로 간주한다는 점에서 아리스토텔레스와 다르다.[13]

보다 확실하고, 일반적으로 받아들여지는 반전에 대한 이해는 엘스(G. Else)에 의해 제공된다. 그는 반전을 비극적 행동이 재현된 사건들의 배열 안에서 행복으로부터 불행에 또는 반대로 일어나는 기대되지 않았으나 논리적인 전환으로 정의한다.[14] 왜냐하면 반전이 그 앞선 사건들 때문에 일어난다고 하는 것과 그 사건들 후에 일어난다고 하는 것은 전혀 다른 의미를 갖기 때문이다. 반전을 일으킨 사건은 선행하는 것에 원인을 두고 있어야 하고, 뒤에 오는 것은 이 사건의 자연스러운 결과여야만 한다.

비극적 효과를 극대화하는 두 번째 요소는 인식이다. 아리스토텔레스는 인식을 무지의 상태에서 인지의 상태로 옮겨가는 것으로 정

---

13) Lucas, *Tragedy in Relation to Aristotle's Poetics*, 95.

14) G. Else. *Aristotle's Poetics: The Argument* (Cambridge: Harvard University Press, 1963), 344.

의한다(『시학』 XI 1452a 30~34). 이러한 인식에 관련된 인물들은 행운의 숙명을 지녔느냐 혹은 불행의 숙명을 지녔느냐에 따라 우호적인 관계 혹은 적대적인 관계로 들어가기도 한다. 인식은 반전과 밀접하게 연관되어 있을 때 가장 효과적이다. 이 인식은 인물, 사건 또는 사물에 관련될 수 있으나, 플롯과 가장 잘 연결된 것은 인물에 관계된 것이며, 이것이 가장 극대화된 비극적 효과를 나타낼 수 있다. 왜냐하면 인식은 인물의 행동과 연결될 때 두려움과 연민을 효과적으로 유발할 수 있기 때문이다. 그러나 인물의 행동에 관련된 인식이라 할지라도, 그것은 플롯 구성 안에서 연관되어 있음을 주지해야 한다. 곧 인식은 플롯을 구성하는 사건들 혹은 인물들로 인하여 발생하는 것이다. 가장 극적이고, 비극적 효과를 유발하는 인식은 행동의 변화를 가져와야 한다. 인식이 일어난 후 행동은 반드시 새로운 방향으로 전환해야 한다.

　『오이디푸스 왕(Oedipus the King)』에서 인식은 오이디푸스 자신이 라이오스의 아들이며, 동시에 살인자임을 인식하는 반전과 함께 일어난다. 이것은 오이디푸스와 크레온 사이의 새로운 관계성뿐만 아니라 오이디푸스 자신과의 새로운 관계를 가져온다. 그는 지금 크레온보다 자신을 더 미워한다. 오이디푸스가 무대로부터 서둘러서 사라지고, 이오카스테가 죽은 것을 깨닫고, 그녀의 브로치로 자신의 눈을 찌를 때 관객들은 충격을 받는다. 자신의 눈을 찌른 사건은 전혀 기대하지는 않았으나 다른 것과의 인과관계 안에서 필연적으로 발생하였고(『시학』 IX 1452a 4~5), 카타르시스적 효과를 관객들에게 한층 강화시킨다. 『오이디푸스 왕(Oedipus the King)』은 다음과 같은 순서를 보여주고 있다: 오이디푸스는 자신을 행복한 사람으로 만든 아이러니한 조우를 통하여 자신의 신분을 깨닫지만, 그것으로 인하여 자신의 눈을 찔렀다. 아리스토텔레스는 이것을 가장 효과적인 플롯의 형태로 지적하였다. 왜냐하면 인식이 반전과 결합할 때 그것은 연민이나 두려움의 감정을 최대한으로 불러일으키기 때문이다(『시학』 XI 1452a 38~40).

플롯은 한편으로 행복에서 시작하여 행복으로 종결하거나, 불행에서 시작하여 불행으로 종결하는 단순한 진행이 있을 수 있으며, 다른 한편으로 플롯은 행복에서 시작하여 불행으로 종결하거나, 불행에서 시작하여 행복으로 종결하는 복합적 진행이 있을 수 있다. 그래서 시작-중간-결말의 완전한 구조 안에서 플롯은 단순 혹은 복합 그리고 행운 혹은 불운의 요소를 가질 수 있으며, 두 요소의 상호결합은 비극적 플롯 구성의 네 가지 가능성을 제공한다: 단순-불운, 단순-행운, 복합-행운, 그리고 복합-불운. 단순한 플롯은 행위의 진행이 일방적인 진행을 갖고 있는 반면 복합적 플롯은 행위의 진행이 변화를 갖고 있는 것이다. 단순한 플롯에서 착한 사람의 불행으로 진행 혹은 악인의 행복으로 진행은 관객들의 도덕적 이해에 역행하는 것이다. 또한 착한 사람의 행복스런 종결 또한 악한 사람의 불행한 종결도 너무나 도덕적이기에 효과적이지 않다. 그리고 이러한 방향으로 지나치게 추론해 나가면 비극은 반드시 악인은 벌을 받고, 선인은 상을 받는 것을 보여주어야 한다는 르네상스 시대나 신고전주의 시대의 교훈적 해석에 빠질 위험이 있다.

아리스토텔레스는 단순한 플롯 진행보다 복합적 플롯 진행을 더 선호했다. 이유는 복합 플롯이 비극적 정서를 유발하기에 용이하기 때문이다. 하지만 극악한 주인공을 갖고 있는 복합-행운의 플롯은 죄악이라고 할 수 있다. 그리고 착한 주인공을 갖고 있는 복합-불운의 플롯은 반감을 유발하기에 충분하다. 악한 인물을 주인공으로 하는 복합—불운의 플롯도 동정심을 유발할 수 있으나 연민과 두려움은 없다. 이 유형이 연민과 두려움을 유발하지 못하는 이유는 관객들이 예상하는 것을 바로 보여주기 때문이다. 그래서 아리스토텔레스에게 있어서 악한 인물의 복합—불운 플롯은 관객들의 이성에 어긋나기 때문에 가장 비극적이지 못한 구성이다. 아리스토텔레스는 하마르티아(hamartia)를 갖고 있는 복합—불운 플롯을 가장 선호하였다. 그중에서도 비극적 고통을 초래하는 판단 착오(hamartia)을 행하는 착한 주인공을 갖고 있는 복합—불운 플롯은 연민과 두려움을 유발시키기 때문에 가장 최상의 유형이다. 그것은 두려움과 연민의 비극적 감정을 가장 효과적으로 유발시키기 위해서, 하마르티아를 갖고 있는 복합—불운 플롯은 반전과 인식을 포함해야 하며, 복잡한 통일성을 갖고 있어야만 한다. 이 복잡한 통일성이라는 논리성이 가장 만족스러운 것이며, 가능함, 있음직함 그리고 필요성에 의해서 행운에서 불행으로 진행하기 때문에 복합—불운 플롯이 가장 비극적이다. 한없이 착한 사람이며, 하마르티아를 갖고 있는 주인공이면서 연민과 두려움을 불러일으키는 복합—불운의 플롯의 실례를 찾는다면 마가복음에 나오는 예수로 충분하다.

3) 고귀성(진지성)

비극이 재현하는 행동의 세 번째 특징은 행동의 진지함이다. 아리스토텔레스는 어떤 곳에서도 진지한 행동이 무엇인지 토론하지 않았다. 아리스토텔레스는 "지금까지 이야기한 것으로부터"(『시학』 VI 1449b 22) 그것을 정의한다고 말하였다. 그렇기 때문에 그가 언급했던 것은 II장에서 토론한 고귀한 것을 말하고 있는 것 같다. 『시학』

Ⅱ장에서 아리스토텔레스는 주인공은 필연적으로 우리들 이상의 선인이든지, 혹은 우리들 이하의 악인이든지, 혹은 우리와 비슷한 존재여야 한다(『시학』Ⅱ 1448a 5)고 지적하였다. 그는 주인공의 종류를 세 가지 범주에서 이해하였다. 미술, 음악, 그리고 문학으로부터 세 가지 예를 인용한 후, 그는 다음과 같이 결론지었다: "비극과 희극의 차이도 바로 여기에 있다. 희극은 실제 이하의 악인을 재현하려 하고, 비극은 실제 이상의 선인을 재현하려 한다"(『시학』Ⅱ 1448a 17~19). 비극의 인물들은 보통 이상의 사람(선인)들이며, 희극의 인물들은 보통 이하의 사람(악인)들이다. 보통 이하의 사람(저급한 사람)은 『시학』Ⅴ장에서 묘사되었다. 그는 다음과 같이 설명하였다: "이때 보통 이하의 악인이라 함은 모든 종류의 악과 관련해서 그런 것이 아니라 어떤 특정한 종류, 즉 우스꽝스런 것과 관련해서 그런 것인데 우스꽝스런 것은 추악의 일종이다. 우스꽝스러운 것은 남에게 고통이나 해를 끼치지 않는 일종의 실수 또는 기형이다. 예를 들면 우스꽝스런 가면은 추악하고, 비뚤어졌지만 고통을 주지는 않는다"(『시학』Ⅴ 1449a 32~33). 그러므로 진지함이라는 것은 인간이나 사물의 어떤 뛰어남을 언급하는 것이다.[15] 이러한 뛰어남은 용기, 인내, 성실 등과 같은 특별한 성격을 소유하고 있는 사람을 언급할 때 사용되고 있다. 행동에서 고귀성은 행운의 상태에서 불운의 상태로 옮겨감을 말하며, 이러한 상태의 전환은 최고의 비극적 플롯을 제공하는 연민과 공포를 자극한다.

아리스토텔레스는 비극과 희극 사이의 엄격한 구분을 위하여 보통 이상과 보통 이하 사이의 엄격한 구분을 언급하였다. 이러한 인

---

15) Leon Golden, "Is Tragedy the Imitation of s Serious Action?" *Greek, Roman and Byzantine Studies* 6(1965), 283~289.

물들의 경험적 정의는 드라마의 두 종류에서 실질적인 인물들을 살펴으로써 찾을 수 있다. 한편에는 오이디푸스, 아가멤논, 오레스테스, 프로메테우스, 메디아, 그리고 안티고네가 있으며, 다른 한편에는 『Knights』의 데모스테네스, 『Frogs』의 디오니소스, 그리고 『Clouds』의 소크라테스가 있다. 만일 세상을 두 범주로 나눈다면 그들이 진지하냐 그렇지 못하냐, 보통 이상이냐 혹은 보통 이하냐, 가치가 있느냐 혹은 무가치하냐, 그리고 선인이냐 혹은 악인이냐로 분류할 수 있다. 그러므로 비극적 인물들은 희극적 인물들의 반대이며, 비극은 희극적 행동의 반대이다.

인물(character)은 플롯 안에서 행동자로서 일정한 성격을 갖고 있다(『시학』 VI 1450a 5~7). 행동이 있는 성격의 요소를 완성하는 것은 극작가의 선택이다(『시학』 XV 1454a 17~19). 등장인물의 말과 행동이 어떤 의도를 명시할 경우에 그는 성격을 가질 것인데 이때의 의도가 선량하면 성격도 선량할 것이다. 그래서 인물에게는 중요한 네 가지 요소가 있다: 일관성, 유사성, 적합성 그리고 선함. 일관성은 극을 통하여 인물이 동일한 종류의 성격을 갖고 있음을 보여주는 것이다. 유사성은 주인공이 우리가 살고 있는 세상에 있는 사람 같아야 한다는 것이다. 하디슨(Hardison)은 이것을 개성(individuality)으로 이해하고 있다.16) 엘스(Else)는 이것을 '우리 같은' 사람으로 해석하고 있다.17) 아리스토텔레스는 만일 극중 인물이 일반적인 사람 같지 않으면 연민을 유발시키지 못한다는 점에 적합성의 중요성을 언급하였다. 적합성은 인물의 일반적인 성격에 세부적인 사건들이 적합한지를 보여주는 특성이다. 선함은 탁월한 인간들이 갖추어야 할

---

16) Hardison, *Aristotle's Poetics*, 203.

17) Else, *Aristotle's Poetics: The Argument*, 461.

특성 중의 하나이다. 비록 여자나 노예들이 그들 고유의 가치를 갖고 있을지라도 그리스 사고 안에서 그들의 가치는 자유인들보다는 열등한 것이었다. 선함은 진지함에 연관되어 있다. 그런데 진지함이 사람의 기본적인 상태를 언급하는 데 반하여 선함은 진지한 사람을 규정하는 특별한 특징들이다. 이러한 네 가지 인물의 요소들은 개연성과 필연성의 관계 안에서 인물구성을 위해 결합되어야 한다. 그러므로 비극적 영웅은 비극적 운명을 경험한 어떤 사람이 아니라 비록 그가 보통 이상의 사람이고, 선할 지라도 비극적 운명을 경험하는 사람이다.

2. 극적 재현 방법

로마 서재극이 나타나기 이전까지, 비극은 서술적 양식이 아니라 극적 양식으로 구성되었다. 극적 양식은 재현의 방법을 언급하는 것이다: "동일한 수단으로 동일한 대상을 재현한다고 하더라도 시인은 호메로스가 한 것처럼 때로는 서술체로, 때로는 작중인물이 되어 말할 수 있고, 그러한 변화 없이 처음부터 끝까지 서술체로만 말할 수 있고, 재현자로 하여금 모든 것을 실연하게 할 수도 있다"(『시학』 III 1448a 20~24). 아리스토텔레스는 재현을 제시하는 두 가지 기본적인 방법을 언급하였다. 하나는 이야기이며, 다른 하나는 극이다. 극은 무대 위에서 실연되는 것이고, 반면에 이야기는 단순히 이야기되거나 낭독된다. 그러나 아리스토텔레스는 비극은 그것을 읽었을 때에도 무대상에서 연출되는 것을 관람하는 것과 다름없이 생생하게 경험된다고 인식하였다(『시학』 XXVI 1462a 17). 문학적 양식 안에서 이 두 가지 방법의 차이는 등장인물들이 직접 말하고 있는지 또는 어떤 사람이 그들을 대신하여 말하고 있는지에 따른 것이다.

서사적 방법은 내레이터가 적용하는 방법에 따라서 두 가지 형태로 나누어질 수 있다: 인물들을 통하여 이야기를 전하던지 아니면 이야기 자체를 통하여 말하던지. 호메로스의 서사시는 전자의 예로 분류되는 반면 헤로도토스의 『역사』는 후자의 예로 분류된다. 인물들을 통하여 이야기를 전하는 것은 오늘날 대화로 전하는 것과 동일한 것이다. 전적으로 대화 안에 있는 이야기는 드라마와 거의 동일한 효과를 기대할 수 있다.

3. 서사 비평가들의 이해

킹스베리(Jack D. Kingsbury), 로즈(David Rhoads), 미키(Donald Michie), 그리고 두웨이(Jonna Dewey)는 마가복음의 연구 방법론에 큰 영향을 미친 학자들이다. 그들은 서사비평을 사용하여 마가의 플롯 구성을 연구한 선구자들로 볼 수 있다.[18] 그들은 등장인물들 사이에 존재하는 갈등 구조 안에서 마가의 플롯을 이해하였다. 로즈, 미키, 그리고 두웨이는 마가의 갈등을 두 단계로 구분하였다; 첫 단계는 예수가 하나님의 다스림을 선포하고, 구현하는 단계이며, 두 번째 단계는 아직 실현되지 않은 미래 세계에서 하나님의 다스림이 세워지는 단계다. 마가복음에서 갈등이 중요한 순간과 사건을 치밀하게 연결하고, 겹치게 하는 원인이라는 점에서 그들은 갈등을 내러

---

18) David Rhoads, Donald Michie and Jonna Dewey, *Mark as Story*; Jack D. Kingsbury, *Conflict in Mark*.

티브 구성의 제일 원인으로 간주한다. 더 나아가 갈등을 내러티브의 배경이나 상황으로 이해하고, 갈등 없는 내러티브를 사건들의 무의미한 나열로 이해하는 점에서 그들은 갈등과 플롯을 동일한 것으로 간주하는 것 같다. 플롯을 등장인물들 사이의 갈등으로 단순히 이해하고, 또한 가능함, 있음직함과 필요성에 의해 배열된 행동의 과정을 무시하면서 그들은 인물을 마가복음 구성의 제일 원인으로 간주하였던 것이다.

그리고 그들은 주인공이 대면한 갈등의 대상을 초자연적인 힘, 열두 제자, 유대 지도자로 분류하고 있다. 예수와 등장인물들 사이의 갈등을 하나씩 살펴보면서 이러한 갈등이 플롯의 제일 원인으로 기능할 수 있는지 그리고 갈등이 플롯인지 간략하게 비평적으로 살펴볼 것이다. 플롯으로서 갈등은 앞에서 언급한 세 가지 특성을 만족시켜야 한다. 갈등이 플롯이 되려면, 그것은 가능함, 있음직함과 필요성의 인과관계 안에서 사건의 시작, 중간, 그리고 결말로 진행되는 충분한 크기, 완결성, 진지성을 갖추어야 한다.

1) 초자연적 힘

마가복음에서 예수와 초자연적인 힘 사이의 갈등은 과연 존재하는가? 로즈, 미키, 그리고 두웨이는 예수와 사탄 사이의 갈등을 인정하며, 그 갈등을 마가의 플롯의 제일 원인으로 제안한다. 그들에 의하면 초자연적인 힘과 예수 간의 갈등은 마가복음 전체의 배경적인 갈등으로 기능하고 있다.[19] 효과적인 카타르시스를 유발하는 좋은 플롯을 만들기 위해 저자는 플롯의 적절한 크기와 완결성을 확보해

---

19) Michie, Rhoads, and Dewey, *Mark as Story*, 77~82.

야 한다. 적절한 크기와 완결성을 확보하기 위해 저자는 시작, 중간, 결말 부분으로 구분하여 개연성과 필연성의 인과관계 안에서 갈등의 원인, 전개, 그리고 해결을 치밀하게 배열해야만 한다.

로빈슨(J. M. Robinson)은 길을 준비하는 예언자의 소리(κατασκευάσει, 미래)와 예수의 선포(πεπλήρωται, ἤγγικεν, 완료) 사이의 시제 변화를 지적하면서 다음과 같은 질문을 했다: 복음의 시작(막 1:1)에서 복음의 선포(막 1:15)로 진행된 원인이 무엇인가?[20] 베스트(Best)는 로빈슨의 질문 자체를 적절한 것으로 평가하였으나 투쟁으로 해결하는 로빈슨에 만족하지 못하였다.[21] 마가의 시작은 투쟁이 아니라 사탄과 예수의 결정적인 만남이다. 비록 마가가 그것을 나중에 기록했을지라도 그는 예수에 의한 사탄의 완전한 패배로 그 만남의 성격을 분명하게 규정하였다: 사람이 강한 자의 집을 늑탈하기 전에 강한 자를 결박해야만 한다(막 3:27). 사실상 투쟁이나 갈등으로 인하여 예수가 사탄을 점차적으로, 힘들게 극복했던 모습은 마가복음 어느 곳에서도 묘사되지 않았다(막 1:24, 1:34, 1:39). 오히려 귀신들은 처음부터 예수에게 완전히 복종하고 있었다(막 1:27); 심지어 그들은 예수를 예배했다(막 5:6~7).[22] 예수는 초자연적인 세력을 제어하는 권세를 갖고 있었다.

마가복음에서 플롯으로서 사탄과 예수 사이의 갈등은 원인과 전개의 과정이 생략되었고, 오직 해결(결과)만이 사건으로 구성되어 있다. 마가복음의 시작부분에서 예수와 초자연적 힘 사이의 갈등은 암시되지 않았고, 중간부분에서 발전되기도 전에 시작부분에서 이미

---

20) James M. Robinson, *The Problem of History in Mark* (London: SCM Press, 1957), 21~32.

21) E. Best, *The Temptation and the Passion* (Cambridge: Cambridge University Press, 1965), 188~189.

22) προσεκύνησεν는 신적 존재에게 이루어지는 복종과 예배를 위한 단어이다. Heinrich Greeven, "προσκυνέω", *Theological Dictionary of the New Testament* 6: 758~766. 220. 그들은 예수의 승리를 인정했다. 그렇다면 마가복음에서 갈등은 발전할 수 있는 공간을 확보하지 못한 것이다.

해결되었다.[23] 개념적으로 마가복음에는 초자연적인 힘과 예수 사이의 갈등은 존재하지 않는다. 그리고 만일 갈등이 문학적으로 플롯이라면 플롯으로서 갈등은 인과관계 안에서 시작, 중간, 결말의 단계를 갖고 있어야 한다. 그러나 마가복음에서 플롯으로서 갈등은 시작 부분에서 이미 해결되었기 때문에 마가복음의 갈등은 플롯으로서 충분한 크기와 완결성의 조건을 만족시키지 못한다.

2) 열두 제자

갈등을 플롯으로 이해하는 서사 비평가들의 잘못된 판단은 예수와 열두 제자 사이의 관계성을 정의하는 것에서도 나타나고 있다. 그들은 마가복음의 주제를 인물에 두면서 인물들 사이에 발생한 갈등을 가장 중요한 문학적인 수단으로 간주했다. 이러한 인물 중심의 이해는 현대 문학비평의 영향이라고 할 수 있다. 현대 문학이론은 인물을 중심에 두고 있는 반면 아리스토텔레스는 인물보다 플롯에 중심을 두었다.

예수와 제자 사이의 갈등 역시 마가의 플롯 구성을 위한 제일 원인이 아니다.[24] 예수와 열두 제자 사이의 갈등도 충분한 크기와 완결성을 이루지 못했기 때문이다. 예수가 자연, 귀신, 질병 등을 다스릴 수 있는 권세를 갖고 있었지만 다른 사람들을 조정할 수 있는 힘을 갖고 있지 않았다는 점에서 로즈, 미키, 그리고 두웨이는 예수와 열두 제자 사이의 갈등의 원인을 예수에게서 찾았다.[25] 만일 초자연

---

23) Rhoads, Michie and Dewey도 갈등의 해결을 분명히 언급하고 있다. *Mark as Story*, 82~83.

24) Kingsbury, *Conflict in Mark*, 89.

25) David Rhoads, Donald Michie and Jonna Dewey, 『이야기 마가: 복음서 내러티브 개론』(이레서원, 2003), 225, 250.

적인 힘을 다스릴 수 있는 권세를 갖고 있는 인물이 초자연적인 힘보다 열등한 사람들을 다스릴 수 없다면 이런 인물 성격구성은 비논리적이며, 일관성과 진지성의 요소를 만족시키지 못하는 것이다.[26] 이러한 성격을 갖고 있는 인물은 비극적이기보다 희극적 인물에 더 잘 어울린다. 그렇다면 예수가 다른 사람들을 조정할 수 없었다고 말하기보다 초자연적인 존재는 예수를 알았지만 열두 제자는 예수의 사역을 보고 들었음에도 불구하고, 비극적 운명에 관련된 예수의 정체성을 이해하지 못한 것으로 간주해야 한다.

마가복음은 예수와 열두 제자 사이의 갈등보다 로즈, 미키, 그리고 두웨이가 지적하였듯이, '믿음도 없고, 제대로 이해하지도 못한' 열두 제자의 모습을 보여준다.[27] 그들은 두 그룹 사이의 갈등을 설명하면서 인물들 사이의 갈등의 원인과 진행을 지적하기보다 예수의 신분에 대한 열두 제자의 잘못된 이해를 설명하고 있다.[28] 그리고 그들은 예수와 열두 제자 사이의 갈등을 내부인 사이의 갈등으로 이해한다.[29] 만일 열두 제자가 새로운 질서에 순응하는 내부인이었다면, 갈등이라는 단어보다 이해하지 못함으로 표현하는 것이 더 적절할 것이다.

만일 예수와 열두 제자 사이의 갈등이 플롯이라면, 마가는 시작부분에서 열두 제자와 예수 사이에 일어나는 갈등의 원인을 배열해야

---

26) 아리스토텔레스는 등장인물은 고귀하고, 좀 더 나은 종류의 인물은 선해야 하며, 적합해야 하고, 유사해야 하며, 그리고 일관성이 있어야 한다고 주장한다(『시학』 XV 1455a).

27) David Rhoads, Donald Michie and Jonna Dewey, 『이야기 마가』, 241.

28) Theodore J. Weeden Sr., *Mark: Tradition in Conflict* (Philadelphia: Fortress, 1971), 52. 위던 (Weeden) 역시 마가는 메시아에 대한 제자들의 잘못된 이해를 통하여 고난받는 예수를 강조한다고 지적하고 있다.

29) David Rhoads, Donald Michie and Jonna Dewey, 『이야기 마가』, 239. 마가의 플롯 안에서 열두 제자는 내부인으로 간주할 수 없다. 마가복음에서 내부인의 신분은 결정되어 있지 않고, 개방되어 있다. 마가는 오히려 관객들에게 내부인으로 옮겨가도록 요청하고 있다. 내부인에 대한 이해는 박노식, "마가의 구원이야기", 『신약논단』 11(2004: 가을), 597~628을 보라.

한다. 오히려 마가복음의 시작부분에서 열두 제자는 예수의 가르침과 행동에 대하여 우호적인 태도를 유지했다. 예수는 열두 제자에게 복음 선포의 임무를 허락했고(막 3:14~16), 열두 제자는 사역을 성공적으로 수행했다(막 6:1~13). 로즈, 미키, 그리고 두웨이도 제자들이 하나님의 다스림에 대한 비밀을 알고 있었고, 앞으로도 이해할 것이라고 주장한다.[30] 이런 점에서 예수와 열두 제자 사이의 관계를 설명하기 위해서는 갈등이라는 단어보다 다른 단어를 사용하는 것이 더 적절할 것 같다. 갈등을 플롯으로 간주했다면 해석자는 마가가 왜 시작부분에서 갈등의 원인을 배열하지 않고, 우호적인 태도를 묘사했는지를 설명해야 한다.

중간부분에서 열두 제자의 이해하지 못함(몰이해)은 중요한 주제로 등장한다. 비록 열두 제자가 예수의 사역을 보았고, 그의 말씀을 들었을지라도 그들은 그를 전혀 이해하지 못했다(막 8:17~18). 이러한 이해하지 못함은 예수의 가장 중요한 행동, 비극적 행동에 연결되어 있다. 베드로의 고백 이후(막 8:27), 예수는 열두 제자에게 그의 예정된 길 또는 행동에 대한 가르침을 주었으나 열두 제자는 비극적 행동을 보여주는 예수의 가르침을 이해하지 못했다. 아직도 깨닫지 못하느냐는 예수의 질문(막 8:21)과 가이사랴 빌립보 이야기(막 8:27~30) 사이에 소경 치유 이야기를 놓으며, 오히려 마가는 열두 제자의 이

---

30) David Rhoads, Donald Michie and Jonna Dewey, 『이야기 마가』, 250. 그러면서 그들에 따르면 제자들의 실패로 인하여 예수는 많이 놀랐고, 실망했다; 제자들의 실패로 실망과 한계를 느낀 예수의 모습은 다음과 같은 질문에서 등장한다: 너희들은 이 수수께끼도 이해하지 못하느냐? 그러면 다른 수수께끼를 어떻게 이해할 수 있겠느냐? 마가복음에서 제자들의 실패 사건은 중반부 이후에 집중적으로 등장하고 있다. 반면에 수사적 질문들은 마가복음의 전반부에 등장하고 있다. 만일 이러한 플롯의 진행을 인정한다면 수사적 질문들은 예수의 실망, 놀람, 그리고 한계성을 보여주는 것이 아니라 오히려 제자들의 실패를 암시하는 것으로 이해하는 것이 더 적절할 것이다. 만일 수사적 질문들이 로즈(Rhoads), 미키(Michie), 그리고 두웨이(Dewey)의 지적대로 예수의 모습을 나타낸다면 마가복음이 예수의 이러한 모습으로 효과적인 카타르시스를 이룰 수 있을까? 효과적인 카타르시스를 이루기 위해 플롯은 논리적인 인과관계 안에 있어야만 한다.

해하지 못함에 대하여 관객들을 준비시킨다. 이러한 준비는 마가의
시작부분과 중간부분을 연결하는 모티프이기도 하다. 예수는 두 번
의 안수로 보지 못한 사람의 시력을 완전히 회복시켰다. 시력의 부
분적인 회복은 이해하지 못하는 열두 제자의 상태를 상징적으로 보
여주는 것 같다.[31] 열두 제자의 시력의 완전한 회복은 '인자가 죽은
자 가운데서 살아날 때까지' 늦춰진다(막 9:9). 곧 예수에 대한 적절
한 반응은 예수의 능력을 나타내는 수단이다. 그리고 열두 제자의
이해하지 못함은 마가복음 1:36과 6:52에 이미 암시되었다.[32]

비극적 플롯 안에서 열두 제자는 예수의 진정한 신분, 존재 형태
에 대하여 전혀 이해하지 못하였다. 그리고 다가오는 고난에 대한
예수의 예언들은 열두 제자의 이해하지 못함과 짝을 이루어 배열되
어 있다(막 8:31~33, 9:31~34, 10:33~37). 그들의 잘못된 이해는
예수의 비극적 행동에서 나타나는 섬김과 순종의 능동적인 존재형
태(제자도)에 참여하는 것을 거부하면서 그들의 개인적인 야망과 특
별한 특권을 표출하고 있다; 부자 청년 역시 그의 특별한 특권과 개
인적인 야망으로 인하여 근심하며, 예수를 떠난다(막 10:22).

결론적으로 로즈, 미키, 그리고 두웨이는 열두 제자와 예수 사이
의 관계를 갈등으로 인정하였으나 마가복음에서는 예수와 열두 제
자 사이에 있는 갈등에 대한 어떤 암시나 원인을 찾아보기 어렵다.
마가복음에서 두 그룹 사이의 갈등은 원인이 없으니 해결도 존재하
지 않는 것이다. 심지어 마가가 본 예수는 열두 제자의 행동을 방어

---

31) E. Best, *Mark: The Gospel as Story* (Edinburgh: T & T Clark, 1983), 85; T. A. Burkill, *Mysterious Revelation* (Ithaca: Cornell University Press, 1963), 149~150. 참조, T. Weeden, *Mark*, 23~51; S. Sandmel, "Prolegomena to a Commentary on Mark", *New Testament Issues* (New York: Harper, 1970), 52~54.

32) John R. Donahue, S. J., *The Theology and Setting of Discipleship in the Gospel of Mark* (Milwaukee: Maquette University Press, 1983), 22~23.

하고 있었으며(막 7:1~23), 더 나아가 그는 열두 제자의 실패를 예견하고 있었다(막 10:31, 10:41, 14:30, 14:42). 예수와 열두 제자의 관계는 갈등적인 관계가 아니다. 열두 제자는 예수의 반복된 가르침과 행동을 통하여 나타난 비극적인 운명에 대한 그의 능동적인 존재적 완성을 이해하지 못했다. 그러므로 열두 제자의 행동은 비극적인 삶의 존재 형태로의 참여를 거부하는 믿음 없는 그들의 행동 안에서 이해해야 할 것이다. 사실상 마가복음에서 제자들의 이해하지 못함은 제자도에 관련된 아주 중요한 주제로 기능하고 있다.[33] 결론적으로 열두 제자의 이해하지 못함은 예수의 비극적 행동에 관련된 것이다.

3) 유대 지도자

예수와 유대 지도자 사이의 갈등은 다른 그룹과의 갈등보다는 훨씬 치밀하게 발전되어 있는 것이 사실이다. 로즈, 미키, 그리고 두웨이는 유대 지도자와 예수 사이의 갈등을 정치적인 갈등으로 이해한다. 그러면서 그들은 마가복음에서 예수가 국가적인 차원에서 급진적인 개혁을 요구하고 있다고 지적한다.[34] 그들에 의하면 예수는 유대 지도자들이 중심에 있는 기존의 정치체제를 중단시켰고, 하나님이 다스리는 새로운 사회 질서를 위해 열두 제자를 선택했고, 그들을 새로운 권력의 중심으로 놓았다. 기존질서를 무시하고, 새로운 질서를 세우는 예수는 기존질서의 친위세력과 자연스럽게 충돌하게 되었다. 로즈, 미키, 그리고 두웨이는 이러한 충돌과 갈등에도 불구하고 예수가 기득권과의 투쟁에서 항상 승리했고, 위기적인 상황으

---

33) 박노식, "마가의 구원이야기", 618~625.
34) David Rhoads, Donald Michie and Jonna Dewey, 『이야기 마가』, 226~230.

로부터 지혜롭게 벗어났다고 지적한다.[35] 킹스베리도 위의 세 사람
과 비슷한 이해를 갖고 있다. 그는 예수와 유대 지도자 사이의 갈등
의 원인을 예수의 권위 자체에 두고 있다. 유대 지도자들은 예수의
권위 있는 행동을 신성모독적인 것으로 간주했으며, 예수를 죽이려
는 완악한 마음을 가졌다.[36]

　만일 로즈, 미키, 그리고 두웨이가 지적하였듯이 예수가 기존질서
를 제거하기 위해 이 땅에 실현할 새로운 질서의 핵심적인 인물로
열두 제자를 불렀다면 길에서 일어난 제자들의 논쟁(막 9:33~34)과
세배대의 두 아들의 요구(막 10:35~37)는 적절한 것이다. 그러나 제
자들의 논쟁과 요구 앞에서 예수는 부정적으로 대답하면서 제자도
에 대한 새로운 가르침을 주었다. 이 사실은 열두 제자를 선택한 예
수의 목적이 로즈, 미키, 그리고 두웨이가 지적한 새로운 사회질서
를 위한 새로운 계급구조를 만들기 위한 것이 아니라 다른 것에 있
음을 보여주는 것이다. 예수와 유대 지도자들 사이의 갈등은 예수의
신성모독적인 권위 주장이 아니라 그의 특별한 가르침과 행동에 의
해 발생한다(막 2:7). 예수는 안식일에 선을 행했고, 생명을 구하는
올바른 일을 행하였다. 이러한 행동을 이해하지 못하는 그룹이 예수
에게 신성 모독죄를 부여하여 죽이려는 음모를 꾸민다.

　해석자 어느 누구도 부인할 수 없는 것은 마가복음에 하나님의 다
스림에 대한 개념이 있다는 것이다. 이보다 더 분명한 것은 마가복
음에서 예수가 새로운 정치적인 지도자로서 묘사되지 않고 있다는
것이다. 마가복음에서 그는 정치적인 지도자였기 보다는 고난받는

---

35) 예수가 기득권과의 투쟁에서 그때마다 승리했다면 예수와 유대 지도자 사이의 갈등은 해결되
　　었다고 할 수 있다. 그러나 마가가 본 예수 이야기는 십자가까지 계속 진행되었다. 그렇다면
　　갈등의 해소는 플롯의 진행에 별다른 영향을 미치지 못했다고 할 수 있는 것이다. David
　　Rhoads, Donald Michie and Jonna Dewey, 『이야기 마가』, 227, 231.

36) Kingsbury, *Conflict in Mark*, 65~69.

인자였다. 그리고 그가 열두 제자를 세운 것은 새로운 권력층을 만들기보다는 십자가의 운명에 대하여 적절하게 반응하는 이상적인 제자상을 보여주기 위함이었다. 예수는 자신의 가르침과 행동을 십자가를 중심으로 설명하였으나 정작 유대 지도자들은 그의 모든 가르침과 행동을 정치적으로 이해하였다. 그렇다면 유대 지도자들도 열두 제자처럼 예수의 존재형태(고난과 죽음을 향한 사역과 가르침)를 잘못 이해했던 것이다.

　마가복음에 등장하는 모든 유대 지도자가 예수의 적대세력인가? 마가복음에 등장하는 예수의 적으로서 유대 지도자 그룹은 바리새인, 사두개인, 서기관, 그리고 성전세력으로 볼 수 있다. 이들 일부는 예수의 적으로 묘사되기보다는 우호적인 관계를 유지하고 있다. 우호적인 관계를 보이는 인물들의 예는 서기관(막 12:34), 아리마대 요셉(막 15:43)과 회당장 야이로(막 5:22)다. 서기관은 예수의 가르치는 능력과 권위에 놀라면서 제자처럼 예수에게 질문했다. 예수는 그의 대답을 지혜로운 것으로 평가했으며, 서기관이 하나님 나라에 멀지 않았다고 지적했다. 마가는 예수에 대한 일부 서기관들의 잘못된 이해를 보도하고 있으며(막 12:35~36), 곧이어 부정적인 서기관에 대한 가르침을 배열하고 있다(막 12:38~40). 존귀한 공회원으로 성격이 규정된 아리마대 요셉은 빌라도에게 용기 있게 예수의 주검을 요구했다. 예수의 적대세력으로 간주되었던 공회원이 예수의 주검을 적절한 절차에 따라 장례한 것은 중요한 문학적인 의도이다. 회당장 야이로의 이야기도 마찬가지이다. 이 점은 유대 지도자들과 예수 사이의 관계가 적대적인 관계로 결정된 것이 아니라 반응과 행동에 따라 개방된 것으로 이해할 수 있다.[37]

---

37) Elizabeth S. Malbon, *In the Company of Jesus: Characters in Mark's Gospel* (Louisville: Westminster

예수와 유대 지도자 사이의 갈등을 이해하기 위해 살펴보아야 하는 것은 갈등에 직면한 예수의 능동적인 행동이다. 사실 예수는 갈등을 피하기보다 그 스스로가 비극적 행동을 향한 자신의 능동적인 존재형태를 보여주었으며, 그는 이런 존재형태 안에서 자신의 행동을 실행함으로 적대적인 관계를 유발시켰다. 예수는 더 적극적으로 그의 행동 자체가 권위가 있었음을 보여주었다. 예수의 특별한 행동과 가르침으로 인하여 유대 지도자들은 예수를 잡아 죽이려는 음모를 계획했다(막 3:6). 예수는 이미 자신을 죽이려는 유대 지도자들의 음모를 인지하였다. 로즈, 미키, 그리고 두웨이에 의하면 마가복음에서 예수가 새로운 사회질서를 세우기 위해 갈등을 결코 회피하지 않았으며, 예수의 투쟁은 십자가의 처형이라는 정치적인 실패를 경험하였으나, 그럼에도 불구하고 마가가 본 예수는 그의 재림으로 정치적인 승리를 이루게 되었다. 그들은 예수의 재림을 마가복음 밖에서 일어나는 최상의 반전으로 간주했다.[38] 하지만 마가복음 밖에서 일어나는 최상의 반전은 예수의 재림보다 비극적인 운명에 참여하는 관객들의 결단이다. 관객들의 능동적인 참여는 마가가 원하는 가장 분명한 카타르시스이다.

유대 지도자들의 음모에도 불구하고 예수는 비극적인 운명에 자발적으로 순응했으며 그의 예정된 길을 가고 있었다. 문학적 이해 안에서 사건과 이야기를 통하여 배열된 예수의 능동적인 협조와 순응은 결코 갈등으로 이해될 수 없다.[39] 예수와 지도자 사이의 갈등

John Knox Press, 2000), 157.

38) David Rhoads, Donald Michie and Jonna Dewey, 『이야기 마가』, 237~239.

39) 스미스(Stephen H. Smith)는 예수와 유대 지도자 사이의 관계를 갈등이라는 단어 대신에 논쟁이라는 단어를 사용하며, 논쟁 담화를 예수의 고난과 죽음에 대한 예시(foreshadowing)로써 문학적으로 이해하고 있다. "The Role of Jesus' Opponents in the Markan Drama", *New Testament Studies* 35(1989), 161~182.

에 관련하여 효과적인 카타르시스를 유발하기 위해 마가는 예수가 지도자들의 음모를 직면했을 때 갈등을 피하려는 예수의 모습을 묘사했어야 하며, 예수의 노력에도 불구하고 사건의 인과관계 안에서 예수가 지도자와의 피할 수 없었던 갈등관계로 빠져가는 이야기의 진행을 보여주어야만 한다. 그러나 마가복음에서 예수는 비극적 죽음을 향한 필연적인 능동적 존재였기 때문에 그는 이러한 적대적인 관계를 피하려는 어떠한 노력도 하지 않았다. 그러므로 십자가까지 순응하는 예수의 행동은 갈등적인 이유가 아니라 그의 필연적인 존재적 원인 안에서 찾아야 한다.

마지막으로 로즈, 미키, 그리고 두웨이는 마가복음의 갈등을 하나님의 다스리심과 인간적인 가치관 간의 갈등으로 정의한다. 기본적으로 그들의 정의에 동의할 수 있지만 하나님의 다스림이 마가복음에서 어떻게 실현되었는가 하는 의문은 남는다. 예수는 갈등을 통하여 피할 수 없었던 수렁에 빠졌던 것이 아니라 자발적이고, 능동적인 행동을 통하여 자신의 존재(운명) 속에 드러난 하나님의 다스림을 완성했던 것이다. 마가가 본 예수는 갈등에 의해 십자가에서 비참하게 죽었던 것이 아니라 그의 능동적인 행동 안에서 십자가의 고난과 죽음을 의도적으로 재현하였다.

만일 위에서 언급한 예수와 세 그룹 사이의 갈등이 존재한다면 마가복음은 삼중의 갈등(triple conflicts)을 갖고 있는 다중적인 플롯 구성으로 이루어진 것이다. 아리스토텔레스는 다중의 플롯을 좋은 것으로 인정하지 않았다. 그럼에도 불구하고 만일 해석자들이 마가의 플롯을 다중적 진행으로 인정하지 않고, 하나의 플롯으로 인정한다면 학자들은 열두 제자, 초자연적인 힘, 유대 지도자와 예수 사이에 존재하는 각각의 갈등이 어떻게 하나의 갈등으로 연결되었는지를 심도 있게 설명해야 한다. 마가의 플롯을 갈등으로 인정하면서 인물의 중요성을 인정하는 학자들 어느 누구도 이것에 대한 적절한 설명을 주지 못하고 있다.

결론적으로 갈등을 플롯으로 간주하기 위해서는 몇 가지 기본적인 특성을 만족시켜야 한다: 적절한 크기, 완결성, 그리고 진지성. 만일 갈등이 플롯의 제일 원인으로 기능한다면, 마가복음의 시작부분부터 갈등적인 요소들이 암시되고, 발전되어야 한다. 그러나 위에서 살펴보았듯이 플롯으로서 갈등은 처음부분과 중간부분에서 암시나 인과관계적인 배열 안에서 구성되지 않고, 해결만이 부분적으로 나타나고 있다. 그러므로 마가복음에서 갈등은 플롯을 지배하는 제일 원인이 아니다. 마가복음에서 갈등이 플롯을 지배하지 못하는 것은 인물을 플롯의 제일 원인으로 인정할 수 없음을 보여준다. 아리스토텔레스에 따르면 인물 없는 비극은 가능하지만 행동 없는 비극은 불가능하다(『시학』 VI 1450a 50~60).[40] 극에서 인물이 강조되고 있는 듯한 느낌은 플롯이 행동을 다루고 있으며, 더 나아가 행동은 행위자를 포함하고 있기 때문이다.

---

40) 아리스토텔레스는 한 사람의 삶에 있어서 성격이 행동의 원인이 되지만 예술에 있어서는 행동이 성격의 원인이 된다는 것을 지적했다. 한 사람의 삶을 최종적인 결과로 판단한다면 한 사람의 삶에 있어서도 행동은 결정적인 요인이 된다. 그리고 한 사람의 행운과 불운을 결정하는 것은 그가 하고 있는 행동이다. 그런데 이 행동들은 또 하나의 행동에 기여한다. 그러므로 문학작품에서도 행동이 먼저고, 성격은 행동 때문에 포함된다. 행동이 없는 비극은 그 안에서 아무런 일도 일어나지 않는 극이 될 것이다. 행동이 없는 플롯이라는 것은 삽화의 선택과 배열할 원인을 제공하지 못한다. 그러나 행동을 가진 비극은 하나의 결정적인 형식과 그 행동을 수행하는 행위자들을 가지게 된다.

4. 능동적인 존재로의 인식을 위한 플롯: 참여적 기독론

비극은 문학의 네 가지 특징을 갖고 있다. 문학은 1) 특별한 사건으로부터 보편적인 미메시스를 이루며, 2) 행동을 재현하고, 3) 일관된 인물구성을 추구하여, 4) 이성적 카타르시스를 완성한다.[41] 마가복음 역시 특별한 것에서 보편적인 것으로 옮겨가는 진행 안에 있다. 아리스토텔레스의 입장에서 보면 마가복음은 역사(history)가 아니라 문학작품으로서 시(poetry)이다.[42] 마가복음이 역사가 아니라는 것은 마가복음이 예수의 언제, 어디서, 그리고 무엇에 대한 관심보다 비극적 행동에 대한 예수의 능동적인 존재적 삶의 재현을 통하여 드러나는 의미에 더 많은 관심을 둔다는 것에서 알 수 있다. 비록 역사서가 한 사람 또는 한 기간에 집중할지라도, 역사는 다양한 행동을 포함하고 있다. 반면에 문학은 한 행동을 재현한다. 문학이 한 행동을 재현하고, 모방한다는 것이 문학과 역사를 구분할 수 있는 차이점이다. 아리스토텔레스에게 위인전은 한 개인의 이야기이며, 또한 보편적인 중요성이 결여되었다는 점에서 역사이다. 그래서 역사가들은 보편적인 중요성을 보여주기 위해 위인전을 시리즈로 쓰기도 했다.[43] 마가복음은 관객들에게 예수의 보편적인 중요성을 전하기 위해 예수가 경험한 무엇(what), 언제(when) 혹은 어디서(where)

---

41) 카타르시스가 이성적 깨달음을 통한 삶의 구현적 요소를 갖고 있다는 점에서 카타르시스는 관객들의 참여 혹은 '생존'과 관련된 것이다.

42) 마가복음이 역사가 아니라는 것은 마가복음이 역사를 포함하지 않고 있다는 것이 결코 아니다. 만일 복음서를 예수에 대한 역사로 인정한다면 우리는 다음과 같은 질문을 해야 한다; 왜 초기 기독교는 예수에 대한 하나의 역사를 네 종류로 보존하고 있는가?

43) Arnaldo Momiglianor, *The Development of Greek Biography* (Cambridge: Harvard University, 1971), 13. 위인전은 한 사람에 대한 쓰기인데 한 사람의 전반적인 삶에 대한 모든 요소를 기록하는 것은 의도하는 통일성을 만들기 어렵다. 한 사람의 삶은 다양한 행동을 갖고 있기 때문이다. 그러나 마가복음에서 예수는 다양한 행동을 보여주기보다는 단일한 행동을 보여주고 있다. 이러한 점에서 마가복음은 위인전으로 분류되기 어렵다.

에 대한 정보뿐만 아니라 그의 십자가에 관계되었던 능동적 행동을 재현한다.

마가복음은 하나의 진지하고, 고귀한 행동을 재현한다. 마가복음도 문학작품의 시작, 중간, 그리고 결말에 의하여 두드러지게 나타난 단일한 행동, 플롯을 갖고 있으며, 다른 문학에서처럼 고난과 죽음을 향한 마가가 본 예수의 진지한 행동은 개연성과 필연성의 인과관계 안에서 사건들의 배열을 통하여 관객들에게 나타나고 있다. 그러므로 비극으로서 마가복음은 예수 자신이 그의 제자들에게 의미하는 것을 관객들에게 배우게 하는 예수에 대한 재현이다. 진지한 행동은 시작, 중간, 그리고 결말에 의해 정의되기 때문에 마가복음에서 시작 부분(막 1:1~6:6)과 결말 부분(막 14:1~16:8)에 대한 분석은 재현되어야 하는 진지하고, 능동적 행동의 본질을 나타내는 결정적인 것이다.

만일 마가복음이 하나의 진지하고, 완전한 행동을 재현한다면 관객들은 시작과 결말 사이의 논리적인 연결을 찾을 수 있으며, 시작으로부터 결말까지의 플롯의 발전을 분석할 수 있을 것이다. 비록 동일한 이야기일지라도 그것은 다른 종류의 플롯으로 이야기될 수 있다. 동일한 이야기를 다른 방법의 배열로 전하는 플롯은 동일한 행동을 재현할 수 없다. 그러므로 각 복음서는 예수에 대한 동일한 사건들을 갖고서 각각의 독특한 행동을 재현한 것이다.

마가복음은 "하나님의 아들 예수 그리스도의 복음의 시작"이란 선언과 예언자의 소리로 갑작스럽게 시작한다. 그리고 성령이 곧바로 시험의 장소인 광야로 예수를 인도했다. 요한이 잡힌 후, 예수는 돌연히 갈릴리에 와서 복음을 선포했다. 마가의 시작은 예언의 성취, 역사 안으로 오신 하나님, 사탄을 이기심, 그리고 하나님 나라의 도래와 현존의 선언으로 규정할 수 있다. 이러한 시작과는 다르게 마가복음의 종결은 놀라움, 어쩌면 충격으로 다가오는 듯하다. 마가복음의 마지막 장면은 무덤의 입구를 가로막고 있는 큰 돌에 대하여 걱정하고, 의심했던 여자들의 무덤 방문 이야기로 시작한다. 그러나 무덤의 입구는 열려있었고, 흰 옷 입은 청년이 예수의 부활 소식을 전해주었으며, 두려워하는 여인들은 예수의 부활의 소식을 도망갔던 제자들에게 전하도록 요청되었다. 그럼에도 불구하고 제자들이 도망 갔듯이 여자들도 심히 놀라 무서워 어느 누구에게도 소식을 전하지 못했다. 만일 마가복음의 종결만을 생각한다면 관객들은 실망과 좌절을 경험하여 마가복음을 실패한 이야기로 분류할 수 있다.

만일 이것이 마가의 의도된 시작과 종결이라면, 마가복음의 행동은 마태복음의 그것과는 상당히 다른 방향으로 진행된 것이다: 승리로부터 패배, 생명으로부터 죽음, 또는 드러냄으로부터 감추임.[44] 제자들의 도망 그리고 여자들의 걱정과 침묵은 마가복음의 전체 이야기를 실패된 혹은 미완성된 이야기로 간주할 수 있는 충분한 요인들이다.[45] 그러나 마가는 예수의 이야기를 미완성된 이야기로 버려두지 않았다. 마가는 미완성 이야기를 예수의 비극적 행동이라는 가능함, 있음직함 그리고 필요함의 인과관계로 사건을 배열하여 성공적인 플롯으로 만들었다.

---

44) 마태복음의 진행은 임마누엘이라는 그의 독특한 신학적인 개념 안에서 시작한다. 마태복음은 마가복음과는 다르게 예수의 족보, 탄생 이야기 및 예수의 부활 출현을 언급하고 있으며, 예수의 출현은 영원토록 그들과 함께 한다는 임마누엘로 종결하고 있다. 마태복음은 순종하는 아들, 교회의 선생으로서 예수를 묘사하고 있다.

45) M. A. Tolbert, *Sowing the Gospel: Mark's World in Literary-Historical Perspective* (Minneapolis: Fortress Press, 1996), 236; Paul L. Danove, "A Failed but a Successful Plot."

1) 크기

플롯의 크기는 세 가지 요소에 의해 결정된다: 플롯은 재현하는 행동의 진행이 가능하고, 있음직하고, 필연적인 인과관계를 가질 수 있을 만큼 충분한 길이를 가져야 하며, 한 번에 기억될 수 있어야 하고, 그리고 적당한 균형을 이루어야 한다. 그렇다면 마가의 플롯은 적당한 크기를 갖고 있는가? 표면적으로 마가의 플롯은 아름다움을 해치지 않을 정도의 적당한 크기를 갖고 있다. 마가의 비극적 플롯은 시작부분에서 하나님의 아들로서 예수의 행동, 중간부분에서 열두 제자의 이해하지 못하는 행동과 인자로서 예수의 가르침을 통하여 드러난 행동, 그리고 결말부분에서 고난과 죽음을 향한 그의 행동 등을 적당한 크기로 배열하고 있다. 플롯의 극적인 효과를 위해 사건들은 적당한 크기 안에서 반전을 준비할 수 있도록 통일성 있게 배열되어 있다. 마가의 구성은 행동의 비극적 반전(급전)을 향하여 진행되고 있다. 플롯 구성은 시작부분에서 의도적으로 구성된 적의감(막 2:7, 2:16, 2:24, 3:6)을 예수의 진지한 행동의 반전을 위하여 좀 더 긴장되게 필연적으로 확장하고 있다. 광야에서 사천 명과 오천 명을 먹이시는 기적 이야기의 반복 역시 예수의 신분을 이해하지 못하는 등장인물들의 상태를 강화시키기 위해 사용되었고, 이러한 강화는 마가복음 10장에서 절정에 도달하게 하며(막 10:35~37), 결국 제자들은 예수를 배반했고, 도망갔다(막 14:50~52). 두 번 반복된 무화과나무 비유(막 11:12~14, 20~25)도 이스라엘 종교에 대한 비판을 강화하며, 비극적 반전을 준비한다.[46]

---

46) 마가의 샌드위치 구조에 대한 연구는 J. R. Donahue, *Are You the Christ?: The Trial Narrative in the Gospel of Mark* (Missoula: Scholars Press, 1973), 58~63을 참조하며, 이러한 문학적 도구의 효과에 대하여는 다음을 참고하라. Kermode, *The Genesis of Secrecy*, 133~140. 도나후(Donahue)는 일곱 개

오래전부터 마가복음은 긴 서론을 갖고 있는 수난 이야기로 불리고 있다. 수난 혹은 고난이라는 주제가 비극의 가장 중요한 주제이기도 하다. 다른 두 복음서와 비교할 때 마가의 수난 이야기는 비율적으로 상당한 지면을 차지하고 있다. 마가는 예수의 행동과 사람들의 반응을 보여주기 위해 복음서의 상당한 부분을 수난 이야기에 할애했던 것이다. 수난 이야기에 대한 관심은 요한의 죽음 이야기(막 6:17~29)와 세 번 이상 반복된 고난과 죽음에 대한 예수의 가르침에서도 알 수 있다. 예수에 대한 적의감, 제자들의 이해하지 못함, 그리고 암시된 고난과 죽음을 향한 예수의 행동은 종국에 충분하고, 효과적인 연민과 두려움을 관객들에게 유발시킴으로써 비극적 카타르시스에 이르게 할 것이다. 비극적 카타르시스를 완성한다면 마가의 행동적 플롯의 크기는 아름다움을 깨지 않는 적절한 크기이다.

2) 완전성(완결성)

플롯이란 고귀한 행동의 재현을 위한 사건들의 배열이다. 사건들의 배열에 대한 분석은 마가의 의도를 밝히는 것이며, 드러난 의도는 그의 독특한 신학을 반영한다. 마가는 그의 비극적 플롯을 반전과 인식에 의하여 전환되는 의도된 두 단계 진행 안에서 구성하였다. 마가복음의 행동적 플롯의 시작과 중간은 성공, 정복, 또는 승리로 불릴 수 있는 상승을 향한 안정되고 일정한 진행(steady progression)의 단계로서 반전 이후에 일어나는 진행은 불행을 향하여 하강하는 빠른 진행을 갖고 있다. 그러므로 마가의 플롯은 상승(행운)과 하강(불운)

의 구조를 언급하고 있다: 3:20-21[22-30]31-35, 5:21-24[25-34]35-43, 6:7-13[14-29]30-32, 11:12-14[15-19]20-26, 14:1-2[3-9]10-11, 14:10-11[12-16]17-21, 마지막으로 14:54[55-65]66-72. 본인은 샌드위치 구조에 대한 여섯 번째와 마지막을 제외하고, 그의 결론에 동의한다.

을 갖고 있는 복합-불운 플롯에 속한다.

(1) 행동의 배열

마가복음의 갑작스런 시작과 함께 복음서의 첫 부분은 하나님의 아들로서 예수의 행동을 재현하고 있다. 그러나 마가가 궁극적으로 의도하며, 재현했던 것은 예수가 하나님의 아들됨이 아니라 인자로서 고난과 죽음을 능동적으로 받아들인 삶의 행동이다. 곧 마가의 비극적 플롯의 핵심은 예수의 신분과 관련된 그의 행동이다. 이러한 큰 윤곽 안에서 마가는 하나님의 아들과 인자로서 예수의 행동을 사건들의 의도적인 배열을 통하여 점진적으로 심도 있게 보여주었다. 마가복음에서 하나님의 아들의 고난받고, 죽임당하는 행동이 비극적 플롯의 핵심적인 요소일 뿐만 아니라 기독론의 핵심이기도 하다.

마가복음에 있어서 이 비극적 행동을 전하고, 재현하기 위해서는 광야의 소리를 선행하는 사건이 필연적으로 필요하지 않다. 이 시작은 광야에서 주의 길을 준비하는 예언자의 길을 표방하는 광야의 소리만으로 충분하다. 왜냐하면 시작과 함께 마가는 예수의 그리스도됨과 하나님의 아들됨을 복음의 시작으로 전제하기 때문이다.[47] 예수가 물에서 올라왔을 때 성령이 강림했으며, 하늘의 소리는 그의 하나님의 아들됨을 다시 선언한다. 그러므로 마가는 마태와 누가와는 달리 예수의 탄생 이야기를 첨가하지 않았고 오직 광야에서 울려 퍼지는 예언자의 소리로 그의 복음서를 시작했다. 이러한 배열은 마가복음의 시작을 위해 충분하다. 광야의 소리로 시작했던 마가는 그 광야의 소리 자체로 가능함, 있음직함과 필요성의 인과관계를 확보하였

---

47) 마가복음 1:1은 복음서의 표제가 아니라 곧이어 나오는 이사야 본문에 연결된 말씀이다. 마가복음 1:1에서 관객들에게 복음의 시작을 선포하기 위해 마가는 이사야 본문을 예수에 관련된 것으로 인용하고 있다. Mary Ann Tolbert, *Sowing the Gospel*, 241~248.

다. 마가복음의 이러한 시작은 그의 비극적 플롯을 좀 더 진지하고 완벽하게 만들고 있으며, 마가복음의 종결도 시작과 비슷한 분위기를 보이고 있다.[48]

마가복음의 종결도 아리스토텔레스가 언급했던 가능함, 있음직함과 필요성의 인과관계 안에 있다. 그리고 복음서의 종결은 부활한 예수의 출현에 대한 언급 없이 흰 옷 입은 청년의 출현과 그의 보도 그리고 두려워하는 여인의 도망으로 마치고 있다. 청년이 전해준 이야기는 예수의 부활과 갈릴리에서의 재회에 대한 확신이다. 부활에 대한 언급은 마가복음에서 여러 차례 반복적으로 암시되었고, 갈릴리에서의 재회도 예수가 이미 언급했던 것이다(막 14:28). 청년이 전해준 이야기에 대한 여자들의 반응인 놀람도 마가의 반복된 모티프이기도 하다(막 1:22, 6:51, 7:31, 10:26). 여인들의 마지막 행동인 침묵도 더 이상의 사건이 필요 없는 개방적 종결로 충분하다. 마가복음에서 예수의 비극적 행동을 재현하는 것이 복음서 쓰기의 목적이기 때문에 비록 여인들이 부활의 소식을 전하지 못했지만 어떤 관객들은 예수의 행동을 이미 재현하기 시작하였을 것이다.[49] 관객들이 재현해야 하는 것은 예수의 부활이 아니라 예수의 고난과 죽음에 이르는 능동적인 삶의 과정이다. 그러므로 플롯 안에서 참여라는 것

---

48) J. R. Donahue and D. J. Harrington, *The Gospel of Mark* (Collegeville: The Liturgical Press, 2002), 461; Frank Kermode, *The Genesis of Secrecy: On the Interpretation of Narrative* (Cambridge: Harvard University Press, 1979), 68.

49) 톨베르트(Tolbert)는 여인들의 말하지 못함을 실패로 분류하고 있다. 그녀는 마가복음에서 듣는 자들의 행하지 못함을 마가가 재현한 제자도의 모습이 아닌 것으로 인정한다. 그리고 그녀는 다음과 같은 질문을 하고 있다. 마가복음에서 여인들의 임무를 완성할 수 있는 사람들은 없는가? 그녀에 의하면 마가는 관객들에 의해 여인들의 임무가 완성될 것임을 보여준다. *Sowing the Gospel: Mark's World in Literary-Historical Perspective*, 297~299. 참조: Kingsbury, *Conflict in Mark*, 113~115. 톨베르트의 이러한 이해는 마가의 종결을 개방된 종결로 인정하게 하는 동기이기도 하다. 개방된 종결이 이미 마가복음과 그리스 비극 간의 장르적 유사성을 보여주는 요인이라고 언급하였다. 마가복음의 장르를 비극으로 설정할 때 부활의 소식을 전하지 못한 여인들의 모습은 그 종결로서 완벽하며, 또 마가 공동체의 현실이며, 미래상일 뿐만 아니라 관객들의 모습이기도 하다. 어느 누구도 이러한 재발견 없이 결코 예수의 길을 재현할 수 없다.

은 재현된 행동으로의 초대에 대한 관객들의 반응의 결과이다.[50) 이 초대는 예수의 비극적 행동에 초대하는 것이고, 복음의 선포자로 초대하는 것이다. 곧 관객들은 가서 예수의 삶을 재현할 자신의 행동을 통하여 예수의 고난과 죽음의 삶을 전할 것이다.[51)

관객들의 이러한 참여는 마가가 보여주는 이상적인 제자와 자신(관객들)을 동일시하는 것으로 일어난다. 마가복음에서 어느 누구도 하늘의 소리(이는 내 사랑하는 자 내 기뻐하는 자)를 듣지 못하고 있다(막 1:11). 그러나 예수와 관객들(독자들)만이 하늘의 소리를 듣고, 인식하고 있다. 이 인식으로 인하여 관객들은 이야기 안으로 극적으로 참여한다.[52) 또한 관객들은 마가가 재현했던 비극적 행동에 대한 가르침을 이해하게 될 것이다. 그러므로 관객들이 플롯을 통하여 재현되었던 하나님의 뜻을 행하게 될 때 마가복음 4:11에 언급된 '너희'는 열두 제자가 아니라 행동을 이해하고, 재현한 관객들이다.[53) 비극적 행동으로의 참여는 극 안에서 재현되었던 행동을 배우는 즐거움으로부터 온다. 이러한 배움의 즐거움이 마가가 의도하는 극적 효과의 최고치이기도 하다. 결국에 여인들의 말하지 못함으로써 이루어진 개방적 종결은 관객들이 예수의 능동적인 존재(비극적 행동)에 참여하는 완벽한 카타르시스를 이루게 한다.[54) 마가복음을 비극으로 이해하는 것은 관객들에게 저자가 보여주고 있는 세계로의 참

50) Kingsbury, *Conflict in Mark*, 27; John R. Donahue, *The Gospel in Parable* (Philadelphia: Fortress Press, 1988), 196~197.

51) Best, *Disciples and Discipleship* (Edinburgh: T. & T. Clark, 1986), 13~15.

52) Donahue, *The Gospel in Parable*, 197; Kingsbury, *Conflict in Mark*, 38.

53) Via, "Irony as Hope in Mark's Gospel: A Reply to Werner Kelber", *Semeia* 43(1988); 25. Kermode, *The Genesis of Secrecy*; J. Donahue, *The Gospel of Mark*, 145~148; R. Guelich, *Mark 1~8:26* (Dallas: Word Books, 1989), 214~215.

54) 온그(Ong) 역시 저자가 문학을 통하여 궁극적으로 전하고자 하는 것은 참여로의 초대임을 지적하고 있다. *Interfaces of the Word: Studies in the Evolution of Consciousness and Culture* (Ithaca: Cornell Press, 1977), 118.

여를 용이하게 한다.[55]

마가복음의 비극적 능동성 곧 능동적 참여는 니체의 디오니소스적 긍정과 유사한 의미이다. 마가의 비극적 능동성이 관객들을 현실 세계를 인정하고 참여를 통하여 현실의 고통을 극복하게 하듯이, 니체의 디오니소스적 긍정도 삶을 긍정하도록 한다.[56] 디오니소스적 긍정은 어떠한 부정에 의해서도 오염되지 않는 긍정이며, 니체의 비극에 대한 이해를 도모할 수 있는 핵심이다. 니체가 말한 디오니소스적 긍정을 확보할 수 있는 유일한 방법은 현실을 살아가려는 영웅의 능동성, 곧 능동적인 삶의 태도에 있다. 능동성이라 함은 아니오를 말할 줄 몰라서 긍정적인 반응을 갖는 것과는 다르다. 그냥 참을 수밖에 없어 있는 그대로의 현실을 받아들여 체념하는 것도 아니다. 저 너머에 있는 하나님 나라를 위해 현실의 삶에 가치를 부여하지 않는 허무주의는 더구나 아니다. 사실상 기독교적 허무주의는 니체가 언급한 것처럼 하나님 나라를 위해 지금의 무가치한 삶을 견딜 뿐이다. 이러한 삶의 태도는 "현실을 그저 수긍할 뿐이며 실제로는 현실을 부정하는 힘에 봉사하는 긍정"이다.[57] 이 태도는 수동적이며 운명적으로 현실을 받아드리는 체념적 특징을 갖고 있다. 하지만 디오니소스적 긍정은 아니오를 말할 수 있는 긍정이다. 아니오를 말하는 긍정은 허무주의를 극복할 수 있으며 부정적인 것이 갖고 있는 모든 자율적 힘을 박탈하는 것이다. 마가가 본 예수는 단지 현실을 수긍하기 위해 자신의 행동을 보여주는 것이 아니다. 마가가 본 예

---

55) Joanna Dewey, "The Gospel of Mark as an Oral-aural Event: Implications for Interpretation", *The New Literary Criticism and the New Testament*, eds. E. S. Malbon and E. V. McKnight (Sheffield: Academic Press, 1994), 153.

56) 김종기, "카타르시스에서 디오니소스적 긍정으로: 아리스토텔레스와 니체의 비극 이해 비교연구", 『민족미학』 11(2012), 130.

57) Gilles Deleuze, *Nietzsche und die Pilosphie* (Europäisch: Verlagsanstatt, 2002), 193.

수가 보여주는 긍정적 능동성은 관객들을 그의 행동에 능동적으로 반응하게 했다는 점에서 구원을 창조하는 힘이다. 예수의 능동적 힘은 새로운 가치를 창조하는 힘이다.

여기서 한 가지 언급할 것은 아리스토텔레스가 언급했던 문학적 기계장치(deus ex machina)의 사용이다. 마가복음에서 예수의 무덤 입구에 대한 상세한 묘사는 희망 없는 종국의 분위기를 강조하는 듯하다. 요셉은 세마포에 예수의 시체를 싸서 동굴 무덤에 놓았고, 입구를 큰 돌로 봉했다. 마가는 돌이 매우 크다는 언급을 하면서(막 16:5) 어떤 기적적인 사건이 일어날 것을 암시했다. 열두 제자의 도망, 갈릴리 여자들의 현존, 세 여자의 무덤방문, 무덤 입구를 봉하고 있는 큰 돌에 대한 그들의 걱정, 이 모든 것은 낙담과 포기, 곧 불가항력적인 분위기를 감지하게 한다. 그러나 이러한 희망 없음은 흰 옷 입은 청년의 출현으로 해결된다. 흰 옷 입은 청년은, 플롯 밖에서 일어난 사건일지라도, 큰 돌을 옮겨 놓았을 뿐만 아니라 예수의 부활을 고지했다.

마가의 플롯이 직면하고 있는 문제는 무덤의 입구를 가로막고 있던 큰 돌을 옮겨 죽음으로부터 부활했던 예수를 선포하는 방법이었다. 마가복음에서 만일 무덤의 입구가 열려있지 않았다면, 고난, 죽음 그리고 부활에 대한 예수의 가르침에서 명확하게 암시된 부활이 실현될 수 없으며, 예수의 부활을 증명할 수 있는 방법이 없었을 것이다. 그러므로 마가의 플롯 구성 안에서 무덤 문이 열려야 하는 것은 대단히 중요한 일이다. 사실 마가는 무덤을 봉하고 있는 큰 돌에 대하여 어느 곳에서도 암시하지 않았다. 그렇다면 무덤을 봉하고 있는 큰 돌은 인간이 직면한 불가항력적인 일을 나타내는 것이다. 흰 옷 입은 청년의 출현과 큰 돌을 옮긴 행동은 가능함, 있음직함과 필요성의 인과관계 안에 있는 마가의 플롯으로 해결할 수 없는 문제였다. 그러나 무덤의 입구가 열려 있었고, 예수의 부활 소식은 전해졌다. 마가는 큰 돌을 옮기는 행동을 플롯 밖에 놓으므로 문제를 해결했다.[58] 만일 흰 옷 입은 청년의 개입이 없었다면, 마가복음은 미완성된 이야기를 갖고 있는 작품으로 남아 있겠지만 청년의 개입으로 말미암아 마가복음은 성공적인 플롯을 완성하고, 그것을 통하여 관객들에게 완벽한 카타르시스를 제공하고 있다. 그러므로 흰 옷 입은 청년은 아리스토텔레스가 언급했던 기계장치의 역할을 수행했던 것이다.[59]

(2) 행동의 진행

마가의 플롯 진행은 시작부분에 행운의 운명(하나님의 아들)을 유지하면서 안정적인 진행을 갖고 있으나 중간부분에서 예수의 신분과 제자도 사이의 치밀한 배열을 구성하여 결말부분에 이르러(막 14:1~11) 예수의 운명이 행운으로부터 불행에 이르는 반전을 갖게 된다. 예수가 예루살렘에 가까이 갈수록 예수에 대한 적의감이 증폭되고 있다. 파괴의 단어(ἀπόλλυμι)는 가버나움 에피소드에서 이미 사용되었으며(막 1:24, 3:6), 성전 사건과 함께 다시 등장하고 있다(막 11:18, 12:9).[60] 예수에 대한 적의감이 점점 고조되면서 결국 샌드위

---

58) 만일 여자들 스스로 큰 돌을 옮겼다면 마가복음에서 그것은 희극적 요소로 기능할 것이다. 왜냐하면 여자들의 인물 구성은 '여자다움'이란 특징을 만족시켜야 하기 때문이다. 마가는 이러한 희극적 요소를 제거하기 위해 기계장치를 아마도 사용하였을 것이다.

59) G. Bilezikian, *The Liberated Gospel: A Comparison of the Gospel of Mark and Greek Tragedy* (Grand Rapids: Baker Book House, 1977), 133~134; Augustine Stock, "The Structure of Mark", *Bible Today* 23(1985), 293~294; Stephen H. Smith, "A Divine Tragedy: Some Observations on the Dramatic Structure of Mark's Gospel", *Novum Testamentum* 37(1995), 222~223.

60) 이 단어는 마가의 플롯 구성을 위해 아주 중요한 모티프이다. 예수의 대적자들은 성전을 파괴하려는 죄목을 예수에게 부과하였으며(막 14:58, 15:29), 마가복음의 플롯 안에서 성전 주위에서 일어난 사건들은 예수의 죽음의 직접적인 단서가 되었다.

치 구조를 통하여 마가는 비극적 행동의 반전을 완성하였다(막 14:1~11). 여인 에피소드(막 14:1~11)에서 예수는 행운으로부터 불운으로의 반전을 이루었다. 이 에피소드 전까지 예수는 하나님의 아들로서 그의 사역을 완성해 왔다. 예수가 예루살렘에 입성했을 때 군중은 다윗 나라의 도래를 기대하였다(막 11:10). 하지만 여인 에피소드와 더불어 하나님의 아들인 예수는 반복적으로 암시되고 예언되었던 고난과 죽음을 실질적으로 체험하는 인자의 능동적 행동을 보여주었다. 곧 마가복음에서 여인 에피소드가 플롯의 진행 방향을 바꾸는 결정적인 전환점이다. 아리스토텔레스는 결정적인 전환 이후를 대단원(denouement)으로 칭하였다. 수난 내러티브에서 예수는 하나님의 아들됨을 유지했기 때문에(막 15:39), 마가복음의 반전은 예수의 반전이 아니라 예수 행동을 구성한 플롯의 반전(행운에서 불운으로)이다. 플롯이 보여주는 행동의 과정 안에서 예수의 능동적 행동은 반전을 경험한다.

제사장, 서기관과 열두 제자 중의 하나인 유다의 음모와 배반 그리고 여인의 헌신이 대조된 마가복음 14:1~11에서 마가의 비극적 반전과 인식이 완벽하게 일어나고 있다. 완성된 반전은 여인에 의해 예수가 십자가에 죽는 그리스도라는 인식과 함께 일어난다.[61] 여인의 행동은 그녀의 헌신으로부터 자발적이고, 능동적으로 시작되었을지라도 여인의 행동에 대한 예수의 이해는 헌신이 아니라 자신의 죽음에 연관된 사건, 기독론적이다. 마가는 여인의 기름부음으로 예수의 정체성의 첫 상태를 확증했고(막 1:1), 그녀의 행동에 대한 해석으로 예수의 행동이 갖게 되는 비극적 결말을 드러냈다(막 14:8). 예

---

61) Diana Culbertson, *The Poetics of Revelation: Recognition and the Narrative Tradition* (Macon: Mercer University Press, 1989), 144; John R. Donahue, "Jesus as the Parable of God in the Gospel of Mark", *Interpretation* 32(1978), 378.

수는 자신이 곧바로 당할 운명에 대하여 계시함으로 하나님의 아들의 운명과는 반대방향을 보여주었다. 예수의 비극적 운명을 이해하고, 능동적으로 참여하는 자만이 진정한 제자의 존재상을 세울 수 있으며, 진정한 제자상의 한 특성을 암시하는 여인 에피소드는 예수가 고난받고, 죽어야 하는 하나님의 아들 그리스도임을 결정적으로 보여준다. 마가가 본 예수는 예수의 복음이 선포될 때마다 그녀의 이름이 기억되고, 기념되게 했다(막 14:9). 그것은 예수가 그녀의 행동을 통해 드러난 기독론적 이해를 인정했다는 것을 의미하는 것이다.

반전과 인식에 기초하여 마가의 플롯 구성에 대하여 다음과 같이 평가할 수 있다. 마가의 플롯은 여인 에피소드를 기점으로 하는 수난 내러티브로 확산되고 있다.[62) 여인의 헌신을 예수의 수난과 죽음에 연결하고, 여인의 헌신을 기억하고 기념하는 것을 강조하기 위해 마가는 행동을 소급 연장시켜야만 했다; 그렇게 하기 위해 플롯은 하나님의 아들 예수가 인자 예수로 옮겨가는 과정, 예수의 행동을 이해하지 못하는 제자들의 어리석은 행동, 진정한 제자들의 행동이 무엇인지 가르치는 예수의 행동을 배열하여 구성해야 한다; 그리고 플롯은 하나님의 뜻을 행하며, 기대된 제자들의 능동적인 참여까지 그려낼 수 있을 만큼 행동을 연장시켜야만 한다.

여인 에피소드가 최상의 반전과 인식이 될 수 있는 이유는 여기서 연민과 두려움이 발생하기 때문이다. 여인의 행동과 예수의 해석에 의하여 관객들이 예수의 죽음이 현실로 다가오는 것에 대한 두려움과 함께 하나님의 아들이면서 죽어야 하는 예수를 바라보며, 연민을 갖게 되는 것이다. 또한 여인을 향해서도 관객들은 연민과 두려움을

---

62) 아리스토텔레스의 『시학』 VI장과 XVII장을 참조하라. 극을 완성하기 위해 저자는 스스로 행동을 시각화하여 제스처로써 행동을 완성시키고, 플롯의 보편적인 형식을 만들고, 거기에 이름과 삽화를 첨가해야 한다고 지적하고 있다.

갖게 된다. 두려움은 관객들도 여인처럼 예수의 길을 이해하고, 능동적으로 참여할 수 있는지에 대한 것이며, 연민은 예수의 고난과 죽음을 자신의 것으로 능동적으로 받아들이고 있는 여인을 향한 것이다. 여인의 이야기가 최상의 인식이 될 수 있는 이유는 사건 자체로부터 생겨나며, 그 발생의 개연성과 필연성에 의해 관객들을 놀라게 하기 때문이다.[63]

마가가 구성한 인식은 그리스 비극의 인식과는 차이점이 있다. 『오이디푸스 왕(Oedipus the King)』에서 인식의 주체는 주인공이지만 마가복음에서 그것은 주인공 예수가 아니라 주변 인물인 여인에 의해 이루어진다. 이러한 차이는 마가가 갖고 있는 플롯의 특징에 기인한다. 마가는 주인공의 행동에 제자의 행동(제자도)이라는 주제를 결합하여 하나의 플롯을 구성하였다. 그러므로 마가복음의 비극적 반전과 인식은 이 두 가지 모티프를 만족시켜야 한다. 예수는 여러 차례 그의 고난과 죽음을 암시하고, 예언하였다. 그러나 열두 제자는 그를 보고, 그의 가르침을 들으면서도 이해하지 못했으나 기대된 (anticipated) 제자 중의 한 명이 그의 운명을 발견할 것이다. 바로 여인이 예수의 신분을 발견했으며, 그의 운명을 받아들임으로써 기대된 제자 그룹에 합류했던 것이다(막 14:3~9).[64] 곧 마가에게 있어서 인식은 주인공과 기대된 제자 사이의 상호작용에 의해 일어난다. 이 상호작용을 통한 인식은 관객들(기대된 제자)이 깨달음(배움)을 통하여 마가가 의도한 예수의 비극적 행동에 참여하는 요인이기도 하다. 그러므로 마가의 인식은 삶이 고난과 죽음을 향한 과정 안에 있다는

---

63) 아리스토텔레스는 여섯 종류의 발견에 대하여 설명하고 있다: 외적인 표시, 저자의 조작, 기억, 논리의 사용, 잘못된 추론, 그리고 사건 자체. 『시학』 XVI장에서 반전과 인식이 사건들을 통하여 예기치 않게 그러나 상호관계 안에서 일어날 때 플롯은 최상의 효과를 갖게 된다.

64) John P. Heil, *The Gospel of Mark as A Model for Action: A Reader-Response Commentary* (New York: Paulist Press, 1992), 278.

것을 보여준다.

3) 고귀성(진지성)

하나님의 아들로서 예수는 복음을 선포했고(막 1:15), 제자들을 불렀고(막 1:17), 권위로 가르쳤고(막 1:22), 열병을 고쳤고(막 1:31), 귀신을 꾸짖었고(막 1:25) 죄를 용서했다(막 2:5). 예수는 치유와 귀신 축출 사건에서 이미 나타났던 그의 고귀함과 권위를 의심하는 자들에게 죄 사함의 권위에 대하여 가르쳤다(막 2:10~11). 마가는 이 사건에 대한 반응에 대하여 다음과 같이 기록하고 있다: "그들이 다 놀라 하나님께 영광을 돌리며, 이르되 우리가 이러한 일을 도무지 보지 못하였다"(막 2:12). 마가의 비극적 플롯의 시작은 실패를 모르는 단계이다: 그가 못 고칠 병이 없으며, 그가 축출하지 못할 귀신이 없고, 그가 다룰 수 없을 상황이 없으며, 그리고 그가 대답할 수 없을 질문이 없다.[65] 큰 무리가 그를 따르고 있었으며(막 1:32, 1:45, 2:2, 3:7, 3:20, 4:1 등), 모두가 그의 가르침과 능력에 놀랐다(막 1:22, 1:27, 3:12, 6:2 등). 그들은 반복적으로 '이 사람이 누구인가?' (막 4:41, 6:3, 6:14)라고 질문했으며, "그가 모든 것을 잘하였도다" (막 7:37)고 말했다.

하나님의 아들로서 예수의 행동은 치료 사건에서 예수를 반대하는 서기관과 바리새인들과의 논쟁으로 옮겨 간다. 마가는 귀신을 멸하는 권세가 예수에게 있음을 분명하게 보여주었다(막 1:24). 우리는 마가가 예수 주위에서 일어나는 이러한 적의감을 복음서의 비극적

---

65) Robinson, *The Problem of History in Mark*, 50; Best, *The Temptation and the Passion*, 188f. 로드와 미키(Rhoads and Michie)도 예수의 일방적인 승리와 예수를 향한 악한 영의 복종을 인정하고 있다. *Mark as Story*, 77~78.

행동의 고귀함을 위한 구성과 배열의 한 모티프로 사용하기 위해 동사 '멸한다'를 사용한다고 할 수 있다(막 1:24, 3:6). 헤롯왕은 예수를 죽은 요한의 부활로 이해했던 반면(막 6:7) 베드로로 대표된 예수를 따르는 자들은 예수를 전통적인 유대교적 메시아로 고백했다(막 8:29). 비극적 인물의 고귀함은 오천 명과 사천 명을 먹였던 사건에서도 강조된다. 그럼에도 불구하고 적대감의 가능함, 있음직함과 필요성의 인과관계 안에서 예수는 점점 십자가, 비극적 운명에 가까워지고 있었다. 예수의 고귀함과 함께 적대감은 극적 카타르시스를 유발시키고자 하는 마가의 의도된 배열이다.

마가는 예수의 비극적 행동의 진지성을 통하여 적절한 반응을 요구했으며, 그것은 제자도에 깊이 연관되어 있다.[66] 마가는 하나님 나라의 가족을 위한 새로운 기준을 선언하였다. 새로운 가족의 기준은 하나님의 뜻대로 하는 것이다(막 3:35). 마가복음에서 하나님의 뜻은 십자가에 연관되어 있다. 곧 하나님의 뜻대로 하는 것은 고난과 죽음에 순종하고, 능동적으로 참여하는 것이다(막 14:36). 그리고 마가는 하나님의 뜻대로 하는 '너희'와 뜻대로 하지 않는 '저희'(외인)를 구분하여 관객들에게 하나님의 뜻에 참여하는 '너희' 그룹에 속하도록 진지하게 요청하였다(막 4:11). 예수가 하나님의 뜻대로 행했듯이 마가의 행동적 플롯 안에서 이상적인 제자는 반드시 하나님의 뜻대로 행하고, 예수의 길에 참여해야만 했다(막 8:34, 9:35, 10:39).

바디매오 에피소드는 마가복음 8장에 기록된 시력회복 이야기와 밀접한 관계를 갖고 있으며, 예수의 비극적 고귀함을 보여주는 사건

---

66) J. Donahue, *The Gospel in Parable*, 42~46. 이 단락에서 마가는 새 가족과 제자도의 모티프 안에서 에피소드와 이야기들을 연결하였다. 마가복음에서 제자도라는 신학적 주제는 마가의 기독론에 기초하고 있다. 만일 관객들이 마가의 기독론을 이해하지 못하면 어느 누구도 마가가 재현하는 이상적인 제자상을 찾을 수 없다.

들로서 기적 이야기로 간주되고 있지만 그것은 실로 기적 이야기 이상이다.[67] 마가복음에서 두 에피소드는 제자도의 이야기이며, 상당한 상징적 중요성을 갖고 있다. 첫 에피소드와는 다르게 바디매오는 예수의 길을 좇아가는 자로 재현되었다. 비록 바디매오가 예수를 여리고에서 처음 만났을지라도 그는 예루살렘을 향하는 예수를 보았고, 들었고, 알았고, 깨달았던 자(막 4:12)로서 예수의 행동에 참여한 사람이었다.

마가의 플롯 안에서 저자가 재현한 비극적 행동의 효과 또는 카타르시스는 관련된 관객들의 참여에 연관된 것이다. 마가복음의 카타르시스는 관객들이 예수의 행동에 참여함으로써 또는 예수와 관객 자신을 동일시함으로써 일어난다. 관객들의 고뇌에 찬 참여의 결정은 예수의 행동을 듣고, 본 것에서 완벽하게 시작되고 있다. 마가의 플롯 안에서 관객들 역시 신분에 관련된 예수의 예정된 행동에 대하여 보고, 듣고, 알고, 깨달은 자가 되어 그들의 삶 속에서 예수의 비극적 행동을 재현할 것이다. 그러므로 이러한 참여는 관객들이 플롯을 통하여 배우게 된 결과로부터 온다. 또한 이 참여는 즐거움과 기쁨이기도 하며, '생존'의 수단일 뿐만 아니라(막 8:35) 또한 창조적 능동성을 갖고 있다.[68] 마가의 플롯이 보여주는 창조적 능동성과 니체의 디오니소스적 긍정은 하나님 나라 혹은 내세를 위하여 현실을 수긍하며 고통스럽고 괴로운 것으로 드러나는 무가치한 현실을 운명으로 인정하는 수동적인 삶의 태도에서 벗어나 현실 그 자체에서 창조적이고 능동적으로 긍정하도록 자극하고 있다.

---

67) John Donahue, *The Gospel of Mark*, 319.

68) 김종기, "카타르시스에서 디오니소스적 긍정으로: 아리스토텔레스와 니체의 비극 이해 비교연구", 『민족미학』 11(2012), 133.

5. 결론

마가는 예수의 행동을 보여주고, 관객들의 적절한 반응을 촉구하기 위해 예수의 사건들을 배열하였다. 마가가 재현했던 행동은 시작, 중간, 그리고 결말로 구성되어 승리로부터 패배의 이야기, 생명으로부터 죽음으로의 이야기, 드러냄으로부터 감춤의 미완성적인 이야기를 복음서의 비극적 플롯 안에서 성공적인 플롯으로 새롭게 완성하고 있다. 성공적인 비극적 플롯을 통하여 마가는 예수 안에서 실현된 하나님의 현존을 패배, 죽음, 그리고 감춤이 아니라 새로운 희망, 참여, 존재, 생존으로 재현했던 것이다. 마가의 플롯 진행은 시작부에 행운의 운명을 유지하면서 안정적인 진행을 갖고 있으며, 중간부에서 예수의 신분과 제자도 사이의 치밀한 배열을 구성하여 결말부에 이르러 예수의 운명이 행운으로부터 불행에 이르는 반전을 갖고 있다. 관객들의 재현은 마가가 보여 준 이상적인 제자와 관객들을 동일시하는 것으로 일어난다.

마가는 예수의 행동을 중심으로 그의 플롯을 구성하였으며, 예수의 진지한 행동을 완벽하게 재현하였다. 마가는 예수를 그의 위대성과 주권성으로 또한 그의 고난과 죽음의 삶을 실천하는 행동을 통하여 하나님 나라의 실현자로 재현하였다. 예수의 진지한 행동을 재현한 마가의 플롯은 예수의 고난과 죽음을 중요한 요소로 다루고 있다. 예수의 삶의 과정을 재현함으로 마가는 관객들의 고난적 삶에 능동적으로 참여하도록 했던 것이다.[69] 마가의 비극적 플롯은 신분에 연결된 그의 행동에 관련되어 있고, 마가 기독론의 핵심임을 보여주고 있다. 앞에서 보았듯이, 마가는 예수의 행동을 중심으로 플

---

69) Donahue, *The Gospel of Mark*, 461.

롯을 구성하여 참여적 기독론을 완성하였다. 참여적 기독론을 통하여 마가는 공동체가 직면하고 있는 위기를 극복하고자 했던 것이다. 비극적 구성을 통하여 마가는 예수의 행동을 마가 공동체 혹은 관객들(청중들)의 행동으로 만들었다. 마가는 고난과 죽음의 삶을 실천하는 예수를 재현하여 관객들의 삶에서 예수의 가르침과 사역이 실현되기를 원했던 것이다. 마가는 이러한 재현과 실현이 마가 공동체의 위기를 극복할 수 있는 해답임을 알고 있다.

마가는 예수에 대한 분명한 신분 확립과 제자도의 신분 확립을 필요로 했으며, 이로 인하여 마가 공동체에게 재현할 수 있는 예수상을 제시했던 것이다. 그것은 사상이나 이론이 아니라 실제세계에서 일어나는 재현이다. 올바른 이론과 사상은 행동과 참여의 기회를 허락하지만 행동 없는 이론은 무의미하다.

V

플롯의 다른 요소들

앞에서 살펴보았듯이, 마가복음의 문학성을 보여주는 것 중의 하나가 사건들의 배열이라 할 수 있는 플롯이다. 마가복음의 비극적 플롯을 연구해야 하는 이유는 마가의 신학을 찾을 수 있는 중요한 동기이기 때문이다. 마가의 플롯은 기독론과 제자도에 관련된 사건들을 치밀하게 구성하고 있기 때문에 마가의 신학적 동기와 의도를 찾을 수 있는 중요한 도구로 여겨지고 있다. 그래서 나는 마가복음에 사용된 많은 사건 가운데 마가복음 14:1~11에 기록된 사건들 특별히 베다니 여인 이야기를 분석하여, 이 사건이 마가의 비극적 플롯에 어떤 기능을 하고 있는지 자세하게 살필 것이다. 마가복음 14:1~11에 배열된 예수를 죽이려는 계략과 예수와 여인 사이의 대화는 그 자체로도 여러 가지를 생각하게 하지만, 전체적인 내러티브의 플롯에서 볼 때 특히 중요한 기능을 가지고 있다고 판단된다. 이 장은 다음과 같은 구체적인 질문에서 시작하고자 한다. 마가복음에서 14:1~11의 이야기가 가지는 독특성과 그 에피소드적 역할은 무엇인가? 마가복음의 전체 내러티브에서 여인 에피소드는 어떤 기능을 하고 있는가?

마가복음 14:1~11은 문법적으로 제사장들과 서기관들 그리고 열두 제자 중의 하나인 유다의 행동(14:1~2, 10~11)과 여인의 행동(14:3~9)을 대조하고 있다.[1] 이 대조는 본문에서 가장 두드러진 특징으로 볼 수 있는데, 이러한 배열을 통하여 마가는 이 사건에서 비극적 반전(급전, reversal)과 인식(recognition)을 완벽하게 일어나게

---

1) Frans Neirynck, *Duality in Mark: Contributions to the Study of the Markan Redaction* (Leuven: Leuven University Press, 1972), 133; Robert M. Fowler, *Loaves and Fishes: The Function of the Feeding Stories in the Gospel of Mark* (Chico: Scholars Press, 1981), 165; Frank Kermode, *The Genesis of Secrecy* (Cambridge and London: Harvard University, 1980), xi; Tom Shepherd, "The Narrative Function of Markan Intercalation", *New Testament Studies* 41(1995), 522~540; E. S. Malbon, "Narrative Criticism: How Does the Story Mean?" *Mark and Method: New Approaches in Biblical Studies*, eds. J. C. Anderson and Stephen D. Moore. (Minneapolis: Fortress Press, 1992), 23~49.

하였다. 반전과 인식은 동시에 일어나는 것이 가장 좋은 것인데, 반전은 주인공의 운명이 구체적으로 전환되는 한 사건을 의미한다. 그런 점에서 마가의 비극적 플롯 안에서 완성되어야 하는 반전은 예수가 하나님의 아들에서 고난과 죽음을 경험해야만 했던 존재로 옮겨가는 과정이 필요하다. 그리고 이 반전은 사건들의 배열을 통하여 예수가 십자가에 죽어야 하는 하나님의 아들이라는 인식과 함께 이루어져야 한다. 그래서 이 장은 베다니 여인 에피소드가 문학적 도구인 반전과 인식을 발생시키는 장면이 될 수 있는지 살필 것이며, 이러한 반전과 인식이 마가복음에서 필요한 이유도 비극의 기법구성과 함께 살펴볼 것이다.

1. 그리스 비극의 반전과 인식

아리스토텔레스에 따르면, 플롯은 행동을 모방하게 하는 사건들의 배열이기 때문에 플롯은 항상 행동을 언급해야 한다.[2] 아리스토텔레스에게 행동은 플롯이고, 플롯이 행동일 수 있다. 플롯은 사건들의 배열과 관련하여 가능한(possible), 있음직한(probable), 그리고 필요한(necessary)의 인과관계 안에서 이해되어야 한다(『시학』 XV). 플롯을 통하여 배열된 사건들은 시작부분에서 아무 사건(anything)도 가능하며, 중간부분에서 어떤 사건(something)이 있음직하며, 마

---

2) 아리스토텔레스는 비극을 논하면서 플롯에 대하여 논하였다. 플롯이 일원칙이냐, 인물이 일원칙이냐는 비평가들에 의해 상당한 토론이 진행되고 있다. Robert Scholes and Robert Kellogg, *The Nature of Narrative* (New York: Oxford University, 2006), 207~208; R. S. Crane, "The Concept of Plot and the Plot of Tom Jones", *Critics and Criticism: Ancient and Modern*, ed. Ronald Salmon Crane. (Chicago: University of Chicago, 1952), 621; Paul Goodman, *The Structure of Literature* (Chicago: University of Chicago, 1964), 16; M. H. Abrams, *A Glossary of Literary Terms* (New York: Holt, Rinehart & Winston, 1988), 127.

184 마가복음 그 위대함

지막 부분에서 가장 중요한 모든 사건(everything)이 필요해야 한다. 이러한 세 가지 요소 안에서 플롯은 내러티브에 있어서 결정적인 원인이며, 이 원인으로 인하여 플롯은 특별한 정서적인 반응을 이끌고 있다. 결론적으로 플롯은 사건들의 인과관계 안에서 반전, 인식, 비극적 결함, 연민과 두려움 등으로 구성되어 카타르시스를 유발하게 하는 제일의 원칙이다(『시학』 IV).

아리스토텔레스는 플롯을 두 종류, 즉 단순 플롯과 복합 플롯으로 구분했다. 단순 플롯은 행동이나 의지의 변화 없이 사건들을 삽화적으로 나열한 것인데, 의지나 행동의 변화는 사건들의 배열에 역동성을 허락하기 때문에 중요하다. 그래서 변화 없는 플롯은 결정된 운명을 향하여 지루한 움직임을 갖는다는 점에서 관심을 끌지 못한다. 왜냐하면 영웅들은 운명에 사로잡혀 아무것도 할 수 없는 것처럼 행동하기 때문이다. 그러다 보니 단순 플롯은 역동적인 흐름으로 관객들을 정서적으로 자극할 수 없기에 카타르시스를 유발시키기가 쉽지 않다. 단순 플롯이 반전과 인식의 역동적인 요소를 갖추지 못한다는 점에서 아리스토텔레스는 단순 플롯을 열등한 것으로 규정했던 것 같다. 그리고 더 나아가 그는 복합 플롯을 우월적인 것으로 인정했는데 이는 복합 플롯이 갖고 있는 행동의 진행은 사건들을 가능함, 있음직함 그리고 필요성의 인과관계 안에서 배열하고 있기 때문이다. 우월적 플롯은 열등적 플롯에서 결핍된 반전과 인식을 갖고 있기에 고통, 두려움, 연민을 관객들에게 유발시킨다. 이러한 다양한 요소의 결합을 통하여 복합 플롯은 최종적으로 비극적 카타르시스를 유발시키기에 완벽한 것으로 인정된다. 카타르시스는 비극적 사건들의 배열을 통해 모방된 바로 그 사건들에 대한 깊은 이해와 관련되어 있다. 비극의 사건들을 배열하여 관객들로 하여금 바로 그 행동

에 대한 보편적 가치를 찾을 수 있도록 돕는 것이 카타르시스이다.[3]

마가복음의 반전과 인식을 찾기 위해서, 아리스토텔레스가 언급했던 가장 좋은 반전과 인식의 실례를 살펴볼 필요가 있을 것이다. 아리스토텔레스는 『오이디푸스 왕(Oedipus the King)』에서 일어난 반전을 가장 좋은 것으로 인정했다. 예언자 테이레시아스가 오이디푸스 왕을 돕기 위해 도착했지만, 소포클레스는 그의 도착을 왕의 신분이 드러나야 했던 필연적인 사건으로 재현하였다. 그러나 예언자의 계시는 『오이디푸스 왕(Oedipus the King)』에서 기대된 방법으로 진행되지 않고 있다. 이 사건으로 말미암아 왕은 자신이 전혀 기대하지 않은 새로운 운명의 길로 들어가게 되었다. 『오이디푸스 왕(Oedipus the King)』에서 반전은 예언자의 도착으로 촉발되어, 양치기의 도착으로 오이디푸스가 자신의 신분을 확인하게 되며, 그 인식의 결과로 오이디푸스가 장님이 되는 행동으로 몰입되는 과정이다. 곧 행동의 변화가 여기서 일어난 것이다.

반전이라는 것은 예상했던 행동과는 반대의 행동을 일으키는 변화를 말한다. 즉 사건들의 배열에 의한 필연적인 결과로 알고 있던 사실과는 전혀 다른 반대의 상황이 발생하는 과정을 말한다. 행운에서 행운으로 진행하거나, 불행에서 불행으로 진행하는 것이 아니라 행운에서 불행으로 또는 불행에서 행운으로 갑작스런 전환이 일어나는 극적 변화이다. 이러한 행동의 변화 혹은 의지의 변화를 반전이라고 한다. 그러나 이러한 반전이, 비록 갑작스럽게 일어날지라도, 사건들과의 인과관계 안에 있어야만 한다. 그 반전은 극의 흐름을 복잡하게 하며 관객들을 사로잡을 수 있는 필수적인 요소이다.

반면에 인식은 그동안 숨겨져 있는 것이 밝혀지는 것을 말하는데,

---

3) S. H. Butcher, *Aristotle's Theory of Poetry and Fine Art* (New York: Dover Publications, 1951), 271.

곧 무지로부터 앎으로의 변화를 의미한다. 그리스 비극에서 인식은 어떤 행동에 연루되어 있는 행위자들 사이에 우정이나 증오를 만들어 내기도 한다. 인식도 가능함, 있음직함과 필요성을 갖고 있는 사건들의 배열에 의해서 일어난다. 그래서 아리스토텔레스도 인식은 플롯의 일부분으로서 사건들의 인과관계 안에 있어야 한다고 주장했다. 그리고 인식은 행동의 변화를 가져오는 깨달음이 있어야 한다. 인식이 일어난 후 플롯은 새로운 방향으로 전환해야 한다는 점에서 인식은 극의 중간 부분에서 일련의 사건들의 결과로써 이루어지고 그다음에는 사건의 새로운 배열을 한정하는 최소한 한 개 이상의 사건이 뒤따를 때에만 가능하다.

아리스토텔레스에 따르면 완벽에 가까운 비극은 반전과 인식을 동시에 일어나게 해야 한다. 반전과 인식이 동시에 일어나는 것이 가장 효과적인데, 이것을 복인식(compound recognition)이라고 부른다.[4] 그러나 단순 플롯은 인식 없이 반전이 전면적으로 일어난다. 인식 없는 반전은 관객들에게 극의 흥미를 유발시키지 못하게 되는 치명적인 약점을 갖고 있다. 결과적으로 모든 작품이 가져야 하는 목적도 이루지 못하게 되는 것이다. 그러나 복합 플롯은 인과관계 안에서 반전과 인식이 연속적으로 일어나며 인과관계는 관객들의 이성과 감정을 자극하는 여러 가지 요소, 가엾음, 두려움, 동정, 연민 등을 발생시킨다.

---

4) L. 골덴/최상규 역, 『아리스토텔레스의 시학』(서울: 예림기획, 1997), 287.

2. 마가복음의 반전과 인식

마가는 예수에 관련된 사건들의 배열을 인과관계를 통하여 완성한 것이었다. 특별히 마가가 의도한 것은 관객들이 예수의 신분에 대하여 완전히 이해할 수 있게 하여, 그것에 대한 적절한 반응을 할수 있게 하는 것이다. 이를 위해 마가는 전승으로 내려 온 사건을 창조적으로 배열하여 새로운 행동을 재현한 것이었다. 그리고 사건들의 선택과 특히 배열은 가능하고(possible), 있음직하고(probable), 그리고 필요해야(necessary) 하기에 긴장과 일관성을 유지하고 있다. 마가의 플롯이 갖고 있는 긴장과 일관성은 시작, 중간 그리고 결말 부분에서 확고하게 유지되어야 한다. 사건들의 배열을 통하여 마가는 예수의 신분을 드러냈고, 이러한 신분의 밝힘은 다양한 반응을 일으키고, 극의 종결과 더불어 관객들은 그들의 반응을 유발시키는 깨달음의 즐거움을 갖게 되는 것이다. 즉 마가는 예수의 신분을 드러내고 관객들의 적절한 반응을 유발시키기 위해 창조적으로 사건들을 배열했던 것이다. 마가 플롯의 목적이 바로 여기에 있다. 이 플롯은 저자의 신학적 중심성과 관심뿐만 아니라 이상적인 제자의 모습을 보여주고 있다. 마가는 관객들이 예수의 신분을 알 수 있게 할 뿐만 아니라 예수의 신분에 따라 어떻게 행동하고 반응해야 하는지 배우도록 전승으로 전해왔던 역사적인 사건을 구성한 것이다. 마가의 플롯은 가능함, 있음직함 그리고 필요함의 역동성과 치밀함을 포함하고 있기에, 마가에 의해 기록된 각각의 역사적인 사건은 나름의 독특한 의미와 기능을 갖고 있다.

마가는 예수의 신분(예수가 누구인가?)과 제자도(어떻게 살아야하는가?)에 관련된 사건들을 가능함, 있음직함 그리고 필요함의 인과관계 안에서 비극적 플롯으로 구성했던 것이다. 마가가 본 예수는 기본적으로 자신이 하나님의 아들임을 간접적으로 계시하였다. 하나님의 아들로서 예수는 신적인 존재였다. 그가 하나님의 아들이었다. 악한 영들은 계속적으로 그가 누구인지 인지했고 그를 나타내고자 했다. 마가는 기적을 행하는 것과 특별한 가르침과 같은 것으로 예수의 신적 신분을 확증시키려 했다(막 1:27; 2:12; 6:2). 그러나 다른 한편으로는 마가가 본 예수는 자신의 이러한 신분에 대하여 침묵을 원했다(막 1:34, 44; 4:10~11; 5:43; 7:36; 8:26; 9:9, 30). 감춤과 밝혀냄에 의해서 예수의 신분은 다른 인물들의 몰이해와 그들의 반응에 관련된 사건들과 함께 가능하고 있음직하고 필요하게 배열되어 있다. 그런 중에 마가는 예수에 대한 새로운 개념을 소개하기 시작했다. 예수의 신적 상태는 마가복음의 전반부(막 1:1~8:21)에 사용된 지배적인 주제인데, 예수의 신적 상태를 통제하는 이 지배적인 주제는 고난과 죽음이라는 암시(막 2:7; 3:6)의 개연성을 갖고 있다. 마가의 비극적 플롯 안에서 하나님의 아들은 고난과 죽음을 경험하는 존재이다. 궁극적으로 마가복음 전체를 통하여 마가에 의해 의도된 예수의 신분은 고난받는 인자 하나님의 아들이다.[5]

마가복음은 신학적으로 긴 서론을 갖고 있는 수난 이야기로 평가되는데, 이러한 평가를 인정한다면, 수난 내러티브와 긴 서론을 연결하는 구심점이라는 점에서 마가복음 14:1~11의 베다니 여인 에피소드는 독특한 위치와 성격을 가지고 있다. 마가복음 14:1~11은 마가의 사건들의 배열에 있어서 가장 중요한 부분 중에 으뜸으로서 핵심

---

5) 쿨베르트슨(Diana Culbertson)도 마가복음의 인식은 예수의 신분에 관련되어 있으며, 예수의 신분은 하나님의 아들과 그의 고난과 죽음이라는 두 가지 요소를 가지고 있다고 확인하고 있다. Diana Culbertson, *The Poetics of Revelation: Recognition and the Narrative Tradition* (Macon: Mercer University Press, 1989), 153.

사건이라고 할 수 있다. 핵심사건은 에피소드의 여러 가지 가능성, 있음직함, 그리고 필요성의 인과관계 안에서 어느 한 방향으로 사건의 배열을 추구해가는 분기점 곧 구조안의 관절과도 같은 것이다.[6] 마가복음에서 만일 핵심사건인 베다니 여인 에피소드가 사건들의 배열에서 생략되어 있다면, 마가복음의 가능함, 있음직함 그리고 필요함의 인과관계는 상당한 타격을 받을 것이다. 이에 핵심 사건은 내러티브를 일관성 있게 유지시켜, 구성과 의미를 더 강화시켜 주고 있다.[7]

마가복음에서 베다니 여인 에피소드를 핵심사건으로 인정할 수 있는 이유는 여기서 예수의 신분(기독론)과 그에 대한 반응인 이상적 제자도의 모습이 결합되어 나타나고, 예수의 고난과 죽음을 향한 과정으로 옮겨 갈 수 있게 도와주고 있기 때문이다. 뿐만 아니라 마가복음의 사건들의 배열을 분석할 때, 가장 중요한 반전과 인식이 여기서 일어나기 때문이다. 그리스 비극과 마찬가지로, 마가복음의 반전도 하나님의 아들이지만 예수는 고난받고 죽어야만 했던 운명에 놓이는 행동의 변화를 갖게 하는 사건에 있다. 베다니 여인 에피소드가 바로 이러한 행동의 변화를 이끌고 있다. 또한 마가복음에서 베다니 여인 에피소드가 인식 장면(recognition scene)이 될 수 있는 이유는 여인이 인물로서 유일하게 예수의 고난과 죽음의 필요성을 깨달은 첫 번째 인물이며,[8] 이 사건 이후 예수의 행동은 고난과 죽음에 전적으로 집중되어 있기 때문이다. 이러한 집중성은 마가복음

---

6) S. 차트만/한용환 역, 『이야기와 담론』 (서울: 고려원, 1961), 69.

7) M. A. 포웰/이종록 역, 『서사비평이란 무엇인가?』 (서울: 한국장로교출판사, 1993), 72.

8) 마가복음 해석자들은 로마 백부장의 고백(막 15:39)을 예수 신분의 도출에 있어서 중요한 부분으로 인정하고 있다. 이는 로마 백부장이 예수가 하나님의 아들이란 신분을 드러냈을 뿐만 아니라 자신의 죽음 앞에서 드러낸 최초의 유일한 사람이기 때문이다. Culbertson, 앞의 책, 152~153. 그렇다면 해석자는 하나님의 아들 신분과 함께 고난과 죽음의 신분이 등장인물인 사람에 의해 드러난 것에도 상당한 의미를 부여해야 할 것이다. 그런 점에서 베다니 여인 에피소드에서 여인의 행동은 간과될 수 있는 것이 아니다.

에서 예수의 행동의 변화를 통하여 확인할 수 있다. 14장에서부터 예수는 가르침, 귀신 축출, 그리고 치료 사역보다는 고난과 죽음을 향한 대속적 삶을 감당하였다. 그 대속적 삶은 이 땅에서 완성해야 하는 그의 최종적인 행동이다. 그런 점에서 주인공의 고난과 죽음은 저자가 재현하고자 하는 신분의 가장 핵심적이고 중요한 요소이다. 예수의 고난과 죽음에 대한 가르침은 마가복음 8:22~10:52의 제자도에 대한 가르침에서 심도 있게 드러난 것이다. 저자는 14장 이후, 앞 단락에서 드러난 고난과 죽음에 관련된 사건들을 구체화시켰고 모든 사건을 이것에 연결하여 재현하였다.

베다니 여인 에피소드는 저자가 인물의 행동을 통하여 재현하고자 하는 하나님의 의지를 구체적이고 극적으로 나타낸다. 구체적이고 극적이라 함은 여인의 행동을 통하여 마가가 원했던 예수의 두 가지 신분적 특성(하나님의 아들과 그의 고난과 죽음) 모두가 명백하게 드러나고 있다는 것이다.[9] 그리스 비극의 우월적인 플롯은 이러한 반전이 확실하게 일어나야 하고 반전이 일어날 때 주인공의 신분이 타인에 의해 분명하게 인식되어야 한다. 여인은 먼저 자기의 순전한 나드 옥합을 깨뜨려 예수의 머리에 붓는 행동을 통하여 그의 신분을 드러내었다. 여인의 행동은 예후의 머리에 기름 부은 선지자 생도의 행동을 상기시킨다(왕하 9:3, 6). 비록 여인의 행동이 구약에서 선지자가 왕에게 행하는 기름 붓는 의식, 곧 왕의 즉위와는 차이가 있을지라도, 그 행동은 예수의 신분을 보여주기에 충분하다.[10] 마가복음에서 베다니 여인의 행동은 예수가 다윗의 혈통으로 입양

---

9) J. K. Elliott, "The Anointing of Jesus", *Expository Times* 85(1974), 105~107; E. S. Fiorenza, *In Memory of Her: A Feminist Theological Reconstruction of Christian Origins* (New York: Crossroad, 1983), xiv. 이런 점에서 여인의 행동은 일종의 신탁일 수 있다.

10) C. E. B. Cranfield, *The Gospel according to Saint Mark* (Cambridge: Cambridge University Press, 1963), 415.

된 것은 아니지만 예수가 왕이라는 사실을 보여준 것이다.[11] 구약성
서에서 왕들은 하나님의 아들이다(삼하 7:14, 2:7). 이스라엘의 왕은
하나님께서 특별하게 택하시고 사명을 주신 이로서 아들이었다.[12]
순전한 나드를 예수의 머리에 붓는 행동을 통하여 여인은 하나님의
아들인 예수를 왕적 신분으로 드러냈던 것이다. 언어의 차이가 있을
지라도 마가의 드라마를 보고 있는 관객들의 관점에서 여인은 예수
를 왕으로 등극시켰던 것이다. 그리고 예수는 이미 왕의 행진을 보
여주었던 분위기 안에서 예루살렘에 입성했다(막 11:8~10).[13] 이런
점에서 마가는 왕의 즉위식을 구체적으로 구현할 필요가 없었던 것
이다. 오스카 쿨만(Oscar Cullmann)도 예수의 메시아 특성에서 왕적
속성을 간과하지 말아야 한다고 지적하고 있다.[14] 예수의 메시아 되
심은 마가복음 1:1에서 확고하게 드러난다. 여기서 예수의 메시아
되심은 하나님의 아들이라는 기원과 연결되어 있다. 이러한 연결은
후반부에 나타난 대제사장의 질문에서 다시 확증되고 있다(막
14:61). 대제사장도 예수에게 "찬송받을 자의 아들 그리스도냐"라고
질문하면서 하나님의 아들과 그리스도를 연결하였다. 마가복음에서
예수는 그리스도였으며 동시에 하나님의 아들이었다.

   마가복음에서 여인의 행동은 계시일 뿐만 아니라 새로운 행동을
재현하게 하는 원인으로도 기능한다는 점에서 핵심 행동이다. 이 여

---

11) Ben Wiherington Ⅲ, *The Gospel of Mark: A Socio-Rhetorical Commentary* (Grand Rapids: Eerdmans,
    2001), 368; Richard A. Burridge, *Imitating Jesus: An Inclusive Approach to New Testament Ethics*
    (Grand Rapids: Eerdmans, 2007), 165. J. D. 킹스베리/김근수 역, 『마가의 기독론』 (서울: 나단,
    1994), 148~154. 마태복음과 누가복음과 달리 마가는 예수의 탄생 내러티브를 포함하지 않았
    다. 두 복음서 모두에서 탄생 내러티브는 예수가 다윗의 아들로 입양되는 것을 보여주는데, 이
    입양은 바로 예수의 왕적 신분을 인정하는 것이다.

12) 오스카 쿨만/김근수 역, 『신약의 기독론』 (서울: 나단출판사, 1998), 415.

13) 예수의 예루살렘 입성이 왕의 행진을 보여준다는 것은 그가 나귀를 징발하여 나귀를 탄 것과
    군중들의 환호와 구호에서 확인할 수 있는 측면들이다.

14) 오스카 쿨만, 앞의 책, 417.

인의 행동은 어떤 사람들의 몰이해를 더 강하게 보여주고 있다. 하지만 마가는 여인의 행동과 불평(막 14:4)으로 드러난 '어떤 사람들'의 몰이해 사이를 연결하여 예수의 말씀을 필요 있게 한다.[15] 예수는 여인에 대한 주위 인물들의 적대적인 태도에도 불구하고, 여인의 행동을 자신의 장사, 즉 죽음을 준비한 것으로 선언했다(막 14:6~9). 마가는 여인의 행동을 예수의 고난과 죽음에 연결했던 것이다. 예수의 신분에서 왕적 속성보다 더 중요한 것이 예수의 고난과 죽음에 나타난 대속적 삶이기에, 마가는 기름 부음을 그의 고난과 죽음에 연결했던 것이다. 왕적 속성을 갖고 있는 하나님의 아들로서 예수는 고난 받고 죽임 당하는 대속적 삶을 살아야만 했다. 예수가 가졌던 대속적 삶의 필요성을 이해하지 못하는 관객들은 왕의 즉위식이 너무 초라하고 어두워 보였을 것이다.

마가복음에서 예수는 많은 사람을 위해 십자가에 죽임을 당하는 대속적 삶을 위해 바로 이 땅에 오셨다. 그의 대속적 삶은 고난과 죽음을 통하여 온전히 완성되는 것이다. 고난과 죽음이 없는 그의 기적과 가르침은 아무런 의미가 없는 것이다. 십자가로 드러난 대속적 사역뿐만 아니라 그 대속적 사역에 대한 관객들의 적절한 반응이 있어야 마가의 완전한 의도는 이해될 수 있다. 예수의 대속적 삶을 통하여 새로운 대속적 삶을 요청하는 것이 바로 마가가 의도한 핵심적인 깨달음이 숨겨 놓은 즐거움이기도 하다. 마가가 예수를 죽이려는 계략을 유월절 이틀 전에 배치했던 것도 그 죽음의 임박성을 암시할 뿐만 아니라 예수의 사역의 희생적인 측면도 강조하는 것이다(막 14:1). 예수의 죽으심이 대속적이듯이, 여인의 행동도 예수를 위한

---

15) 마가복음에서 이 몰이해는 이미 명백하게 드러난 것이다(막 8:17~18, 21; 8:32; 9:32; 10:37, 41). 마가의 '어떤 사람들'은 마태복음에서 '제자들'(마 26:8)로 변형되었다. 이러한 변형은 몰이해의 주체가 제자들이라는 것을 보여주고 있다.

희생적이며 대속적인 측면이다. 여인의 행동은 순전한 나드를 포기하고 다른 사람을 위해 사용했다는 점에서 충분히 대속적이고, 어떤 사람들의 불평과 위협을 직면했다는 점에서 충분히 희생적이다. 여인의 행동을 기억하고 기념하라는 예수의 이러한 언급(막 14:9)은 여인의 대속적 행동의 중요성을 보여주는 특별한 것으로 보아야 한다. 여인의 행동은 그녀의 포기를 통하여 예수의 대속적 삶에 동참하는 것을 의미한다. 예수의 고난과 죽음을 향한 헌신으로 그녀도 새로운 제자 그룹에 동참하는 것이다. 곧 마가복음에서 제자의 대속적 삶은 예수를 향한 하나님의 의지를 받아들이는 것에서 시작하여 (막 8:33), 자기 자신을 부인하고 자기 십자가를 지는 행동에 있다. 곧 마가는 이것을 통하여 여인의 행동이 이상적인 제자도의 요소임을 보여주었던 것이다.

여인의 행동이 예수의 진정성 있는 신분, 즉 고난받고 죽임당하는 인자의 모습을 증명하는 것이기에, 여인의 행동은 이상적인 제자도의 모습을 반영한다.16) 마가의 견지로부터, 여인은 예수의 죽음을 향한 하나님의 의지를 인지했던 것이다. 예수도 여인의 행동을 죽음으로 나타나는 하나님의 의지를 선포하는 예언자적인 행위로 상징적으로 해석했다.17) 그리고 그녀와 예수만이 하나님이 결정하신 의지를 드러내는 절대적인 때가 성숙하였음을 인지하였으며 복음의 능력과 영향을 믿었다. '적절한 때'는 마가복음에서 중요한 문학적 그리고 신학적인 요소이다. 마가복음에서 예수는 때가 찼다고 했다 (막 1:14). 예수는 이때를 위해서만 제자들에게 금식을 허락했다. 신

---

16) Robert M. Fowler, *Let the Reader Understand: Reader-Response Criticism and the Gospel of Mark* (Minneapolis: Fortress Press, 1991), 79.

17) R. Brown, *The Gospel According to John (I-xii): Introduction, Translation, and Notes* (Garden City: Doubleday & Company, 1966), 563; E. S. Fiorenza, 앞의 책, xiv; Joan L. Mitchell, *Beyond Fear and Silence: A Feminist-Literary Reading of Mark* (New York: Continuum, 2001), 41.

랑을 빼앗길 그날에 금식을 해야 하기에 신랑과 함께 있을 때 금식이 그들에게 필요하지 않은 것이다(막 2:19~20).[18] 그리고 무화과나무에 대한 저주에서 예수는 적당한 때에 대한 의미를 언급하였다(막 11:12~24). 마가는 13장에서 깨어 있으라는 예수의 말을 언급하면서 때의 중요성을 다시 강조하고 있다. 여인의 행동은 바로 마가가 강조한 적절한 때에 일어난 것이다. 그러므로 그녀의 행동이 기념되고 기억되는 것이다. 이러한 때에 예수는 그의 고난과 죽음에 대하여 분명하게 감지하는 여인의 행위를 해석하고 기념될 수 있도록 명령했던 것이다.

마가복음을 그리스 비극으로 이해하는 학자들은 반전과 인식을 갖고 있는 사건을 베드로의 고백으로 언급하고 있다. 이러한 그들의 이해는 재고되어야 할 것이다. 첫째, 베드로의 고백은 행동의 변화가 없는 인식만이 있기 때문이다. 그리고 인식은 마가가 의도한 것이 아니라 베드로 자신의 중심적인 인식에 불과하다. 베드로는 승리와 회복을 기대하며 정치적인 예수만을 이해했다. 마가복음에서 베드로에게 십자가는 의미가 없으며 치욕이고 수치이다(신 21:23; 갈 3:13). 그는 예수를 기적을 행하는 하나님의 아들로 이해했지 고난받고 죽임당하는 인자로 이해하지 못했던 것이다. 비록 예수가 고난받고 죽임당했을지라도 그는 하나님의 아들이었다. 이것은 백부장의 고백에서 분명하게 드러나 있다. 예수는 하나님의 아들이었다. 예수는 고난을 받고 죽임을 통하여 하나님의 의지를 받아들인 하나님의 완전한 상속자였다. 베드로는 이러한 예수의 신분을 가이사랴 빌립보에서 이해하지 못하였다. 그리고 베드로뿐만 아니라 모든 제자들도 예수를 이해하지 못했던 것이다. 베드로의 고백에 대한 예수의

---

18) Ben Wiherington III, 앞의 책, 368.

반응도 의외다. 그는 베드로의 고백을 칭찬하기보다는 숨길 것을 요구하였다. 실질적으로 마가는 예수 자신의 고난 예고를 배열했고, 이것에 대한 베드로의 반응을 보여주었다. 특별히 마가는 베드로의 반응을 보여주면서 아주 특별한 단어를 사용했다. 그가 사용했던 이 단어는 마가복음에서 굉장히 중요한 신학적인 의미를 갖고 있다. 단어가 갖고 있는 분위기도 베드로의 꾸짖음의 강도가 매우 심각했음을 보여주고 있다. 에피티마오라는 단어의 사용은 마가의 의도를 보여주는 것이다. 이러한 꾸짖음은 베드로가 예수의 고난의 필요성을 인정하지 않은 것을 의미한다. 이러한 반응은 그가 예수의 사역을 이해하지 못했다는 것을 의미하는 것이다. 그러므로 베드로의 고백은 절반의 고백이다. 절반의 고백이기 때문에 베드로의 고백은 반전과 인식을 갖고 있는 마가복음의 사건이 될 수 없다.

둘째, 그리스 비극에서 반전이 일어난 뒤 극의 진행은 굉장한 속도감을 갖게 된다. 그러나 마가복음에서 베드로의 고백이 있은 후에도 극의 진행은 행동의 변화 없이 있어야 할 사건들이 평범하고 일상적으로 진행되고 있음을 보여주고 있다. 예수의 행동은 전혀 변화를 갖고 있지 않은 것이다. 예수는 예전처럼 가르치기도 하고 치료하기도 했다(막 9:14~29). 예수는 시작과 중간부분에서 행했던 일들을 감당하고 있었던 것이다. 그러나 14:1~11 이후 극의 배열은 예수의 고난과 죽음에 이르는 사건들로 빈틈없이 구성되어 있다. 극의 중심은 오직 예수의 고난과 죽음이며, 이 주제는 굉장한 집중성 안에 있다. 14장 이후에는 더 이상의 가르침이나 치료 행위가 아니라 오직 그에 대한 적의감으로 인하여 일어나는 고난과 죽음에 관련된 사건들의 배열뿐이다. 고난과 죽음에 대한 예수의 가르침이나 기적 행함은 더 이상 재현해야 하는 행동의 요소들이 아니다. 마가는 모든(everything) 중요한 사건을 고난과 죽음에 직접적으로 관련된 행동을 재현하기 위해 배열하였다. 마가복음의 연구자들도 14장 이후의 마가복음을 수난 내러티브로 규정할 정도로 이 부분은 오직 예수의 고난과 죽음에 관련된 행동에 대한 재현뿐이다.

셋째, 그리스 비극에서 가장 좋은 인식으로 작용하려면, 인식을 갖고 있는 에피소드는 반전을 동반해야 한다. 반전과 인식을 동시에 가져야 하는 이유는 카타르시스와 연결되어 있기 때문이다. 카타르시스는 반전과 인식을 통하여 비극적 감정을 제거할 수 있기 때문이다. 베드로의 고백은 반전과 인식을 동시에 발생시키지 않기 때문에 관객들이 갖게 되는 연민과 두려움을 적절하게 제거하질 못하게 된다. 왜냐하면 베드로는 곧 예수를 부인하고 도망할 것이기 때문이다. 베드로의 행동은 연민과 두려움을 발생만 시키고 이것에 대하여 적절한 해결책을 제공하지 못하고 있는 것이다. 사건들의 배열을 통하여 예수의 행동은 놀라움(1:22; 6:51; 7:37; 10:26; 10:32), 경외함(amazement, 1:27; 2:12) 그리고 두려움(4:41; 3:15; 6:20; 9:6; 9:32; 10:32)을 유발시킨다. 완벽한 인식이 아니라는 점에서 베드로의 고백은 연민과 두려움을 유발하지 못한다. 아리스토텔레스의 이론에 따르면 연민과 두려움을 유발하지 못하는 베드로의 고백은 단순한 행위(a simple action)인 반면에 여인의 행위는 복잡한 행위이다. 아리스토텔레스는 복잡한 행위를 긍정적으로 받아들였다. 단순한 행위는 전환이나 신분의 계시(에피파니) 없이 일어나는 것이며 복잡한 행위는 두 가지를 포함하는 것이다. 여인의 행위는 극의 대전환뿐만 아니라 예수의 정체성이 분명하게 나타나 그의 운명이 바뀌게 된다. 그러므로 마가복음 드라마에서 베드로의 고백보다는 여인의 행위가 좋은 에피파니가 되는 것이고, 극적 분위기를 바꾸는 대전환의 역할을 하는 것이다.

3. 연민과 두려움

그렇다면 마가는 왜 자신의 복음서를 드라마적 기법으로 구성하였는가? 가장 분명한 이유는 제자들이 마가에 의해 의도되었던 예수의 신분을 이해하지 못하기 때문이다. 이보다 더 중요한 것은 관객들에게 가장 큰 즐거움을 제공하기 위해서다. 기독론과 제자도 사이의 결합은 완벽한 카타르시스를 유발하게 하는 중요한 요소다. 이러한 주제의 결합은 마가복음을 더욱 비극적인 드라마로 만들고 있다. 관객들은 마가복음을 비극적 문학으로 보면서 예수의 신분을 다시 한 번 확인하고, 그들이 따라야 하는 이상적인 길이 무엇인지 깨닫게 된다.[19] 이것이 마가가 의도했던 비극적 카타르시스의 절정인 것이다. 이 카타르시스는 그리스 비극뿐만 아니라 모든 문학의 목적이기도 하다. 문학작품은 카타르시스를 유발해야만 좋은 문학으로 인정받을 수 있다. 문학은 고귀한 행동을 재현하는 것을 목표로 한다. 마가는 예수의 사역과 삶, 즉 고난과 죽음의 대속적 삶을 관객들이 재현하기를 원했던 것이다. 이 모방적인 재현이 마가가 의도한 즐거움의 원천이다. 이를 위해 마가는 처음부터 연민과 두려움을 유발시키기 위해 예수의 고난과 죽음에 관련된 모든 자료들과 전통들을 창조적으로 배열했다.[20] 그러므로 모든 자료들과 사건들은 예수의 고난과 죽음에 의해서 해석되고 이해되어야 하며 또한 관객들이 직면한 고난과 죽음이라는 상황에서 해석되어야 한다. 그리고 마가가 그

---

19) L. Golden, "Catharsis", *Transactions of the American Philological Association* 93 (1962): 51~60.

20) M. Hengel, "Literary, Theological, and Historical Problems in the Gospel of Mark", *The Gospel and the Gospels*, ed. Peter Stuhlmacher. (Grand Rapids: Eerdmans, 1991), 225.

의 공동체에게 고난과 죽음을 가르치고 제자되기를 요청했던 것은
자신들이 바로 하나님의 완전한 상속자임을 보여주기 위함이다.

마가복음의 모든 사건과 이야기는 역사적인 예수에 의해 행해지
고 말씀되었던 사건과 전통을 마가의 의도에 따라 새롭게 정열하고
배열한 것이다.[21] 마가는 예수의 역사적인 사건과 전통에다 그가 속
한 공동체의 위기에 연결하여 이해하고 복음서를 기록했던 것이다.
그가 경험한 위기는 예루살렘 성전의 파괴와 공동체가 경험하는 박
해이다. 마가는 그의 공동체가 직면하고 있는 위기를 반영하기 위해
서 역사적인 사건과 사실을 사용했던 것이다.

마가는 그의 드라마를 위기에 직면하고 있는 사람들을 위해 기록
하였다. 이렇게 말할 수 있는 이유는 마가복음의 언어가 마가 공동
체가 극심한 박해에 직면한 예수 믿는 제자들을 대상으로 쓰고 있는
것을 반영하기 때문이다.[22] 극작가로서 마가는 관객들과 공동체의
박해의 필요성을 설명하기 위해서, 박해에 직면한 공동체와 관객들
을 믿음으로 강화하기 위해서, 그리고 이러한 위기를 극복하게 하기
위해서 그리스 비극의 구조를 사용하여 복음서를 기록했던 것이다.
이러한 저자의 의도를 달성하기 위해서, 마가는 예수의 말씀과 행하
심을 창조하지 않고 그가 갖고 있는 전통을 사용했던 것이다. 다양
한 전통을 필요에 따라 그가 선택하고 구성하여 새로운 장르로 구조
를 만들고 사용한 것이다. 곧 극작가 마가는 예수 주위에서 일어난

---

21) 비록 그가 드라마라는 독특한 장르를 사용하고 있다고 할지라도, 마가는 역사적인 예수에 대
한 관심과 정보를 전하기 위하여 썼다고 할 수 있다. M. Hengel, 앞의 논문, 224.
22) 마르쿠스(J. Marcus)는 마가복음의 예수는 관객들을 포함한 그의 제자들이 고난을 감당함을 보
여주는 방법의 모범(paradigm)이라고 지적하였다. Joel Marcus, *Mark 1-8* (New York: Doubleday,
1999), 29. 마가 공동체를 박해 받는 공동체로 이해하는 학자는 B. M. F. van Iersel의 "The
Gospel According to St. Mark: Written for a Persecuted Community?" *Nederlands Theological
Tijdschrift* 34 (1980): 15~36을 보라. 박노식, "마가복음의 시험 모티프의 기능과 함의", 『신약
연구』 11(2012), 48~52.

사건과 전통을 갖고서 역사적인 상황과 역사적인 의미를 재구성했던 것이다.

이러한 사건들의 선택을 통하여 마가는 단일하고 고귀한 행동인 고난과 죽음의 행동을 통합하고, 그 사건들이 시작부터 마지막까지 유지하고 있는 가능함, 있음직함, 필요성의 인과관계 안에서 예수의 대속적 행동을 재현했던 것이다. 이러한 전체적인 재현을 통하여 마가복음의 관객들은 무언가 명확하게 배우게 된다. 그들이 배우는 것은 예수의 삶이 그들의 삶에 필요한 바로 그 요소임을 깨닫는 것이다.[23] 이는 예수의 삶이 마가복음의 관객들을 위한 가장 이상적인 삶의 모습이기 때문이다. 예수의 삶을 재현한다는 것은 관객들의 삶 속에서 그러한 삶의 행동이 재현되어야 한다는 것이다. 그러므로 마가복음의 카타르시스는 관객들이 고난받는 인자의 대속적 행동을 받아들여야 한다는 것을 깨닫는 즐거움이다.

마가복음의 관객들은 연민과 두려움을 통하여 고난과 죽음에 관련된 카타르시스를 갖게 된다. 카타르시스는 비극적 사건들(tragic incidents)과 비극적 정서(tragic emotion) 사이의 조합에 의해서 이루어진다. 아리스토텔레스는 비극적 정서를 연민과 두려움이라는 단어로 설명하였다. 비극적 사건들의 배열을 통하여 관객들은 비극적 정서를 확인할 수 있다. 여기서도 관객들은 등장인물들이 경험하는 두려움과 연민 그리고 더 나아가 불행과 행복을 느낄 수 있을 것이다.[24] 아리스토텔레스는 연민과 두려움을 '타인에게 큰 고통을 주거나 타인을 죽일 수 있게 하는 어떤 것'(『수사학』 1352a 27), '타인들에게 일어났거나 위협이 되었을 때 우리에게 연민을 느끼게 하는 어

---

23) Diana Culbertson, 앞의 책, 143.
24) Joan L. Mitchell, 앞의 책, 66; Robert M. Fowler, 앞의 책, 123.

떤 것'(『수사학』 1352a 27), 그리고 '타인들이 억울하게 당하고 또 우리 자신이 당할 가능성도 있는 어떤 파괴력과 고통을 수반하는 악을 통하여 발생되는 어떤 것'(『수사학』 1385b 13)으로부터 오는 고통의 느낌으로 정의했다. 아리스토텔레스에 따르면 연민과 두려움은 한 사람이 타인에게 연민을 느낄 때 그 사람 자신 때문에 두려움을 느끼거나 그 반대의 일이 일어날 수 있는 교호적 성격을 갖고 있다. 다시 말하면, 연민은 어떤 영웅이 불행으로 떨어지는 것에 의해서 유발되며, 두려움은 이러한 불행을 관객들도 경험할 수 있는 것을 인지함으로 가능하게 되는 것이다. 곧 비극적 사건들의 배열을 통하여 관객들은 재현된 행동들이 영웅에게 억울한 것이기 때문에 연민을 느낄 뿐만 아니라 자신도 그 사건들을 직면할 수 있을 것 같으니 두려움을 경험할 수 있다. 또한 기억해야 하는 것은 연민이란 이미 발생한 일에 대해서만 생겨날 수 있기에 필연적 사건과 관계되고, 일어날 수 있지만 아직 일어나지는 않은 일에 대해서만 두려움을 느끼기에 두려움이란 개연적 사건과만 관계된다는 사실이다.[25] 그러므로 연민과 두려움은 사건들의 배열을 통해서만 발생하는 것이다.

마가가 모방했던 여인의 행동을 통하여 관객들은 여인의 인식과 어떤 사람들(제자들)의 몰이해 사이의 충돌 혹은 대치를 확인할 수 있다. 저자는 관객들에게 연민과 두려움을 유발하게 하기 위하여 이러한 극적 대치를 사용했다. 여인은 예수에게 무엇이 일어날 것인지 그리고 그를 위해 준비해야 하는 것이 무엇인지 알고 실행하지만, 어떤 사람들과 제자들은 알지 못했을 뿐만 아니라 준비하지도 못했다. 관객들은 예수를 죽이려는 계략들(막 14:1~2, 10~11)을 통해서

---

25) K. Telford, *Aristotle's Poetics: Translation and Analysis* (Chicago: Henry Regnery Co., 1965), 최상규, 재인용, 264.

도 연민과 두려움을 경험하고 있다.[26] 여인은 그녀가 예수의 때가 찼음을 인지했음으로 연민과 두려움을 경험했고 그리고 어떤 사람들의 비판을 통해서도 강한 두려움을 경험하게 되었다.[27]

앞에서 언급했듯이, 비극적 사건들은 연민과 두려움의 비극적 정서를 생산하거나 강화하는 사건들을 말하는 것이다. 그래서 극작가들은 가장 효과적인 비극적 사건의 요소로서 영웅의 고난을 인정하고 있다. 영웅의 고난에 관련된 비극적 사건들은 깨달음을 목적으로 한다. 그리고 연민과 두려움으로 표현되는 비극적 정서는 사건들의 배열을 통하여 적절하게 일어나는 것이다. 연민과 두려움은 관객들을 비극적 행동에 참여하게 하거나, 더 나아가 그들의 고통스러운 삶에서 비극적 행동을 재현하게 하는 효과적인 요소이다. 이 모든 과정은 극을 지켜보는 관객들이 등장인물들과 함께하며 그들의 고통을 경험함으로 가능한 것이다. 특별히 예수의 고난은 효과적인 연민과 두려움을 유발한다. 이는 예수의 고난이 예수의 신분에 대한 주위 인물들의 무지와 고난과 죽음으로의 예수 자신의 자발적인 참여에 의해서 발생했기 때문이다. 예수의 고난에 동참하는 것이 죽음을 의미하기 때문에 관객들은 굉장한 두려움을 갖게 되는 것이다. 반면에 예수의 고난과 죽음 그리고 그 자체의 대속적 특성은 관객들에게 연민을 유발하기에 충분하다. 왜냐하면 고난받고 죽는 그 사람이 바로 하나님의 아들이기 때문이다. 그리고 연민과 두려움을 발생시키는 또 다른 요소는 예수의 신분에 대한 이해와 대치로 이루어지고 있다. 관객들이 예수를 이해하고 있으나 드라마에서 등장하고 있

---

26) 예수를 죽이려는 계략은 2장의 신성모독 논쟁에서 이미 암시되었고 3장에서 노골적으로 드러난 일이다.

27) H. C. Kee, "Aretalogy and Gospel", *Journal of Biblical Literature* 92 (1973), 418을 보라. Robert H. Gundry, *Mark: A Commentary on His Apology for the Cross* (Grand Rapids: Eerdmans Publishing Company, 1993), 803을 보라.

는 인물들은 그에 대하여 전혀 이해하지 못하고 있다.[28] 이해하지 못하는 인물들에 대한 관객들의 연민과 그로 인하여 발생한 예수의 죽음과 그들의 배반은 두려움이라는 비극적 정서로 나타난다. 결론적으로 사건들의 배열을 통하여 발생한 연민과 두려움의 상호작용 안에서 관객들은 예수의 신분을 확인하고 재현해야 할 행동을 확증하는 것이다. 예수에 대하여 배우는 것과 그에게 응답하는 것은 마가복음 드라마에 있는 가장 뛰어난 즐거움이다. 마가복음 드라마의 카타르시스는 예수의 신분을 확증하고 그리고 그의 삶에 동참하게 하는 것이다.

이 즐거움은 연민과 두려움을 제거하게 하며, 이러한 제거는 대속적 행동의 모방을 통하여 일어난다. 즉 마가복음에 있어서 관객들은 사건들의 배열을 통하여 예수의 고난과 죽음이 어떻게 일어나게 되었는가를 명확하게 알게 됨으로써 연민과 두려움을 제거할 수 있는 것이며, 즐거움은 비극적 정서의 발생과 제거의 과정에서 경험한다.

4. 결론

여인의 행동은 그녀의 헌신으로부터 자발적이고 능동적으로 시작되었을지라도 여인의 행동에 대한 예수의 이해는 헌신이 아니라 자신의 죽음에 연관된 사건으로, 즉 기독론적으로 해석한 것이다. 14장 이전에서 마가는 모든 사건들을 예수의 고난과 죽음을 위한 분위기 안에 배열하여 극적 전환을 위해 준비했던 것이다. 극적 전환을

---

28) 이러한 독특한 구조는 드라마적 아이러니다. E. S. Malbon, "Fallible Followers: Women and Men in the Gospel of Mark", *Semeia* 28(1983: 29~48), 40.

준비할 뿐만 아니라 그 전환의 필요성과 책무(responsibility)를 보여주기 위한 것이기도 하다. 마가의 이러한 문학적인 구성은 관객들에게도 영향을 미치고 있다. 관객들도 예수의 의지의 포기에 대한 있음직함과 필요성을 이해한다. 곧 그들은 예수의 고난과 죽음의 당위성과 필요성을 확신하게 되는 것이다. 그의 운명이 왜 변하게 되는지 이해하게 되는 것이다. 그러므로 여인의 행동은 극적 대전환의 기능을 수행하는 것이다. 극적 대전환으로서 여인의 행동은 그리스 비극의 모든 요소를 갖고 있다. 반전과 함께 예수의 신분을 인식하고 있다.

예수는 가족과 공동체로부터 거부당하고, 많은 모양으로 고통당하고 그리고 죽음에 이르게 되었다. 이와 같은 사건들의 배열 안에서 예수의 십자가의 신비는 무시될 수 있는 것이 아니다. 예수만을 위한 십자가도 아니다. 모든 인류가 감당해야 하는 고귀한 대속적 십자가이다. 이 이해는 마가복음의 현대 관객들에게도 공감대를 형성할 수 있는 중요한 주제이다. 현대 관객들도 그들의 현존의 삶속에서 고난과 거부와 따돌림을 경험할 것이다. 그럼에도 불구하고 그들은 현실의 삶을 살아야 한다. 현실의 삶을 유지해야 하는 이유는 바로 예수의 고난과 죽음이 갖고 있는 대속적 특성에 있다. 예수의 고난과 죽음에 동참하는 것이 바로 예수의 제자로서 대속적 삶을 재현하는 한 형태일 것이다.

극작가 마가는 관객들을 극의 이야기에 동참하고 공감대를 형성하기 위해서 그리스 비극의 구조를 문학적인 기법으로 사용했던 것이다. 마가는 하나님의 백성을 위한 새로운 방법이 필요했던 것이다. 마가복음은 예수 죽음의 이야기를 전하기 위해서 새로운 방법과 기법을 채용한 최초의 시도였다. 마가복음을 비극으로 읽게 하는 것은 관객들을 예수와 새로운 관계로 초대하는 것에 있는데, 이 새로운 관계는 예수의 완벽하고 고귀한 대속적 삶을 온전하게 재현함으로 이루어진다. 마가의 재현은 관객들의 삶에서 신앙의 사건을 경험할 수 있도록 의도된 것이다. 마가는 관객들의 삶을 신앙의 눈으로 재해석하고 살아가며 보다 숭고하고 고귀한 삶을 재현하게 했던 것이다.

마가는 관객들이 새로운 세계관을 확립하기를 원했고 그 우주관 안에서 살아가도록 하기 위해 복음서의 예수의 삶을 재현했던 것이다. 그리고 마가는 관객들이 이야기의 의미를 듣고, 그리고 듣고 본 것을 수행하게 하고자 드라마라는 장르적 구조를 사용하여 독특한 장르를 창출한 것이었다. 이것이 극작가 마가의 의도이다. 저자의 이러한 독특한 구성은 관객들에게 이상적인 행동에 대한 이성적인 판단을 할 수 있도록 도와주는 것이다. 저자는 복음서를 현재 상태로 마친 것이 아니라 미래의 투영으로 종결했던 것이다. 관객들이 계속해서 예수의 고난과 죽음의 대속적 삶을 살아가도록 하기에, 마가복음은 결코 종결이 없는 위대한 드라마이다.

VI

목적

기독교 위인전적 비극으로서 마가복음은 구전 사건(oral event)을 위한 무대공연으로 구성된 희곡의 일종이다.[1] 그리고 임박성과 위기감을 암시하는 마가복음의 다양한 사건과 그 사건의 주는 메시지로부터 추론할 수 있는 것은 마가복음이 현재 진행 중인 심각한 핍박과 환난을 경험했던 사람들을 위한 것이며, 더 나아가 예수와 복음 그리고 믿음을 지키기 위해 끝까지 견디는 사람들을 위한 사건들의 배열을 갖고 있는 복음서이다. 그러므로 마가복음은 현재 진행 중인 고난에서도 그리스도와의 친교를 유지할 것을 요구하며, 핍박을 굳건하게 이겨낼 수 있는 지혜를 공동체에게 제공하는 문학이다. 그리고 마가복음은 예수 그리스도로 인하여 경험되는 고난과 핍박을 이겨낸 자들에게 보상을 약속하는 위로를 담고 있는 문학이다.

간략하지만 앞에서 살펴보았듯이, 마가복음에서 예수의 신분을 보여주는 기독론은 마가의 주요한 장면들의 모티프이며, 마가적 플롯 구성의 핵심으로 기능하고 있다. 그것은 침례자 요한과 예언자들의 예언, 예수의 침례, 그의 첫 번째 설교, 베드로의 고백, 변화산, 베다니 여인 에피소드, 수난 내러티브 등과 같은 중요한 사건들 안에서 잘 묘사되어 있다. 마가는 다시 오실 인자로서 예수를 보여주기 위해 그의 영광스런 다시 오심을 여러 차례 반복적으로 선언하였다. 마가는 때가 무르익었을 때 이상적인 제자들을 하나님 나라로 인도하기 위해 다시 오실 인자로서 예수의 역할을 보여 주었다. 또한 마가는 예수의 신실하심 안에서 공동체 구성원들이 핍박과 시련을 흔들림 없이 통과하도록 제자들을 가르쳤다. 이러한 가르침은 핍

---

1) 마가복음의 구전성에 대한 것은 다음을 보라. Walter J. Ong, *Orality and Literacy: The Technologizing of the Word* (New York: Methuen Press, 1982). 박윤만, "마가의 구술-청각적 서사 이해를 위한 인지모형으로써 틀 이론", 『신약연구』 7(2008), 649~677; 박윤만, "응집성과 문단: 틀 의미론에 기초한 마가복음 1:16-20 연구", 『성경과 신학』 58(2011), 69~96.

박을 참고 버티는 인내의 중요성을 계속 강조하는 것을 통해 파악할 수 있다. 이러한 지속적인 강조는 중간부분 이후에 집중적으로 등장한다(막 8:22 이하). 마가복음 13장에 있는 종말론 담론에서도 강조된 주제이기도 하다. 이러한 강조는 마가복음이 현재 진행 중에 있는 핍박의 상황에서 기록된 것임을 암시하는 듯하다.[2) 마가복음의 예수의 고난은 고난받는 기독교인들에게 예수의 고난을 따르도록 하기 위한 동기를 제공한다.

마가복음의 기록 목적은 세 가지로 정리될 수 있다: 1) 제자들이 하나님의 일을 이해하고 행하도록 하기 위해 마가는 예수를 하나님의 아들이며, 고난 받고 죽임당하는 인자로서 묘사했던 것이다; 2) 예수를 위하여 종국까지 견디는 자들이 구원받는다는 것을 약속하면서 마가는 공동체 구성원들이 현재 경험하고 있는 어려운 시련의 기간을 신실하게 통과하도록 독려하였다; 3) 고난받는 공동체를 위해 마가는 예수의 다시 오심의 임박성을 명확하게 보여주었다.[3) 마가의 목적은 위에서 언급한 세 가지 목적을 개별적으로 이해하는 것이 아니라 세 가지를 복합적으로 이해해야 한다. 위에 언급한 세 가지 목적을 종합한다면 마가는 고난받는 공동체를 위해 고난과 죽음을 통하여 대속적 삶을 살았던 예수를 공동체의 모범으로 제안했던 것이다.

마가는 그의 복음서 안에서 관객들이 고난받은 인자인 예수와의 관계 안에서 명예롭게 견디도록 격려하고 자극하였다. 왜냐하면 마

---

2) 켈버(Werner H. Kelber)는 마가복음을 현재 사건에 대한 반응(in response to current events)으로 기록되었다고 결론지었다. 그에 의하면 마가복음이 경험하고 있는 현재 사건은 이단의 가르침에 관련되어 있으며, 기독론적인 경향이기보다는 종말론적인 경향을 갖고 있다. Werner H. Kelber, "The History of the Kingdom in Mark: Aspects of Markan Eschatology", *Society of Biblical Literature Seminar Paper* (1972), 63, 89.

3) 종합적으로 볼 때 마가가 직면하고 있는 현재 사건은 아마도 수난에 관련되어 있을 것이다. 이 것을 위해서는 Willi Marxsen, *Mark the Evangelist*, tr. by J. Boyce, D. Juel, W. Poehlmann, and R. Harrisville (Nashville: Abingdon, 1969), 30~31을 보라.

가 공동체가 경험하고 있는 현재는 전쟁의 소문과 핍박으로 인한 종말적 분위기 안에 있기 때문이다. 또한 이러한 종말의 때에 필요한 적절한 믿음이 무엇인지 보여주려는 의도인 듯하다. 마가복음의 최초 관객들은 흔들림 없는 믿음으로 준비된 사람들이 아니라 이중적인 믿음을 갖고 있는 사람들이라 할 수 있다.[4] 관객들의 이중적인 믿음을 추론할 수 있는 것은 '깨어 있으라', '포기하라', '들으라', '믿음을 가지라'는 권고 등에서 분명하게 나타난다. 그래서 고난과 시련의 기간을 통해서 믿음을 지키는 것이 필요한 적절한 행동이며, 이러한 행동은 종국에 구원으로 인도한다. 명예로움을 유지해야 했던 마가 공동체는 예수를 신적으로 지명된 인자로서 이해하며 이러한 예수와 자신을 동일시하는 사람들이다. 이러한 동일시는 예수의 존재 형태로의 참여를 통하여 이루어진다. 마가는 복음서 안에서 공동체의 삶 가운데 나타난 여러 가지 사회-신학적인 문제를 해소하기 위해 관객들에게 예수의 삶으로의 초대를 개방해 놓았던 것이다.

위의 언급한 것이 마가공동체의 사회상이라 할 때, 마가의 목적을 확인하기 위해 마가복음을 문학적으로 읽는 것이 왜 필요한 것인가? 그것은 문학이 갖고 있는 고유한 기능인 동일시 때문이다. 문학은 내러티브 세계에서 등장인물에게 일어난 행동들을 독자들이나 관객들 스스로가 실제로 경험하고 있는 것처럼 느끼게 하는 것이 목적이기도 한데, 이것을 동일시라고 한다. 문학은 인간의 유동적 삶을 구체적인 실체로 재현하면서 특정한 문화적 맥락에서 삶의 본질적 물음을 총체적으로 반영한다. 그리고 등장인물과의 동일시는 의도적, 총체적 교육에 유효한 기능을 수행한다. 관객들은 문학을 통해서 계획적으로 자신의 삶의 문제를 검증할 수 있으며, 동일시를 통하여

---

4) 수잔 가렛/박노식 역, 『시험당하시는 예수』(대전: 대장간, 2012).

삶의 문제에 대한 대안을 찾을 수 있다. 그러므로 가장 실효성 있는 배움의 즐거움을 담보할 수 있는 방법 중의 하나가 문학 읽기를 통하여 확보된 동일시라 할 수 있다.

인간의 행동을 재현하는 비극에서도 동일시는 상당히 중요한 기능을 한다. 동일시를 통하여 관객들은 등장인물들을 자신의 내러티브 세계 속에서 가시화하여 무대 공간에서 일어난 행동을 자신의 내러티브 공간에서 그 행동을 재현하여 사건 진행에 새로운 전환을 모색하기도 한다. 관객들은 자신이 소유한 사고능력과 행동을 무대 공간에 있는 등장인물에게 온전히 위임하며, 이러한 위임을 통하여 무대 공간에서 능동적인 존재로 활동하기를 원한다. 등장인물과의 동일시를 통하여 관객들은 연민과 두려움을 갖게 될 것이다. 왜냐하면 실재 삶을 살고 있는 관객들은 문학 안에서 그에게 예술로 제시된 것을 실생활과 현실로써 직접적으로 받아들이기 때문이다. 곧 비극의 궁극적 목적을 이루는 데 있어서 동일시는 관객들이 비극적 주인공과 긴밀한 관계에 위치할 수 있도록 환기한다.

마가복음을 그리스 비극으로 읽는 독자들이나 보는 관객들은 복음서 안에서 재현된 행동으로 인하여 연민과 두려움을 충분히 경험할 것이다. 그들은 마가의 비극적 예수 이야기로 인하여 새로운 힘과 희망으로 재충전될 것이다. 그러므로 어떻게 마가가 비극적 정서를 유발시키는 그 카타르시스를 문학적인 기법 안에서 조직적이고 신학적으로 구성했는지 살펴야 한다. 이 장은 마가복음의 비극적 카타르시스를 찾고자 한다. 그렇다면 마가복음의 목적이 독자들이나 관객들의 카타르시스를 이루는 것에 어떻게 연결되었는지 찾는 것도 필요할 것이다. 먼저 비극적 카타르시스에 대한 간략한 이해를 살핀 뒤에, 비극적 카타르시스를 위해 중요한 마가복음의 비극적 사건들과 비극적 감정들에 대한 이해를 제공하고, 마가복음의 비극적 카타르시스를 통하여 목적을 정의하고자 한다.

1. 카타르시스는 무엇인가?

아리스토텔레스는 문학 작품으로서 시적 재현을 세 가지 기준으로 구분하면서 『시학』을 시작했다: 대상, 양식, 그리고 수단. 비극을 정의할 때, 그는 비극과 이 세 가지 기준 사이의 역학적 관계를 통하여 설명하였다: 비극은 적절한 크기를 갖고 있는 고귀하고, 완전한 행동의 재현이다(대상); 그것은 언어적 장식에 의해 예술적으로 승화된 언어를 사용한다(수단); 그것은 산문적 형식이 아닌 드라마적 형태로 상연된다(양식). 대상, 양식, 수단에 따라서 예술 작품을 세 가지로 구분한 것에 기초하여 그는 비극을 고귀하고, 완전한 행동의 재현으로 정의하고 있다. 그러나 아리스토텔레스는 『시학』에서 비극을 정의하면서 가장 어렵고 논쟁이 많은 절을 첨가하였다: 연민과 두려움을 통하여 이루어진 고난의 사건들의 카타르시스(δι ἐλέου καὶ φόβου περαίνουσα τὴν τῶν τοιούτων παθημάτων κάθαρσιν)(『시학』 VI 1449b 27~28).[5] 카타르시스를 이해하기 위해서는 위의 문장을 해석할 수 있어야 한다.

기본적으로 소유격과 함께 사용되는 전치사디아(διά)는 수단 또는 방법을 나타냄으로 '~를 통하여', '~에 의해', '~를 수단으로' 또는 '~하는 동안에'로 해석된다. 엘레우 카이 포부(ἐλέου καὶ φόβου)는

---

5) 천병희는 이 부분을 다음과 같이 번역하고 있다: "연민과 공포를 환기시키는 사건에 의하여 바로 이러한 감정의 카타르시스를 행한다", 『시학』, 47.

단수 소유격 형태로서 연민과 두려움을 의미한다. 앞에서 살펴보았 듯이, 연민과 두려움의 의미는 『시학』 XIII장에 나타나고 있다. 아리 스토텔레스는 플롯의 유형을 설명하면서 연민과 두려움에 대하여 언급했는데, 이는 합리적이고 효과적인 플롯을 통하여 연민과 두려 움이 발생한다는 것을 말하는 것이다. 고귀한 행동을 갖고 있는 주 인공은 복합-불운 플롯에서 연민과 두려움을 가장 잘 유발시킬 수 있다. 연민과 두려움은 인물의 신분이나 충격적인 사건에 의해서도 발생되는데, 그리고 플롯에서 발생한다는 것은 연민과 두려움이 무 엇보다도 구조에 의해 환기되는 것을 말한다.

주격 능동태 여성 단수 분사인 페라이누사(περαίνουσα)는 '완성하 다', '실행하다' 등을 의미하며, 이 동사의 어근인 페라스(πέρας)는 '종결을 가져온다'는 의미를 포함하고 있다.[6] 페라이누사(περαίνουσα) 의 대상은 텐 카타르신(τὴν κάθαρσιν)이다; 시스(σις)로 끝나는 다른 그리스 단어들처럼 카타르시스(κάθαρσις)는 행동(activity)의 의미, 즉 어떤 카타로스(καθαρός)를 만드는 과정을 포함하고 있다.[7] '깨끗 한'(clean) 또는 '분명한'(clear)과 동일한 어근의 의미이며, 은유적으 로 '분명한 이성적 깨달음'을 의미한다.[8] 해석의 역사 안에서 카타 르시스(κάθαρσις)는 의학적인 의미 안에서 배설, 도덕적 또는 종교적 인 의미 안에서 순화, 그리고 이성적인 이해 안에서 명확화 혹은 깨 달음으로 이해되었다. 이 시점에서 세 가지 중의 하나를 선택하는 것은 너무 성급하기에, 아리스토텔레스의 『시학』에 대한 치밀하고 계획적인 읽기를 통하여 하나의 의미를 선택해야 할 것이다.

---

6) Gerald F. Else, *Aristotle's Poetics: The Argument* (Cambridge: Harvard University Press, 1957), 230.

7) L. Golden, "Catharsis", *Transactions of the American Philological Association* XCIII (1962), 55.

8) L. Golden, "The Purgation Theory of Catharsis", *Journal of Aesthetic and Art Criticism* XXXI (1973), 474.

이 카타르시스는 '그 같은 감정들' 또는 '그 같은 사건들'을 의미
할 수 있는 톤 토이우톤 파테마톤(τῶν τοιούτων παθημάτων)의 카타
르시스이다. 왜냐하면 일반적으로 파테마톤(παθημάτων)은 파토스
(πάθος)의 복수 소유격으로 사용되기 때문이다. '그 같은 감정들의
카타르시스'라는 구의 소유격에 관한 번역이 해석자들의 이해에 결
정적인 동기로 작용하고 있다. 소유격을 목적적(objective)으로, 주어
적(subjective)으로 혹은 분리적(separative)으로 이해하느냐에 따라 카
타르시스의 이해가 달라지고 있다. 목적적 소유격으로 해석할 때,
'그 같은 감정들을 카타르시스하는'으로 해석하는 것은 감정들이 카
타르시스의 대상이 된다. 그리고 주어적 소유격으로 해석할 때, '그
같은 감정들이 이루는 카타르시스'로 해석할 수 있는데, 이 경우 '그
같은 감정들'이 카타르시스를 불러일으키는 주체가 된다. '그 같은
감정들'이 원인이 되어, 카타르시스의 결과들이 일어나게 되는 것이
다. 레싱의 도덕적(윤리적) 해석은 소유격을 목적적과 함께 주어적으
로 해석한 것이다. 레싱(Lessing)에 따르면 비극은 연민과 두려움을
불러일으켜야 한다: 두려움이 비극의 최종적인 목적이며 연민을 일
으키기 위한 수단이다.[9] 그러므로 비극의 도덕적 목적은 그 같은 감
정들의 순화이다. 그 같은 감정들의 대상이기도 하지만 그 같은 감
정이 순화를 발생시키는 요인이기도 하다. 반면에 의학적 해석은 소
유격이 목적적이냐 주어적이냐에 관련된 것은 아니다. 베르나이스
(Bernays)에 의해 선도되었던 이 관점은 비극의 효과는 즐거움이 획
득되는 것, 즉 고통의 경감과 해방의 감정에 있다는 것이다.[10] 고통

---

9) Gotthold Ephraim Lessing, *Hamburgische Dramaturgie* (Wilhelm Goldmann Verlag, 1966). 이주동,
 "아리스토텔레스의 카타르시스 개념에 대한 수용과 비판", 『독일언어문학』 34(2006); 김은애,
 "아리스토텔레스의 『시학』에 나타난 카타르시스 이해", 『인문학연구』 32(2002).

10) Jakob Bernays, *Grundzüge der verlorenen Abhandlung des Aristoteles über Wirkung der Tragödie* (George
 Olms Verlag, 1970).

의 경감과 해방의 감정은 배설을 통해서 일어난다. 그는 카타르시스를 의학적 관점에서 이해하는 것이다. 중압감을 자극하고 이끌어내어 그 중압감을 경감시키고자 하는 일종의 이열치열의 요법과 같다. 베르나이스에게서 비극은 두려움과 연민을 통하여 그 같은 정서적 감정을 가볍게 하는 경감을 야기한다. 이러한 해석은 소유격을 분리적으로 이해하는 것이다. 감정을 덕과 같은 중용의 상태로 순화시키는 것이 아니라 그 같은 감정들에서 해방되어 마음의 안정을 찾는 동시에 다른 차원의 즐거움을 얻는 것이다.

그리고 아리스토텔레스는 무대에서의 죽음, 격심한 고통의 장면, 상해 등과 같은 고난의 사건을 언급하기 위해 파토스(πάθος)를 『시학』 XI장에서 사용하였다. 파테마(παθήμα)의 일반적 의미는 어떤 것을 넘어지게 하는 것인데 복수 형태에서 그것은 일반적으로 사건들을 의미한다. '그 같은 사건들'로 해석하려는 엘스(G. F. Else)의 주장은 확고하며, 다른 방향의 해석들이 갖고 있는 논리적이거나, 의미론적인 어려움을 해결하고 있다.[11] 그래서 앞의 문장은 다음과 같이 문자적으로 해석할 수 있다: 연민과 두려움을 통하여 이루어진 고난의 사건들에 대한 카타르시스.

1) 용어

아리스토텔레스의 카타르시스의 의미에 대한 만족스러운 해석을 위해 두 가지 형태의 정보를 살피는 것이 필요하다. 첫째, 아리스토텔레스의 『시학』에서 카타르시스에 관련된 용어들의 의미를 알아야

---

11) Else, 앞의 책(1957), 228~229. '그 같은 감정들'로 해석하는 것은 연민과 두려움보다 다른 감정들의 존재를 암시한다거나 또는 토이우톤(τοιούτων)을 간단히 헬라어로는 투톤(τούτων)인 '이것들'(these)로 해석하는 것이 필요하다.

한다. 둘째, 비극의 정의에 관련하여 이 구절(δἰ ἐλέου καὶ φόβου περαίνουσα τὴν τῶν τοιούτων παθημάτων κάθαρσιν)의 논리적 상태나 기능을 이해해야 한다. 카타르시스에 관련된 가장 중요한 용어는 비극적 사건들(tragic incidents)과 비극적 감정 혹은 정서들(tragic emotions)이다. 이 두 용어는 직접적인 관계를 갖고 있다. 그리고 용어 카타르시스에 대한 이해가 필요하다.

(1) 비극적 감정들

아리스토텔레스는 연민(ἔλεος)과 두려움(φόβος)이라는 단어를 통하여 다소 특별한 어떤 것을 말하고자 했다. 단어 '연민'의 전문적인 의미는 개인으로는 결코 원하지 않는 어떤 부당하게 당한 일로 인하여 불행해지는 등장인물이나 사람으로부터 유발되는 감정이며, '두려움'은 그 불행에 부딪치는 사람이 우리 자신과 같은 사람이라는 것을 인정할 때 환기되는 감정이다(『시학』 XIII 1453a 5~6). 비극은 이 두 감정으로부터 분리될 수 없다. 두려움과 연민은 사건 속에 포함되어 있어야 하는 비극의 적절한 목적 또는 기능이기도 하다. 아리스토텔레스는 『시학』에서 세 번씩이나 카타르시스를 비극의 적절한 즐거움이라고 했다(『시학』 XIV 1453b 10~11; XXII 1459a 21; XXVI 1462b 13~14). 그리고 그것들은 『시학』에서 가장 훌륭한 비극적 플롯(『시학』 XIV)과 가장 뛰어난 비극적 인물(『시학』 XIII)을 찾게 하는 기준으로 인정된다. 이는 가장 훌륭한 비극적 플롯과 가장 뛰어난 비극적 인물은 연민과 두려움을 가장 자연스럽게 발생시키기 때문이다.

비록 카타르시스는 연민과 두려움을 통하여 관객들을 환기시키는 감정이기는 하지만 그것을 단순하게 연민과 두려움을 통하여 감정을 자극하는 것으로 다루는 것은 잘못된 면이 있다. 왜냐하면 비극에서 연민과 두려움은 플롯 안에서 발생하기 때문이다(『시학』 XIV 1453b 1). 비극적 감정들과 플롯 간의 내적 관계는 『오디세이(Odyssey)』의 플롯에 대한 아리스토텔레스의 짧은 지적에서 알 수 있다.『오디세이(Odyssey)』의 플롯은 좋은 인물과 나쁜 인물들을 향하여 반대 반향으로 종결하는 이중적인 구조를 갖고 있다. 그 같은 플롯은 비극에 관련된 적절한 즐거움이라기보다는 희극의 즐거움에 관련된 것이다. 희극은 화해할 길이 없을 것 같은 보통 이하의 인물들이 사랑을 통하여 재결합하며, 미움을 극복하여 어떤 사람도 해치지 않는 행복한 결말을 갖는다(『시학』 XIII 1453a 55~56). 이런 점에서 연민과 두려움은 비극을 다른 양식과 구별할 수 있는 장르적 차별성으로 기능하는 중요한 요소들이다.

(2) 비극적 사건들

아리스토텔레스는 비극을 고귀하고, 완벽한 행동의 재현(μίμησις)으로 정의했다. 아리스토텔레스의 정의 안에서 비극은 행동의 재현이기에, 비극의 사건들은 두려움 또는 연민을 발생시켜야만 한다. 아리스토텔레스는 두려움과 연민을 자극하는 행동의 재현을 비극적 재현의 가장 독특한 점으로 인정하였다. 곧 비극적 사건들은 연민과 두려움에 관한 비극적 감정을 만들거나 고양시키는 사건들이다. 이에 아리스토텔레스는 비극적 사건들에 관련된 필수적인 요소들을 언급하였다. 먼저 연민과 두려움에 관련된 필수적인 요소들인 인식(recognition)과 반전(reversal)이며, 다른 하나는 그것들을 생산하는 고난(πάθος)이다. 비극적 사건들은 사건 자체와 행위자의 이해 또는 무지라는 모티프를 포함하고 있다. 비극적 사건들이 행위자의 이해와 무지를 포함한다는 점에서 그것은 비극의 보다 더 큰 두 가지 요소를 갖고 있다: 하마르티아와 인식. 하마르티아는 무지에 따른 신분에 대한 판단 착오이며, 인식은 무지를 깨달음으로 변화시키는 요소이다. 고난은 독자들이나 관객들의 연민과 두려움을 발생시키기 위해 반드시 필요한 비극의 가장 일반적인 요소이다. 아리스토텔레스는 파토스를 무대에서 일어난 죽음, 고통스러운 장면, 상처를 갖게 하는 수난과 같은 파괴적이거나 고통스러운 행동을 유발하는 사건으로 정의하였다(『시학』 XI 1452b 10~14).

어떤 특별한 상황 아래서 한 사람에게 일어난 비극적 사건들이 연민과 두려움을 어떻게 환기시키는지 보는 것은 아주 수월하다. 오이디푸스의 자학적 행동과 망명은 분명히 비극적 사건들이다. 그러나 『오이디푸스 왕(Oedipus the King)』에서 고난의 주요한 사건은 플롯 밖에 놓여 있다. 오이디푸스에 의한 라이오스의 살해가 대표적이다. 라이오스는 오이디푸스의 아버지였으며, 이 사건 후 라이오스의 아내인 이오카스테는 아들인 오이디푸스의 아내가 되었다. 사실 비극적 사건이 더 비극적인 분위기를 만들기 위해서는 고난받는 인물이 고난을 유발시키는 인물과 친밀한 관계(가족관계)를 가져야 한다. 왜냐하면 이러한 인과관계에 의한 사건들의 배열이 바로 연민과 두려움을 가장 효과적으로 발생시키기 때문이다. 친구들 사이에 일어난 비극적 사건이 독자들이나 관객들의 연민을 용이하게 일으킬 수 있다면, 혈족 간의 비극적 사건은 다른 어떤 비극적 사건보다 강렬한 연민과 두려움을 불러일으킨다. 사랑받아야 할 인물이 살인자에 의해 계획적으로 혹은 전혀 알지 못한 상태로 죽임을 당했다면, 그 같은 사건들은 본능적으로 연민을 유발한다. 그리고 만일 주인공이 전혀 알지 못한 상태에서 계속 행동했다면, 그는 행동을 행한 후나 또

는 전에 특별한 인과관계를 인식할 것인데 이 또한 연민을 일으키기에 충분하다.12)

　　그러나 관객들이 비극적 사건들을 보는 것만으로 그들 안에서 연민과 두려움이 발생되는 것은 아니다. 비극은 어떤 감정들을 그냥 일으킨다기보다 성취한다. 비극에서 감정적인 흥미를 유발하는 가장 중요한 요소는 사건들의 배열인 플롯이다(『시학』 VI 1450a 32). 관객들의 감정적인 흥미를 유발하는 플롯은 복합적 플롯 안에서 일어난다. 복합적 플롯은 행운과 불운 그리고 반전과 인식을 동반하는 사건들의 배열이다. 비록 두려움과 연민이 관객들에 의해 느껴지는 감정들일지라도 두려움과 연민이 발생하는 과정을 조사하는 것은 사건들의 배열을 연구하게 한다. 두려움과 연민을 연구하는 것은 플롯에 관련된 행동의 고귀성을 조사하는 것을 의미하기도 한다. 극작가의 가장 중요한 목표는 사건들의 배열을 통하여 관객들의 감정을 자극하여 관객들의 두려움과 연민을 유발하는 것인데, 이것은 카타르시스를 위한 것이다. 그래서 최상의 비극은 단일 플롯이 아니라 복합 플롯을 가져야 하고, 비극의 플롯은 반드시 두려움과 연민을 불러일으키는 사건들의 배열을 통한 행동의 재현이어야 한다(『시학』 XIII 1452b 8). 극작가는 이것을 위해 어떤 형태의 플롯 진행을 피할 수 있어야 하는데, 아리스토텔레스는 세 가지 가능한 플롯 진행을 거부하였다: 도덕적인 사람의 추락, 나쁜 사람(bad man)의 성공, 그리고 악한(utter villain)의 불운.13)

---

12) 비극적 사건들이 일어나기 전에 관계성을 인식하는 것이 가장 비극적인 것으로 간주되었다. 행동 전에 인식이 일어날지라도 그것은 행위를 방해할 수 없다. 행동 후에 인식이 일어났을지라도 우연을 포함하고 있지 않기 때문에 반감을 불러일으키지 않으며, 오히려 인식은 관객들을 깜짝 놀라게 한다.

13) 도덕적인 사람의 불운으로의 추락은 반감을 유발하고, 나쁜 사람의 성공은 죄악이며, 그리고 악한 주인공의 불운은 동정심을 유발하지만 연민과 두려움이 없다.

(3) 비극적 카타르시스

비극이 궁극적으로 성취하는 것이 무엇인가에 대한 논란이 있으나, 용어 '카타르시스'에 대한 정의가 먼저 필요하다. 학자들이 토론하고 있는 카타르시스에 대한 이해는 레싱(Lessing)이 선도했던 도덕윤리적 관점과 베르나이스(Bernays)가 선도했던 의학적 관점으로 나뉘어져 있으나 제3의 시도는 골덴에 의해서 선도되었다. 레싱(Lessing)의 카타르시스 이해는 목적적 그리고 주어적 소유격으로 해석하여 그 같은 감정들이 카타르시스의 대상이 되거나 그 같은 감정들이 카타르시스를 일어나게 한다. 반면에 베르나이스(Bernays)는 카타르시스를 연민과 두려움의 경감과 해방의 감정을 갖고 있는 의학적 관점으로써 소유격을 분리적으로 해석한 것이다.

카타르시스에 대한 가장 일반적으로 받아들여졌던 해석은 아리스토텔레스의 『정치학』에서 파생한 의학적인 은유로서 사용되는 배설이론이다. 비극이 연민과 두려움을 불러일으키는 동기는 그러한 해로운 감정들을 쫓아내기 위해서이다. 곧 그러한 감정들은 부정적인 것이기에 제거해야만 하는 것이다. 동물이나 인간 혹은 어떤 집단을 속죄양으로 삼아 사회의 질서를 회복하려는 경우도 이와 비슷하다. 배설이론은 음악의 카타르시스를 논하고 있는 『정치학』의 한 대목에 근거하고 있다(III 1342a 4~16). 이것은 연민과 두려움의 감정을 위한 같은 종류의 감성적인 치료로 카타르시스를 이해한다. 그래서 아리스토텔레스의 접근은 예술이 인간의 이성적인 삶으로부터 멀어지게 하여, 사람들을 감정적으로 행하게 한다는 플라톤의 이해에 도전하고 있는 것처럼 보인다(『Republic』 X 606d); 이러한 견해에 따르면 아리스토텔레스는 비극이 감정을 자극한 것을 인정하지만 비극이 인간들을 감정적으로 버려두는 것을 결코 허락하지 않았다. 오히려 배설이론에 따르면 고도의 감정적인 음악은 고도의 감정적인 상태를 정화하는 것처럼 역설적으로 관객들은 이러한 동일한 감정들을 경험함으로 배설한다. 이 이론은 카타르시스, 곧 배설을 하기 위해 격정을 불러일으켜야 한다고 주장한다. 이는 동종요법 이론이라 할 수 있는데 열병을 치료하기 위해 몸을 더 뜨겁게 하고, 추위를 이겨내기 위하여 몸을 더 차게 하는 것과 같은 것이다.

이 이론은, 아리스토텔레스가 사용했던 카타르시스의 분명한 정의에 기초하고 있을지라도, 심각한 결점을 갖고 있다. 골덴(L. Golden)이 이러한 이해를 극복하기 위해 상당한 노력을 기울였고 영향을 미쳤다.[14] 『정치학』과 『시학』은 두 개의 다른 상황에서 동일한 용어를 사용할 뿐만 아니라 두 책에서 용어는 전혀 다른 원칙에 의해 진행되고 있기 때문에 두 작품은 중요한 점에서 실질적으로 서로 모순되는 경향이 있다. 엘스(G. Else) 역시 배설이론에 대하여 반대하였다.[15] 그의 반대이론은 배설이론을 황폐하게 만든다. 그에 따르면 만일 카타르시스가 감정의 배설로써 정의된다면 1) 이러한 이론은 모든 관객을 환자로 간주해야 한다; 2) 그것은 『시학』의 다른 중요한 개념과 관련시켜 볼 때 해석자들의 흥미를 잃게 한다; 3) 그것은 연극의 생산물로만 발생한다; 4) 그것은 관객 심리(audience psychology) 이론이지 문학 이론이 아니다.[16] 배설이론에 따르면 카타르시스는 관객들이 비극을 보면서 실질적으로 경험해야 하는 특별한 것이 아니다.

이러한 비평들은 엘스(Else)를 카타르시스에 대한 두 번째 이해인

---

14) L. Golden, 앞의 논문(1973), 473~479.

15) Else, 앞의 책(1957), 440~441.

16) William Wimsatt, Jr. & Cleanth Brooks, *Literary Criticism: A Short History* (New York: Knopf, 1966), 37.

도덕적 순화(purification) 이론으로 인도한다. 도덕적 순화의 표준적인 이론에 따르면 연민과 두려움의 감정들은 과도하게 많은 것을 적절한 양으로 만들어 주는 일종의 도덕적 조절작용을 한다. 이러한 해석은 『니코마코스 윤리학』에 있는 연민과 두려움에 대한 토론에 기초한다. 순화론은 도덕적인 교훈이나 도덕적인 학습의 개념을 포함하고 있다. 도덕적 순화 이론 역시 많은 비평에 직면하고 있다. 이 이론이 우리가 비극에서 실질적으로 경험하는 것에 일치하느냐에 대한 비판이 그것이다. 그래서 엘스(Else)는 카타르시스를 관객들이 갖고 있는 감정의 도덕적 순화로서 해석하지 않고 고난스러운 행동의 도덕적 순화로서 해석하였다. 카타로스(καθαρός, pure)의 의미를 고려하면서 엘스(Else)는 플롯의 구조가 주인공의 행동에 관련된 도덕적 결함을 깨끗하게 함으로써 관객들이 주인공에게 동정심을 갖게 한다고 주장했다.17) 관객들에게 일어난 것은 아니지만 그래도 드라마에서 일어난 것에 관련되었다는 점과 『시학』의 다른 중요한 측면들, 인식과 하마르티아에 관련될 수 있다는 점에서 이 이론은 배설 이론보다 개선된 것이다. 그리고 구조적 순화(structural purification)는 카타르시스의 실용적인 해석이라 할 수 있다.

카타르시스에 대한 다른 해석은 세 번째 의미에 기초하고 있으며, 이성적 명확화(intellectual clarification, 이성적 계몽)이다. 엘스(Else)에 따르면, 연민과 두려움은 관객들이 느끼는 감정들이라기보다는 재현활동의 산물, 즉 두려움과 연민을 불러일으키는 플롯의 요소이다. 곧 카타르시스는 관객들에게 주어지는 효과가 아니라 비극 자체에 내재한 요소이다.18) "두려움과 연민의 감정은 분명 장경에 의하

---

17) Else, 앞의 책(1957), 423~447.

18) Gerard Else, *Aristotle's Poetics*, 1957, 224~232, 423~447.

여 환기될 수도 있고, 사건의 구성 그 자체에 의하여 환기될 수 있으나 후자가 더 훌륭한 방법이며, 더 훌륭한 시인만이 할 수 있는 일이다. 왜냐하면 플롯은 눈으로 보지 않고 사건의 경과를 듣기만 하여도 그 사건에 전율과 연민의 감정을 느낄 수 있게끔 구성되어야 하기 때문이다"(『시학』 XIV 1453b). 이 본문은 플롯 자체가 두려움과 연민을 불러일으켜야 했다고 지적한 것이다. 극작가는 사건들을 가능함, 있음직함과 필요함의 인과관계 안에서 배열해야 하기에 플롯은 자체의 논리성을 가져야만 한다. 두려움과 연민이 플롯 자체의 요소라는 것은 논리성에 안에서 발생하는 것이라는 의미이기도 하다. 이런 점에서 비극의 카타르시스가 논리성을 통하여 드러나기 때문에 이 접근은 관객들의 이성에 호소하는 측면이 있다. 이 이해는 카타르시스를 계몽으로 이해하게 한다. 위에서 살펴본 것처럼, 비극적 카타르시스는 미학적 진리에 관련된 것인데,[19] 해석자들이 음악적 카타르시스와 문학적 카타르시스를 혼동하여 동일하게 다루고 있는 듯하다. 비극의 목적은 논리적 전달을 통하여 관객들의 즐거움을 이루는 것이다. 관객들은 비극에서 교훈을 추론하고 배움으로써 즐거움을 누린다. 극작가는 비참하고 공포를 자아내는 사건들을 배열하고 관객들은 이를 경험하여 카타르시스를 얻는다. 이러한 언급은 카타르시스는 사건들의 배열에 따른 관객들의 추론과 인식의 과정을 통하여 이성적 명확화를 이룬다는 것을 말한다. 이 말은 도덕적 순화를 수반하지만 인식 과정은 도덕적 효과를 이성적 명확화에 대하여 부차적인 것으로 만든다.

엘스(Else)처럼 골덴(L. Golden)은 비극적 사건들에 대한 명확한 깨

---

19) 아리스토텔레스는 하마르티아를 인간의 도덕적 위상을 파괴하지 않고 선한 인간의 특징이 될 수 있는 유일한 오류인 판단 착오에 연관시켰다. 관객들은 주인공의 하마르티아를 통하여 주인공의 부당한 몰락을 인식할 때 느끼는 연민과 두려움의 카타르시스를 경험케 한다.

달음의 대상이 있어야 한다고 주장했다.[20] 그러나 골덴(Golden)이 엘스(Else)와 다른 것은 이러한 명확한 깨달음이 비극의 목적 또는 종결이라고 주장한다는 것이다.[21] 이 이론은『시학』에 기초한 드라마에서 일어난 것일 뿐만 아니라『시학』의 다른 개념에도 연계되어 있다. 이성적인 명확한 깨달음은 카타르시스에 대한 실용적이며, 현대적인 해석이다. 이러한 이해는 현대 미학 이론의 대부분과 일치한다. 명확화로서 카타르시스는 관객들의 심리적인 작용이 아니라 비극의 문학적인 기법에 연관되어 있으며, 카타르시스는『시학』Ⅰ장~Ⅳ장에서 윤곽이 제시된 재현(μίμησις) 이론뿐만 아니라 Ⅸ장의 가능성과 있음직함 그리고 필요성의 인과관계에 대한 논의에도 연관되어 있다.

연민과 두려움을 발생시키는 사건에 대한 카타르시스의 의미를 이해하기 위해 두 가지를 고려해야 한다. 첫째, 위에서 언급한 의미의 세 가지 가능성이 있다: 배설, 정화, 그리고 명확한 깨달음. 둘째, 재현이란 일반적인 의미에서의 즐거움을 만들어내는 것이 아니라 배움으로부터 오는 즐거움을 만들어낸다. 여기서 말하는 배움이라는 것은 재현된 행동과 그 속에 구체화된 어떤 보편적인 요소들 사이의 관계를 발견해냄으로 이루어진다. 곧 효과적인 카타르시스는 사건들의 배열에 대한 분명한 이해를 통하여 발생하게 된다. 극작가는 카타르시스를 유발하기 위해 연민과 두려움의 대상이 될 수 있는 사건들을 먼저 선택해야 한다. 선택된 사건들은 단일한 행동을 재현하는 플롯 안에 치밀하게 배열해야 한다. 이것을 읽고, 본 독자들이나 관

---

20) Golden, 앞의 논문(1962), 51~60.

21) 종결(end)이라는 단어에 약간의 혼동이 있다. 엘스(Else)가 거부했던 것은 카타르시스가 비극의 마지막에 발생한다는 생각이다. 그는 드라마의 전체 구조에서 발생한다고 주장한다. *Argument*, 439~440. 골덴(Golden)의 견해 역시 종결이라는 것이 극의 전체 구조 안에서 발견되는 것이다. 비극은 구별된 어떤 부분이 없다. 모든 부분이 그것의 목적을 위해 필요한 것이다.

객들은 배열된 일련의 사건을 통하여 플롯 안에서 재현해야 할 행동이 무엇인지 명확하게 깨닫게 되는 것이다. 그러므로 이러한 배움의 과정은 즐거움을 일으키는 것이다. 비극적 행동이 어떻게 일어났는지 배우게 됨으로써 독자들이나 관객들이 얻는 즐거움은 사건 자체에 대한 연민과 두려움을 간단하게 제거할 수 있다.

2) 기능

아리스토텔레스는 대상, 수단, 그리고 양식의 범주에 따라서 문학의 장르를 결정하였다. 재현의 수단이 그 종류에 있어 상이하든지 재현의 대상이 상이하든지 혹은 재현의 양식이 상이하여 동일하지 않든지. 『시학』 VI장의 카타르시스 구절을 어떻게 해석해야 될 것인가에 대해 아리스토텔레스가 주었던 중요한 암시는 그의 비극에 대한 정의가 "…… 이제까지 이야기한 것을 기초로 한다"는 선언에 있다(『시학』 VI 1449b 23). 그렇다면 카타르시스는 하나의 뒷생각—앞에서 나왔던 이야기에는 함축되어 있지 않은 하나의 관념적인 개념—으로 간주되지 않을 수 없다. 이 문제를 해결하기 위해 해석자들은 VI장의 카타르시스 구절이 비극의 기능에 대한 간단한 정의라는 것을 인정하면 된다.

아리스토텔레스는 문학의 장르 결정을 위한 네 번째 범주로서 문학의 목적을 제안하였다. 『시학』 IV장의 첫 부분에서 아리스토텔레스는 시의 두 가지 본래적인 원인을 말했지만, 네 번째 범주에 관련된 혼동은 미메시스(재현, representation)에 관련된 것이다. 만일 해석자들이 시와 재현을 대등한 것으로 추론한다면 두 가지 본래적인 원인은 왜 인간이 가장 모방적(imitative)인가에 유사한 것이다. 재현은 인간본성에 내재한 본질적인 특성인데 인간의 본질적인 특성은 재현을 통하여 지식을 습득한다. 그러므로 문학의 두 가지 본질적인 원인들은 배움과 즐거움이다. 배움과 즐거움이라기보다는 더 정확히 말하면 배움을 통한 즐거움이다. 배움과 즐거움은 일반적으로 예술의 목적 또는 종결에 관련되어 있다. 그리고 배움과 즐거움은 예술가들 뿐만 아니라 평범한 사람 모두가 즐기는 쾌락이라고 할 수 있다.

아리스토텔레스에 따르면 예술의 즐거움은 우리가 실제(reality)에 대한 어떤 것을 짐작하게 하여 배우게 되는 경험의 단서이다. 아리스토텔레스는 드라마적 방법에서 이 점을 확인했다. 그가 말하길, "현실세계에서 직접 보면 우리에게 불쾌감을 주는 것들이 있다. 그러나 그것이 아주 정확하게 재현된 것을 보면 우리는 즐거움을 느낀다"(『시학』 IV 1448b 10~12). 왜냐하면 재현된 하나하나의 것이 무엇인지 추측하여 알 수 있기 때문이다. 그러므로 배움은 또한 눈앞에 보고 있는 특수한 대상이 실재세계에 있어서 어떤 것이라는 것을 관찰함으로써 얻어진다. 배움이란 일반적인 개념을 알게 되거나 보편과 특수와의 관계를 깨닫게 될 때 생겨나는 것이다. 그리고 재현의 즐거움은 실물과의 비교에서 오는 것이 아니라 플롯을 통한 배움에서 오는 것이다. 아리스토텔레스는 독자들이나 관객들이 비극 안에서 즐거움을 느끼는 연민스럽고 두려운 행동을 말하고 있다고 할수 있다. 독자들이나 관객들은 눈을 찌르는 오이디푸스의 자학적인 행동을 일으키는 사건들의 배열을 통하여 즐거움을 경험할 수 있다.[22] 그것은 독자들이나 관객들 안에 있는 어떤 사디스트적인 악함(sadistic depravity) 때문이 아니라, 현실세계에서는 불쾌감을 주지만,

---

22) 오이디푸스가 자신의 손으로 장님이 되는 행위는 연민과 두려움을 불러일으킨다. 그러나 그것은 수난일 뿐이지 비극적 행위는 아니다.

문학 안에서 절제된 진술을 통하여 재현된 것은 관객들에게 즐거움을 주기 때문이다. 왜냐하면 관객들은 사건의 본질에 관련된 것을 사건들의 배열로부터 배우기 때문이다. 현실세계의 불쾌감으로 즐거움이 환기된다는 패러독스는 비극 속에 포함되어 있는 아이러니를 예시한다. 비극적 사건이 환기시킨 연민과 두려움을 통한 이 배움은 비극의 적절한 즐거움이다(『시학』 XIV 1453b 11~14). 그러므로 카타르시스는 즐거움의 비극적 변형으로 이해되어야 하며, 비극의 기능과 동일시되어야만 한다(『시학』 XIV 1453b 12~17): 시인이 재현한 사건 속에는 이러한 즐거움의 원인이 포함되어야 하는 것은 자명하다. 비극적 즐거움은 비극의 기능일 뿐만 아니라 극작가가 비극을 쓰고, 무대에서 상연하고, 또한 관객들이 상연되는 비극을 보는 이유이다.

3) 함의

문학으로 시의 목적에 대한 견해와 함께 우리는 비극에 대한 아리스토텔레스의 정의에 관련된 마지막 구절을 다시 살펴보아야 한다. 아리스토텔레스에게 있어서 좋은 비극의 종결은 비극의 효과를 잘 성취하는 비극 곧 플롯을 통하여 재현된 배움의 즐거움을 성취하는 것이어야 한다. 곧 비극적 카타르시스는 재현행동 일반과 연관된 즐거움의 비극적 변형이다(『시학』 XIV 1453b 9~10). 그리고 그에게 있어서 비극은 가능함, 있음직함 그리고 필요성에 의해 관계된 보편적인 행동으로서 비극적 사건에 대한 모방적인 재현을 통하여 비극적 사건에 대한 이성적인 명확한 깨달음을 성취하는 것이다. 문자적으로 비극은 연민을 유발하고, 두렵게 만드는 사건에 대한 이성적인 명확한 깨달음을 연민과 두려움을 통하여 성취한다. 카타르시스에 대한 그와 같은 견해는 아리스토텔레스의 문학이론의 중심적인 개념인 미메시스에 직접적으로 관련된 것이다.[23] 이것은 감정을 과도하게 자극하는 문학 작품을 비판했던 플라톤에 대한 직접적인 대답이기도 하다. 아리스토텔레스의 미메시스에 대한 이해는 심오한 심리학이 아니라[24] 비극의 직접적인 경험이다. 비극은 감정의 단계에서 간단히 실행되지 않고, 한 사람의 경험을 객관화하고, 특별한 사건의 한계를 초월하고, 인간 행동들의 의미를 이해하게 한다. 관객들은 비극을 단순히 느끼는 것이 아니라 그것에 대하여 생각하고 학습해야 한다. 그래서 좋은 비극은 인간들의 보편적 정서를 담고 있어야 하며, 재현해야 할 행동도 누구에게나 일어날 수 있는 보편적 성격을 갖고 있어야 한다. 왜냐하면 이러한 보편성이 극중 인물과 관객들 간에 동일시를 가능하게 하기 때문이다. 관객들은 플롯이 재현하는 행동을 보면서 그의 이야기가 아니라 나의 이야기로 받아들이기 때문이다. 관객들은 비극을 보면서 현실에서 야기되는 두려움과 고통을 털어낼 수 있다. 그러므로 카타르시스로 완성된 비극의 마지막 종결은 이성적 명확화로써 이해해야 하며, 이러한 명확화는 독자들이나 관객들을 새로운 삶의 세계로 이끈다. 현실의 두려움과 고통을 자신의 능동성으로 털어낸다는 카타르시스는 고통스러운 현재의 삶을 견디게 하는 능동적 존재 형태로 인도하는 것을 의미한다. 카타르시스는 현실의 문제를 해결하게 하는 구원의 양태다. 이런 점에서 카타르시스는 종교 신학적인 언어로 이해될 수 있다. 그래서 니체는 카타르시스를 종교와 유사하게 보았다. 곧 비극적 카타

---

23) L. Golden, "Mimesis and Katharsis", 145~153. 카타르시스는 다른 문학작품을 해석하기 위한 그럴듯한 개념일 수 있다. Else, 앞의 책(1957), 446.
24) Else, 앞의 책(1957), 434.

르시스는 삶을 긍정하게 하는 힘이다.

2. 마가의 카타르시스

이제 마가복음에 의해 발생할 카타르시스의 본질과 미메시스의 대상을 구체화할 필요가 있다. 이는 카타르시스가 문학의 장르를 결정하는 마지막 기준이며, 문학의 최종적인 목적이기 때문이다. 또한 카타르시스는 미메시스의 특성에 밀접한 관계를 갖고 있으며, 미메시스와의 관계 안에 있는 배움의 즐거움이기 때문이다. 비극적 카타르시스는 고난(παθήματα)의 사건들을 통하여 비극적 플롯의 본질 때문에 일어나는 사건에 대한 깨달음으로 이해해야 한다. 이러한 사건들은 본질적으로 연민과 두려움을 유발한다. 이 말은 카타르시스가 관객들의 감정적인 응답이 아니라 사건의 내적인 특성, 가능함, 있음직함과 필요성의 인과관계 안에 있는 사건들의 배열을 통하여 이루어진다는 것이다. 다른 종류의 작품들은 다른 수단을 통하여 카타르시스를 획득할 것이며, 다른 종류의 카타르시스를 완성할 것이 분명하다(희극적 카타르시스와 비극적 카타르시스). 그래서 마가복음에 의해 이루어진 카타르시스의 본질과 미메시스의 대상을 결정하기 위해 마가복음 안에 배열된 비극적 사건들의 형태와 비극적 감정들의 종류를 확인하는 것이 필요하다.

1) 비극적 사건들

마가복음은 고난의 사건들을 포함하고 있다; 마가복음에서 고난은 사건들의 배열을 이루고 있는 가장 분명한 모티프이다. 그러나 이미 지적하였듯이, 이 고난은 그것이 일어난 상황에 의해 규정되고, 경감된다. 마가는 인류 구원을 위한 하나님의 신적 계획을 위해 고난과 죽음으로 이루어진 예수의 존재 형태를 보았다. 다른 공관복음과 비교했을 때, 마가복음이 예수의 고난을 가장 조직적이고, 치밀하게 구성하였다고 할 수 있다.[25] 마가복음에서 예수의 고난은 어떤 고도의 목적을 성취하기 위해 하나님에 의해 결정되어 있으며, 또한 예수는 고난 안에서 그리고 그것을 향하여 자발적으로 행동했다. 예수와 오이디푸스 사이의 고난의 종류가 다르기 때문에 우리는 오이디푸스를 통하여 경험했던 것과 동일한 연민과 두려움을 마가복음을 통하여 가지기는 어렵다.

한편 마가복음에서 고난의 사건들은 희극에 더 잘 어울리는 승귀(exaltation)의 사건들로 조합된 것처럼 보인다. 그럼에도 불구하고 주인공이 죽임을 당했다(『시학』 XIII 1453a 55~56)는 점에서 마가복음은 희극이 될 수 없다. 만일 희극적 사건들이 고통을 유발하지 않았다면 그 사건들은 희극으로 남을 수 있다. 그러나 마가복음에 있는 다양한 사건의 배열은 고난과 죽음을 향한 진행을 포기시키지 못하며, 오히려 고통을 유발한다. 사실상 마가는 부활에 대한 특징적인 응답을 깊고, 심오한 두려움으로 묘사했다(막 16:8). 마태복음 역시 부활의 소식에 대하여 무서움 혹은 두려움으로 반응하는 모습을

---

25) 부르크힐(T. A. Burkhill)은 예수의 고난의 운명을 마가의 주요한 주제로 간주한다. T. A. Burkhill, *New Light on the Earliest Gospel* (Ithaca: Cornell University Press, 1972), 3~4; J. R. Donahue, "From Passion Tradition to Passion Narrative", *The Passion in Mark: Studies on Mark 14~16*, ed. W. H. Kelber. (Philadelphia: Fortress Press, 1976), 1~20; Donald Senior, *The Passion of Jesus in the Gospel of Mark* (Collegeville: The Liturgical Press, 1984); E. Schillebeeckx, *Jesus: An Experiment in Christology* (New York: Seabury, 1979), 294~319; H. Küng, *On Being A Christian* (New York: Doubleday, 1976), 319~342; W. Kasper, *Jesus the Christ* (New York: Paulist, 1976), 113~123.

언급한다(마 28:8). 누가복음도 동일한 반응을 묘사한다(눅 24:37). 이런 점에서 마가복음은 희극적 카타르시스를 발생시키지 못하는 비극적인 재현을 갖고 있다.

추가적으로 마가복음의 고통을 일으키는 사건들의 배열은 다른 종류의 감정도 경험하게 한다. 마가는 예수의 기적과 권위 있는 가르침을 그의 특징적인 신분을 보여주는 요소로 사용하고 있다. 특별히 마가는 기적 사건에 상당한 지면을 할애했다. 마가복음에서 기적은 땅에서 활동하고 있는 신적 인간의 표시나 능력을 단순하게 나타내는 것이 아니라 감추어짐과 신비로움, 불가사의하거나 놀라움이며, 예수를 죽이려는 음모의 원인이다.[26] 또한 예수의 가르침은 현명한 지혜를 단순하게 보여주는 것이 아니라 고난에 참여하라는 충격적인 요구, 쉬지 말고 깨어 있으라는 권고, 전승된 전통에 대한 신랄한 논박, 최종적인 운명의 문제 등등을 보여준다.

마가복음에 비극적 사건이 많이 있지만 여기서는 겟세마네 기도에 관련된 에피소드에 집중하고자 한다(막 14:32~42; 마 26:36~46; 눅 22:39~46; 요 12:27~29; 18:1~11). 왜냐하면 겟세마네 기도는 예수가 사로잡히기 전의 긴박한 상황을 묘사하는 중요한 장면이며, 예수 자신의 내적 고뇌가 심도 있게 드러나 그의 비극적 존재형태를 위한 특별한 이해를 보여주기 때문이다. 그리고 겟세마네 기도는 인간적 의지와 신적 의지가 동시에 나타난 곳이기도 하다.[27] 또한 예

---

26) 마가는 사람들에게 보고, 들은 것에 대하여 말하지 말라는 반복된 경고를 사용함으로 기적의 정체에 대하여 알 수 없는 성격을 고양했다. 비밀 모티프 자체가 기적의 의미를 어떻게 규정하는지에 대해서는 다음을 참조하라. Theodore J. Weeden, *Mark-Traditions in Conflict* (Philadelphia: Fortress Press, 1971), 24ff.; Norman R. Petersen, "So-called Gnostic Type Gospels and the Question of the Genre of Gospel", *Society of Biblical Literature Seminar Papers* (1970), 62.

27) 인간적 의지와 신적 의지는 비극의 구조를 이루는 핵심적인 특징이다. 헤겔은 이러한 두 종류의 의지를 사용하여 비극을 정의하였다. Anne Paolucci and Henry Paolucci, *Hegel: On Tragedy* (New York: Harper and Row, 1962).

수의 인간적 의지를 보여주는 내적 고뇌의 표출은 관객들의 연민과 두려움을 자극하기에 충분하다. 겟세마네에서 고뇌하는 예수는 표면적으로 육체의 고난으로부터 탈출하기를 원하는 듯하다.[28]

모든 복음서는 겟세마네 에피소드를 보도한다. 겟세마네 에피소드는 각 복음서의 특성에 따라 특징적인 변형을 갖고 있기도 하고, 동일한 전승을 따르기도 한다. 각 복음서는 각각의 특성에 따라 장소의 이름을 달리 사용한다. 마태복음은 마가복음의 겟세마네 이름을 그대로 따르고 있는 반면 누가복음은 간단히 감람산이라는 이름을 사용한다(눅 22:39). 반면에 요한복음은 구체적인 지명보다 넓은 지명으로 '기드론 시내 저편'으로 보도하며, 겟세마네 기도의 내용을 보도하지 않고 있다(요 18:1). 그러나 요한복음 12:27에서 상당히 변형된 겟세마네 기도의 전통을 찾을 수 있다: 아버지여 나를 구원하여 이때를 면하게 하소서 그러나 내가 이를 위하여 이때에 왔나이다.[29]

공관복음에서 예수가 자신의 아버지에게 그 잔을 옮겨줄 것에 대해 기도한 뒤, 다시 짧은 추가부분으로 기도를 이어간다: 나의 원대로 말고 아버지의 원대로 하소서. 복음서의 비극적 사건들을 이해하려는 해석자는 단어 텔로(θέλω, 명사형태 θέλημα)에서 드러나고 있는 특별한 강조를 놓치지 말아야 한다. 이 단어에 있는 강조의 범위는 신학적 암시뿐만 아니라 비극적 암시를 갖고 있다. 나중에 심도

---

28) 마가 시대의 철학자들은 인간이 갖고 있는 고난의 문제에 대하여 큰 관심을 갖고 있었다. 그레코-로만 문헌에서 육체의 고난은 네 종류로 구분되어 사용되고 있다: 정신적 고통, 두려움, 즐거움(pleasure), 그리고 욕망. M. C. Nussbaum, *The Therapy of Desire: Theory and Practice in Hellenistic Ethics* (Princeton: Princeton University Press, 1944).

29) 요한복음에서 겟세마네 기도의 내용이 상당히 변형된 전통이지만 요한복음은 예수의 모습을 일관성 있게 유지하고 있다. 요한복음에서 예수는 위로부터 왔으며, 하나님에 의해 보냄 받은 사람이다; 그의 의지는 자신의 아버지의 의지이다. 예수는 혼자 있는 것이 아니라 아버지께서 그와 함께 계신다(요 16:32).

있게 토론할 것이지만, 겟세마네 사건에서 인간적 의지와 신적 의지 사이의 충돌뿐만 아니라 실패, 음모, 배반도 일어나고 있다. 그리고 비극적 사건으로 겟세마네 사건은 신적 의지의 필연성이 확고하게 유지되어야만 하는 것을 강력하게 보여준다.

마가복음에서 예수는 다른 제자들과 구별하여 베드로, 야고고, 그리고 요한만을 데리고 멀지 않은 곳으로 갔다. 그리고 그들에게만 예수는 특별한 것을 요구했다: 예수는 베드로, 야고보, 요한에게만 자신이 기도할 때까지 거기 앉아 있으라고 요청했다(막 14:32).[30] 열두 제자와 세 명의 제자를 구분하는 모습은 예수가 하나님 나라에 대하여 비유로 가르치던 모습과 의미를 회상시킨다(막 4:1~9): 많은 양의 씨앗이 뿌려지지만 대부분의 씨앗은 뿌리를 내리지 못하고, 말라 죽어버린다. 마가복음의 전체 진행은 이 비유와 같은 극적인 형태를 보여준다.[31] 대다수의 씨앗이 실패하였듯이 마가복음에서 예수가 십자가를 향하여 결정적인 움직임을 했을 때마다 예수 주위에 있는 대다수의 제자들과 무리는 그로부터 점차 멀어졌다.

최후의 만찬 날 저녁 예수 주위에 군중은 없었고, 오직 열두 제자만이 남아 있었으며, 그 중에는 배반자도 포함되어 있었다. 그리고 겟세마네 사건 주위에는 유다도 떠났고, 오직 세 명의 제자만이 남아 있었다. 예수는 기도하기 위해서 그들을 뒤로 두고 조금 더 나아갔다. 그러나 세 명의 제자는 '깨어 있으라'는 예수의 요청을 지키지 못했다. 이것은 보는 것, 듣는 것, 그리고 이해하는 것의 어려움이

---

30) "기도할 때까지"(ἕως προσεύξωμαι)에서 전치사 헤오스(ἕως)는 일반적으로 '동안'으로 번역된다. 그러나 '동안'으로 번역되기 위해 동사의 시제는 현재 직설법이 필요하다. 그러나 본문에서 동사의 시제는 부정과거 가정법으로 구성되어 있다. 그래서 헤오스(ἕως)를 '까지'로 번역하는 것은 가능하다. 마가복음 14:34의 헤오스(ἕως) 역시 '까지'로 번역될 수 있다.

31) 케르모데(F. Kermode)는 마가복음을 외부인들을 위한 책으로 규정한다. 마가복음에서 예수의 비밀들이 더 분명하게 드러날수록 내부인들은 더 이해하지 못하고, 예수의 비밀로부터 멀어지고 있다. Frank Kermode, *The Genesis of Secrecy* (Cambridge: Harvard University, 1979), 141~145.

여전히 남아 있음을 보여준다.[32] 어려움이 있음에도 불구하고 마가는 깨어 있음을 위한 치밀한 사건들의 배열을 통하여 무리나 관객들을 내부인으로 초대했다. 관객들은 초대의 말을 들어야한다: "듣기 위해(ἀκούειν) 귀를 갖고 있는 사람은 들으라"(ἀκουέτω). 이 문장의 강조점은 들을 수 있는 사람들의 수동적인 상태에 있는 것이 아니라, 들을 사람들의 능동적인 행위에 있는 것이다.[33] 그리고 만일 어떤 무리나 관객들이 이러한 능동적인 행동을 하지 않았다면 그들은 외부인으로 남아 있었을 것이다.

마가가 겟세마네 에피소드에서 수동태 형태를 자주 사용했다는 것은 상당한 흥미를 유발시키기에 충분하다(막 14:33, 34). 마가는 겟세마네 에피소드에서 그의 주요 등장인물들의 내적인 세계뿐만 아니라 사실상 예수의 외형적인 행동(수동적인 행동)에 관심을 두었다; 마가복음에서 예수는 능동적인 존재였지만 여기서 만큼은 수동적인 행동을 보여주었다. 예수는 그의 제자들이 자신들을 위해 생각하고, 행동해야 하는 것을 배우도록 계속해서 주지시켰다. 유다가 예수를 배반했던 에피소드는 어쩌면 예수의 이러한 가르침의 첫 번째 예이기도 하다. 그리고 폭력적인 세계 안에서 자신의 특성을 가장 강력하게 통제한 인물이었던 예수는 계속 자신을 전적으로 통제할 수 있는 능력 안에 있었다. 그럼에도 불구하고 그의 수동적인 행동은 그를 따르는 사람들에 대한 연민에서 시작한다.[34] 예수는 심히 놀라 슬퍼했으며(막 14:33), 그의 마음이 심히 고민하여 죽게 되었다

---

32) 박노식, "마가의 구원이야기", 『신약논단』 11(2004), 603~609, 618~625.

33) Ched Myers, *Binding the Strong Man: A Political Reading of Mark's Story of Jesus* (Maryknoll: Orbis, 1988), 174; Robert A. Guelich, *Mark 1-8:26* (Dallas: Word Books, 1989), 197.

34) 예수의 감정에 대한 직접적인 언급은 마가복음에서 쉽게 찾을 수 있는 모티프가 아니다. 수동태 사용에 대하여 다음을 보라. S. E. Dowd, *Prayer, Power, and the Problem of Suffering Man 11:22~25 in the Context of Markan Theology* (Atlanta: Scholars Press, 1988), 153.

(막 14:34). 그리고 예수는 하나님 안에서 자신의 평안을 찾고자 노력했다. 예수의 겟세마네 기도는 이 모면할 수 없는 패러독스를 적절하게 반영하고 있다: "아빠 아버지여 아버지께는 모든 것이 가능하오니 이 잔을 내게서 옮기시옵소서 그러나 나의 원대로 마시옵고, 아버지의 원대로 하옵소서"(막 14:36).

2) 비극적 감정들

마가의 비극적 사건들은 연민과 두려움 너머에 있는 어떤 것을 가르치고 있다. 이것은 오토(Rudolf Otto)가 터무니없는 매력(awful fascination), 두려운 욕망(dreadful desire)으로 분류한 것을 변함없이 지적하는 듯하다.[35] 매혹적인 힘과 두려운 욕망은 우리를 유혹하거나 놀라게 한다. 매혹과 두려움의 결합은 공관복음의 특징적인 요소이다. 그럼에도 불구하고 복음서에 따라 정도의 차이가 있다. 마태복음은 매혹적인 것과 두려움을 가장 균형 있게 구성하고 있으나 마가복음은 두려움을 더 강조하고 있는 듯하다. 반면에 누가복음 예수의 매혹적인 특성을 더 강조하는 듯하다.

마가복음에서 가장 끔찍한 두려움은 모든 인물이 예수를 배반할 것이라는 것이다. 모든 인물에 의한 배반의 분위기는 겟세마네 에피소드에서 가장 잘 나타난다. 예수의 고난뿐만 아니라 겟세마네 에피소드의 공포는 다음과 같은 것에서 인식된다: 선생이 입맞춤과 함께 배반될 것이라는 사실을 제외하고, 아무것도 말하지 않았다; 입맞춤을 하자마자 무리는 예수를 체포하기 위해 움직였다; 예수의 사람 중 어떤 사람이 검으로 대제사장의 종을 쳐 그 귀를 떨어뜨렸다. 예

---

35) Rudolf Otto, *The Idea of the Holy* (New York: Oxford University Press, 1923), 10~40.

1) 수직적 비극과 수평적 비극

　문학적 구성의 의도를 파악하기 위해 마가복음이 어떤 종류의 비극인지를 결정해야 한다. 헤겔(Hegel)은 두 종류의 비극적 국면에 대하여 지적하였다.[40] 그는 비극을 행복한 결말이나 불행한 결말의 유무가 아니라 어떤 종류의 충돌을 갖고 있느냐에 따라 정의한다. 헤겔은 이러한 충돌은 극단적인 양축을 갖고 있는 환경 안에서 일어난다고 했다. 전통적으로 그 같은 충돌은 도덕적인 양극단의 충돌이었다. 소포클레스의 『안티고네(Antigone)』는 법과 정의의 충돌에 의해 일어난 비극인데 이 비극은 어느 것이 올바른 것인가를 밝히고 있다. 소포클레스는 이 작품을 통하여 안티고네를 도덕적 경향을 대변하고, 크레온을 전적으로 법적인 경향을 대변하는 인물로 묘사했다. 법과 정의 사이의 충돌은 인간 법과 하늘의 기록되지 않은 법 간의 피할 수 없는 차이에 의해 일어나는 것이다: 기록된 문자로서(letter) 법과 그것의 정신(spirit). 수평적 비극(horizontal tragedy)과 함께 수직적 비극(vertical tragedy)이 있다. 소포클레스의 『오이디푸스 왕(Oedipus the King)』은 수직적 비극에 속한다. 이러한 종류의 비극은 이 세상에 있는 두 가지 의지(will) 사이의 충돌을 보여주고 있다: 신적 의지와 인간적 의지. 신적 섭리로서 운명(destiny)은 인간적인 운명(fate)과 구별되어야 한다. 신적인 것으로서 운명은 본래적인 운명이며, 다른 하나는 인간적인 것으로서 인간이 소원하고, 개척하고자 하는 것을 의미한다. 전자는 필연적인 것을 의미하며, 후자는 의지적인 것을 말한다. 불멸은 인간이 획득하고자 하는 가장 큰 욕망이

---

40) Henry Paolucci, *Hegel: On the Arts, Selections from the Philosophy of Fine Art* (New York: Frederick Ungar, 1979), 186~187.

며, 인간적 의지의 최종적인 형태이다. 그러나 인간이 죽는 것은 어느 날 특별하게 필연적으로 일어나는 사건이다.[41]

어떤 극작가가 수평적 비극과 수직적 비극 중에 하나를 선택하여 그것의 특징들을 한 작품 안에서 완벽하게 구현하기는 어려울지라도 어떤 작품을 수평적 비극 혹은 수직적 비극으로 결정하는 것은 아주 중요하다. 기독교 위인전적 비극인 마가복음은 수직적 비극인가, 수평적 비극인가? 마가복음은 정치적 지도자와 종교적 지도자 사이의 충돌을 구성한 비극인가? 마가복음은 도덕적 비극인가? 만일 마가복음을 도덕적 비극으로 간주한다면 마가복음을 윤리적 실천강령을 관객들에게 제공하는 교훈서라 할 수 있는가? 또는 마가복음은 단순히 불의가 가득한 세계 속에 살아가는 최고의 선을 갖고 있는 주인공에 관한 이야기인가?

만일 마가복음을 등장인물들 사이의 갈등으로 읽는다면, 해석자들은 마가복음을 수평적 비극으로 간주하는 것이다. 수평적 비극으로서 마가의 비극적 사건들은 예수의 버려짐과 죽음 자체가 아니라 하마르티아로 인한 예수를 죽이는 과정을 구성한 것에서 나타나고 있다. 그들은 예수와 초자연적인 존재, 예수와 열두 제자, 예수와 정치 지도자 사이의 갈등을 마가복음의 핵심 구조로 본 것이다. 수평적 비극은 정치적 집단 사이에 존재하는 심각한 갈등과 충돌을 최고의 도덕적 선(정의)을 갖고 있는 집단의 궁극적인 승리로 해결한다. 마가복음을 수평적 비극으로 결정한 것은 복음서가 정치적 사건을 다루고 있다고 이해한 것이다. 그러므로 수평적 비극으로서 마가복음은 예수를 올바른 이상으로 그리고 예수의 반대세력을 불의한 것으로 결정하는 편가름을 보여주며, 마가복음의 예수를 최고의 도덕

---

41) Anne Paolucci and Henry Paolucci, *Hegel: On Tragedy* (New York: Harper and Row, 1962), 325.

적 이상을 행하려는 의지를 갖고 있는 주인공으로 이해한 것이다. 그러나 비극으로서 마가복음은 선과 악의 이분법적 구분이나 최고의 도덕적 이상을 제시하는 것을 최종적인 목적으로 고려하지 않고 있다.

수평적 비극보다 수직적 비극이 마가복음의 구성과 의도에 더 잘 어울린다. 마가복음은 예수에 관한 비극의 수직적인 국면을 강조하면서 예수 자신의 모습에 대하여 관심을 가지게 한다. 십자가를 향한 예수의 운명, 예수의 존재형태는 비극으로서 마가복음의 핵심적인 본질이다. 특별히 마가의 카타르시스를 찾으며, 마가의 비극적 종류를 결정하려는 본장의 의도는 마가의 고난에 대한 특별한 관심과 함께 겟세마네 동산에 홀로 있는 예수의 모습을 기억하고자 한다.

2) 겟세마네 기도

다른 복음서의 겟세마네 에피소드와 비교하면서 그것에 대한 마가의 문학적인 목적을 살피고, 마가의 카타르시스를 찾아 비극의 종류를 결정하고자 한다. 여기서는 예수의 인간적 의지가 어떻게 나타나며, 그것을 어떻게 포기하고 있는지 관심 있게 살펴볼 것이다. 사실상 마가복음에 의지가 나타나지 않는다면 복음서는 비극이 아니다.

마가복음을 수직적 비극으로 정의하기 위해서는 겟세마네 기도의 세부 사항을 살펴보는 것이 필요하다. 공관복음의 겟세마네 기도는 각 복음서에 따라 약간의 차이는 있지만, 겟세마네 기도는 예수가 자기에게 놓인 잔을 옮겨지기를 요청했던 기도이다. 사건들의 배열 안에서 겟세마네 기도는 세 가지 요소로 구성된 논리적 진행을 갖고 있다: 1) 요청; 2) 반응; 그리고 3) 결과. 공관복음의 겟세마네 기도가 갖고 있는 그 약간의 차이는 각 복음서의 특성을 보여주는 중요한 요소이다. 특히 그 특성은 마가복음의 장르를 결정하는 데 있어서 결정적인 역할을 하는 요소이다. 우선 공관복음의 예수는 호격을 사용하여 하나님을 개인적으로 부르고 있었으며, 요한복음에는 하나님과 예수 사이의 연합이 이미 완성된 것으로 나타난다. 그러나 다른 복음서들보다 마가복음에서 예수와 하나님은 상당한 거리가 있는 것처럼 그려진다.[42]

누가복음에서 예수의 아버지는 예수의 고난의 잔을 옮기기를 원하지 않았다(눅 22:42). 누가복음의 겟세마네 기도의 논리적 진행은 다음과 같다: 1. 만일 아버지의 뜻이라면 이 잔을 내게서 옮기소서; 2. 잔은 옮겨지지 않았다; 3. 그러므로 잔을 옮기는 것은 하나님의 뜻이 아니다. 이러한 논리는 누가복음에서 하나님의 뜻은 다른 것이며, 예수의 의지는 없어졌다는 것을 보여준다. 하나님이 주체이다. 그러므로 여기서 보여주는 것은 하나님이 무엇인가를 원할 때 인간의 의지는 소멸되어야 한다는 것이다. 예수의 의지는 하나님의 의지에 의해 전혀 다른 종류로 전환되었다. 누가는 아버지의 의지와 예수의 의지를 분명하게 구분했다. 아버지의 뜻을 위해 누가는 불로마이(βούλομαι)를 사용하며, 예수의 의지를 위해 텔레마(θέλημα)를 사용한다.[43]

이 기도 후, 누가복음에서 예수와 제자 사이의 거리는 지속적으로 멀어진다: 기도를 시작할 때 예수와 제자는 돌을 던질 만큼 가까운

---

42) Joseph A. Grassi, "Abba, Father: Another Approach", *Journal of the American Academy of Religion* 50(1982), 449~458.

43) 아버지의 의지를 위한 단어인 불레마(βούλημα) 또는 불레(βουλή)는 동사 불로마이(βούλομαι)와 동일한 어원을 갖고 있다. Alfred Plummer, *Critical and Exegetical Commentary on the Gospel According to St. Luke* (Edinburgh: T & T Clark, 1977), 508~509. 누가의 기도는 하나님의 의지의 승리를 말하고 있다.

거리에 있었으나(눅 22:41), 기도 후 예수와 제자는 영적으로 너무 멀리 있었다. 주인공 예수는 하나님의 의지를 향하여 계속적으로 상승국면을 유지하고 있었으나 제자들은 하나님의 의지를 향하여 하강국면을 유지했다. 예수와 제자들 사이의 멀어짐은 겟세마네 기도를 분기점으로 하고 있다. 이것은 기도의 중요성을 강조하는 누가의 의도에 밀접하게 연관된 것 같다.[44) 누가복음에서 그곳(눅 22:40)은 기도하는 곳이다. 예수는 천사들의 도움으로 더욱 간절히 기도한다(눅 22:43). 그러므로 누가복음에서 예수가 기도했듯이 예수의 제자들도 기도해야 한다.[45)

누가복음과는 조금 다르지만 마태복음의 암시 역시 잔을 피할 수 없는 예수의 모습을 보여준다(마 26:39). 마태복음의 예수가 원하는 것은 성서적 의지의 종류를 대표한다: 1. 나의 아버지여 만일 할만 하시거든 이 잔을 내게서 지나가게 하소서; 2. 잔은 지나가지 않았다; 3. 그러므로 하나님께는 잔을 옮기는 것이 할 만한 것이 아니다.

마태복음에서 해석자들은 왜 이것이 불가능한지에 대하여 계속적으로 보여주었다. 불가능한 이유는 의지(fate)이다.[46) 이러한 것은 구약성서에서부터 사용되었다: 선지자들의 글은 반드시 이루어져야 한다(마 26:56; 참고 마 26:54). 마태복음의 겟세마네 기도에는 두 번의 기도가 기록되어 있다(마 26:3, 42). 첫 번 기도는 할 만한 것을 찾는 반면 두 번째 기도는 마시지 않고, 지나갈 수 없다고 결론 맺는다. 두 번째 기도에서 예수의 의지(fate)는 완전히 사라졌고, 오직 하나님의 의지(destiny)만이 존재한다. 마태복음에서 예수의 주목할 만

44) J. Warren Holleran, *The Synoptic Gethsemane: A Critical Study* (Rome: Università Gregoriana, 1973), 214.

45) Robert C. Tannehill, *The Narrative Unity of Luke-Acts: A Literary Interpretation volume 1: The Gospel according to Luke* (Philadelphia: Fortress Press, 1986), 271.

46) Donald A. Hagner, *Matthew 14~28*, WBC 33b (Dallas: Word Books, 1995), 783~784.

한 역할은 자신의 의지를 버리고, 자신을 위해 준비된 잔을 마시는 하나님의 충실한 종의 모습이다.

마가복음의 기도는 응답을 찾기가 어려우며, 일종의 신정론(theodicy)을 남겨두고 있는 듯하다.[47] 예수의 기도 내용에서 어떤 응답도 가능하지 않으며, 응답의 늦추어짐(지연)도 일어나지 않았다: 1. 모든 것이 가능한 아버지께 예수는 이 잔을 자신에게서 옮겨지기를 요청했다; 2. 잔은 옮겨지지 않았다; 3. 예수의 요청 자체가 잘못되었다.

마가복음의 겟세마네 기도에서 예수는 하나님께는 모든 것이 가능했다는 것을 확인했다. 그러나 아직도 잔은 옮겨지지 않았다. 모든 것이 가능했던 하나님은 무엇을 하고 있는가? 본문은 모든 것이 가능했던 하나님이 아무것도 행하지 않았다는 것을 보여준다. 그렇다면 마가의 구성 안에서 겟세마네 기도에 관련하여 다음과 같은 질문이 대답되어야 한다. 하나님이 그렇게 행하기를 원하지 않았다고 확신할 수 있는가? 그리고 마가의 예수는 누가의 예수가 이미 받아들였던 것을 받아드릴 의지가 없었던 것인가? 이러한 질문들에 대한 명확한 답을 찾기가 쉽지 않다. 그래서 관객들은 '왜'라는 질문을 가질 수 있다.[48] 첫 번째, 전능한 하나님은 왜 믿음 있는 예수의 기도를 들어주지 않았나? 둘째, 예수는 왜 그러한 것을 요청했는가? '왜'라는 질문은 마가와 마태에 의해 골고다의 십자가에서 표현되었다: 나의 하나님 나의 하나님 어찌하여 나를 버리셨나이까? 마가복음 안에 겟세마네에서 골고다로 움직이는 일방적인 진행만 있기에 우리는 이러한 사건들의 배열을 통하여 발생했던 질문에 대한 답을 찾아

---

47) Dowd, 앞의 책(1988).

48) Vernon K. Robbins and B. L. Mack, *Patterns of Persuasion in the Gospels* (Sonoma: Polebridge Press, 1989), 141.

야 한다.

관객들 중 어느 누구도 겟세마네 기도의 깊은 고뇌를 잊을 수 없다. 왜냐하면 마가복음에서 예수는 하나님의 권위로 가르쳤고 행했기 때문이다. 하나님은 예수를 통하여 말씀하셨고, 행하셨다. 마가는 시작, 중간, 그리고 결말에서 예수와 하나님의 관계를 분명하고, 단호한 선언들로 선포하였다. 그의 사역을 시작했을 때 하나님의 음성은 하늘로부터 울려 퍼졌다(막 1:11). 사역의 중간에도 하나님의 음성은 구름 가운데서 울려 퍼졌으며(막 9:7), 마지막에는 이방인 백부장의 입으로 선언되었다(막 15:39). 그러므로 예수의 절대적인 위기 순간에서 관객들의 기대는 또 다른 하나님의 음성이다. 왜냐하면 마가복음 11:23에서 예수 자신이 믿음 있는 기도의 능력을 선포했기 때문이다: "누구든지 이 산더러 들리어 바다에 던져지라 하며, 그 말하는 것이 이루어질 줄 믿고, 마음에 의심하지 아니하면 그대로 되리라."

마가의 사건들의 배열을 가능함, 있음직함, 그리고 필요성의 인과관계 안에서 본다면 논리의 진행은 다음과 같아야 한다: 1. 하나님은 모든 것이 가능하며,[49] 의심 없는 기도에 반드시 응답한다; 2. 하나님과 친밀한 관계를 갖고 있고, 믿음 있는 예수는 기도를 통하여 특별한 요청을 한다; 3. 그러므로 모든 것이 가능한 하나님은 믿음 있는 예수의 요청을 허락한다. 그러나 논리적 진행은 마지막 단계에서 파괴되었다: 겟세마네 기도에서 믿음 있는 예수의 요청은 실행되지 않았다. 사건들의 배열은 인과관계를 갖고 있지 않다. 모든 것이

---

49) '하나님께는 모든 것이 가능하다'는 개념은 마가복음에서 세 번 등장하고 있다(막 9:23, 10:27, 14:36). 비교를 위해 헬라어 본문을 그대로 옮겨놓는다: 마가복음 9:23은 πάντα δυνατὰ τῷ πιστεύοντι; 마가복음 10:27은 πάντα γὰρ δυνατὰ παρὰ τῷ θεῷ; 마지막으로 마가복음 14:36은 πάντα δυνατά σοι. 마가복음 9:23과 마가복음 10:27의 단어는 겟세마네 기도에 사용된 단어들과 거의 비슷하다.

가능한 하나님의 침묵만이 있다. 하나님의 침묵은 마가복음의 나머지 부분에 배열된 그의 말씀과 행함에서 들려진 것보다 훨씬 더 크게 들리고 있다. 믿음 있는 기도가 모든 것을 가능하게 한다는 말씀이 있을지라도 하나님은 지금 침묵하고 있다.

마가복음 전체에서 이러한 신학적 논리의 파괴는 무엇을 의미하는가?[50] 만일 신학적 논리가 파괴된다면 이 사건의 신학적 의도는 무엇인가? 모든 것이 가능한 하나님이 침묵하는 이유는 무엇인가? 하나님의 침묵은 예수의 마음이 두 마음으로 나누어졌기 때문인가? 아니면 예수의 믿음이 부족했기 때문인가?

이 문제를 해결하기 위해 우리는 하나님의 의지와 인간의 의지에 대한 개념으로 돌아와야 한다. 곧 인간이 원하는 것과 하나님이 원하는 것에 대한 재고가 필요하다. 겟세마네 에피소드의 중요성은 하나님의 의지와 인간의 의지가 충돌된 사건임을 암시하는 것이다. 예수의 본질적인 행동과 그의 인간적인 행동 사이의 충돌이기도 하다. 예수의 미래는 자신이 의지하는 것이 아니라 하나님이 의지하는 모든 것을 따라야만 한다. 예수의 의지적인 기도는 하나님의 절대적인 침묵과 지독한 외로움을 경험한다. 이러한 예수의 고독한 경험은 하나님의 원치 않음을 의미한다. 겟세마네 기도에서 하나님의 의지가 통제력을 갖고 있다. 신학적 논리 안에서 겟세마네 기도는 일어날 수 없는 불가능한 것이 삶 속에서 일어날 수 있음을 보이고 있다. 그리고 이것을 인정하는 순간 겟세마네 기도와 관련하여 관객들의 마음속에 있는 모순들은 산산이 부서질 것이다.

---

50) 예수는 인자의 필연적 운명은 잔을 마시고 그리고 많은 사람을 위해 그의 생명을 잃을 것이라고 분명하게 선언하였다. 요한과 야고보의 요청에서도 예수는 그들에게 도전했다: 나의 마시는 잔을 마시라(막 10:38). 그러나 겟세마네에서 예수는 스스로의 가르침에 따라 행동하지 않았다. 잔을 피하려는 행동은 비논리적인 행동이다. 하나님은 인자의 존재형태를 위해 그의 마실 잔을 필연적인 것으로 부과한 것이다.

겟세마네 에피소드는 여기까지 연속된 사건들의 진행에서 완전히 분리된 것 같다. 그것은 예수 안에서 인간의 의지가 표출된 첫 순간이다. 이 에피소드는 예수의 인간성을 보여주는 장면이며, 비극적 행동을 따르는 예수의 내적인 갈등을 표현한 사건이다.[51] 이런 점에서 겟세마네 에피소드는 하나님의 의지 안에서 삶을 완성하려는 예수의 태도가 흔들리는 대표적인 첫 번째 에피소드라 할 수 있다. 그러므로 겟세마네 에피소드는 예수가 고난받아야 하기 때문이 아니라 그가 당한 고난은 고난을 제거할 수 있는 충분한 능력을 갖고 있는 하나님의 의지라는 점에서 매우 충격적이다.[52]

그렇다면 마가의 예수는 왜 하나님의 간섭을 요청했는가? 이유는 바로 마가가 다가오는 혹은 진행 중인 핍박과 환난을 준비하고 있는 그의 관객들에게 기도의 적절한 내용을 보여주기 위함이다. 그리고 기도는 신적 의지와 인간적 의지를 모두 갖고 있는 이중적인 마음을 제거하고, 신적 의지로 채워진 단일한 마음으로 옮겨가게 하는 수단임을 보여주는 것이다.[53] 그러므로 하나님과의 친밀도 안에서 예수의 의지는 '왜 기도를 들어주지 않습니까?'를 질문하지 말아야 한다.[54] '왜'의 질문을 행할 때 그의 삶이 재현한 행동은 의미가 없어진다. 하나님은 겟세마네의 시간으로부터 그를 옮겨가는 것을 원하지 않았다. 그렇다고 '왜'의 질문이 필요 없다는 것이 마가복음이 숙명적 비극이라는 것은 결코 아니다. 왜냐하면 겟세마네 기도를 통하여 마가는 예수를 어찌할 수 없어 숙명을 따라가는 나약한 주인공으

---

51) 윌리엄 맥콜롬(William G. McCollom) 역시 겟세마네 사건을 예수의 의지를 가장 명백하게 보여주는 사건으로 간주하고 있다. William G. McCollom, *Tragedy* (Macmillan, 1957), 89~97.

52) Dowd, 앞의 책(1988), 158.

53) Susan R. Garrett, *The Temptation of Jesus in Mark's Gospel* (Grand Rapids: Eerdmans, 1998), 97.

54) Senior, 앞의 책(1984), 76.

로 묘사했기보다는 예수를 숙명을 향하여 자발적으로 나아가는 능동적 존재형태로 보여주었기 때문이다.

예수에게 '왜'의 질문이 필요하지 않았듯이 관객들이 갖고 있던 '왜'의 질문도 필요하지 않을 것이다. 마가복음에서 예수를 따르는 자들이 예수와 동일한 운명을 공유해야 하듯이 관객들도 이러한 것을 공유해야 한다.[55] 마가는 예수의 기도를 공동체를 위한 전형적인 모델로 제안한다. 이것은 관객 자신의 신분을 예수의 고난에서 찾도록 하기 위함이다. 그리고 마가는 관객들의 삶에서 하나님의 뜻에 신실하도록 예수를 재현하도록 했다. 왜냐하면 예수의 고난은 의로운 대속적 고난이기 때문이다. 그러므로 관객들은 그것을 받아들이고, 비극적 사건들에 참여하도록 요청받았다. 비극적 사건들로의 참여는 하나님의 일을 받아들이는 것이다(막 8:33). 어떤 가벼운 낙관주의도 마가가 묘사했고, 드러냈던 비극적인 분위기를 혼란에 빠뜨리지 못한다. 마가복음 9:24에 기록된 아버지의 음성이 마가의 의도를 가장 잘 반영하고 있다: "내가 믿나이다 나의 믿음 없는 것을 도와 주소서."[56] 여기서 언급한 믿음은 예수에 대한 믿음일 뿐만 아니라 비극적 가르침에 대한 것이기도 하다: 그것은 겟세마네, 버려짐, 그리고 십자가로의 필연적인 인도이다. 생명을 얻기 위해서는 그것을 잃어야 한다(막 8:35).

이 기도 후, 예수는 그의 제자들에게 돌아와서 그들이 자는 것을 발견한다: "시몬아 자느냐, 네가 한시 동안도 깨어 있을 수 없더냐 시험에 들지 않게 깨어 있어 기도하라 마음에는 원이로되 육신이 약하도다"(막 14:37~38). '깨어 있으라'는 말씀은 보고, 듣는 것에 대한

55) D. Lührmann, "Biographie des Gerechten als Evangelium", Word und Dienst 14(1977), 27.

56) Dan O. Via, The Ethics of Mark's Gospel-In The Middle of Time (Philadelphia: Fortress Press, 1985), 186~192.

초기 강조를 회상시킨다(막 4:12). 바로 그 강조는 겟세마네 에피소드에서 강화되고, 다시 명령되고 있다. 종말 강연에서 예수는 다가오는 고난에 대한 그의 말씀을 '깨어 있으라'라는 명령으로 결론 맺었다(막 13:33, 34, 35, 36).[57] 그 명령이 여기서 다시 반복된 것이다.

그리고 겟세마네 에피소드에서 마가는 깨어 있음과 시험 이야기를 연결하였다.[58] 마가가 시험 에피소드(막 1:12~13)의 분위기를 여기에 반영한 것은 매우 흥미로운 것이다. 시험이라는 단어는 신약성서에서 상당히 다양하게 사용되고 있으나 여기서는 관객 자신의 시험에 관련된 것이다. 관객들은 많은 것에서 모든 종류의 행동에 의해 시험받고 있다. 가장 중요한 종교적인 시험은 하나님께 불순종하거나 그를 부인하는 것이다.[59] 여기서 예수의 시험은 하나님의 의지에 대한 순종과 하나님의 의지에 대한 반역(인간적인 의지를 따름) 사이의 개방된 선택 안에 놓여 있다.[60] 세니어(D. Senior)는 겟세마네를 영과 육의 영적 전쟁터로 이해한다. 그에 의하면 영은 초월적인 국면으로서 하나님께 응하는 요소이며, 반면에 육은 죽게 마련이며, 유한하고, 자기중심적인 경향을 갖고 있는 요소이다.[61]

예수의 시험은 제자들의 시험일 수 있다. 베드로는 하나님의 일(의지)보다 사람의 일(의지)을 더 생각하는 것으로 비난받았다(막 8:33). 광야에서 예수는 위협되지 않았고, 오히려 천사들이 시중들었다. 그러나 예수에게 겟세마네 동산은 가장 외로운 장소이며, 위협

---

57) Garrett, 앞의 책(1998), 155.

58) Senior, 앞의 책(1984), 77~79.

59) R. S. Barbour, "Gethsemane in the Tradition of the Passion", *New Testament Studies* 16(1970), 231~251.

60) 차정식, "예수의 수난, 그 비극적 진정성", 『기독교 사상』 490(1999), 117.

61) Senior, 앞의 책(1984), 79. 세니어의 영과 육 구분은 신적 의지와 인간적 의지 사이의 경쟁을 보여준다는 점에서 올바른 것이다.

과 고뇌로 채워진 장소이다. 겟세마네는 육신의 의지가 드러나는 곳이다. 마가는 고난과 죽음을 신의 의지를 거부하려는 인간적 의지 안에서 일어나는 마지막 투쟁의 대상으로 사용하였다. 십자가의 필연적인 의지를 받아들이면서 예수는 자신의 의지, 사람의 일의 유혹을 극복해야 했다.

예수의 세 번째 기도 후, 그는 깨어 있지 못한 제자들이 아직도 자고 있는 것에 대하여 놀라움으로 말했다. 예수는 그만이라 때가 왔다고 말했다(막 14:41). 시몬은 한 시간 동안 깨어 있도록 요청되었으나 요청된 한 시간은 이미 지나갔다. 어느 누구도 깨어 있지 않았다. 그들은 자고 있었으며, 곧 도망할 것이다. 그들 모두는 실패할 것이다. 인자는 죄인의 손에 팔릴 것이다.

인간적 의지와 관련하여 아무것도 할 수 없는 힘없는 예수는 제자들에게 일어나 함께 가자고 했다. 처음에 그는 아픈 자를 고쳤고, 말씀으로 죽은 자를 일으켰으나 지금 예수는 자신의 의지 안에서 아무것도 할 수 없었다. 곧바로 유다가 무리와 함께 도착했다. 마가의 플롯은 무리를 모든 폭력의 실체로 묘사한다. 무리는 검과 몽치로 무장했고, 대제사장과 서기관 그리고 장로들에 의해 파송된 사람들이었다. 배반자는 그들과 암호를 짜 예수를 넘겨줄 준비를 마쳤다. 유다가 예수에게 접근하여 입을 맞추자 무리들이 예수를 사로잡았다. 예수가 잡힌 후, 모든 사람이 그를 버리고 도망갔다는 점에서 마가의 구성은 전적으로 완전한 실패를 강조한 듯하다. 예수가 사로잡힌 후, 마가복음에는 제자뿐만 아니라 예수도 무대의 중심에서 보이지 않았다. 예수의 모습은 군중 속으로 사라졌고, 제자 모두는 그를 버렸다. 예수를 길에서 따르려고 노력했던 마지막 익명의 제자 역시 따르지 못하였다.

마가복음에는 예수와 이상적 제자들 사이의 놀라운 일치성이 있다. 예수의 길은 완벽하게 제자들의 길이 될 것이다(막 10:38). 위기의 본질을 이해한 마가 시대의 관객들은 제자들에 의해 완성되지 못한 여행을 완성하도록 초대되었다.62) 공생애를 통하여 그는 제자들의 믿음 없음을 도왔고, 그들에게 용기를 주었으며 동정적인 마음으로 그들과 함께했다: 두려워하지 말고, 믿기만 하라(막 5:36). 마가복음에서 예수와 제자들 사이의 일치성이 끝까지 유지되지 못한 것을 마가의 플롯은 예수와 관객들을 동일시하는 것으로 완성하려 한다.63) 마가는 관객들에게 예수의 삶의 방법을 관객 스스로의 삶을 통하여 재현하도록 초대했던 것이다. 겟세마네 에피소드는 이러한 초대에 대해 관객 개인의 고뇌와 갈등을 보여주는 상징적인 사건이다. 그러나 관객 각자가 재현해야만 하는 비극적 행동은 실생활에 있어서 경험되는 사건들과는 달리 고통을 주는 것이 아니라 즐거움을 주는 것이다. 이것은 배움으로부터 오는 즐거움이다. 배움은 특수한 사건들에 일관성을 부여하는 일반적 개념과 특수한 것 자체에서 관계를 발견하는 것이다. 마가복음에서 비극의 본질적인 부분은 예수를 따르는 사람들이 그의 위기 상황에서 그에게 힘이 되지 못했다는 것이다. 대신에 그들은 그를 버렸다. 이것은 비극으로서 마가복음의 가장 진지한 경고이며, 독자들이나 관객들의 마음 중심에 남는 것이다.

마가의 겟세마네 에피소드가 왜 그렇게 문제가 되는지는 분명해질 뿐만 아니라 마가의 복음서가 왜 빈 무덤과 두려움으로 종결했는지도 분명해진다. 그것은 마가가 예수의 부활을 믿지 않았다는 것이

---

62) Werner H. Kelber, *Mark's Story of Jesus* (Philadelphia: Fortress Press, 1979), 94.

63) E. Best, *Following Jesus: Discipleship in the Gospel of Mark* (Sheffield: JSNT Press, 1981), 248.

아니다. 고난과 죽음에 대한 예언에서 예수의 부활은 이미 명백하게 드러나 있다(막 8:31; 9:31; 10:34). 오히려 마가의 주인공과 관객들은 파루시아를 기다린다. 비극으로서 마가복음은 출구(exit)가 없는 무대가 아니다. 비극으로서 마가복음은 행복한 종결을 갖고 있는 드라마이다. 그러나 행복한 종결은 다가오고 있지만 아직 완성되지 않았다. 비록 복음서가 종결되지 않았을지라도, 비극으로서 마가복음은 해결되어야 하는 이야기를 전하기를 원한다. 사실 종결이 부재일 경우 어떠한 해결도 가능하지 않은 것이 사실이다. 그리고 우리는 문제 해결을 위해 더 이상 초월적인 것을 보증하기를 마다하지 않는 것도 사실이다.[64] 마가복음에서 해결되어야 하는 것은 부활한 예수의 출현이 아니고, 비극적 사건들을 통하여 이루어진 카타르시스가 독자들이나 관객들에게 발생하여 그들이 예수의 행동을 재현하는 것이다.[65] 이상적인 제자는 십자가의 필요성을 인정하면서 예수의 삶을 살아야 한다. 곧 마가의 종결은 행복한 종결을 넘어선 개방된 종결이다. 관객들 누구나 예수의 행동을 재현하는 것에 초대된 것이다.

다른 일반적인 그리스 비극과는 다르게 기독교 위인전적 비극으로서 마가복음은 드라마의 종결과 문제의 해결을 전적으로 다르게 보고 있다. 문제해결인 부활은 비극적인 보편성에서 해결을 찾고 있다. 기독교인들이 종결에서 분명하고, 명확한 문제해결이 일어날 것이라고 믿는 것은 마가복음을 비-비극적으로 만들지 못한다. 부활은 모범적인 행복한 결말이다. 그러나 마가복음은 행복으로부터 거리가 먼 두려움과 도망으로 종결한다. 그리고 설령 마가복음이 행복

---

64) Lucian Goldmann, 앞의 책(1964), 46~48.

65) 빈 무덤 주위에 있는 여인들의 행동은 신실함과 이해의 문제가 아니라 용기 있는 행동의 문제임을 보여준다. Robert G. Hamerton-Kelly, *The Gospel and the Sacred: Poetics of Violence in Mark* (Minneapolis; Fortress Press, 1994), 87.

한 결말로 종결했을지라도, 마가복음은 여전히 비극이다. 그러나 만일 행복한 결말로 종결하기 위하여 진정한 고난이 무시되었고 각색되었다면, 그리고 만일 이해하고 믿기 위해 삶의 고난을 능동적으로 직면하지 않았다면, 마가복음은 더 이상 비극이라 할 수 없다. 기독교 비극 안에서 구원은 예수의 고난에서 일어나는 것이 아니라 그의 고난을 통하여 일어난다.[66] 고난이라는 단어는 필연적으로 비극의 마지막 단어가 아니라 비극의 첫 단어이다; 만일 그것이 마지막이 아니라면, 확실히 비극의 시작이다. 고난은 비극과 복음서들이 동일한 언어를 말하고 있는 바로 그것이다: 인간이 재현해야 하는 것이며, 그것을 무의식적으로 받아들이기를 거절하는 것이며, 그리고 고난을 통하여 존재형태를 인식하려는 의지와 이해가 있는 실체이다.

비극은 종교 행위로부터 기원한다. 카타르시스의 원형은 희생과 신의 재생에 뒤따르는 신의 현현이다. 그러므로 마가의 카타르시스는 하나님, 예수, 그리고 이상적인 제자 사이의 관계를 배우게 하며, 예수의 고난으로 드러난 하나님의 현현을 이해하고, 더 나아가 관객의 고난을 통하여 드러난 하나님의 현현을 깨닫게 해준다. 비극으로서 마가복음은 예수의 삶의 과정에 드러난 진정한 하나님의 실체(본질)에 대한 궁극적인 예이다. 만일 독자나 관객이 예수의 행동(삶의 과정)에 참여한다면 독자나 관객들의 참여는 마가복음에서 가르쳐진 믿음 자체이며, 신의 현현의 구체적인 실체이다. 마가의 비극적 사건들의 배열로 이루어진 연민과 두려움을 통하여 일어난 카타르시스인 배움의 즐거움은 참여자들에게 새로운 초월성을 경험하게 한다. 초월적인 경험은 예수와의 일체감뿐만 아니라 다른 참여자들과의 일체감도 느끼게 한다. 이러한 특별한 사건은 새로운 존재형태의

---

66) Hegel, *The Letters*, tr. by Clark Butler (Bloomington: Indiana University Press, 1984), 57.

현현을 의미한다.

4. 결론

마가 자신이 전하고 싶었던 신학적 메시지를 비극적 문학구조 안에 담아 놓았다는 것은 분명하다. 마가복음은 믿음에 대한 선포인 동시에 역사적 요소들을 갖고 있다: 역사적 사실은 예수의 생애와 초기 교회의 경험을 기본 바탕으로 하는 것이다. 그러나 역사적 흥미가 일차적인 것은 아니다. 가장 중요한 관심은 예수 그리스도에 대한 적절한 반응을 통하여 찾을 수 있는 구원의 선포에 있다. 예수의 중요한 역할은 마가 시대의 기독교인들에 의해 이해되었다. 그것은 핍박을 직면하고 있는 회중에게 견딜 수 있는 힘을 주고, 용기를 주기 위한 부르심이다. 비극적 양식 안에서 기록된 마가복음은 목회적인 관심 안에 있다.

마가는 역사적이고 요한은 영적이라는 마가복음과 요한복음의 전통적인 구분은 더 이상 유지될 수 없었다. 마가복음은 요한복음만큼 믿음의 이야기를 극화시킨 것이다. 역사 안에서 교훈을 주기 위해 기록된 것이 아니라 사람들이 참여하도록 설득하기 위해 기록된 것이다. 요한처럼 마가도 역사적인 사건들과 인물들을 갖고서 그의 믿음을 표현하기 위해 그들을 자유롭게 문학적인 상상력 안에서 사용했다. 모든 개념과 구성 안에서 마가복음은 요한복음만큼 문학적-신학적 상상력을 갖고 있다.

마가복음은 실질적인 문학적 단일성(unity)을 갖고 있는 문헌이다. 이러한 단일성은 문학과 신학, 그리고 목적과 주제의 단일성을 통하여 이루어졌다. 그의 드라마는 절정을 향하여 지속적으로 움직인다. 절정을 향한 지속적인 진행을 돕기 위해 잘 어울리는 모든 요소들이 의도적으로 치밀하게 선택되었다. 마가는 예수가 이상적인 제자들을 부르기 위해 고난과 죽음으로 대표되는 십자가의 삶을 살았고, 다시 오실 것이라는 메시지를 전하면서 기독교인은 그 메시지를 따라 현실세계 안에서 예수의 삶을 실천해야 한다고 권고했다.

저자로서 마가는 풍부한 상상력, 창조력, 그리고 예술성을 갖고 있는 사람이었다. 메시지와 권고를 전하기 위해 마가는 솜씨 있는 문학가처럼 그의 자료들을 세밀하게 선택하여 다듬었고, 그리고 배열하였다. 마가복음은 위기와 시간적인 경각심과 조급함 가운데 쓰였지만 복음서는 조심스러운 계획에 따라서 구성되어있다. 우리는 셰익스피어가 심각한 압박 가운데 작품을 썼다는 것을 알고 있지만 아직도 그의 작품 세계는 거대한 영향력을 갖고 있다. 마가의 비극적 세계는 관객의 행동을 변화시키기에 충분한 능력과 영향력을 갖고 있다. 이렇게 말하는 것이 더 적절할 것이다: 고난받는 인자에 대한 비극은 어떤 그리스 비극보다 더 많은 사람들을 새로운 경험과 존재형태로 인도한다. 마가복음은 초기 기독교 교회의 보물일 뿐만 아니라 마가복음은 현존하는 기독교 문학 가운데 가장 위대하고 영향력 있는 걸작이다.

주제

아리스토텔레스는 인물(성격, character)을 희곡 구성의 한 기준으로 인정했다. 그리고 그는 인물 또는 성격을 어떤 행위자(등장인물)의 인물 유형을 표현할 때 근거가 되는 요소로 정의했다. 아리스토텔레스에 따르면 모든 시대는 인간의 성격을 분류하는 어떤 일반적인 범주나 유형을 가지고 있다. 극작가는 인물에 관한 특정 범주나 유형을 따라 주인공에게 필요한 성격을 제공한다. 이 중에 가장 대표적인 것이 도덕적인 또는 심리적인 범주 안에서 인물의 특성을 구성하는 것인데, 극작가는 도덕적인 또는 심리적인 구조로 정신적으로 혹은 윤리적으로 고귀한 인물의 행동을 조합하기도 한다. 행동이나 사고의 조합이 인물구성이다. 그리고 아리스토텔레스에 따르면 본질적으로 한 인간의 본성은 그 자신의 행동과 사고를 통하여 드러난다. 성격과 사고를 통하여 드러난 주인공의 본질은 세 가지 기준의 복합적인 관계 안에서 재현된다: 인물구성(성격묘사, characterization), 신분(status), 그리고 도덕성(morality). 작품 안에서 등장인물은 인물구성을 통하여 인간답고 일관성 있는 성격을 구비한다. 이러한 일련의 과정을 통하여 등장인물은 작품 속에서 성격에 따라 필요한 선택된 행동과 가르침을 보여준다. 그리고 극작가의 독특한 환경과 특수한 목적은 주인공에 대한 인물구성의 방법과 과정에 영향을 미치기도 한다.

아리스토텔레스는 인물구성에 대하여 다음과 같이 말했다: "모방이라는 것은 행동의 모방이며, 어떤 행위자들을 수반하기 때문에 이 행위자들이 어떤 사람들인가 하는 것은 필연적으로 그 성격과 사고(사상)에 좌우된다. 우리가 행동의 특성을 지칭하는 것은 이 두 가지 유의점을 기초로 하는 것이다. 왜냐하면 인간의 행동의 자연스러운 원인이 되는 것은 바로 이 성격과 사고라는 두 가지 것이기 때문이다. 그리고 그들의 생활에 있어서 모든 성공과 실패도 이 두 가지 원인에 기인한다. 이 때문에 우리는 비극의 플롯이 행동의 모방이라고 말하는 것이다"(『시학』 VI 1450a). 성격은 행위자들이 어떤 사람보다 어떤 것인지를 분명하게 한다. 왜냐하면 행위자들이 사고를 갖고 있기 때문이다. 결국 성격이라는 것은 행위자가 만든 선택의 종류를 언급하는 것이다. 반면에 사고는 행위자가 행동이나 말로 표현하는 생각의 종류를 말하는 것이다. 아리스토텔레스는 사고의 범주를 심도 있게 전개하지 않았고, 그의 『수사학』을 참고하게 하였다. 왜냐하면 사고는 수사학적 훈련의 측면이 더 강하기 때문이다(『시학』 XIX 1456a 34~35). 그는 사고의 범주 안에 포함하고 있는 사물의 종류를 두 번 밝혔다: "사고는 무엇을 증명 또는 논박하거나 보편적인 명제를 말할 때 그 언사 속에 나타난다"(『시학』 VI 1455b 11~12); "등장인물의 사고는 그들의 언어에 의하여 이루어지는 모든 것 다시 말해 무엇을 증명하려 하거나, 반박하려 하거나, 감정(연민, 공포, 분노 등)을 환기시키려 하거나, 과장하려 하거나, 과소평가하려는 그들의 노력 속에 나타난다. 그러므로 만일 그들의 행동이 연민이나 두려움의 감정을 불러일으키거나 또는 중요하다거나 개연적이라는 인상을 주기를 바란다면 그들은 행동에 있어서도 언어와 동일한 원칙을 따르지 않으면 안 된다"(『시학』 XIX 1456a 35).

등장인물들의 사고와 감정은 그들의 언어뿐만 아니라 행동에 의해서도 표현될 수 있다. 그래서 소기의 효과를 산출하기 위해서는 양자에 동일한 원칙, 즉 수사학에 속하는 원칙이 적용되어야 한다. 행동의 경우에는 효과가 설명 없이 산출되어야 하는 데 반하여 언어의 경우에는 화자의 언어에 의하여 산출되지 않으면 안 된다. 행위자들로서 주인공들은 그들이 선하다고 선택한 것과 그들이 진실하다고 믿는 것 양자 모두를 갖고 있어야 한다. 그것들은 인물을 고귀하거나 뛰어난 인물로 만들기에 충분하기 때문이다. 왜냐하면 그 같은 사람은 비극의 적절한 주인공이 될 수 있기 때문이다. 고귀하고 뛰어난 사람에 반대되는 성격은 희극의 대상으로 적절하다. 이것은 그들이 재현하는 대상에 기초하여 희극과 비극을 구분할 수 있음을 반영한다. 비극의 대상은 고귀하고(성격과 사고에서 고귀한 행위자) 완전한(가능함, 있음직함과 필요함의 인과관계에 의해 배열된 플롯 안에서 재현된 하나의 행동을 모방하는) 행동을 하며, 이 행동은 적절한 크기(행운에서 불행으로 옮겨가는 진행을 충분히 보여주는)를 갖고 있다.

1. 인물구성의 요소

인물구성에 관련하여 아리스토텔레스는 좀 더 나은 종류로의 인물구성은 고귀함, 적합함, 유사함, 일관성 안에서 이루어져야 한다고 주장했다.[1] 인물구성을 위하여 저자는 이 네 가지 원칙을 가능함, 있음직함과 필요함의 관계 안에서 유지해야 한다. 이러한 관계 안에서 주인공의 성격은 그의 본성과 조화를 이루어야 한다. 인물의 본성에 의존하여 주인공은 선하고, 적합하며, 유사하고, 일관성이 있는 행동과 성격을 지니게 된다. 곧 인물의 행동과 성격은 가능함, 있음직함과 필요함에 의해 밀접한 관계를 갖게 되는 것이다. 인물의 성격은 행동에 의해 규정되기도 한다. 맥베스의 가장 본질적인 특성은 그가 던컨 왕을 살해했다는 사실에 의해 결정된다. 그러므로 맥베스는 이 과업을 완성하기 위한 성격으로 묘사되어야 한다. 인물의 특

---

1) 『시학』 XV 장에서 아리스토텔레스는 인물에 대한 자세한 설명을 하고 있다.

성과 행위의 관계는 인물구성이 플롯과 밀접한 관계 안에 있음을 나타내는 것이다. 극작가는 등장인물에게 그의 행위를 지정하고, 어떤 범주나 유형의 특성을 첨가함으로써 인물구성의 과정을 완성한다. 신분의 상태와 관련하여 아리스토텔레스는 주인공을 두 종류로 분류하면서 비극적 영웅은 보통 사람보다 나쁜 사람이 아니라 보통 이상의 사람이어야 한다고 주장했다. 도덕성과 관련하여 비극적 영웅은 절대적으로 선하거나 절대적으로 악한 상태 사이에 있는 어떤 사람이어야 하는 것이다.

1) 유사성

유사성(ὅμοιον)이라는 특성은 가장 까다롭고, 이해하기 어려운 특성이다. 기본적인 개념은 주인공이 현실세계에 있는 사람과 같은 성격을 가져야 한다는 것이다. 일반적인 의미의 한 형태를 인물에게 부여한 후 극작가는 인물을 세부적으로 특성화한다. 인물의 특성화라는 것은 인물에게 전체적인 윤곽, 곧 평범함과 보편성을 완화시켜 줄 수 있는 특이성을 부여하는 것이다. 이러한 상황에서 유사성은 '개인다워야 한다'는 의미이다. 이것은 대상 인물들과의 유사성을 의미한다. 엘스(Else)는 '우리와 같은'(like us)이라는 단어를 사용하여 이해하고 있다. 그에 의하면 '우리와 같은'이라는 것은 인물의 도덕적인 범주를 나타내는 기준이다. 그것은 인간 존재의 도덕적인 성격에 충실하다는 것을 일반적으로 의미한다.[2] 아가멤논을 묘사할 경우 극작가는 전통적인 아가멤논과 결부된 특성들에 유사한 인물구성을 해야 한다. 마찬가지로 아킬레스를 묘사하려면 저자는 모든 법을 어

---

2) Else, *Aristotle's Poetics: The Argument* (Cambridge: Harvard University Press, 1957), 475~482.

기는 아킬레스의 모습을 그려야 한다. 왜냐하면 그는 칼에만 의존하기 때문이다.

만일 주인공의 대상이 실존인물이 아니라면 극작가는 인물에 대한 행위의 관계에 의존할 뿐만 아니라 그 인물에 주어진 특수한 관계에도 의존해야 한다. 이 경우에도 극작가는 가능함, 있음직함 그리고 필연성의 인과관계 안에서 그 유사성을 유지해야 하는 것이다. 아리스토텔레스에 따르면 비극적 영웅이 정상적인 사람과 다르다면, 관객들은 그를 믿을 수 없게 되기 때문에 비극의 인물구성에서 유사성의 특성은 반드시 필요한 것이다. 유사성에 의해 인물구성이 완성되지 못한 등장인물은 관객들에게 동정을 전혀 유발할 수 없게 되는 것이다.

2) 적합성

적합성(ἁρμόττον)은 등장인물의 일반적인 성격에 어울리는 특성과 가치를 갖기 위해 필요한 것을 적절하게 표현했는지 나타내는 것이다. 아리스토텔레스가 여자를 남자 같고, 용감한 성격으로 묘사하는 것은 적합하지 않다고 말하는 점에서 아리스토텔레스가 의미하는 적합성의 기준은 극작가의 문화에 의존함을 함축적으로 보여준다. 적합성은 고전 수사학에서 말하는 적정률(어울림, decorum)에 매우 가까운 개념이다. 아리스토텔레스는 적합한 성격의 특성을 예증하기 위해 남자다움이란 말을 사용하면서 남자답다는 것은 여자에게는 적합하지 않다고 언급했다. 적합성의 특성은 성, 연령, 사회계급, 직업, 국적 등에 의한 것임을 증명하기에 충분하다. 적합성은 그리스 비극을 모방한 세네카의 라틴어 작품들에서는 더욱 현저하게 나타나고 있다. 르네상스 시대에도 그것은 여전히 중요한 요소이기도 하였다.

비록 그리스 문화 안에서 여자와 노예들이 그들의 특별한 특성을 갖고 있을지라도, 그럼에도 불구하고 그들의 특성들은 다른 자유인들보다 열등한 것으로 인정되었기 때문에 선함(χρηστός)은 등장인물을 다양한 종류의 사람 가운데서 가장 뛰어난 종류의 사람으로 구성하기 위해 필요한 것이다. 선함은 착함, 용감함, 강직함 등을 의미하며, 이러한 의미들이 가능함, 있음직함 그리고 필요함의 인과관계 안에서 결합된 인물구성이 갖게 되는 최상의 의미가 될 것이다. 오이디푸스, 히폴리투스, 오레스테스, 그리고 안티고네에게는 단어 '의로움'이 적합하며, 클리타임네스트라와 메디아에게는 '의지의 굳음'이 적합할 것이다. 만일 선함이 비극의 등장인물의 가장 일반적인 성격구성이라면, 거기에 적합한 특징들을 나타내기 위해서는 그 생김새가 상세하게 묘사되어야 하며, 필요함과 있음직함에 의해 행동에 연관되는 방법으로 재현되어야 한다. 그리고 선함은 극중 인물들에게 정신적인 고귀함을 주는 특성으로 정의할 수 있다. 고귀함의 세부적인 특성은 작품과 인물에 따라 다를 것이다. 선함은 크면 클수록 좋다. 불필요한 악함 혹은 천함을 포함하고 있는 비극은 연민과 두려움의 가장 중요한 원천을 잃을 수 있기 때문이다.

3) 일관성

일관성(ὁμαλόυ)은 극의 진행을 통하여 인물이 동일한 형태의 행동을 계속적으로 유지해야 하는 요소이다. 주인공의 모든 행동과 언어는 극 안에서 조화를 이루어야 한다. 유사성, 선함, 그리고 적합성은 특징적인 대사를 구성하는 일에 관한 것이다. 일관성의 기준은 극의 마지막의 대사를 통하여 드러난 인물의 특성이 첫 대사로 밝혀진 특성과 동일해야 한다는 원칙이다. 이 일관성은 극 전체를 통하여 비교적 불변의 요소이다.

그러나 이러한 성격의 특성들이 한 인물을 특성화하지는 않는다. 인물구성의 네 가지 측면은 가능함, 있음직함 그리고 필요함의 인과관계 안에서 특정 인물에 대한 기본 토대를 갖는다. 인물의 각 특성은 가능함, 있음직함 그리고 필요함의 인과관계 안에서 상호관계를 이루어야 한다. 그래서 이 인과관계는 플롯의 행동을 유발하는 원천일 뿐만 아니라 모든 국면의 사건들을 하나로 묶는 것이다.

4) 고귀함

비록 독특성을 갖고 있을지라도 선함은 고귀함(σπουδαῖος)에 관련되어 있다; 후자는 표준적인 것 이상으로 인간의 기본적인 신분에 관련된 것이고, 전자는 선한 것으로서 고귀한 인물을 나타내는 특별한 특징들을 언급하는 것이다. 비극적 영웅은 비극적 운명을 경험하는 어떤 사람이 아니라, 비록 비극적 영웅이 고귀한 신분이고 선한 사람일지라도, 그는 그 같은 비극적인 경험을 갖게 되는 사람이다.

얼마나 선한가는 아리스토텔레스가 『시학』 XIII장에서 상당한 공간을 할애하여 질문한 것이다. 그는 선과 악의 이분법적인 구분을 배제함으로 시작하는데, 이 이분법은 고귀함과 열등감(φοῦλος) 사이의 초기 구분과는 일치하지 않고 있다. 이러한 구분은 도덕성을 드러낸 요소들의 양극단적인 것을 나타내는 것이다: 신분(지위)적 상태를 통한 상반된 요소인 뛰어남과 열등함, 인물 구성적 상태를 보여주는 상반된 요소인 선함과 악함, 마지막으로 도덕성의 상태를 통한 결점 없음과 결점 있음.

행운에서 불행에 이르는 어떤 사람의 추락은 연민과 두려움의 비극적 반응을 유발할 것이다. 만일 악한 사람이 어떤 과정을 통하여 가치 있는 것을 갖게 된다면, 그러한 진행은 도덕적인 만족감을 유발하기 어렵다. 그리고 만일 선한 사람이 전적으로 불행하게 된다면, 이 경우는 도덕적인 불쾌감을 유발하게 된다. 역으로 불행에서 행운에 이르는 악한 사람의 행동은 굉장히 불쾌한 일이다; 비록 아리스토텔레스가 불행에서 행운으로 옮겨가는 선한 사람을 말하는 것을 꺼리지 않았을지라도, 이것은 나름대로의 만족감을 줄 수 있다. 앞에서 언급된 네 가지 가능성에 포함되지 않는 조합은 어떠한 연민과 두려움도 유발시키지 못한다. 남은 것은 이들의 중간에 있는 인물이다. 덕과 정의에 있어서 주인공의 성격이 월등하지 않으며, 악덕과 속임수 때문이 아니라 신분에 대한 어떤 잘못된 판단을 통하여 불행에 빠진 인물이 그러한 인물이다. 아리스토텔레스는 불행에서 행운으로 옮겨가는 것이 아니라 행운에서 불행으로 옮겨가는 진행을 더 좋아한다. 이 말은 주인공이 덕과 악 사이의 중도적인 인물이어야 한다는 이야기가 아니며, 또한 주인공이 평균적인 미덕을 갖추고 있어야 한다는 이야기도 아니다. 연민과 두려움을 유발하기 위해 인물은 악인보다는 선인 쪽에 속해야 하며, 최대한으로 선에 가까워야 한다는 것을 말하고 있다. 그러나 중도적인 인물은 올바르고, 적절한 덕을 갖추고 있으나 완벽하지는 못한 사람이다.

그렇다면 관객들이 오이디푸스의 행운에서 불행으로 추락한 행동을 고귀한 것으로 간주할 수 있을까? 사실상 그의 행동은 살인, 근친상간, 자학 등을 포함하고 있다. 골덴(Golden)에 따르면, 고귀한 행동은 인물의 고귀성을 드러내는 행동이다.[3] 오이디푸스의 행동 자체의 속성은 결코 고귀하다고 할 수 없지만, 신분에 대한 판단에서 오는 결점 곧 하마르티아를 포함하고 있는 플롯 안에서 오이디푸스에 관련된 행동이 일어났기 때문에 그에 관련된 진행과 인물구성은 고귀할 수밖에 없다. 어떤 복잡한 상황에 얽혀 있는 주인공의 고귀한 행동이 관객들에게 그에 대한 연민을 가장 잘 유발시킬 수 있다; 오이디푸스는 고귀하기에 그의 추락 역시 고귀해야만 한다. 그러므로 행동의 특성은 인물에 관련된 플롯에 의해 결정된다.

비극적 영웅으로서 적절한 주인공은 사건들의 인과관계 안에서 결점이 없는 것(ἐπιεικής)이 아니라 뛰어나거나(σπουδαῖος) 선해야 (χρηστός) 한다; 비극적 영웅은 악하거나 열등하지도 않아야 한다. 하지만 그는 어떤 하마르티아를 통하여 그의 운명이 전환되어야 한다. 주인공은 도덕적인 면에서 비난받을 수 없으며, 그의 운명적인 반전(추락)이 그의 하마르티아에 의해 정당화될 수도 없다. 왜냐하면 어떤 경우에든 유발된 느낌이 연민과 두려움이 아니라 만족감이기 때문이다. 다른 면에서 비극적 영웅은 하마르티아를 통하여 그의 운명적인 반전을 경험한다. 그러나 만일 어떤 영웅이 아무런 이유 없이 추락한다면, 그 추락은 인과관계가 없는 플롯에서 발생한 것처럼 보인다. 그러나 플롯이라는 측면에서 그것은 가능함, 있음직함 그리고 필요함의 인과관계의 또 다른 명시로 볼 수는 있다. 하지만 추락의 원인은 가능하거나 있음직하여 필요한 것으로 받아들여질 수 있는 것이어야 한다. 왜냐하면 이유 없는 추락은 카타르시스를 유발시키지 못하기 때문이다.

---

3) Golden, "Is Tragedy the Imitation of a Serious Action?" *Greek, Roman and Byzantine Studies* VI(1965), 288.

하마르티아는 행운으로부터 불행으로의 추락을 정당하게 만들지는 않으나 원인이 되는 판단의 실수이다.[4] 엘스(Else)가 하마르티아 추적(hamartia hunting)이라고 부르는 것은 하마르티아의 본질을 잘못 이해한 것이다. 왜냐하면 하마르티아는 관객들이 가능하거나 있음직하여 필요 있게 만드는 사건들의 배열 안에서 뛰어난 사람의 추락을 받아들일 수 있을 때 존재하기 때문이다.[5] 그래서 오이디푸스는 결점이 없는 것이 아니라 뛰어나며, 선하다; 그리고 그의 추락은 아무런 혐오나 반감 없이 관객들에게 연민과 두려움을 느끼게 한다. 왜냐하면 관객들이 오이디푸스를 그 자신의 하마르티아를 통하여 자신의 재난의 원인을 제공한 좋은 사람으로 이해하기 때문이다.

하마르티아는 신분에 대한 적절한 판단의 결여에 긴밀하게 연결되어 있다. 특별히 오이디푸스의 실수는 아버지와 자신의 분명한 신분에 대한 적절한 판단의 결여에서 온다. 오이디푸스의 하마르티아는 그가 라이오스와 이오카스테의 아들이라는 사실에 대한 그의 무지에서 기원한다. 그가 이러한 사실과 상황에 대하여 무지하며, 그리고 그것들에 대한 그의 인식이 비극의 절정을 위해 역할할지라도 그의 무지는 오이디푸스의 재난을 유발할 수 있는 충분한 원인으로 납득할 수 있는 것은 아니다. 왜냐하면 극작가는 이 하마르티아를 플롯 밖에 배치했을 뿐만 아니라 그것은 극작가의 선택(오이디푸스

---

4) 하마르티아의 의미에 대해서는 상당한 의견이 있다. 어떤 이는 하마르티아를 도덕적인 혹은 성격적인 결함으로 이해한다. 또 일부 학자는 도덕적인 의미보다는 단순히 판단 착오나 실수를 의미한다고 주장한다. 루카스(D. W. Lucas)는 판단의 착오나 실수로 이해하면서 다음과 같은 이유를 제안한다. 첫째, 성격적인 결함을 언급하는 경우가 드물다는 것이다. 둘째, 『시학』에서 이 부분은 성격이 아니라 플롯에서 논의되었기 때문이다. 셋째, 오이디푸스의 불행은 그의 성격적인 결함에 기인한 것이 아니라 자기의 부모를 잘못 알고 있었기 때문이다. 넷째, 『시학』 XIV장에서 비극에 가장 적합한 상황으로 추천하는 것도 오이디푸스의 그것과 같은 과실에 의존하고 있다. D. W. Lucas, "Pity, Terror, and Peripeteia", *Classical Quarterly* XII(1962), 52~60.

5) 이것이 아리스토텔레스가 오이디푸스의 하마르티아가 무엇인지 논리적으로 설명하지 않은 이유이다. 그럼에도 불구하고 그는 오이디푸스를 하마르티아를 위한 최고의 예로 언급하고 있다(『시학』 XIII 1453a 11).

의 행동과 언어)에 의해 발전된 오이디푸스의 성격에 관계없는 것이기 때문이다. 또한 이 원인은, 오이디푸스가 그 자신의 추락을 유발한 것에 대하여, 관객들을 납득할 수 있게 하는 필연성을 결여하고 있기 때문이다. 하지만 소포클레스가 필연성이 없어서 일어날 수 없는 사건을 플롯 밖에 놓으면서 사건의 배열을 완성했다는 점에서 아리스토텔레스는 그 같은 사건의 배열을 추천한다.

오이디푸스가 가능함, 있음직함 그리고 필요함에 의해 추락했다는 것을 관객들에게 납득시키는 동기가 무엇이든지 그것은 아버지 같은 노인을 죽이고, 어머니만큼 늙은 여자와 결혼하는 오이디푸스의 어리석음이 아니다. 더욱이 오이디푸스를 추락하게 한 원인은 그의 성급함, 살인자에 대한 비난, 테이레시아스에 대한 잘못된 판단, 그의 격정적인 성격, 크레온의 음모에 대한 그의 성급한 의심이 아니라 그의 고귀함이다. 그리고 위에 언급한 요소들은 고귀함에 상관없는 것이 아니라 밀접하게 연결되어 있다: 오이디푸스가 저주한 살인자는 그의 사랑스러운 테베에 질병을 가져왔으며, 테이레시아스는 살인자를 보호하는 것 같고, 왕의 사람들을 공격한다. 이러한 행동은 가치 있을 뿐만 아니라 빠른 판단을 요구한다. 이러한 실수들은 오이디푸스의 추락을 피할 수 없게 하며, 오히려 배가시킨다. 하마르티아는 가능하고 있음직하며 필연적으로 이루어진 인물들의 행동을 통하여 가장 올바르게 이해되는 것이다. 하마르티아는 관객들에게 만족감이나 반감보다는 연민과 두려움을 느끼게 하는 것이다.

2. 마가의 인물구성

　마가복음에서 예수의 신분과 그에 대한 이해는 복음서 구성의 중심에 있다. 인물에 대한 마가의 중심성은 복음서의 장르와 그것의 독특성을 보여주는 주된 요소로 기능하고 있다. 이 장은 예수 이야기를 전하기 위해 마가가 어떤 인물구성을 완성하였는지, 또한 그러한 인물구성을 통하여 마가의 의도된 선택이 무엇인지 확인하고자 한다. 마가가 의도한 선택은 예수의 행동과 가르침을 통하여 예수 그리스도의 본질적인 신분을 드러내고 있다. 그래서 예수의 성격과 사고에 대한 분석은 그가 존재하는 방법의 형태를 통하여 추적이 가능하다. 마가복음은 예수가 어떤 종류의 사람이며, 그러한 존재 방식이 그의 삶의 방법에 어떤 영향을 미쳤는가를 보여주고 있다. 그리고 어떤 종류의 사람이며, 어떻게 살아가야 하는지 추적하는 것은 마가의 예수 이해를 정립하는 데에 지름길이 될 수 있다.

　마가가 예수의 성격과 사고의 선택을 통하여 드러난 그의 신분과 이해에 중심을 두고 있다는 점에서 마가가 본 예수는 인물구성의 과정을 보여주는 단서를 갖고 있다. 마가복음의 독특한 플롯 구조 안에서 예수는 적극적인 인물구성의 결과로 등장했다. 예수는 다른 등장인물과는 구별되는 어떤 특별한 성격을 보유한 인물로 묘사되었다(죄 없음, 기적을 행함, 새로운 가르침, 미래에 대한 예지 등). 이것들보다 더 중요한 본질적인 특성은 예수가 십자가에 달려 죽었다는 것이다. 예수의 십자가에 관련된 행위는 그에 대한 인물구성의 근본적이고, 본질적인 요소이다. 이 본질적인 특성을 조성하기 위하여 마가는 도덕적인 또는 심리적인 방법 이상의 새로운 범주나 유형으로 예수의 성격을 묘사하였다.

특별히 마가복음에서 예수의 인물됨을 드러내기 위해 선택된 행동과 가르침은 특별한 칭호와 관련되어 나타난다. 역사 비평 방법은 각 칭호들의 본래 전통과 진정성에 대한 연구에 집중하면서 복음서의 예수를 역사적 예수와 선포된 예수로 구분하여 왔다. 전통과 진정성에 대한 이러한 연구는 상당한 결실을 맺은 것이 사실이나 하나의 통일된 의견에 도달하지 못했다. 이 두 사실을 인정하면서, 복음서의 예수를 본문 속에 묘사된 그대로 다루고자 한다. 만일 관객들이 복음서 드라마에서 사용된 칭호들을 전체적으로 적절하게 보게 된다면 역사적 예수에 대한 인물구성을 통하여 드러난 마가가 본 예수를 충분히 이해할 수 있으며, 예수에 관한 통일되고 의도된 모습을 발견할 수 있을 것이다. 마가는 예수에게 다양한 칭호를 부여함으로 예수의 독특성과 함께 마가 자신의 신학적인 의도를 만들었다. 칭호들을 통하여 예수에 대한 인물구성이 어떻게 형성되었으며, 사용된 칭호들의 특징이 마가의 인물구성에 어떤 특성과 유형을 부여하고 있는지 이해함으로 마가의 통일되고, 의도된 예수 이해를 찾고자 한다.

다양한 칭호로 시작하는 마가복음은 독특함과 웅장함을 관객들에게 불러일으키고 있다: "하나님의 아들 예수 그리스도 복음의 시작." 마가는 하나님의 아들, 인자, 그리스도, 다윗의 자손, 유대인의 왕, 예언자, 주, 선생 등 예수에 대한 다양한 칭호들을 사용하였다. 예수는 그의 시대의 사람들에 의해 율법에 능통한 사람으로 인식되었다. 그는 제자들과 함께 있었으며, 간헐적으로 랍비 혹은 선생으로 소개되었다. 그러나 그의 가르침은 다른 선생들의 가르침과는 분명한 차이가 있으며, 이러한 차이는 권위에서도 나타나고 있다(막 1:22, 27). 그러므로 마가복음에서 예수는 선생보다는 뛰어난 자로 밖에 있는 자들에 의해 인식되었다. 그럼에도 불구하고 마가복음에서 선생 예수는 마가의 흐름을 지배할 수 있는 칭호가 아니다.

사람들이 나를 누구라 하느냐는 질문에 대한 제자들의 대답은 당시의 사람들이 예수를 예언자적 전통 안에서 이해한 것을 암시한다. 가이사랴 빌립보에서 제자들에 의해 예수는 엘리야로 칭함을 받았다. 그것은 아마도 예수가 종말론적인 예언자로 인정되었음을 보여주는 것이다. 예수 자신도 마가복음 6:4에서 고향에서 배척받는 자신을 예언자적 전통에서 설명하였다. 예수가 자신을 예언자로 말하고 있는 것은 그가 스스로를 예언자나 적어도 예언자와의 연속선상에 있는 존재로 인정했다는 것을 보여주는 것이다. 그러나 마가 드라마에서 예수는 예언자 이상임을 알 수 있다. 마가복음 12장의 포도원 비유에서 이것이 가장 돋보이는 듯하다. 예수는 자신을 하나님과의 독특한 관계에서 그리고 이스라엘의 마지막 예언자(막 12:1~12)로 인정하면서 다른 예언자들로부터 자신을 분리하여 이야기하였다.

'다윗의 자손'이라는 칭호는 왕적 전통 안에 있는 메시아 칭호다. 마태복음에서 많이 나타나고 있는 특별한 칭호이지만 마가복음에서는 한 번만 사용되고 있다(막 10:46~52). 이것은 마가가 예수를 다윗의 자손으로 한정된 그리스도의 개념을 거부하고 있음을 보여주고 있다. 하나님과 메시아(his anointed one)에 대하여 이야기하는 시편은 다윗의 자손을 당대의 이스라엘 왕으로 언급하고 있다(시 2:2, 18:50, 20:6). 포로기 후기의 이스라엘은 이 칭호를 미래에 오는 통치자를 위하여 사용하고 있었다(단 9:25; Ps. Sol 17:32, 18:5,7; 4 Ezra 7:28, 12:32). 포로기 후기에는 다양한 메시아 개념이 생겨났다. 다니엘서에서 메시아 개념은 인자(Son of man) 개념과 연관되어 이해되었으나, 그 인자 개념이 분명하게 정의되지 않았다. 그리고 쿰람 문헌도 메시아의 개념을 두 범주에서 나타내고 있다. 아론의 메시아(the Messiah of Aaron)와 이스라엘의 메시아(the Messiah of Israel)이다(1QS 9:11). 그러나 이스라엘의 미래 통치자로서 메시아는 이스라엘의 역사 안에서 보편적으로 인식되었다. 이러한 이해는 예수가 그리스도의 역할을 받아들인 것으로 묘사했던 공관복음의 사건에서 분명하게 나타나고 있다. 가이샤라 빌립보에서 행해진 베드로의 고백(막 8:27~30)과 산헤드린 재판(막 14:61)이 분명한 예들이다.

구약성서에서 칭호 '하나님의 아들'은 이스라엘 민족(출 4:22; 신 32:6)과 왕에게 사용되었다(시 2:7, 89:26; 삼하 7:14). 이스라엘 민족과 왕에게 사용된 '하나님의 아들' 칭호는 하나님과의 특별한 계약 관계에 있다는 것을 표현하는 것이다. '하나님의 아들' 신분은 하나님과의 계약으로 발생한 이스라엘과 그 왕에게 부여된 특별한 특권이다. 유대문헌은 의인에게 이러한 특권이 이전되었음을 보여주고 있다(지혜 2:18). 그리고 왕에게 부여된 아들의 칭호는 대망하는 메시아사상으로 발전하게 된다. 이러한 대망의 메시아는 쿰란문헌에서 많이 발견되고 있다(4Qflor. 11, 12). 복음서에서 하나님의 아들은 마지막 때의 메시아로 묘사되었다. 하나님의 아들로서 메시아는 하나님에 의해 위임된 심판과 통치의 권위와 함께 보내진 아들이다. 칭호는 분명하게 메시아적인 개념을 갖고 있다. 산헤드린 재판에서 예수는 '당신이 그리스도, 하나님의 아들이냐'는 대제사장의 질문을 받았다(막 14:61). 예수의 귀신 축출 사건에서도 이와 연관된 개념을 찾을 수 있다. 예수는 하나님의 아들(막 3:11), 하나님의 거룩한 자(막 1:24), 지존하신 하나님의 아들(막 5:7)로 인정받고 있었다. 고펠트(Goppelt)가 지적하였듯이 이러한 칭호들은 예수가 마지막 때에 하나님의 대변자로서 이스라엘을 위해 사역하는 것을 보여준다. 이 칭호는 그레코-로만 문화의 신적 인간(divine man) 개념과는 상반되는 것이다. 침례 에피소드와 변화산 에피소드에서 하늘에서 들려온 음성은 특별한 중요성을 갖고 있다. 두 에피소드에서 하늘의 음성은 예수를 내 사랑하는 아들이라고 칭한다(막 1:11, 9:7). 예수는 모든 다른 아들로부터 분명하게 구별되는 특별한 아들이다. 예수에 대한 무리의 언급도 기억해야 한다. 그들은 예수를 하나님의 아들이라고 칭한다. 하지만 마가복음 3:12에서 예수는 자신을 나타내는 것을 금지시키고 있다. 대제사장은 예수가 하나님의 아들이라는 것을 묻기만 한다(막 14:61). 그러나 마가복음에서 오직 로마 백부장만이 예수를 하나님의 아들로 고백하고 있다. 하지만 이 고백의 신학적 독특함과 중요성은 그가 예수의 죽어가는 모습을 보면서 그렇게 고백한 것에 있다(막 15:39).

그러나 마가복음에서 예수 자신의 자발적 칭호는 인자이며, 이것은 다가오는 하나님 나라에 연관되어 있다. 인자 칭호는 유대교 묵시문헌, 제4 에스라와 제1 에녹서에서 나타나고 있다. 학자들은 두 문헌에 근거하여 예수는 마지막에 나타나는 메시아로 기대되었다고 결론내리고 있다. 그러나 두 문헌은 예수 이후 시대에 기록된 글들이다. 그러므로 유대 묵시문헌과의 연관성 안에서 예수의 자발적 칭호의 기원을 찾는다면 이 칭호는 불확실성 안에 있게 된다. 마가복음에서 사용된 인자 칭호는 두 문헌의 영향을 반영하고 있지 않다. 오히려 다니엘서에 나타나는 '구름을 타고 오는 인자 같은 이'라는 칭호가 마가복음과 유대 문헌에 사용된 칭호의 독립적인 근원으로 이해하는 것이 올바르다고 할 수 있다(단 7:13~14). 그리고 시편에서 인자 칭호는 하나님보다 조금 못한 존재로 그려지고 있다(시 8).

어떤 면에서 예수는 이 칭호를 마지막에 오는 심판자로, 그리고 통치자의 역할을 언급하기 위해 사용하였다(막 8:38, 13:26, 14:62). 그러나 다른 곳에서 이 칭호는 수치와 모욕을 포함하고 있는 이 땅의 사역을 설명하기 위해 사용되고 있다(막 2:10, 28). 비록 수치와 모욕을 포함하고 있을지라도 권위가 그에게 주어져 있다. 그래서 예수는 이 칭호를 사용하여 그 자신을 표현했던 것이다. 이 칭호의 독특함은 예수가 고난과 죽음에 대하여 제자들에게 가르쳤을 때 사용했다는 것에 있다(막 9:12, 9:31, 10:33, 10:45). 왜냐하면 예수 당시에 유대교 안에서 고통당하는 메시아의 개념은 존재하지 않았기 때문이다. 그러므로 이 칭호에 대한 예수의 자발적 사용은 아주 중요한 것이다. 인자 칭호에 내재한 이 개념만이 그의 독특한 메시아의 개념을 설명할 수 있기 때문이다.

이러한 칭호를 통한 인물구성은 예수에 대한 마가의 의도를 나타내기에 충분할 뿐만 아니라 마가가 사용한 문학장르의 특성을 보여주기에도 충분하다.[6] 각 칭호는 각각의 독특한 분위기와 전통적인 의미를 포함하고 있을 뿐만 아니라, 그것들의 본래 전통과 마가 자신의 이해를 첨가함에 따른 새로운 조합과 구성을 통하여 마가가 의도하는 예수의 모습도 전달하고 있다. 마가는 각 칭호가 갖고 있는 본래 전통에 그가 의도하는 의미의 첨가, 강조, 그리고 도태를 통하여 역사적 예수의 새로운 이해와 의미를 창출하였다. 그러므로 예수에 대한 마가의 인물구성의 독특성은 그에 대한 칭호의 다양성과 밀접한 관계를 갖고 있다. 복음서에 나타나는 결정된(finalized) 예수의

---

6) 인물구성은 문학작품의 장르를 결정할 수 있는 단서로 인정되고 있다. Robert Scholes and Robert Kellogg, *The Nature of Narrative* (New York: Oxford University Press, 1968), 204; Burnett, "Characterization and Redear Construction", *Semeia* 63(1993), 9; A. S. Osley, "Greek Biography Before Plutarch", *Greece & Roman* 15(1946), 1~20; H. D. F. Kitto, *Greek Tragedy: A Literary Study* (London: Methuen, 1950).

모습은 이러한 인물구성의 결과인 것이다.[7]

3. 그리스도

문학비평가들 중 특별히 복음서의 장르를 그리스 비극으로 인정하는 학자들은 결정된 예수 이해의 중심을 그리스도 칭호에 두고 있다.[8] 그들의 공통적인 주장은 예수에 대한 베드로의 그리스도 고백이 마가복음의 구조와 예수 이해의 핵심을 이룬다는 것이다. 그들은 베드로의 고백에서 예수의 운명에 반전(reversal)이 일어났다고 이해하고 있다. 왜냐하면 베드로가 등장인물로서는 처음으로 그리스도 칭호를 사용했기 때문이다.[9] 뿐만 아니라 그들은 그리스도 칭호의 본래적인 의미와 마가복음 1:1에서 사용된 그리스도 칭호가 복음서의 거의 중간 부분에서 재등장한다는 점에 착안하여 그리스도 칭호를 중요하게 간주하고 있다. 그리고 그들은 그리스도 칭호가 마가복음의 중요한 신학적인 의도를 보여주고 인물구성의 핵심적인 구조라는 것을 인정하고 있다.

---

7) R. Alan Culpepper, *Anatomy of The Fourth Gospel: A Study in Literary Design* (Philadelphia: Fortress, 1987), 105~106; David Rhoads and Donald Michie, *Mark as Story: An Introduction to the Narrative of a Gospel* (Philadelphia: Fortress Press, 1982), 103~108. 마가는 등장인물의 성격 발전을 최고조에 이르게 하는 데 큰 관심을 두고 있는 소설가가 결코 아니었다. 마가가 본 예수는 십자가 사건을 향하여 고정된 인물이었다. 마가의 고정된 인물구성은 그리스 비극의 그것과 유사하다.

8) Gilbert G. Bilezikian, *The Liberated Gospel: A Comparison of the Gospel of Mark and Greek Tragedy* (Grand Rapids: Baker, 1977), 76~78; Stephen H. Smith, "A Divine Tragedy: Some Observations on the Dramatic Structure of Mark's Gospel", *Novum Testamentum* 37(1995), 215~216; E. W. Burch, "Tragic Action in the Second Gospel: A Study in the Narrative of Mark", *JR* 11(1931), 350,352; B. Standaert, *L'Evangile selon Marc: Composition et genre littéraire* (Zevenkerken-Brugge, 1978), 93~94.

9) 이러한 반전은 가능함, 있음직함과 필요함의 인과관계 안에서 주인공 자신의 어떤 도덕적 결함 또는 사건들의 배열에 따른 판단의 오류에 의해 결정적으로 일어나게 되는 것이다.

하지만 유대교 전통 안에서 메시아에 대한 통일된 개념은 존재하지 않는다. 메시아에 대한 유대인의 일반적인 견해는 하나님의 백성들을 새롭게 하며, 해방시키는 권위가 부여된 하나님의 대리자이지만, 후기 유대교 문헌 특별히 쿰란 문헌에서 기대된 메시아 상은 하나 이상이다. 메시아는 왕적인 그리고 제사장적인 기능을 수행하는 것으로 나타나고 있다. 1QS 9:11에서 아론의 메시아와 함께 이스라엘의 메시아가 기대되고 있다. 여기서 제사장적인 메시아는 왕적인 메시아보다 우위에 있다(1QSa 2:11). 그리고 4Q175에서는 세 종류의 메시아가 마지막 때에 기대되었으며, 예언자, 왕, 그리고 제사장 전통의 메시아들이 언급되었다. 메시아적인 기능들은 왕적인 권위의 실행을 통한 마지막 때의 도래를 선언하는 것으로부터 새로운 시대에서 하나님의 백성의 순결을 선언하는 것에 이르기까지 다양하다. 그러므로 유대교적인 전통 안에서 메시아의 성격과 기원에 대한 통일된 개념이나 정의를 찾는 것은 쉬운 일이 아니다.

마가복음에서 그리스도 칭호는 1:1, 8:29, 9:41, 12:35, 13:21, 14:61, 15:32에서 여러 차례 사용되었다. 문학비평가들 중 일부가 관심을 두며, 그것의 중요성을 인정하는 그리스도 칭호의 출현은 복음서의 시작과 함께 등장하는 '예수 그리스도'와 가이샤라 빌립보에서 행해진 베드로의 고백에 나타난 '그리스도'다(막 8:29). 예수와 그리스도 사이의 결합은 초기 기독교 공동체 안에서 예수의 부활로 인하여 흔들릴 수 없는 조합이었다. 초기 기독교 공동체 안에서 예수의 부활로 확고한 위치를 확보한 그리스도 칭호는 예수의 특성을 설명하기에 충분한 수단이다. 이러한 측면은 마가복음에서도 충분하진 않지만 나타나고 있다. 마가복음에서 이 측면은 "하나님 아들 예수 그리스도 복음의 시작"으로 시작하는 마가의 의도에서 이미 확증되어 있다. 그리고 마가의 의도는 그리스도 칭호가 예수의 이름으로 이미 사용되었음을 보여준다.[10] 초기 기독교 공동체에 의하여 예수의 이름의 한 부분으로 이미 확증된 칭호가 마가복음의 중간에서 베드로의 입을 통하여 재확인되고, 선포된 것 자체가 나름의 신학적인 중요성을 갖고 있음을 보여준다.

그러나 베드로 고백의 전후 문맥과 마가복음의 전체 문맥을 고려할 때, 마가는 초기 기독교 공동체에 의해 확증된 그리스도 칭호를 진지하고 비판적인 분위기 안에서 사용했던 것 같다. 이러한 징후는 베드로의 그리스도 고백에 대한 예수의 반응에서 처음으로 인지할 수 있다. 베드로의 고백 후, 예수는 곧바로 제자들에게 소위 – 금지 명령을 내렸다("이에 자기의 일을 아무에게도 말하지 말라 경고하시고" 막 8:30). 이 금지 명령(막 8:30)을 베드로의 고백(막 8:29) 바로 뒤에 놓고 뿐만 아니라 고난에 대한 예수의 가르침(막 8:31)과 베드로의 저항(막 8:32) 그리고 예수의 꾸짖음(막 8:33)을 순차적으로 배열한 것은, 마가가 이 고백문을 사용하는 데 있어서, 상당히 신중했다는 것을 보여준다. 그리고 이 금지 명령을 그리스도 고백문 바로 뒤에 배열한 것만을 고려해 보아도, 그리스도 칭호를 사용하는 데 있어서 마가는 상당한 부담을 가졌음을 보여준다. 왜냐하면 마가는 예수의 입을 통하여 초기 공동체에 의해 확증되었고, 널리 사용된 적절한 칭호의 사용을 금지했기 때문이다. 예수의 금지 명령은 무엇을 의미하는가? 예수 스스로가 자신의 그리스도됨을 거부한다는 것인가? 만일 아니라면 예수는 무엇을 거부했는가? 초기 기독교 공동

---

10) J. Gnilka, *Das Evangelium nach Markus* (Zürich; Neukirchener Verlag, 1978), 1:43; W. Grundmann, *Das Evangelium mach Markus* (Berlin: Evangelische Verlagsanstalt, 1977), 35; R. Pesch, *Das Markusevangelium* (Freiburg: Herder, 1977), 1:76; R. Schnackernburg, "Das Evangelium im Verständnis des ältesten Evangelisten", *Orientierung an Jesus* (Freiburg: Herder, 1973), 322; V. Taylor, *The Gospel According to St. Mark* (London: St Martin's Press, 1966), 152.

체에 의해 확증된 칭호의 부정적인 사용에 대한 부담을 스스로 극복할 수 있을 만큼 마가가 초기 기독교 공동체 안에서 출중한 지도력을 갖고 있었는가? 공관복음과 요한복음을 볼 때 예수의 그리스도되심은 더욱 강화되었다. 베드로의 고백과 예수의 금지 명령에 따른 사건들의 배열에 관련된 마가의 의도는 무엇인가?

초기 기독교 공동체에 의하여 확증된 그리스도 칭호에 대한 마가의 의도는 그의 의도된 플롯과 인물구성 안에서 이해되어야 한다. 그것은 예수의 인물구성에 관련된 마가의 특별한 의도를 보여주는 단서이다. 일부 학자는 예수의 금지 명령을 소위 메시아 비밀의 한 부분으로 이해하고 있다.[11] 그러나 마가는 이 금지 명령을 메시아의 비밀에 연관시키기보다는 오히려 예수에 대한 그리스도 칭호의 잘못된 이해(남용)에 대한 경고로 사용했다.[12] 마가복음에서 예수에 대한 그리스도 칭호의 잘못된 이해는 그를 이스라엘의 정치적인 해방자로 보는 것에 연관되어 있다. 앞에서 언급했듯이 유대교 전통 안에서는 메시아가 이스라엘 민족을 로마의 압제로부터 구출하여 이스라엘을 정치-종교적으로 회복시킨다는 열망과 기대가 팽배했었다.[13] 베드로에 의한 예수와 그리스도 칭호 간의 결합은 그가 이미 이스라엘의 정치적인 해방자로 이해된 것을 반영하였으나, 마가의 의도를 반영하지 못하였다. 마가가 의도했던 것은 예수 그리스도가 고난받고 죽음을 경험해야 했다는 것이다. 이 의도는 베드로에게

---

11) W. Wrede, *The Messianic Secret* (Edinburgh: T. & T. Clark, 1971); H. Räisänen, *Messiasgeheimnis im Markusevangelium* (Helsinki: Lansi-Suomi, 1976); U. Luz, "Das Geheimnismotiv und die markinische Christologie", *Zeitschrift für die Neutestamentliche Wissenschaft* 56(1965: 9~30)을 참조하라.

12) E. Schweizer, *The Good News According to Mark* (Richmond: John Knox Press, 1970). 서용원은 잘못된 이해의 내용에 대하여 잘 정리하고 있다: 예수를 랍비로 간주하는 것; 신전 능력을 수행하는 이적 수행자로 묘사한 것; 신적 능력의 수행자로서 예수를 추종하고 그것을 따라하려는 것. 『생존의 복음: 초기 기독교의 신앙과 복음 해석에 대한 탐구』 (서울: 한들 출판사, 2000), 30.

13) R. N. Longenecker, *The Christology of Early Jewish Christianity* (London: SCM, 1970), 63.

행했던 예수의 날카로운 공격(막 8:33)에서 더 분명하게 조명되고 있다. 예수의 고난 예고 후 마가는 열두 제자의 엉뚱한 행동, 예루살렘에서의 기득권 확보(막 10:35~37)와 길에서 이루어진 제자들 사이의 논쟁(막 9:33~34)을 배열하고 있다. 이러한 배열도 열두 제자 모두(막 9:33)가 예수를 정치적인 해방자로 이해했다는 것을 보여준다. 야고보와 요한은 예수의 변화산 사건을 목격하면서(막 9:1) 하나님 나라의 도래를 이스라엘의 정치적 회복으로 기대했던 것이다. 예수를 정치적인 해방자로 이해한 것은 예수에 대한 로마 군인들의 저주(막 15:29~32)에서도 볼 수 있다.[14] 그래서 마가는 자신을 정치적인 해방자로 잘못 이해된 것이 알려지는 것을 원치 않았던 예수를 보여주기 위하여 금지 명령(막 8:30)을 사용했던 것이다.[15]

마가복음이 기록될 때의 역사적 배경은 유대전쟁으로 인하여 긴장과 혼란이 팽배했던 시기였다. 특별히 유대전쟁을 통한 로마로부터의 정치 종교적인 회복에 대한 기대는 일반 대중들에게 새로운 희망과 현실세계로부터의 도피를 위해 유용한 것이었다. 마가복음의 유대전쟁에 대한 단서는 여러 곳에서 나타나고 있다. 마가복음 13:14에 기록된 "유대에 있는 자들은 산으로 도망할지어다"라는 말씀은 예루살렘에 대한 로마의 포위공격을 암시한다. 그리고 '멸망의 가증한 것'도 로마 장군 티투스에 의해 성전이 약탈당했던 것을 암시하고 있다. 이러한 역사적 배경 속에서 이스라엘의 메시아 기대는 정치 종교적인 성향에 밀접하게 연관되었으며, 그리스도 칭호는 해방자의 모습으로 남용된 일면을 보여주는 것이다.

---

14) Jerry Camery-Hoggatt, *Irony in Mark's Gospel: Text and Subtext* (Cambridge: Cambridge University Press, 1992), 161; James D. Smart, "Mark 10:35~45", *Interpretation* 33(1979), 290.

15) 정치적 해방자로서 예수를 거부하는 마가의 의도는 '다윗의 자손'이란 칭호에서도 잘 나타나고 있다. '다윗의 자손'에 대한 연구는 박노식의 논문을 보라. "마가복음의 다윗의 자손과 이상적 제자", 『신약논단』 16(2009), 705~743.

다른 복음서에서는 베드로의 고백이 각 복음서의 신학적인 동기에 따라 좀 더 확장되어 마가의 의도를 희석시키고 있다. 베드로의 고백에 살아계신 하나님의 아들을 첨가하고 있는 마태가 가장 분명한 예이다. '살아계신 하나님의 아들'과 다른 말씀 자료들(복, 반석, 천국 열쇠 등)이 첨가되면서 마태복음은 그리스도 칭호에 대한 예수의 긍정적인 반응을 반영하고 있다(마 16:16~20).[16]

마가는 유대교 전통 안에서 예수를 위한 전통적인 그리스도 칭호의 사용을 허락하지 않았을 뿐만 아니라 예수의 자발적인 칭호로 그리스도를 결코 사용하지 않았다. "네가 찬송 받을 자의 아들 그리스도냐"(막 14:61)는 대제사장의 질문도 적대적인 분위기 안에 놓여 있다. 여기서 예수는 대답을 모호하게 함으로 그리스도의 새로운 모습을 보여주었다.[17] 대제사장이 정치적인 배경으로 질문했기 때문에 예수는 그렇게 대답했던 것이다. 그리스도 칭호에 대한 거부는 대제사장들과 서기관들의 모욕(막 15:32)에서도 분명히 나타나고 있다. 대제사장들과 서기관들이 사용했던 그리스도 칭호는 마가가 의도했던 그리스도의 모습이 결코 아니다. 그들이 의도했던 그리스도는 정치적인 범주로서 다윗의 아들, 이스라엘의 왕이다. 이스라엘의 왕, 그리스도는 이스라엘의 적을 물리치고, 이스라엘을 의와 거룩으로 회복시키는 자이다. 마가는 대제사장들과 서기관들의 조롱을 통하여 그리스도 칭호를 존경의 표시로 사용되었던(요 1:49, 12:13) 이스라엘의 왕(임금)이라는 칭호와 연결했다. 그렇게 함으로써 마가는 그리스도에 대한 잘못된 이해에 관한 거부를 드러내었다. 유대인의 왕으로서 예수는 로마 병사들에 의해 조롱당했고, 결국 십자가에 못 박

---

16) D. Guthrie, *New Testament Theology* (Downers Grove: IVP, 1981), 270~271.

17) Gnilka, *Das Evangelium nach Markus*, 2:300.

했다(막 15:16~20). 마가복음에서 유대인의 왕 혹은 이스라엘의 임금으로서의 예수는 표면상으로 실패한 왕이었다. 마가는 정치적인 폭도로 잘못 이해되었던 유대인의 왕과 그리스도 칭호의 결합을 원치 않았으며, 또한 그의 의도에 어울리지 않았기 때문에 그리스도 칭호를 긍정적으로 사용하지 않았다.[18]

다윗 계통의 메시아(시 2:7)는 유대인들에 의해 정치적인 해방자로서 이해되었고 예수의 신분을 설명하기에 충분하지 않았다. 그래서 마가는 유대교적 메시아를 능가하는 예수에 대한 인물구성을 제시하고자 했다(막 12:35~37). 이것은 그리스도를 다윗의 아들이라 하는 서기관의 주장에 대하여 예수가 다윗이 성령에 감동되어 한 말(시 110:1)을 인용한 것에서 나타난다. 예수의 언급은 유대교의 기대를 능가하는 그리스도의 모습을 보여준다.[19] 마가는 예수의 언급을 통하여 예수는 어떤 다윗의 아들보다 더 높은 자였음을 보여주었다. 예수는 하나님의 보좌에서 그와 함께 거하는 존재였다. 그러므로 마가복음에서 거부되었던 그리스도 칭호는 정치적인 해방자로서의 기능적인 측면이지, 예수 그리스도 자체가 거부된 것은 결코 아니다.[20]

비록 유대교적인 배경 안에서 그리스도에 대한 통일된 개념이 존재하지 않았을지라도, 마가는 전통적인 그리스도 개념과 예수 사건 사이의 긴장을 유지하면서 예수 그리스도에 관한 독특한 이해를 발

---

18) Guthrie, *New Testament Theology*, 271. 흥미로운 사실은 마가복음 안에서 예수와 갈등구조 안에 있는 일부 그룹(제자 그룹, 유대 지도자 그룹)들의 메시아 개념은 정치적인 성향을 보이고 있다는 것이다.

19) 김세윤, 『그 사람의 아들: 하나님의 아들』(엠마오, 1992), 139.

20) E. Schweizer는 이것을 아주 분명하고 강력한 어조로 다음과 같이 말한다. "Apparently Jesus carefully avoids the title Christ during his entire ministry. Mark's situation is different, because after Easter the name Jesus Christ included the concept that a man who had been crucified was the Messiah, so the idea of a successful national king was excluded"(밑줄은 필자의 강조). E. Schweizer, *The Good News According to Mark*, 173.

전시켰다. 마가복음에서 그리스도 칭호에 관련된 예수에 대한 인물 구성은 유대교의 전통적인 그리스도 상을 버리고, 기독교의 새로운 그리스도 상을 제공하고 있다. 마가는 정치적인 해방자로서 그리스도 칭호의 잘못된 이해를 거부하면서 십자가에서 죽는 하나님의 아들(막 15:39)과 십자가에서 죽고, 권능과 영광으로 다시 오시는 인자를 결합한 예수 그리스도상을 그 대안으로 제시했다(막 14:62).

4. 고난받는 예수

마가복음에서 하나님의 아들과 인자 칭호는 마가의 플롯과 인물 구성의 핵심을 이루는 중요한 모티프이다.[21] 플롯과 인물구성은 마가복음의 장르 결정을 위해 고려되어야 하는 중요한 표준 중에 일부이다. 예수에 대한 마가의 인물구성에 있어서 가장 중요한 것은 하나님의 아들과 인자 칭호 사이의 의도된 조합과 배열에 있다. 예수에 대한 마가의 인물구성이 하나님의 아들과 인자 칭호 사이의 상호 관계성 안에서 완성되었으며, 이러한 상호관계는 복음서의 장르 결정에도 영향을 미치고 있다. 그리고 하나님의 아들과 인자 칭호는 기독교 위인전적 비극인 마가의 플롯과 인물구성의 핵심으로서 하나님의 아들과 인자 칭호는 마가의 예수 이해에 중요한 특성을 보여

---

21) 결코 마가는 인자 칭호를 하나님의 아들 칭호를 대체하기 위해 사용하지 않았다. 마가는 하늘의 음성으로 예수를 하나님의 아들로 칭하였다. 그리고 백부장의 고백에서도 하나님의 아들 칭호는 효과적으로 사용되고 있다. 그러므로 마가 기독론의 핵심으로 인자 칭호에만 관심을 두는 학자들의 해석은 지지를 받지 못한다. 또한 하나님의 아들 칭호를 그레코-로만의 문화적 배경 안에서 해석하여 이것을 마가 기독론의 핵심으로 해석하는 학자들도 충분한 지지를 받기 어렵다. 마가의 기독론은 두 칭호의 상호관계 안에서 해석되어야 한다. 서용원은 신약 학자들의 인자 기독론적 경향과 하나님 아들 기독론적 경향을 상세히 정리하고 있다. 『생존의 복음』, 29.

준다. 김세윤은 두 칭호의 독특한 결합을 다음과 같이 요약하고 있다: "그 사람의 아들이라는 자기 칭호로 예수는 자신이 종말에 하나님의 새로운 백성(하나님의 자녀들)을 창조하여 그들로 하여금 창조주 하나님을 우리 아버지로 부르며, 그의 사랑과 부요함을 덧입어 살 수 있도록 하는 하나님의 아들임을 은근히 나타내려 한 것이었다."[22]

1) 하나님의 아들 모티프

예수에 대한 인물구성을 위하여 사용된 하나님의 아들 칭호는 마가복음에서 여섯 번 나타나면서 예수의 고귀함, 뛰어남, 신분적 상태 등을 보여주고 있다(막 1:1, 1:11, 3:11, 5:7, 9:7, 15:39). 마가복음에는 구체적인 하나님의 아들 칭호와 함께 이 칭호를 추론할 수 있는 구절들도 갖고 있다. 악한 농부의 비유에서 등장하는 '사랑하는 아들'(막 12:6)뿐만 아니라 "찬송받을 자의 아들이냐"(막 14:61)는 제사장의 질문과 마가복음 13:32의 '아들'도 하나님의 아들로 추론할 수 있다: "그날과 그때는 아무도 모르나니 하늘에 있는 천사들도 아들도 모르고 아버지만 아시느니라." 마가복음에서 하나님의 아들로서 예수의 활동은 그의 고귀함과 뛰어남을 드러내는 충분한 행동과 가르침으로 구성되어 있다. 마가의 구성은 하나님의 아들이 가져야 하는 특성을 충분하게 보여주고 있다.

그렇다면 예수에 대한 인물구성을 위해 하나님의 아들 칭호가 가져야 하는 특성은 무엇인가? 먼저 아리스토텔레스의 표현을 따른다면 그것은 일관성이다. 인물구성의 일관성을 위하여 마가는 예수의 동일한 형태의 행동과 사고를 마가복음 전체를 통하여 계속적으로

---

22) 김세윤, 『그 사람의 아들: 하나님의 아들』, 172.

유지해야 했다. 인물구성의 일관성을 유지하기 위해서 마가는 하나님의 아들 모티프를 인쿠르시오(inclusio) 형태로 사용하여 전면에 내세워 윤곽을 잡았던 것이다. 마가복음에서 하나님의 아들 칭호는 시작(막 1:1)과 마지막 사건이라 할 수 있는 십자가의 죽음(막 15:39)에서 사용됨으로 그 자체의 중요성을 보여주고 있다. 특별히 마가복음에서 예수의 고난의 절정을 보여주는 십자가 죽음에서 일어난 이방인 백부장의 하나님의 아들 고백은 수난 사건의 절정에 있을 뿐만 아니라 예수에 대한 마가의 인물 구성이 가장 극대화된 곳이며, 예수의 생애의 전 의미와 그에 대한 이해가 완벽하게 드러나는 순간이다.

마가는 예수의 죽음의 순간에 일어나는 혼란들을 먼저 언급했고, 성전 휘장의 갈라짐과 같은 상징적인 사건을 배경으로 두면서[23] 예수를 하나님의 아들로 고백하는 백부장을 배열했다. 백부장이 예수를 하나님의 아들로 고백한 동기는 천지의 진동이나 성전 휘장의 갈라짐에 따른 두려움 때문이 아니라 예수가 하나님의 아들로서 십자가에 죽으셨기 때문이다.[24] 하나님의 아들은 십자가의 죽음에서 예수의 지상 사역, 그리고 권능과 영광의 다시 오심을 빛나게 한다. 그러므로 마가복음 1:1의 '하나님의 아들'이 첨가든 또는 본래 것이든, 관객들은 그것을 본문에 속한 것으로 들어야 한다. 곧 마가는 예수에 대한 인물구성을 위해 시작과 마지막에 하나님의 아들 칭호를 배열하면서 인물구성의 일관성을 유지할 뿐만 아니라 그의 문학적인 구조의 핵심으로 사용했다. 하나님의 아들 칭호를 통한 예수에 대한

---

23) 이러한 상징적인 사건들은 마가의 신학적 의도를 보여주는 상징적 표식이다. Edwards, *The Gospel According to Mark*, 477.

24) 마태복음에는 백부장의 고백이 예수의 죽음의 순간에 나타나는 혼란들(죽은 성도들의 일어남과 지진)에 의해 일어나는 것으로 묘사되고 있다(마 27:54). Edwards, *The Gospel According to Mark*, 479. 백부장의 고백을 위해서는 J. D. Kingsbury, *The Christology of Mark's Gospel* (Philadelphia: Fortress Press, 1983), 128~134; E. S. Johnson Jr.의 "Is Mark 15:39 the Key to Mark's Christology?", *Journal for the Study of the New Testament* 31(1989), 8~14.

마가의 인물구성은 그가 갖고 있는 세부적인 에피소드들, 예수의 출현과 권세 있는 활동, 그리고 십자가 에피소드의 해석적인 단서가 된다.

예수가 물에서 올라 왔을 때 들려진 하늘의 음성도 하나님의 아들 칭호에 대한 기본적인 특성을 보여주고 있다: "너는 내 사랑하는 아들이라 내가 너를 기뻐하노라"(막 1:11, 비교 9:7). 이 말씀의 기원은 전통적으로 세 가지 배경에서 볼 수 있다: "너는 내 아들이라 오늘 날 내가 너를 낳았다"는 시편 2:7의 왕적 메시아와의 연관성;[25] 이사야 42:1의 하나님의 종과의 연관성;[26] 그리고 아브라함의 독자 이삭을 언급하는 내 사랑하는 아들(창 22:2, 12, 16)과의 연관성.[27] 그러나 각 전통이 본문과의 연관성을 보이기 때문에 셋 중에 어떤 하나를 택하는 것은 어려운 일이다.[28] 그럼에도 불구하고 세 가지 전통과의 연관성은 마가의 인물구성의 의도를 보여주고 있다. 하늘의 음성은 예수와 하나님 사이의 관계성과 역할의 본질에 대한 이해를 보여준다.[29]

예수가 물에서 올라왔을 때 그는 하늘이 갈라지는 것을 보았고, 성령이 비둘기같이 그에게 내려왔음을 경험했다. 성령의 내려옴은 이사야 64:1을 연상시킨다: "원컨대 주는 하늘을 가르고 강림한다."

---

25) Robert A. Guelich, *Mark 1-8:26* (Word Books, 1989), 33. 시편은 다윗 계열의 왕적 아들의 등극, 세상을 지배하는 지배자, 그리고 메시아로서 그의 취함을 묘사하고 있다.

26) J. Jeremias, *Abba: Studien zur neutestamentlichen Theologie und Zeitgeschichte* (Gütersloh, 1971), 192~198; Jeremias, *New Testament Theology* (London-New York, 1971), 60~61; G. Dalman, *The Words of Jesus Considered in the Light of Post-biblical Jewish Writings and the Aramaic Language* (Edinburgh: T. & T. Clark, 1902), 276~280; O. Cullmann, *The Christology of the New Testament* (Philadelphia: Fortress Press, 1963), 66.

27) Turner, "My Beloved Son", *Journal of Theological Studies* 27(1925/26), 113~129; C. K. Kazmierski, *Jesus, Son of God: A Study of the Markan Tradition and Its Redaction by the Evangelist* (Würzburg, 1979), 54~55.

28) 시편 2의 배경과는 다르게 마가복음에서는 왕의 등극장면을 묘사하고 있지 않으며, 이사야 42:1의 종이 이중적인 의미를 갖고 있다 할지라도 이사야 42:1의 하나님의 종의 출현은 '사랑하는'에 대한 언급을 설명하지 못한다.

29) R. Guelich, *Mark 1-8:26*, 35.

예수가 이 사건을 통하여 그리스도의 직분에 취임했던 것도 아니고, 하나님이 이 에피소드를 통하여 예수를 메시아로 만들었다는 것도 아니다. 성령의 내려옴은 성령의 충만을 소유한 기름부음 받은 자, 곧 그리스도를 드러내는 상징적 표식이다(사 11:2, 61:1). 동시에 하늘의 갈라짐과 성령의 강림은 예수 안에서 완성되는 종말적인 사건의 표시이다.[30] 하나님의 종의 노래(사 42:1)에서도 하나님은 선택된 자에게 그의 영을 부여해 왔다. 영이 강림한 그는 더 이상 선택된 종이 아니라 사랑받는 아들 곧 하나님의 아들이다.[31] 마가복음에서 이와 같은 상징적인 언어는 예수에 대한 인물구성을 위하여 다양한 주제들과 함께 구성되어 모든 기대들을 능가하는 약속된 그리스도로 예수를 구체화한다.[32] 그러므로 마가는 성령의 강림을 통하여 하나님과 예수 사이의 관계를 충분하게 보여주고 있다.[33]

가버나움의 회당에서 예수에 의해 축출당한 귀신들은 다음과 같이 그를 소개하였다: "나는 당신이 누구인 줄 아노니 하나님의 거룩한 자니이다"(막 1:24). 더러운 귀신들은 예수가 누구인지 인식하고 있었다. 그들은 예수를 하나님의 아들(막 3:11) 또는 지극히 높으신

---

30) Joel Marcus, *Mark 1-8* (The Anchor Bible, 2000), 160. 굴리허(Guelich)는 이 사건을 요한과 예수 사이의 종말적 단절(discontinuity)의 배경으로 이해하고 있다. *Mark 1-8:26*, 35.

31) J. Jeremias, *Abba*, 192~198.

32) 상징적인 언어들은 하늘의 갈라짐, 비둘기 같이 내려옴, 천사들의 수종 그리고 몰아냄 등이다. 성령은 광야로 사랑하는 자를 몰아낸다. 광야에서 예수는 마귀에 의해 유혹을 받는다. 그러나 예수는 모든 시험을 극복한다. 그가 야수들과 함께 있을 때 천사가 와서 그를 섬긴다. 예수가 어떻게 시험을 이겼는가? 본문을 통하여 성령의 존재만이 이것을 위한 단서가 될 수 있다. 광야로 몰아낸 성령은 물에서 올라올 때 내려온 성령과 동일한 성령이다. 성령이 내려올 때 하늘의 음성은 예수가 하나님의 아들이라는 사실을 선포했다. 성령의 내려옴은 예수와 하나님과의 상당한 관계를 보이는 매개체가 되었다. 광야에서 예수는 성령과의 교제로 사탄의 시험을 이긴다. 이것은 마가복음 전체를 지배하는 모티프가 될 수 있다. 성령과의 교세, 그리고 하나님과의 상당한 관계는 예수가 세상을 이기고, 길을 완성할 수 있는 근원 같은 것이다.

33) K. H. Rengstorf, *Das Evangelium nach Lukas* (Göttingen: Vandenhoeck & Ruprecht, 1965), 27; Edwards, "The Baptism of Jesus in the Gospel of Mark", *Journal of the Evangelical Theological Society* 34(1991), 43~57.

하나님의 아들(막 5:7)로 나타내었다. 하나님의 아들로서 예수는 귀신을 축출하기에 충분한 능력을 갖고 있다. 마가복음 3:11과 5:7의 귀신들의 탄원은 그들이 예수의 신분뿐만 아니라 그의 신적 지위와 능력까지 인식했음을 보여준다. 귀신들이 탄원했을 때 하나님을 언급하는 것(막 5:7)은 예수가 하나님으로부터 왔고, 하나님의 능력으로 행했다는 것을 증명하는 것이다. 하나님의 아들이 귀신을 축출했고 그에 따라 고귀한 존재로 고백되는 것은 매우 적절한 인물구성이다. 예수의 고귀함은 하나님의 종말적인 통치의 표적과 대리자로서 행했던 사역들에서 분명하게 나타나 있다.[34] 그러나 예수는 귀신들에게 자신을 드러내지 못하게 했다(막 3:12). 그는 더러운 자들에 의해 그의 비밀이 알려지는 것을 원치 않았다.[35] 이러한 존재들에 의한 예수의 신분의 드러남은 하나님의 아들로서 예수의 행동(기적을 행함)과 가르침과의 적합성을 보여주는 것이다. 마가복음에서 초자연적인 존재들과 하늘의 음성만이 예수를 하나님의 아들로 고백했다. 초자연적인 존재에 의한 예수 신분의 드러남과 그들을 굴복시킨 것은 예수의 고귀함을 드러내는 중요한 요소이다. 하나님의 아들 칭호를 통하여 드러났던 예수의 존귀성이 초자연적인 존재들에 의해 인식되었다는 것은 마가의 의도된 인물구성이다.

하나님의 아들 칭호를 통한 예수에 대한 마가의 인물구성은 일관성 안에서 예수의 성격에 적절하게 어울리도록 구성되었으나, 하나

---

34) Marcus, *Mark 1-8:26*, 193; Kee, "Terminology of Mark's Exorcism Stories", *New Testament Studies* 14(1967~1968), 243. 하나님의 거룩한 자 칭호가 종말적 분위기를 나타내고 있다. 거룩이라는 단어는 묵시문학에서 자주 사용되는 단어이기도 하다. 특별히 쿰란 문헌 중에 War Scroll에서 자주 등장하고 있다(1Q30; 1QM 1:16, 3:5, 6:6, 13:2-6; 1QS 4:18-23).

35) 바알세불 논쟁에서 그것에 대한 암시를 볼 수 있다(막 3:22). 바알세불 논쟁에서 추론할 수 있는 것은 예수와 바알세불 사이의 어떤 관계에 대한 소문이 존재했다는 것이다. 귀신들이 그의 정체성을 인지하면서 그것을 드러냈을 때 군중들은 예수와 바알세불 사이의 친밀성에 대한 소문을 만들었을 것이다. 이러한 소문의 퍼짐을 원하지 않는 예수는 더러운 영들에게 침묵의 명령을 한 것이다.

님의 아들 칭호에 대한 인물구성은 마가복음 13:32에서 일관성과 고귀성이 파괴되는 것 같다: "그날과 그때는 아무도 모르나니 하늘에 있는 천사들도, 아들도 모르고 아버지만 아시느니라." 이 말씀은 그 아들을 종말의 시간을 알고 있는 아버지로부터 완전히 구별한다. 모든 것은 하나님에 의해 그 아들에게 넘겨졌고, 그 아들은 아버지를 선택한 자들에게 계시하는 데 반하여(마 11:27; 눅 20:22) 파루시아의 날은 아버지의 영역에 속한다(막 13:32)는 말씀은 그 아들의 고귀함과 지위에 상당한 한계성이 있음을 보여주고 있다: 하나님만이 하나님 나라의 일에 관여할 수 있음을 암시하고 있다(참고 막 10:40).[36] 마지막 때에 대한 그 아들의 무지는 초기 교회에 충격적인 말씀이었을 것이다. 마태복음의 어떤 사본에서는 '아들'을 생략했으며, 누가복음은 이 말씀 자체를 생략하였고, 요한복음은 예수가 모든 것을 아는 것으로 기록하였다(요 5:6, 6:6, 8:14, 9:3, 11:11~15, 13:1~3, 13:11). 이러한 편집과 생략을 통한 변형은 하나님의 아들로서 예수의 고귀성과 인간적인 한계성 사이의 대립에 대한 초기 교회의 반응을 보여주는 단서들이다. 그러므로 질문은 마가가 인물구성에서 '어떻게 하나님의 사랑하는 아들에 대한 모티프와 아들의 한계성 사이의 모순을 사용하고 있는가?'로 옮겨가야 한다.[37]

마가는 예수에 대한 인물구성을 위해 문학적인 의도로 이러한 모순을 배열했다. 이러한 배열과 조합은 극적 분위기를 한층 고조시켜

---

36) 이 말씀의 기원에 대한 연구는 다음의 논문을 참조하라. 예수로부터 기원을 위해서는 J. P. Meier, *A Marginal Jew: Rethinking the Historical Jesus* (Doubleday, 1991), 169; C. E. B. Cranfield, *The Gospel according to the Saint Mark* (Cambridge University Press, 1963), 410~411; W. Grundmann, *Das Evangelium nach Markus*, 366. 유대 문헌의 기원을 위해서는 R. Bultmann, *The History of the Synoptic Tradition* (Oxford: 1972), 123.

37) 학자들은 하나님의 아들의 친밀성과 한계성 사이의 갈등을 적당하게 설명하지 못하였다. 가장 흥미로운 해석은 에른스트(Ernst)가 제공하고 있다. J. Ernst, *Das Evangelium nach Markus* (Regensburg: Puster, 1981), 390. 참조, Pesch, *Markusevangelium*, 2:310.

그의 의도를 극대화한다. 비록 예수가 하나님의 아들로서 고귀한 존재이며, 또한 하나님과의 관계를 친밀하게 유지했을지라도, 마가복음에서 그는 하나님의 아들로서 그의 뜻에 순종해야만 한다.[38] 결론적으로 마가가 아들의 한계성을 보인 것은 아들의 자발적인 순종과 사랑의 복종으로 하나님의 뜻에 순응하고, 하나님의 일을 행하는 예수를 보여주기 위한 의도적인 배열과 조합으로 설명해야 한다. 이 인물구성은 하나님의 뜻에 자발적으로 순종하는 아들의 모습을 하나님의 뜻을 행하는(막 3:35) 마가 공동체가 따라가야 하는 페러다임으로 재현한 것이다.[39] 마가복음에서 하나님의 뜻은 십자가에서 드러난다. 곧 고난이나 대 환난이 있을지라도 하나님이 아직도 그들의 아버지이듯이, 하나님은 그의 뜻과 목적을 참여자의 순종으로 이룰 것이다. 예수의 인물구성을 위한 아들의 친밀성과 한계성 사이에 있는 모순의 배열과 조합은 하나님의 아들의 순종의 필요성과 공동체의 참여뿐만 아니라 순종의 모티프를 통하여 인자 칭호와 하나님의 아들 칭호 사이의 관계성도 보이고 있다.

인물구성의 특성에 관련하여 마가복음 12:1~12의 비유는 중요한 의미를 제공하고 있다. 포도원 일꾼들이 종들을 때렸고, 능욕했고, 죽였지만 포도원의 주인은 종들을 계속적으로 보냈고, 마지막으로 그의 상속자를 보냈다. 보냄 받은 상속자는 그의 독자였으며, 사랑하는 아들이었다.[40] 계속적으로 보냄 받았던 종은 아들로 대체되었

---

38) Hahn, *Christologische Hoheitstitel*, 319~333.

39) Adolf Schlatter, *Der Evangelist Matthäus. Seine Sprache, sein Ziel, seine Selbständigkeit* (Calwer Verlag, 1959), 713~714.

40) J. D. Kingsbury, *The Christology of Mark's Gospel* (Philadelphia: Fortress Press, 1989), 114~128 그리고 W. Bousset, *Kyrios Christos: A History of the Belief in Christ from the Beginnings of Christianity to Irenaeus* (New York: Abingdon Press, 1970), 80을 보라. 사랑하는 아들 칭호는 마가복음 1:11과 9:7를 회상시키고 있다. 그리고 두 구절의 기원에 대하여는 여러 제안이 제시되었다. Grundmann, *Das Evangelium nach Markus*, 322~323; Jeremias, *Parables of Jesus* (London: SCM), 73.

다. 그러나 그의 사랑하는 아들은 농부들에 의해 죽임을 당했다. 만일 보냄 받았던 아들을 하나님의 아들로 간주한다면, 사랑하는 아들은 종들처럼 고난과 죽음의 위험에 놓이면서 고난과 죽음의 비밀로 들어가는 것이다.[41] 이 비밀은 백부장의 하나님의 아들 고백에서 완전하게 드러난다. 하나님의 아들이면서 고난받고, 죽음을 경험하는 모습은 예수에 대한 마가의 인물 묘사의 가장 독특한 성격이다. 하나님의 아들은 자신의 사역을 고난과 죽음을 통하여 십자가에서 완성해야 한다. 그러므로 하나님의 아들의 고난과 죽음은 예수의 사역의 완성일 뿐만 아니라 확정된 인물구성을 위한 마지막 출구(exit)다. 그리고 만일 마가복음에 메시아에 대한 비밀이 있다면 그것은 하나님의 아들이 고난과 죽음을 경험해야만 한다는 것이다.

"네가 찬송 받을 이의 아들 그리스도냐"는 제사장의 질문(막 14:61)과 예수의 대답에는 마가의 인물구성의 특성을 나타내는 중요한 단서가 있다. 칭호 '찬송 받을 자의 아들'은 하나님과의 독특한 관계성을 나타내는 보다 정확한 칭호인 동시에 인물구성의 다른 요소다.[42] 하나님의 오른편에 앉은 자와 하늘의 구름을 타고 오는 인자(막 14:62)라는 예수의 대답을 통하여 마가는 유대교에 영향을 받은 공동체의 일부가 갖고 있는 기독론적 개념을 교정하면서 자신이 의도한 인물구성을 완성하였다. 하나님의 아들인 예수는 하나님에 의해 높임을 받은 자이고, 권능으로 다시 오는 인자다. 예수에 대한 인물구성을 위하여 마가는 질문과 대답을 사용했으며, 그것을 통하여 하나님의 아들과 인자 칭호를 연결하였다. 칭호 '하나님의 아들'을 통한 인물구성으로 마가는 땅에서 일하고, 하나님에 의해 성령과 능력

---

41) Craig A. Evans, *Mark 8:27-16:20* (Thomas Nelson Publishers, 2001), 239; Eduard Lohse, *Grundriß der neutestamentlichen Theologie* (Stuttgart: Verlag, 1998), 214.

42) August Strobel, *Die Stunde der Wahrheit* (Tübingen, 1980), 73.

으로 충만하며, 그럼에도 불구하고 십자가에 순종하면서 그의 길을 가며, 권능과 영광으로 다시 오는 예수의 인물적 특징을 완성시켰다. 하나님께 가까운 하나님의 아들의 비밀은 아직 증인들에게 감추어져 있고, 완벽하게 이해되지 않았을지라도 보여지고 있다. 그러나 '하나님의 아들' 칭호 하나만으로는 예수에 대한 마가의 인물구성의 모든 측면을 보여주지는 못한다. 마가의 인물구성을 이해하기 위하여 관객들은 하나님의 아들 칭호와 함께 인자 칭호의 특성을 살펴야 한다. 인자 모티프는 예수에 대한 마가의 인물구성의 핵심이다.

2) 인자 모티프

인물구성에 관련된 '인자' 칭호는 마가복음에서 14번에 걸쳐 다양한 문맥에서 나타나고 있다.[43] 인자 칭호는 1) 예수의 지상 사역에 관한 말씀, 2) 고난과 죽음 및 부활에 관한 말씀, 그리고 3) 미래의 오심에 관한 말씀에 사용된 것으로 구분할 수 있는데, 한 가지 흥미로운 것은 신약성서에서 '인자' 칭호는 예수의 입으로만 언급되고 있다는 것이다. 어떤 경우에도 신적 음성이나 다른 사람의 입을 통하여 사용되지 않았다(행 7:56 제외). 결론적으로 인자 칭호는 "그[예수]가 어떤 종류의 메시아인지를 보여주기 위해 고안된 것이다."[44]

'인자' 칭호는 예수의 진정성 있는 어록에 대한 연구와 공동체 안에서 형성된 이차적인 표현과 전통 사이를 구분하는 역사적인 연구가 필요한 작업이다. 그래서 마가복음의 인자 전통의 진정성과 기원에 대한 질문은 가장 뜨거운 이슈 중 하나이다.[45] 학자들은 칭호의

---

43) 마가복음 2:10, 28; 8:31, 38; 9:9, 12, 31; 10:33, 45; 13:26; 14:21a, 21b, 41, 62.
44) 김세윤, 『그 사람의 아들: 하나님의 아들』, 142.

기원, 칭호에 대한 예수의 자기이해, 그리고 예수가 갖고 있는 전통의 정체성에 관련된 질문에 관심을 두었다. 그러나 학자들은 이러한 질문에 대하여 통일된 의견을 도출하지 못하였다. 그렇다면 관객들은 '인자' 칭호의 진정성보다는 마가의 '인자' 칭호에 대한 그의 독특한 배열과 조합에 관련된 질문으로 옮겨가는 것이 타당할 것이다.[46] 칭호의 배열과 조합은 마가의 인물구성을 나타내는 단서가 된다. 그러므로 우리가 질문해야 하는 것은 다음과 같다: 어떤 이유로 마가는 다양한 의미의 인자 말씀 전통을 유지했으며, '인자' 칭호를 예수의 자발적 신분의 표현으로만 사용했는가? 예수의 비밀이 하나님의 아들 모티프에 집중되었을 때, 왜 마가는 예수의 인자 칭호 모티프를 소개했는가? 어떤 독특한 성격이 인자 모티프 안에서 보이는가? 왜 예수에 대한 인물구성을 위하여 그러한 특징이 중요한가? 그리고 인자와 하나님의 아들 사이의 관계성은 무엇이며, 어떻게 결합되어 있는가?

(1) 고난과 죽음의 인자

그리스 비극에서 연민과 두려움을 유발하는 것은 인식과 반전을

---

45) 몇 학자는 예수가 이 칭호 자체를 사용했는지를 의심하기도 한다. P. Vielhauer, "Jesus und der Menschensohn", *Zeitschrif für Theologie und Kirche* 60(1963), 133~177; H. M. Teeple, "The Origin of the Son of Man Christology", *Journal of Biblical Literature* 84(1965), 213~250; E. Schweizer는, "The Son of Man Again", *NTS* 9(1963), 85~92, 1) 그룹 전체와 2) 그룹의 일부만을 진정성이 있는 것으로 결론하고 있다; 불트만(R. Bultmann)과 보르캄(G. Bornkamm)은, Bultmann's *The Theology of New Testament*, 30ff.; Bornkamm's *Jesus von Nazareth* (1980), 200ff., 3) 그룹만을 예수의 진정성으로 인정하고 있다. 많은 학자가 불트만(Bultmann)의 입장을 따르고 있다. H. E. Tödt, *The Son of Man in the Synoptic Tradition*, (1965); A. J. B. Higgins, *Jesus and the Son of Man*(1964); F. Hahn, *Christologische Hoheitstitel* (1966), 13~53; R. H. Fuller, *The Foundations of New Testament Christology* (1965), 119~125, 143~155; 세 그룹 모두를 진정성으로 받아들이는 학자들은 김세윤, 『그 사람의 아들: 하나님의 아들』; I. H. Marshall, "The Synoptic Son of Man Sayings in Recent Discussion", *New Testament Studies* 12(1965/66), 335~343; O. Cullmann, *The Christology of the New Testament* (London: SCM, 1963); V. Taylor, *The Names of Jesus* (London: Macmillan, 1993). 참조, E. G. Hooker, *The Son of Man in Mark* (London: SPCK, 1967).

46) I. H. Marshall, "The Synoptic Son of Man Sayings in Recent Discussion", 338.

갖고 있는 플롯뿐만 아니라 고난 사건 자체이다. 그리스 비극에서 상대방에게 가해지는 끔찍한 행위가 관객들의 연민과 두려움을 유발한다. 아리스토텔레스는 무대 위에서의 죽음, 격심한 고통의 장면, 상해, 파괴적이고 고통스러운 행동을 고난 사건의 실례로 제시하고 있다(『시학』 VI 1452a 30). 대부분의 그리스 비극은 행동에 중대한 영향을 끼치는 주요한 고난을 하나씩은 가지고 있다. 오이디푸스가 스스로 장님이 되는 행위는 연민과 두려움을 충분히 불러일으키는 고난 사건이다.

'인자' 칭호에 관련된 마가의 인물구성에서 가장 두드러진 인자 모티프는 고난, 죽음, 그리고 부활에 대한 언급들이다(막 8:31, 9:12, 9:31, 10:33, 10:45, 14:21a, 14:21b, 14:41). 마가복음의 중간 부분에서 예수는 예루살렘으로 향한 길의 의미를 가르쳤다(막 8:31; 9:31; 10:33). 이 배열은 에피소드를 고난에 직접적으로 관계하도록 의식적으로 구성한 것이다. 이러한 배열은 마가의 인물구성의 일관적인 태도를 보여주고 있다.

마가복음에서도 예수에 대한 인물구성의 일관성은 인자 칭호가 고난과 죽음에 대한 신적 의지의 필연성에 연결되었다는 것이다(막 8:31, 9:12, 14:21a). 신적 의지의 필연성은 고난에 대한 예수의 변함없는 자발적인 의지 안에서 나타난다. 유대교 전통 안에서 메시아의 고난당함은 결코 일어날 수 없는 사건이다. 그러나 마가복음 안에서 예수에 대한 인물구성은 인자가 많은 고난을 당하며, 이러한 고난의 경험을 구약의 예언을 완성하기 위한 필요성 안에 있다(막 9:12, 14:21). 슈바이처(E. Schweizer)도 이 점을 분명하게 언급했다. 그는 고난의 신적 필연성을 하나님 스스로가 버려짐을 택했다고 표현하면서 하나님을 이해하기 위해서는 인자의 고난을 이해해야 한다며,

인자의 고난의 중요성과 필연성을 지적하고 있다.[47] 이러한 인물구성에서 간과할 수 없는 것은 인자의 고난과 죽음은 세 가지 고난 선언의 끝부분에 언급되고 있는 그의 부활의 필연적인 전제라는 것이다(막 8:31, 9:31, 10:33).

관객들은 고린도전서 15:3~5의 "성경대로 죽고, 성경대로 삼일 만에 살아난다"의 기독론적 양식에서 고난과 죽음의 필연성에 대한 유사성을 확인할 수 있다. 그러나 바울 전통과의 유사성도 있지만, 마가는 고난과 죽음의 인물구성을 다른 모습으로 발전시켰다. 마가는 바울의 케리그마로부터 독특성을 유지하기 위해 인자 칭호를 사용했던 것이다.[48] 인자는 많은 고난을 경험했고, 장로들과 제사장들 및 서기관에 의해 버림당했고, 마지막에 죽임을 당했다(막 8:31). 그는 사람들의 손에 넘겨졌다(막 9:31). 그리고 그의 죽음의 길은 더 분명하게 묘사된다(막 10:33~34).

고난과 죽음의 인물구성은 인자와 하나님의 아들 칭호 사이의 연관성을 해석하기 위한 단서가 된다. 사실 예수가 기록된 대로 죽어야 한다(막 9:12, 14:21)는 특성은 백부장의 고백뿐만 아니라 하나님의 아들에 관련된 인물구성에서도 암시된 것이다. 마가복음 8:31의 인자가 많은 고난을 당해야 하는 신적 필연성의 강조는 "인자가 많은 고난을 받아야 한다"는 시편 34:19의 말씀과 모세의 고난을 연상시킨다(모세의 유언서 3:11). 사악한 자들에 의해 죽음을 경험하며,

---

47) Schweizer, *The Good News According to Mark*, 174.

48) 우리의 죄를 위해서라는 것은 마가복음에서 생략되어 있다. '삼일 만'은 마가복음 8:31과 10:34 에서 삼일 후로 다르게 형성되어 있다. 장사와 부활의 출현에 대한 언급은 마가의 수난 선언에는 사용되지 않는다. 반면에 고난과 죽음의 길은 좀 더 분명하게 묘사되었다. 마가복음 8:31에 있는 선언은 고린도전서 15:3~5의 양식보다 더 오래된 부분을 표현한 것임으로 진정성을 갖고 있다. 마가복음 8:31의 '버린바'라는 단어는 시편 117:32(LXX)을 회상시킨다. 이 말씀은 마가복음 12:10~11에서 인용되었다. 고린도전서 15:3~5와 마가복음 8:31 사이의 관계를 위해서는 다음의 논문을 참조하라. P. Hoffmann, "Mk 8, 31. Zur Herkunft und markinischen Rezeption einer alten Überlieferung", *Orientierung an Jesus*, ed. J. Schmid (Freiburg-Basel-Vienna, 1973), 184.

또한 하늘의 권능으로 대면하는(솔로몬의 지혜서 2:12~20, 5:1~7)
의인의 그림은 하나님의 아들의 고난, 죽음, 그리고 부활을 위한 단
서가 될 수 있다.[49] 두 칭호(인자와 하나님의 아들)의 조합을 통한
인물구성은 마가복음 12:1~11의 비유에서 명백하게 나타나고 있
다.[50] 하나님은 불의한 자들에게 계속해서 그의 의인들, 선지자들을
보냈으나(대하 36:15~16) 이스라엘은 선지자들을 돌로 쳐 죽였다
(마 23:37a; 눅 13:34a). 그럼에도 불구하고 하나님은 마지막으로 그
의 사랑하는 아들을 보냈다. 사랑받는 아들로서 예수는 잘못 대접받
았고, 죽임당했던 하나님의 사람 중에 있었다. 고난받는 의인은 하
나님의 아들이다. 그는 포도원의 주인인 하나님이 모든 희망을 두고
있는 아들이었으나 포도원 일꾼들은 그를 죽였고, 포도원 밖으로 던
져버렸다(막 12:8). 그러나 매 맞음으로 죽임을 당했고, 버려졌던 자
는 하나님에 의해 다시 일으킴을 받을 것이다(시 34:19). 그러므로
버려짐이 악한 농부 비유(막 12:1~11)의 마지막이 아니다. 하나님은
죽임당했고, 버려졌던 그를 하나님의 새로운 집의 머릿돌로 만들었
다(막 12:10). 버려졌던 돌과 머릿돌 사이의 긴장은 예수의 죽음과
부활을 통한 인물구성에 적합한 인과관계를 보여준다. 이러한 적합
한 구성을 통하여 관객들은 예수가 의롭지 못한 이스라엘에게 하나
님의 보냄 받은 외아들이며, 그의 버려짐은 하나님의 아들의 승리를
위한 전제임을 이해하게 되는 것이다(막 8:31, 9:31, 10:34). 예수의
죽음과 부활은 하나님에 의해 수행되는 기적이다. 예수는 하나님의
아들로서 그의 길, 운명에 순종하는 하나님의 종이며, 아들이었다.

---

49) E. Schweizer, "Der Menschensohn", *Neotestamentica* (Zürich, 1950), 74. 고난당하는 현세의 의인은
주의 종(13절)과 하나님의 아들(18절)로 연속적으로 불리고 있다.

50) Edwards, *The Gospel According to Mark*, 359; Hahn, *Christologische Hoheitstitel*, 315 이하; Conzelmann,
Grundriß der Theologie des Neuen Testaments (Tübingen: Paul Siebeck, 1987), 173.

이러한 인물구성 안에서 하나님의 아들로서 그에게 감추어진 영광과 신성은 그의 고난과 죽음을 통하여 분명하게 드러난다. 마가의 인물구성으로 인하여 하나님의 아들의 지배적인 모습은 그의 고난과 죽음으로 중단되지 않고, 오히려 하나님과의 친밀성 곧 예수의 고귀성을 유지한다. 예수의 고난과 죽음은 희생적이며, 많은 사람을 위한 대속적 죽음으로 이미 규정되어 있다(막 10:45). 이러한 규정은 예수 자신의 고귀함과 선함을 보여주는 중요한 요소이다. 많은 사람을 위한 예수의 대속적 고난과 죽음은 예수 신분의 본질을 가장 명확하게 드러내는 요소이다. 그는 하나님의 선하며, 고귀한 아들로서 인자였다. 마가복음에서 어느 누구도 예수와 같은 희생적이고, 자발적인 고귀한 행동을 실행하지 못하였다. 그러나 예수는 많은 사람을 위해 자발적으로 고난과 죽음의 길을 선택했다.[51] 이해하지 못하는 사람들의 눈에는 이 일이 놀라우며, 비밀스러운 것이다(막 12:11).[52]

인자와 하나님의 사랑하는 아들 사이의 연관성을 드러내는 마가의 비유(막 12:1~11)는 백부장의 고백(막 15:39)에서 구체적으로 드러나는 예수에 대한 인물구성의 절정을 준비한다. 이러한 절정은 하나님의 아들 모티프에 고난받고 죽임당하는 신적 필연성의 인자 모티프를 결합시킴으로써 나타나고 있다.[53] 백부장의 고백은 백부장이 십자가 앞에서 고난받는 인자로서 예수를 인식했을 때 이제 등장인

---

51) Martin Hengel, *Studies in the Gospel of Mark* (Philadelphia: Fortress Press, 1985), 37~38.

52) 시편 118:22~23의 마가의 사용에 대하여는 J. Marcus, *The Way of the Lord: Christological Exegesis of the Old Testament on the Gospel of Mark* (Edinburgh: T. & T. Clark, 1992), 111~129; E. Schweizer, "υἱός", *Theological Dictionary of the Nes Testament*, 8:379.

53) Evans, *Mark 8:27-16:20*, 239. 마가복음 8:29에서 베드로는 예수를 메시아로 고백했고, 마가복음 8:31에서 예수는 그의 죽음을 예언했다. 마가복음 9:7에서 하늘의 음성은 예수가 하나님의 아들임을 선언했으며, 마가복음 9:9에서 예수는 제자들에게 부활까지 말하지 못하게 한다. 마지막으로 마가복음 12:1~12에서 관객들은 예수가 불의한 이스라엘에게 보낸 하나님의 마지막 종, 아들이며 다시 회복하는 아들임을 배운다.

물도 예수의 메시아됨의 본질을 직접적으로 인지할 수 있음을 보여준다. 백부장의 기대되지 않았던 선포에서 중요한 것은 백부장이 예수의 고난과 죽음을 증명하는 십자가에서 예수의 하나님의 아들됨을 고백하고, 인식한 것이다. 마가는 고난과 죽음으로 드러난 예수의 삶의 과정이 하나님의 의지임을 의도적인 문학적 배열과 구성을 통하여 극적으로 보여 주었다. 마가는 고난받는 메시아가 그의 공동체 안에서 포기되거나 거부되는 것을 원치 않았다.

이러한 인물구성을 통하여 마가는 의인의 핍박과 고난을 마가 공동체를 위한 모범으로 제안했던 것이다. 마가는 고난과 죽음을 경험하는 공동체의 삶을 위해 의인의 고난 전통을 인자와 하나님의 아들 모티프에 연결시켰다. 예수의 고난과 핍박받음을 마가 공동체를 위한 모범으로 재현했다는 것은 인물구성의 한 특징인 유사성에 관련된 것이다. 고난과 핍박에 관련된 유사성은 '우리와 같은'(관객들이 경험하고 있는) 현재적인 경험인 고난과 핍박의 삶을 암시하는 것이다. 마가 공동체는 현재 진행 중인 고난 속에 있는 공동체였다.[54] 그래서 마가는 예수의 고난과 핍박당함에 관심을 두면서 예수의 고난과 핍박당함을 관객들의 고난과 핍박당함과 동일시했으며, 관객들에게 고난으로의 참여를 자극하였다.

이러한 고난과 핍박을 통한 예수와 관객들의 동일시는 순종 모티프에서도 나타나고 있다. 아들의 친밀성과 한계성 사이의 갈등을 언급했듯이 아버지를 향한 하나님의 아들로서 인자의 순종이 마가복음 14:21에서 암시되고 있다: "인자는 자기에 대하여 기록된 대로 가거니와 인자를 파는 그 사람에게는 화가 있으리로다. 그 사람은

---

54) B. M. F. van Iersel, "The Gospel According to St. Mark: Written for a Persecuted Community?" *Nederlands Theologisch Tijdschrift* 34 (1980): 15~36; Joel Marcus, *Mark 1~8* (New York: Doubleday, 1999), 29.

차라리 나지 아니하였더라면 자기에게 좋을 뻔하였느니라 하시니라." 더 나아가 마가는 인자를 파는 자의 배반과 아버지의 뜻에 따라 그의 운명을 받아들이는 인자의 순종을 명백하게 대조했다(막 14:41~42).[55] 예수를 잡으러 온 군사들에게 주어진 예수의 응답에서도 필연성의 모티프와 함께 순종이 다시 강조된다: "너희가 강도를 잡는 것 같이 검과 몽치를 가지고, 나를 잡으러 나왔느냐 내가 날마다 너희와 함께 성전에 있으면서 가르쳤으되 너희가 나를 잡지 아니하였도다. 그러나 이는 성경을 이루려 함이니라"(막 14:48~49). 죄 없는 자, 핍박받았던 의로운 자로서 인자 예수는 고난의 길을 시작했다. 그리고 고난과 죽음의 길을 통하여 인자에 관련된 인물구성은 성서를 완성하려는 필연성과 하나님의 뜻을 따르려는 순종의 모티프 안에 있다. 순종하는 예수의 모습 속에서 마가가 의도했던 인물구성의 한 측면은 그의 선함과 뛰어남이라고 할 수 있다. 예수는 아버지의 뜻 안에 있어야만 하는 자신의 운명을 자발적으로 받아들임으로 하나님의 선한 뜻을 실현했다. 하나님의 선한 뜻은 십자가에서 고난과 죽음을 향한 한 사람의 선하고, 고귀한 순종을 통하여 모든 사람을 살리는 것이다(막 10:45). 예수의 십자가의 행동은 최상의 선을 보여주는 수단이다. 마가 공동체가 필요했던 것이 바로 하나님의 뜻에 순종하는 것이었다. 이렇듯 예수는 마가 공동체의 섬김과 순종을 위한 모범이 되었던 것이다.

그리스 비극에서 고난과 죽음은 행동의 고귀함과 크기를 보여주는 중요한 요소이다. 고난과 죽음은, 어떤 것을 지키기 위해 감당해야 할 모든 고통에도 불구하고, 그것을 지켜야 할 만큼 가치 있는 행동이 어떤 것인지 보여주는 시금석이다. 고난으로 완성되는 죽음보

---

55) 김세윤, 『그 사람의 아들: 하나님의 아들』, 87, 94.

다 더 소중한 것이 없다는 점에서 인간에게서 고귀한 행동은 고통과 죽음 앞에서 포기될 수 없는 것이다. 고난을 직면한 주인공이 자신의 행동을 고난 앞에서 포기한다면 그의 모습은 너무 평범한 모습을 보여주는 것이다. 반면에 고난 앞에서도 자신의 가치를 포기하지 않는다면 그는 고귀한 행동을 갖고 있는 것이다. 인간의 영웅적 위대함은 인간의 근원적인 한계라 할 수 있는 고난과 죽음을 통해서 두드러지게 드러난다. 마가복음에서 예수의 고귀한 행동은 바로 그의 고난과 죽음을 통하여 증명되었다. 예수는 하나님의 아들로서 자신의 죽음을 경험했다. 그의 가장 고귀한 행동을 보여주기 위해 예수가 마지막으로 극복해야 했던 것은 고난을 통한 죽음이었다. 예수의 고난과 죽음은 그의 위대함과 고귀함을 보여주는 시금석이다. 그러기에 마가복음은 가장 그리스 비극다운 복음서이다. 그리스 극작가가 정신의 위대함을 고통을 통해서 증명했듯이, 마가도 고난과 죽음을 예수의 인물구성에 의도적으로 배열함으로 예수의 고귀한 행동을 증명하였다.

(2) 미래에 오실 인자

인물구성에 관련된 인자 칭호는 미래에 권능으로 오시는 자에 연결되어 있다. 인자 칭호와 권능으로 오시는 자에 대한 주제를 연결하는 인물구성은 묵시강연에 등장하는 인자 말씀에서 가장 분명하게 나타난다(막 13:26). 다니엘 7:13의 예언이 사용되고, 예수의 자발적인 이해가 관계를 맺고 있다.[56] 인자 칭호에 대한 종교적 - 역사적인 전통의 발전과정을 판단하기에는 어려움이 있다.[57] 천사를 보

---

56) 김세윤, 『그 사람의 아들: 하나님의 아들』, 155~157.

57) C. Colpe, "ὁ υἱὸς τοῦ ἀνθρώπου", *Theological Dictionary of the New Testament*, 8:420~461.

내고, 사방으로부터 선택된 자들의 소집에 대한 말씀(막 13:27)은 더 많은 발전을 전제한다. 선택된 자들의 소집에 대한 언급은 스가랴 2:6과의 관계를 암시한다. 흩어진 자들을 소집하는 것은 미래에 권능으로 오시는 자의 사역이다.[58] 인자가 개인적인 범주로 사용된 경우는 이디오피아 에녹서 37~71장에서 발견된다. 에녹서에서 인자는 구원자로서 옛적부터 계신 분 앞에 나타나 보좌에 앉아 세상을 심판하도록 하나님께 임무를 부여받았다.[59] 인자는 미래의 심판자였을 뿐만 아니라 의인들에게 하늘의 잔치에 참여할 수 있는 축복도 허락했고(62:13~15), 파라다이스의 왕으로 통치하게 되었다(69:26~29). 그러므로 미래의 오실 인자는 새로운 시대의 시작을 의미한다.

공회 앞에서의 대답을 통해 보인(막 14:62) 것처럼 예수의 다니엘서 인용은 미래 심판자로서 그의 말씀의 실체화인 것이다. 마가는 예수를 오실 심판자인 인자로 이해했던 초기 교회의 확신을 의식적으로 사용했다. 마가복음 13장의 문맥에서 인자 예수는 오시는 심판자, 그리고 그의 선택한 자를 소집하는 구세주로서 구성되었다. 인자는 아버지의 영광으로 오는 하나님의 아들이었다. 영광으로 오는 인자의 모습은 마가복음 8:38에서 잘 나타나고 있다: "누구든지 이 음란하고, 죄 많은 세대에서 나와 내 말을 부끄러워하면 인자도 아버지의 영광으로 거룩한 천사들과 함께 올 때에 그 사람을 부끄러워하리라."

자신을 낮추어 고난받으셨고, 십자가에서 죽었던 인자는 아버지

---

58) Evans, *Mark 8:27-16:20*, 329.

59) "이 사람은 의로우신 인자로서 그에게 의가 머무르며, 감춘 모든 보화들이 나타난다. 왜냐하면 영이신 주님이 그를 선택하였기 때문이며, 그의 운명은 영이신 주님 앞에서 모든 것을 영원히 공평하게 뛰어넘기 때문이다. 네가 보았던 이 인자는 왕들과 권세자들과 강자들을 그들의 보좌에서 끌어내릴 것이기 때문이다. 그는 강한 자들의 주도권을 해제하고, 죄인들이 이를 부술 것이다(이디오피아 에녹서 46:3)."

의 권능과 영광으로 파루시아의 순간에 나타날 것이다. 권능과 영광, 그리고 고난과 죽음 사이의 대칭은 마가의 인물구성을 위한 극적 아이러니의 결정체이다.[60] 인자의 고난을 통한 인물구성의 전환점은 예수의 파루시아가 아니라 그의 부활이다. 마가복음에서 파루시아는 부활을 통하여 얻어질 영광의 최종적 계시이다. 변화산의 광채 나는 옷을 통하여 기대됐고, 암시되었던 예수의 부활은 다시 오실 예수의 영광에 대한 계시이다(막 9:3).[61] 그러므로 예수에 대한 인물구성 안에서 고난, 죽음, 부활 그리고 파루시아는 분리할 수 없는 본질적인 요소들이다. 파루시아는 다시 오심이라는 예수의 능력이 우주적으로 분명하게 효과적으로 나타나는 곳이다. 모든 사람은 고난, 죽음, 부활, 그리고 파루시아를 통하여 이루어진 인자의 권위와 영광의 주권적 자리를 볼 것이다(막 8:38, 14:62).[62] 예수에 대한 마가의 인물구성에서 부활이 고난과 죽음에서 분리될 수 없듯이 부활을 파루시아로부터 구분할 수 없다.[63] 오히려 예수에 대한 인물구성과 그의 사역의 완성이라는 임박한 기대를 통하여 이 요소들은 함께 이해되어야 한다.

(3) 땅에서 활동하는 인자

마지막으로 인물구성을 위한 인자 칭호는 땅에서 활동하는 예수의 모습에 관련되어 있다. 이러한 예수상은 땅에 있는 어떤 존재들보다 더 큰 권위로 가르치며, 그의 가르침과 행동은 놀라움과 두려

---

60) Edward, *The Gospel According to Mark*, 403.

61) E. Schweizer, *The Good News According to Mark*, 183; J. R. Donahue and D. J. Harrington, *The Gospel of Mark* (Collegeville: The Liturgical Press, 2002), 273.

62) C. F. D. Moule, "The Son of Man: Some of the Facts", *New Testament Studies* 41(1995), 277~279.

63) Guthrie, *New Testament Theology*, 316.

움을 유발할 정도이다. 또한 그의 가르침과 행동의 내용은 그의 선하심을 보여주는 원인이기도 하다. 예수는 소외된 자들에 대한 특별한 관심과 사랑을 표현했으며, 이러한 것을 선한 일, 그리고 생명을 구하는 일로 규정하였다. 인자는 낮아짐, 고난, 그리고 죽음에서 권능과 영광을 나타낼 뿐만 아니라 죄를 사하는 권위도 갖고 있었다.[64] 예수가 중풍병자의 죄 용서를 선언했고, 서기관들이 그의 죄용서행위를 신성모독으로 규정했을 때(막 2:10~11) 예수는 중풍병자를 고쳐줌으로 중풍병자의 죄가 용서되었음을 알려주었다. 병든자를 고치기 전(막 2:11)에 죄의 용서(막 2:5)를 언급함으로 예수는 그의 행동의 기원과 권위를 반영했다. 결과적으로 인자는 서기관들과의 논쟁에 직면하게 되었다. 죄를 용서하는 권위는 하나님께 속한권위이다. 그래서 죄 용서의 선언은 하나님이 행하신 구원 역사의한 부분이다.[65] 그러므로 인자의 이러한 인물구성은 하나님과의 친밀성을 보이는 것이며, 이러한 친밀성은 예수의 고귀성을 확립하기위한 배열이기도 하다.

예수의 권능(고귀함)은 이 땅의 사역, 권위적인 가르침(막 1:22), 귀신 축출과 고침(막 1:27, 1:41, 3:10~11, 5:1~20) 등을 통하여 나타나고 있음을 간과할 수 없다. 하나님의 아들 칭호가 귀신 축출 에피소드에 언급되고(막 3:11, 5:7), 비록 인자 칭호가 언급되지는 않았지만 인자의 이 땅에서 이루어진 활동을 통하여 계시된 것은 예수의신분이 하나님께 관계되었다는 것을 보여준다. 안식일 논쟁의 결론도 인자 칭호를 사용하여 마친다. 마가복음 2:28에서 인자는 안식일권위를 능가하는 이 땅의 권위를 갖고 있었다. 이러한 인자의 인물

---

64) C. F. D. Moule, "The Son of Man: Some of the Facts", 277~279; 김세윤, 『그 사람의 아들: 하나님의 아들』, 157~162.

65) Pesch, *Markusevangelium*, 1:160.

구성은 인자에게 선지자나 모세의 권위까지도 초월하는 권위를 부여하는 것이다.[66] 만일 관객들이 서기관들과의 논쟁을 믿지 않는 유대인과의 대면으로 간주한다면 관객들은 이 사건을 공회 앞에 있는 예수가 믿지 않는 유대인들에게 미래에 권능과 영광으로 오시는 것을 선포하는 것으로 연상할 수 있다(막 14:62). 마가의 인물구성을 위하여 지상에서 일하며, 미래에 다시 오시는 인자의 모습은 결코 분리될 수 없다. 그러므로 유대인과의 대립 모티프를 통하여 마가는 땅에서 하나님의 권위로 죄를 용서하는 인자의 모습과 미래에 권능과 영광으로 다시 오시는 인자 모습을 조합한 것이다.[67] 이런 점에서 예수에 대한 인물구성은 마가가 의도한 예수상에 필요한 적합한 특성을 유지하고 있다. 인자 칭호는 기독론적 권능의 칭호이며, 그에게 수여된 권위에 기초한 예수의 지상 사역을 반영한다.[68] 인자 칭호가 예수에게 추가되었을지라도, 마가가 의도한 예수상, 하나님의 아들로서 고난받고, 죽음을 당하는 인자 모습에는 어떠한 변형도 일어나지 않았다.

예수의 지상 사역에 관련된 인자에 의한 인물구성은 마가복음 10:45에서도 볼 수 있다: "인자가 온 것은 섬김을 받으려 함이 아니라 도리어 섬기려 하고, 자기 목숨을 많은 사람의 대속물로 주려 함이니라."[69] 마가복음 2:17에서 예수는 인자 칭호 없이 그의 오심의 실제를 이미 말씀했다: "나는 의인을 부르러 온 것이 아니요 죄인을 부르러 왔노라." 앞에서 보았듯이, 만일 인자가 초기 교회를 위한 권능을 나타내는 칭호라면 마가복음 10:45에 드러나고 있는 섬김의 모

66) 김세윤, 『그 사람의 아들: 하나님의 아들』, 163.

67) Edwards, *The Gospel According to Mark*, 80.

68) I. Maisch, *Die Heilung des Gelähmten* (Stuttgart, 1971), 98~99.

69) 김세윤, 『그 사람의 아들: 하나님의 아들』, 90~95.

티프를 권능적 인자의 모습에 첨가시키는 마가의 인물구성은 관객들에게 상당한 충격과 이와 같은 구성의 의도에 대한 관심을 유발시킨다. 인자에 의한 인물구성에서 권능과 섬김 사이의 긴장은 부인할 수 없는 사실이다. 예루살렘을 향한 길에서 일어난 두 제자와 예수 사이의 대화에서 예수의 권능과 영광, 그리고 그의 십자가의 죽음 사이에 자리 잡고 있는 갈등이 명백히 묘사되고 있다. 여기서 예수는 그의 권능과 영광을 그의 십자가의 죽음으로 정의하였다(막 10:37~40). 결론적으로 마가는 권능의 미래 심판자 인자와 겸손한 섬김의 인자를 연결하여 그의 인물구성의 특성을 제공한 것이다.

마가의 치밀한 배열과 조합을 통한 인물구성은 예수의 권위를 두드러지게 하고, 그의 이 땅에서의 섬김과 순종의 사역에 대한 독특성을 강조한다.[70] 마가는 왜 이러한 구성을 하였는가? 예수의 고난과 죽음에의 참여를 마가 공동체의 모범으로 제안하듯이, 마가는 인자의 이 땅에서의 섬김과 주심을 이상적인 제자들을 위한 모범으로 제공하길 원한 것이다.[71] 마가 공동체를 위하여 인자의 섬김의 진정한 완성은 많은 사람을 위한 죽음과 인류의 구원을 위한 대속적 희생에서 이루어진다.[72] 그러므로 그것은 예수의 대속적 실천을 삶의 가치로 인정하는 제자들로 만들고 있다.[73]

섬김에 대한 말씀과 많은 사람을 위한 주심이 처음부터 결합되었

---

70) K. Kertelge, "Der dienende Menschensohn", *Jesus und der Menschensohn*, ed. A. Vögtle (Freiburg im Breisgau: Heder, 1975), 225~239.

71) Camery-Hoggatt, *Irony in Mark's Gospel*, 163; Burton L. Mack, *A Myth of Innocence: Mark and Christian Origins* (Philadelphia: Fortress Press, 1991), 277, 346~348; Mary Ann Tolbert, *Sowing the Gospel: Mark's World in Literary-Historical Perspective* (Minneapolis: Fortress Press, 1989), 263.

72) Edwards는, *The Gospel According to Mark*, 328, 많은 사람을 위한 인자의 죽음은 하나님의 뜻에 순종의 희생, 그의 사랑의 완전한 표현, 그리고 하나님의 의의 완전한 실현이라고 결론을 내리고 있다.

73) H. E. Tödt, *The Son of Man in the Synoptic Tradition* (Philadelphia: Westminster, 1965), 190.

는지 또는 많은 사람을 위한 주심이 독립적인 말씀인지에 대한 일치된 결론은 없다.[74) 마가복음에서의 섬김과 대속적 주심의 치밀한 배열에 의한 인물구성은 마가의 예수 이해의 독특성을 보여준다. 다른 사람들을 섬겼던 인자와 그들을 위하여 자기 생명을 주려고 왔다는 인자는 동일한 인자이다. 마가복음 10:45의 기원이 무엇이든지, 마가는 예수의 겸손과 그의 죽음의 대속적인 행함을 인자를 통한 그의 인물구성에 결합시킨 것이다. 이 땅에 살아 있는 섬김의 표본인 예수의 자기희생은 그의 죽음에서 완성되고 온전하게 된 것이다. 그리고 죽음을 통한 예수의 대속적인 자기희생은 그의 섬김의 삶으로 시작된 것이다. 마가복음에서 섬김과 대속적인 자기희생을 실현한 인물은 예수 이외에는 아무도 없다. 이 사실이 그의 고귀함과 뛰어남을 보여주는 가장 중요한 요소다. 예수의 겸손과 대속적인 죽음의 행함은 인자를 통한 마가의 인물구성에서는 새로운 것이며, 핍박받는 의인으로서 죽음의 길을 가는 인자의 지평을 넓혀주고 있다. 마가는 인자에 의한 인물구성으로 죽음에 이르는 예수의 길을 부활을 통하여 영광에 이르는 견지를 획득한 것이다. 그리고 동시에 그는 예수의 종말적 다시 오심의 국면을 열고 있다. 결론적으로 이러한 인물구성은 그의 지상 사역에 대한 회상과 그의 죽음에 대한 깊은 해석인 것이다.

마가는 하나님의 아들로서 예수의 독특한 사역과 역할을 나타내기 위하여 인자 칭호를 선택함으로 예수에 대한 인물구성을 완성한

---

74) 학자들의 이 말씀에 대한 진정성의 연구는 에반스(Evans)와 건드리(Gundry)가 상세하게 보여주고 있다. Evans, *Mark 8:27-16:20*, 119~125; Robert H. Gundry, *Mark: A Commentary on His Apology for the Cross* (Grand Rapid: Eerdmans, 1993), 586~593. 요한복음 13:1~10, 14~18에서 이 개념은 예수의 죽음이 기대되는 예수의 발 씻김의 장면에서 그려지고 있다. 누가복음에서 예수의 죽음의 모티프는 주의 만찬에 묘사된 요소들에 포함된다(눅 22:19~20). 마가의 대속적 말씀인 14:24(이것은 많은 사람을 위하여 흘리는바 나의 피 곧 언약의 피니라)는 의심할 여지가 없는 친밀한 관계를 보인다.

것이다. 마가복음에서 예수는 일인칭으로 그의 사역을 말하는 것이 아니라 삼인칭으로 하나님의 의도된 길에서 그의 겸손, 섬김, 고난, 죽음, 부활 등을 나타냈다. 하나님의 아들 예수는 인자로서 이 땅에서 권위로 사역했고, 아버지의 뜻인 십자가의 길에 순종했으며, 그리고 파루시아의 순간에 권능과 영광으로 다시 올 것이다. 인자 예수는 하나님의 아들 예수의 권위와 동일한 권위로 행했다. 예수 그리스도 안에서 하나님의 아들과 인자는 결코 분리될 수 없었다. 예수의 정체성으로는 분리가 될 수 없지만 기능적 의미로서 예수 안에 있는 두 칭호는 독특한 각각의 의미를 갖고 있다.

5. 결론

마가는 다양한 칭호를 사용하여 아리스토텔레스가 언급한 성격의 네 가지 원칙을 만족시키면서 예수에 대한 인물구성을 완성했다. 마가가 본 예수에 대한 인물구성은 단순한 나열이 아니라 복합적인 구성을 이루고 있다. 마가복음의 예수 이해는 하나님 아들과 인자 칭호 사이의 긴장과 조화로 구성되어 있다. 그러므로 올바른 예수 이해(예수에 대한 인물구성)를 위하여 관객들은 인자 칭호와 하나님의 아들 칭호 사이의 밀접한 상호관계 안에서 이해해야 한다. 인자 모티프의 세 가지 측면(권능으로 미래에 오심, 고난과 죽음의 길, 그리고 이 땅에서의 현재적 행함)은 하나님 아들 칭호와의 치밀한 구성으로 인하여 플롯의 한 줄기를 지탱하며, 인물구성(characterization)의 핵심으로 자리 잡고 있다. 인자의 세 가지 특징은 신적 필연성과 순종 사이의 조합으로 이루어진 고난, 죽음과 부활의 논리적이며, 일관된 모습을 갖고 있다.[75] 인자는 이 땅에서 놀라운 권위로 시작했으며, 고난과 죽음으로의 길을 통하여 부활했고 다시 오실 종말적 주권자가 될 것이다. 하나님의 아들 그리고 인자로서 예수에게 필요한 것은 고난과 죽음을 통하여 이루어지는 영광, 권능, 그리고 권위의 완성이다. 땅에서의 활동, 고난과 죽음을 향한 활동, 그리고 권능과 영광으로 다시 오실 인자로서의 활동의 필연적이고, 개연적인 인과관계 안에서 예수는 그의 고귀성을 전혀 잃지 않고, 행동하였다.

인물구성에 있었어, 하나님의 아들 측면은 예수의 본질적인 속성이며, 마가복음의 표층적인 관심이다. 표층적인 관심인 하나님의 아들에 관련된 인물구성은 예수가 본질적으로 누구인가를 보여주는 것이다. 그리고 마가가 본 예수에 대한 인물구성에서 예수의 본질적인 신분은 예수가 무엇을 하는가에 대한 관심으로 치밀하게 구성되어 있다. 예수가 무엇을 하는가 곧 행동에 대한 인물구성은 인자 칭호에 관련되어 있다. 그는 지상 사역을 감당하는 고난받는 종이며, 또한 다시 오실 심판자로서 인자이다. 특별히 지상 사역과 다시 오실 심판자의 범주 안에서 하나님의 아들 예수는 고난받아 죽임을 당하는 인자였으며, 이것은 마가가 전하고자 하는 의도된 예수의 심층적인 신분이다. 곧 마가는 하나님의 아들 모티프로서 표면적이고, 외형적인 측면으로 예수 이해를 유지하면서 인자 모티프로서 그것의 내용을 완성한 것이다. 그리고 이상적인 제자들은 예수에 대한 인물구성의 의미를 깨닫고, 그의 길에 참여하는 자이다. 만일 제자들(관객들)이 예수 그리스도의 삶에 참여하려면 그들도 인자의 권능의 혜택을 누리게 될 것이다. 관객들의 참여를 유발하는 인물구성은 마가의 문학적인 구조의 핵심, 플롯을 대표하는 요소이며, 비극적인

---

75) E. G. Hooker, *The Son of Man in Mark*, 178.

분위기를 갖고 있다.

마가복음에서 인물은 플롯 안에서 필요한 특성으로 구성되어 있다. 마가의 비극적 플롯이 비극적 인물 묘사를 완성시킨 것이다. 마가는 하나님의 아들인 예수를 고난과 죽음을 통하여 하나님의 아들 지위를 유지하게 하는 철저한 비극적 구조 안에서 예수에 대한 인물 구성을 완성했다. 마가가 본 예수는 하나님의 아들로서 고귀했으며, 좀 더 나은 인물이었다. 그리고 마가복음 안에서 예수의 본질적인 존재성은 하나님의 아들이 십자가에서 죽어야 한다는 것에 있다. 예수의 고귀한 특성을 칭호들을 통하여 마가는 엄숙하고, 장중한 비극의 구조 안에서 예수에 대한 인물구성을 완성한 것이다.

VIII

합창

그리스 비극은 여러 가지 요소를 가지고 있다. 아리스토텔레스는 이를 여섯 가지(플롯, 인물, 사상, 조사, 합창 그리고 시각적 요소)로 분류했으며 플롯을 제일 원인으로 인정하였다. 그럼에도 불구하고 그리스 비극의 관객들은 합창을 갖고 있지 않는 그리스 비극을 상상할 수 없었다. 그리스 단어 합창(χορός)은 노래하고 춤추는 역할을 하는 사람들을 의미한다. B.C. 5세기 중반에 아이스킬로스(B.C. 525/524~456/455)의 그리스 비극은 12명의 합창단을 등장시켰고, 소포클레스는 15명 이상의 합창단을 구성하였다. 반면에 그리스 희극의 합창단은 24명이었다. B.C. 5세기 그리스 드라마는 다수의 시민으로 구성된 합창이 기본 요소였으며, 배우는 이후에 추가된 요소였다. 곧 그리스 드라마에서 배우들은 합창으로부터 분화된 것이다. 이는 드라마의 생생함을 경험하기 위해 취해진 결과일 것이다.

사실상 그리스 비극은 당시의 시민 공동체의 총체적 자기반성을 보여주는 시민의 자화상이었다. 왜냐하면 그리스 비극의 합창은 종교적 제례의식에서 유래했으며 그리스 도시국가에서 개인의 사회적 신분을 형성하는 데 매우 중요한 역할을 했기 때문이다. 뿐만 아니라 합창은 고대 그리스 사회를 건설하고 유지하는 요소이기도 했다. 그리스 비극에서 합창이 한 개인의 사회적 신분을 결정할 정도였다면, 어느 누구도 그것의 중요성과 기능을 간과할 수 없다. 사실 합창은 비극적 행동을 재현할 때 두드러지게 중심적인 역할을 수행했다. 이렇게 그리스 비극에서 합창이 상당히 중요하게 다루어졌다면, 이러한 중요성은, 마가복음이 그리스 비극이라면, 마가복음에서도 반영되었을 것이다. 왜냐하면 합창이 없는 그리스 비극은 전설이나 신화적 본문에 불과하기 때문이다.

마가복음 혹은 복음서 문학의 장르 연구에 집중하고 있는 대부분의 학자들은 마가복음의 극적(dramatic) 특성을 확인하고 분석한 뒤, 마가복음을 비극으로 결정하였다. 세계 신약학계가, 장르적 연속성을 찾기 위해 마가복음과 그리스 비극을 비교했을 때, 서사성(narrative) 과 극적(dramatic) 특성에만 집중해 왔던 것이 사실이다. 그래서 마가복음의 비극성에 대한 연구는 플롯과 인물에 관한 연구에 치중해 왔다. 그중에 특별히 플롯에 대한 연구가 지배적이었다. 그리스 비극으로서 마가복음의 비극성은 가능함, 있음직함과 필요함의 인관관계에 따라 사건들의 배열 속에 드러난 극적인 특성을 연구 분석한 결과물이다. 그러나 간과할 수 없는 것은 그리스 비극이 극적이면서도 또한 연극적(theatrical)이라는 것이다. 특별히 그리스 비극의 연극적 특성은 합창과 밀접한 관계를 갖고 있다. 마가복음의 연극적 특성을 규정하고 분석하기 위해 필요한 것이 바로 그리스 비극의 6개 요소 중의 하나인 합창이다. 하지만 마가복음을 그리스 비극의 파생 장르로 결정한 학자들은 합창이라는 중요한 요소에 관심을 기울이지 않았다. 그들에 따르면 그리스 비극으로서 마가복음은 합창을 구조적으로 채용하지 않았다. 이는 마가복음의 본문이 에피소드와 에피소드의 배열인 산문형태 안에 있고, 각 등장인물들에게 할당된 언행에 대한 세부적인 배치를 생략한 본문의 특성에 기인한다.

신약학계의 관심은 결과적으로 그리스 비극으로서 마가복음의 서사성과 극적 분위기는 충분하게 인식되었지만, 총체적인 연극적 특성에 대한 인식은 부족한 것이 사실이다. 이러한 편향된 접근 방법을 보완해야 할 필요가 있다. 이것을 보완하는 방법이 마가복음의 연극적 특성을 찾는 것이다. 그리스 비극이 갖고 있는 입체적 특성을 고려하는 것은 마가복음의 장르를 결정하는 데 있어서 아주 중요한 기초가 될 것이다. 그러므로 이 장은 마가복음의 극적 특성이 아니라 총체적인 무대 공연을 위한 시각적 그리고 청각적 자극을 포함한 연극적·공연적 특성을 확인할 것이다.

합창을 연구해야 하는 것은 관객들에게 더 나은 철저한 카타르시스를 체험하게 하는 근본적인 동인이기 때문이다. 그리스 비극에서 카타르시스의 성취는 완벽하게 플롯을 구성하는 것만으로 부족하다. 완벽한 플롯을 통하여 드러난 극적 요인과 함께 합창을 통하여 일어난 시각적 그리고 청각적 자극들이 작용할 때 관객들은 완벽한 카타르시스를 경험할 수 있다. 왜냐하면 연극적 특성은 관객들의 감정에 지대한 영향을 주기 때문이다. 그러므로 마가복음의 합창 요소를 확인하고 합창을 행하고 있는 인물을 밝히는 것은 대단히 중요한 과제이다. 그래서 이 장은 먼저 마가복음에서 그리스 비극의 합창을 기능적인 측면에서 접근하여 마가복음의 인물 중에 합창적 기능을 보여주는 집단을 확인할 것이다. 그리고 마가복음의 합창적 요소와 기능 그리고 합창의 역할을 수행할 수 있는 가장 가까운 인물들이 누구인지를 확인할 것이다. 그리스 비극의 합창의 기능과 합창단의 신분에 대한 세밀한 분석은 마가복음의 연극적 특성을 고려하는 데 있어서 중요한 잣대가 될 수 있다.

1. 그리스 비극의 합창

그리스 비극에서 합창은 오랜 역사를 갖고 있었으며, 그것을 이해하기 위해서는 복잡한 요소들을 확인하는 것이 필요하다. 그리스 비극에서 합창은 드라마와는 별개로 다양한 시와 노래 그리고 춤에 연결되어 있었다. 합창은 고대 드라마에서 핵심적인 기능을 수행했으며, 그리스 비극에서도 중요한 역할과 기능을 갖고 있었다. 그래서 그리스 비극을 만들기 원하는 극작가는 아테네 행정관료 앞에 가서 합창단의 구성을 위해 필요한 재원을 요구하기도 했다.[1]

하지만 그 무엇보다도 학자들 간에 동의하는 것 중의 하나는 합창의 기원이 분명하지 않다는 것이다. 이런 점에서 그리스 비극의 합창의 기원을 확인하고 규정하는 것은 평이한 연구가 아닐 것이다. 그럼에도 불구하고 디오니소스 찬가인 디튀람브(dithyramb)를 그리스 비극의 원천으로 보는 것은 보편적인 이해로 보인다. 그리스 비극의 기원을 정치적인 것에 두었던 역사가 헤로도토스(Herodotos)에 따르면, 그리스 비극의 합창은 영웅의 고통을 찬미할 목적이었으나 독재자의 등장으로 인하여 영웅제전이 디오니소스에 대한 찬가로 변형되었다. 그러나 그리스 비극의 합창은 종교-의식적인 구성요소를 분명히 갖고 있었다. 특별히 합창은 디오니소스를 위해 춤추고 노래하는 의식적인 주신찬가적(dithyrambic) 합창으로 나타났다. 그들의 춤과 노래는 외형적으로나 내형적으로 디오니소스의 축제의 참여와 축하를 의미하는 도구였다. 음악과 춤으로 이루어진 드라마들은 그의 종교적 축제의 중요한 구성요소들이었다. 아리스토텔레스도 『시학』에서 합창과 디튀람브 사이의 연관성을 지적하였다. 특별히 그는 합창과 디튀람브는 도리아식 방언으로 이루어졌다는 사실에서 이들의 동일한 근원적 뿌리를 유추해냈다. 19세기 말 니체도 그리스 비극의 기원을 디오니소스적 코러스에서 확인하였다. 니체는 그리스 비극의 기원을 아폴론적인 것과 디오니소스적인 것 간의 충돌에 두고 있었다.[2] 아폴론적인 것이라는 것은 합리적 이성을 대표

---

1) Helen H. Bacon, "The Chorus in Greek Life and Drama", *Arion* 3(1995: 6~24), 6.

2) 프리드리히 니체/곽복록, 『음악의 정신으로부터 비극의 탄생』 (서울: 동서문화사, 1976).

하는 것인데, 논리적인 질서, 철학적인 고요의 가치를 추구하고 있으며 회화, 조각, 서사시에서 나타난다. 이와 반면에 디오니소스적인 것은, 바커스(Bacchus)의 축제가 보여주었듯이, 행동에의 즐거움, 고양된 정서, 모험, 굽힘 없는 수난 등으로 음악과 춤, 드라마로 나타난다. 아폴론적인 것이 과도해지면 지나치게 관조적인 주지주의가 되고 추상적 사곡에 골몰한 나머지 힘찬 행동에의 의지가 결여된다. 반면에 디오니소스적 요소가 번성하면 세상은 난폭해지고 무법, 주정, 싸움의 세상이 된다. 그리스 비극의 위대함은 바로 어쩔 수 없는 일, 곧 이성적 논리 안에 있는 일을 디오니소스적으로 정복한 것에 있다. 그러므로 비극은 통속적으로 이해된 비참한 것도 아니고 가련한 것도 아니고 동정과 연민을 부여할 것도 아니다. 비극의 위대함은 합창을 통하여 주인공의 파멸에도 불구하고 불사조처럼 파멸 가운데서 "관객의 마음속에 보다 근원적인 깨우침으로 되살아"나게 하는 것이다.[3]

1) 합창의 특성

그리스 비극에 나타나는 합창의 신분이나 기능을 정의하면서 이것을 일반화하려는 경향은 매우 위험한 시도로 보인다.[4] 합창의 특성을 일반화시키려는 관점에서 합창은 사건들의 배열에 첨가된 장식품 정도로 간주될 수 있다. 최근에 상당수의 학자가 이러한 위험을 묵인하려고 준비해 온 것을 확인할 수 있다.[5] 사실상 어떤 점에

---

3) 신일철, "비극적 인생의 의미", 『철학과 현실』 8(1991), 27.

4) David Bain, *Actors and Audience* (Oxford: Oxford University Press, 1977), 58~59.

5) 학자들의 연구들을 살펴보면 그리스 합창에 대한 상당한 학자가 연구에 몰두하고 있는 것을 확인할 수 있다. William Arrowsmith, "Chorus", *The New Princeton Encyclopedia of Poetry and Poetics*

서 합창은 본질적 요소이기보다는 하나의 장식적 측면을 갖고 있다. 이러한 장식적 측면은 합창이 노래로 구성되어야 하는 선율, 리듬, 박자를 통하여 관객들의 감성 자극을 극대화한 것에서 찾을 수 있다. 니체가 이미 주지했던 것처럼, 그리스 비극의 기원을 고려했을 때 합창은 결코 장식품이 아니다. 이는 합창은 그리스 비극의 중요한 구성요소이며, 또한 그리스 비극의 합창에 관련된 특성들이 단순하게 일반화할 수 없는 복잡성과 다양성을 보여주기 때문이다. 이는 극작가가 관객의 모든 인지능력을 자극하기 위하여 합창을 사용했으며, 이러한 합창은 궁극적으로 카타르시스를 경험하게 했기 때문이다. 또한 그리스 비극은 합창으로 출발했으며, 후에 대화가 첨가되었다. 그리고 극작가들은 합창을 직접 작곡했던 시 예술의 한 부분으로 인정했다. 이보다 더 중요한 것은 합창이 운율을 갖고 있기에 극의 상연을 통해서만 그 효과를 달성할 수 있었다는 것이다.

(1) 다양성

아이스킬로스(B.C. 525/524~456/455)의 시대에 이르러, 합창은 비극의 중요한 요소가 되었다. 사실상 단어 '합창'은 드라마를 위한 환유적 성격을 갖고 있다. 합창은 관객이 경험했던 기억에 관련된 두려움과 욕망 등을 집단적으로 드러내기 위하여 사용되었다.[6] 그렇다고 그리스 비극의 합창이 인간이 경험했던 것만을 드러내는 것은 아니었다. 합창은 경험하지 못했던 아름다운 사고를 드러내기도 했다. 이런 점에서 드라마의 합창은 어떤 것보다 중요한 것으로 인정

(Princeton: Princeton University Press, 1993), 201~202; Helen H. Bacon, "The Chorus in Greek Life and Drama", *Arion* 3(1995): 6~24; Simon Goldhill, "Collectivity and Otherness: The Authority of the Tragic Chorus", *Tragedy and the Tragic: Greek Theatre and Beyond* (Oxford: Clarendon, 1996), 244~256.

6) Clifford Leech, *Tragedy* (Methuen & Co. Ltd, 1969), 71.

되어 왔다. 아리스토텔레스는 합창의 중요성을 "언어적 장식 중에서 최대의 것"으로 규정했다(『시학』 VI장 98~99). 이는 합창이 없는 그리스 비극은 어떤 사람에 관련된 이야기를 기록해 놓은 본문에 불과하기 때문이다. 합창이 부르는 노래와 그 사고는 드라마에 있어서 의미심장한 연극적 역할을 수행했다.[7] 그리스 비극 안에서 합창의 중요성은 에피소드와 에피소드를 이어주고, 뿐만 아니라 에피소드들 사이에 생길 수 있는 시간적 틈을 채워주는 기능을 통하여 드러난다. 또한 합창의 사고는 선율, 리듬, 박자를 갖고 있기 때문에 비극의 이중적 층위를 보여주는 수단이기도 하다. 합창은 재현되는 행동의 시공간을 나누기도 연결하기도 했다.[8]

아이스킬로스의 비극 『오레스테이아(Oresteia)』 3부작의 합창단은 아르고스의 원로 열둘로 구성되어 있었다. 이들의 등장가는 10년간의 트로이 전쟁의 역사를 추억하는 감성적인 내용으로 이루어져 있다. 이러한 합창단의 구성원과 그 사고를 통하여 극작가는 합창단의 권위와 그것에 대한 신뢰를 만들어가고자 하였다. 원로 열둘로 구성된 합창이 권위와 신뢰를 만들었던 이유는 다음과 같다. 장로들로 구성된 합창의 노래는 드라마 속에 세워진 공동체의 이상을 확립하고 정체성을 유지하고자 한다. 이를 위해 장로들은 이피게니에를 희생제물로 애도하였다. 실제적으로 아이스킬로스의 모든 비극의 합창은 장로들이나 여인들로 구성되었다. 하지만 소포클레스(B.C. 497~406)의 경우 다섯 개만이 처녀, 여인 혹은 장로들로 구성된 합

---

7) 연극적 역할이라 함은 그리스 비극의 요소 중의 하나인 시각적 요소가 감당하는 것이라 할 수 있다. 비극이 상연될 때 훨씬 더 시각적 요소들 강력하게 의식할 수 있다. 강력한 인상은 주로 제작 기술에서 기원한다. 마찬가지로 합창도 선율과 리듬을 갖고 있기 때문에, 등장인물들의 행동에 의해 표출된다는 점에서 시각적이고 청각적인 방법 안에서 강력한 인상을 남길 수 있다.

8) 그리스 극장의 공간적 배열에 따른 합창의 위치는 스케네와 오케스트라의 분리를 통하여 공간을 이원화시킨다. 김광선, "서양 음악극의 역사(1): 그리스 극에서 현대 뮤지컬까지", 『공연과 리뷰』 12(1997: 80~89), 86.

창단을 갖고 있다. 남자들로 구성된 합창단으로 이루어진『필록테테
스(Philoctetes)』는 그리스 비극의 독특한 특성을 드러낸다. 여기서
합창단은 젊은 뱃사람들로 구성되었다. 소포클레스는 합창의 구성원
이 변화와 새로운 조직을 통하여 한층 원숙한 형태로 그리스 비극을
완성시켰다.

　　아이스킬로스와 소포클레스의 그리스 비극의 전통을 이어받은 에
우리피데스의 공헌은 그리스 비극의 구조적인 완성을 한층 고양시
키기보다는 여러 측면에서 근대성을 이루고자 하였다. 어쩌면 그리
스 비극의 근대화가 에우리피데스 비극의 필연적 중요성이며 가치
로 볼 수 있다. 에우리피데스의 근대성은 비극의 인물을 영웅의 수
준에서 평범한 사람으로 떨어뜨린 것에서 확인할 수 있을 뿐만 아니
라 합창단을 구성한 방법에서도 찾을 수 있다. 에우리피데스는『히
폴리투스(Hippolytos)』에서 합창단의 구성을 젊은 남자로 채웠다. 그
리고 하나의 특징적인 현상은 여기서 합창단의 구성이 뚜렷이 구분
되는 두 그룹으로 나타났다는 것이다. 한 그룹은 남성으로 이루어진
것이고 다른 하나는 트로이아 여인들로 구성한 것이다. 그리고 에우
리피데스는『메데이아(Medea)』에서 합창을 코린토의 여성으로 구성
하였다.『메데이아(Medea)』의 합창은 여주인공의 친구가 되어 그녀
를 위로하고자 했다. 그런데 흥미로운 것은 여자 주인공이 외국인이
라는 사실이다. 그는 외국인 여성의 비극적 삶을 드라마로 재현했던
것이다. 주변부 사람의 비극적 사건을 재현했던 것은 이것을 통하여
사회적 배경을 성찰하고 비판하고자 했던 그의 근대성의 일면을 보
여주는 것이며, 또한 개인의 비극적 사건을 개별적인 사건으로 치부
하는 것이 아니라 공동체의 사건으로 환유시켜 보편적 사건으로 만
들고 있다. 그리고『트로이아 여인들(The Trojan Women)』의 합창은

여성 노예들로 구성되었다. 이렇게 주변부, 압제받는 자를 합창단으로 구성한 것은 이들을 통하여 새로운 세계를 준비하고 알려주기 위함일 것이다. 원로들인 장로들로 합창단을 구성한 것은 공동체의 이상을 설득력 있게 보여주기 위한 노력의 일환이었을 것이다. 하지만 그리스 비극의 근대화와 함께 합창단을 주변부와 소외된 그룹을 멤버로 구성한 것은 신진세력을 주도적인 그룹으로 만들려는 의지의 표명으로 볼 수 있다.

(2) 익명성과 집단성

합창은 종교·사회적 의식에 관련된 강력한 수행적 기능(performative function)을 갖고 있다.[9] 윌레스(D. Wiles)는 더 나아가 합창의 요소 중에 모방적인 춤의 중요성에 관심을 기우려 등장인물과 합창단 사이의 관계성을 살피고 있다.[10] 그에게 있어서 합창단과 등장인물들은 무대라는 공간을 공유한다는 점에서 서로를 무시할 수 없는 존재들이다. 그리스 비극이 본문이 아니라 사건이 될 수 있는 이유도 바로 비극적 플롯이 합창을 통하여 등장인물과 인과관계를 갖고 있기 때문이다. 헨리츠(A. Henrichs)도 그리스 비극의 합창이 갖고 있는 자기-지시성(self-referentiality)의 특성을 명확하게 강조해왔다. 합창의 자기-지시성은 문학 안에서 단순한 인물들이 아니라 종교·사회적 의식 안에 있는 의지적인 참여자들로서 그들의 모습을 보여주는 것이다.[11]

---

9) Claude Calame, "Performative Aspects of the Choral Voice in Greek Tragedy: Civic Identity in Performance", *Performance Culture and Athenian Democracy* (Cambridge: Cambridge University Press, 1998), 125~153.

10) David Wiles, *Tragedy in Athens: Performance Space and Theatrical Meaning* (Cambridge University Press, 1997), 88~113.

11) Albert Henrichs, "Why Should I Dance? Choral Self-Referentiality in Greek Tragedy", *Arion* 3(1995):

그리스 비극의 구성에 따라, 비극적 합창의 대부분은 극작가의 창조이다. 부분적으로는 그리스 신화에 있는 상당한 그룹들의 한정된 숫자들 때문이기도 하고 아르고타우트스 또는 『테베를 공격하는 일곱 명의 장군들(Seven against Thebes)』에 있는 영웅들은 잘 알려진 신화적 인물들을 포함한다는 점에서 이들이 재현할 행동을 익명으로 수행한다는 것은 기대하기 어려운 부분이다.[12] 그러므로 합창의 익명성은 드라마적 편의이다. 이는 비극이 공연되는 상당한 시간 동안 합창은 무대에 남겨져 있기 때문에, 만일 합창이 알려진 신화적 인물들로 구성되었다면, 극을 구성하기에 상당한 어려움이 있었을 것이다.[13] 합창의 이러한 익명성은 그룹으로서 그들의 주변성을 나타내는 것으로 보일 수 있다. 그렇다고 이 경우가 보편적인 것은 아니다. 캐미오(Kaimio)는 아이스킬로스의 『페르시아인(The Persians)』을 통하여 합창에서 대표성의 요소를 찾아냈고, 반면에 에우리피데스의 합창을 집단적이거나 더 강조된 개인적 인물로 인지되지 않았음을 확인하였다.[14]

그리스 비극에서 합창은 익명성을 유지하면서, 또한 집단적 인물로 나타나고 있다. 합창단의 기능과 역할 그리고 신분은 극작가에 따라 다양한 차별성을 보여주고 있다지만, 분명한 것은 그들 모두는 집단적 정체성을 고양시키려는 의지를 갖고 있다는 것이다. '집단'이라는 의미는 일반적으로 합창이 전체로서 행동한다는 것이다. 그래서 어떤 이는 합창단을 집단적 인물(corporate character)로 규정하

56~111.

12) Gould, "Tragedy and Collective Experience", *Tragedy and the Tragic: Greek Theatre and Beyond*, ed. by Silk (Oxford: Clarendon Press, 1996), 223.

13) Martin Hose, *Studien zum Chor bei Euripides* (Stuttgart: Teubner, 1990), 1:16~17.

14) Maarit Kaimio, *The Chorus of Greek Drama within the Light of the Person and Number Used* (Helsinki: Societas Scientiarum Fennica, 1970), 240, 244.

기도 한다.15) 그들은 일반적으로 단일한 소리를 전달하였다. 합창은 한 특정한 개인의 소리를 전달하려는 연기자로 무대에 포함되지 않았다. 합창단 중의 하나가 등장인물과 대화하는 경우도 있었다. 개별적인 등장인물이 합창단이 아닌 다른 인물과 대화하는 몇 가지 예를 확인할 수 있다. 이러한 대화는 연설이 코러스의 장인 코리파이오스, 합창 인도자, 또는 두 사람이 한 행씩 시를 교환하며 대화하는 형식에서 볼 수 있다. 이러한 인물들은 전체를 대표하는 인물로 이해해야 한다. 이렇듯 합창단의 구성을 통하여 보여준 특성 중의 하나가 집단성에 관련된 것이다. 합창이 일인칭 단수에서 일인칭 복수로 변할지라도, 캐미오(Kaimio)는 이러한 변형을 강조적 기능을 전형적으로 보여주는 것으로 이해하였다.16) 합창에서 관점의 분열이 일어났을 때 사용되는 표현이기도 하다. 이러한 경우가 바로 아가멤논의 죽음을 듣고 있는 장로들의 합창에서 일어난 일이기도 하다.17)

그렇다면 합창은 그리스 비극의 구성에 있어서 인물로서 기능을 수행하였는가? 그리스 비극을 토론함에 있어서 합창의 인물성에 대한 질문은 지난 세기동안 열정적으로 토론된 주제이기도 하다. 인물의 개념에 대한 질문은 상당히 어려운 문제인 것은 분명하다. 소포클레스에 관련하여, 윌라모위츠(Tycho von Wilamowitz)는 심리적 유사성과 일관성을 갖고 있는 통합적 인물과 같은 존재를 인정하지 않았다. 그는 인물들이 말했던 것은 그들의 상황에 관한 요소였으며, 그리고 인물 자체는 각 에피소드의 드마라적 효과를 극대화하기 위

---

15) Silk, "Style, Voice and Authority in the Choruses of Greek Drama", *Der Chor im antiken und mdernen Drama* (1998), 16. ed. Peter Reimer and Bernhard Zimmermann (Stuttgart: Metzler, 1999: 1~26), 16.

16) Maarit Kaimio, *The Chorus of Greek Drama within the Light of the Person and Number Used* (Helsinki: Societas Scientiarum Fennica, 1970), 242.

17) Gould, 앞의 논문, 223; Aeschylus, *Agamemnon*, 1348~1371.

해 고안되었다고 생각했다.[18] 하지만 비평적 의견은 일관성 있는 주인공의 개념을 비극에서 찾으려 하였듯이,[19] 합창의 드라마적 일관성에 대한 논쟁도 계속되고 있다. 러쉬 렘(R. Rehm)은 해석자들은 합창이 극 안에서 하나의 일관성 있는 인물을 갖고 있었다는 개념을 가져야 한다고 주장하였다.[20] 그런 중에 뢰스러(Rösler), 버톤(Burton), 그리고 가르디너(Gardiner)는 드라마 자체에 연계되어 있는 일관성 있는 인물로서 합창단을 이해하기에 이르렀다. 위에 언급된 세 사람은 이것을 소포클레스의 합창을 통하여 보여주었고, 뿐만 아니라 티엘(Thiel)은 아이스킬로스의 『아가멤논(Agamemnon)』을 통하여 이 사실을 증명하였다.[21] 마스트로나르데(Mastronarde)의 연구도 상당한 도전을 제공하였다. 그에 따르면, 합창은 내형적-드라마적(intra-dramatic) 위치뿐만 아니라 외형적-드라마적(extra-dramatic) 위치를 갖고 있었다. 먼저 내형적 위치는 특별한 가공의 신분을 갖고 있는 그룹이며 외형적 위치는 특정한 신분을 덜 신뢰하는 집단적(통합적) 소리를 나타낸다.[22] 스테판 에스포시토(Stephen Esposito)는 소포클레스의 초기 작품과 후기 작품을 비교하여 합창이 경우에 따라서 등장인

---

18) Tycho von Wilamowitz-Moellendorff, *Die dramatische Technik des Sophokles* (Berlin: Weidmann, 1917), 39.

19) E. P. Easterling, *Greek Tragedy*, ed. Ian McAusland and P. Walcot (Oxford: Oxford University Press, 1993), 12~16, 58~65.

20) R. Rehm, *Greek Tragic Theatre* (New York: Routledge, 1992), 59.

21) Reginal W. B. Burton, *The Chorus in Sophocles' Tragedies* (Oxford: Clarendon, 1980); Cynthia P. Gardiner, *The Sophoclean Chorus: A Study of Characer and Function* (Iowa City: University of Iowa Press, 1987); Wolfgang Rösler, "Der Chor als Mitspieler: Beobachtungen zur 'Antigone'", *Antike und Abendland* 29(1983): 107~124; Rainer Thiel, *Chor und tragische Handlung im 'Agamemnon' des Aischylos* (Stuttgart: Teubner, 1993). 버톤은 노래하는 자로서 합창을 등장인물들과 구분하고 있다. 그리스 비극에서 합창단은 노래와 춤을 통하여 극의 흐름에 일관성 있게 나타나고 있다. Burton, 앞의 책, 3. 합창단의 춤에 대한 연구는 T. B. L. Webster, *The Greek Chorus* (London, 1970)를 보라.

22) Donald Mastronarde, "Knowledge and Authority in the Choral Voice of Euripidean Tragedy", *Syllecta Classica* 10(1999: 87~104), 88.

물인 것같이 기능했던 것을 확인했으며, 인물들의 영역 안에서 합창을 확실하게 간주했다.[23]

인물로서 기능하기 위해서 합창단의 노래는 반드시 논리성과 객관적 이성을 확보해야만 한다. 그러나 합창은 이러한 논리성과 객관적 이성을 확보하지 못하는 경우도 있었다. 소포클레스의 『안티고네(Antigone)』에서 테베의 장로들로 구성된 합창은 이러한 비논리적이고 비이성적인 사고를 갖고 있었다(100~118): 아르고스의 흰 방패의 전사도 도망갔는데, 병사들이 쳐들어 온 것이 폴리네이케스의 권리 주장을 위한 것이라고 했다; 그리고 전투장면과 결과를 뒤엉켜 서술하였다; 뿐만 아니라 폴리네이케스와 에테오클레스가 한 부모에게서 태어났다는 것을 알릴 뿐만 아니라 전쟁의 종결을 춤과 노래로 즐기자고 했다. 테베의 원로들로 구성된 합창이 형제들의 전쟁으로 왕을 잃어버린 슬픔을 이야기하지 않고 전쟁의 종결로 인한 기쁨을 춤과 노래로 즐기자는 것은 사려 깊은 사고가 아니었다. 이런 점에서 합창은 극의 흐름을 방해하였다. 곧이어 나타난 합창의 사고도 크레온의 행동을 지지하고 있다(211~215). 하지만 후에 합창을 통하여 드러난 사고는 크레온이 신들에게 맹세한 정의를 지키지 않고 살아가는 자임을 밝히고 있다(724~725). 여기서 합창은 극의 흐름을 방해하지 않기 위해 일관성 있는 모습을 가지고 재현하고자 하는 행동을 설득력 있게 묘사할 수 있었을 텐데, 특별히 크레온과 하이몬 간의 에피소드에서 합창의 사고가 옳고 그름을 판결해 주는 것이 극을 더 구성력 있게 만드는 것이다. 이 경우를 사용하면, 그리스 비극에서 합창은 "극의 진행에 영향을 미치지 못하고 오히려 등장인물들의 판단에 혼돈을 야기시키는 결과를 초래하거나 없어도 되는 시

---

23) Stephen Esposito, "The Changing Roles of the Sophoclean Chorus", *Arion* 4(1996: 85~114), 108.

가를 부르는 것"이 된다.[24]

2) 합창의 기능

그리스 비극의 합창은 위대한 극작가들로부터 아주 중요한 기능을 부여받았다. 그리스 비극의 합창은 극 전체를 통하여 오케스트라에 항상 존재하였다. 그들의 역할은 상황에 따라 필연적인 중요성을 보이기도 한다. 합창은 그리스 비극에서 절대적인 비중으로 사용되었다. 폴센(Paulsen)에 따르면 아이스킬로스의 비극에서 합창의 비중은 약 48%에 이르며, 소포클레스는 21% 그리고 에우리피데스는 20%에 이를 정도이다.[25] 그리스 비극의 극작가들이 합창을 이러한 비율로 사용하였다는 것은 합창의 중요성을 보여주는 가늠좌이기도 하다. 그리스 비극을 좀 더 세부적으로 확인하면, 합창의 비중은 훨씬 높아지는 것을 확인할 수 있다. 아이스킬로스는 『페르시아인(The Persians)』에서 합창의 분량을 본문의 거의 반 정도로 할애하였는데, 이러한 비율은 비극에서 쉽게 확인할 수 있다. 『페르시아인(The Persians)』은 46%에 이르고 『테베를 공격하는 일곱 명의 장군들(Seven against Thebes)』은 49%의 비중이다. 뿐만 아니라 『탄원하는 여인들(The Suppliants)』은 60%에 이를 정도이다. 그럼에도 불구하고 합창의 기능은 오랫동안 다양한 것으로 인식되었고, 그 기능에 대한 학자들 사이에 뚜렷한 동의를 찾기는 쉽지 않은 듯하다.[26] 그래서 중요한

---

24) 이반, "희랍비극 Chorus의 기능에 대한 연구: Sophocles의 *Oedipus the King*과 *Antigone*를 중심으로", 『고전 르네상스드라마』 2(1994: 5~21), 12.

25) Thomas Paulsen, "Die Funktionen des Chores in der Attischen Tragödie", *Das antike Theater: Aspekte seiner Geschichte, Rezeption und Aktualität* (Trier: Wissenschaftlicher Verlag, 1998), 92.

26) Walther Kranz, *Stasimon* (Berlin: Weinmannsche Buchhandlung, 1933), 171.

몇 가지만을 언급하고자 한다.

(1) 해석하는 인물로서 합창

합창은 항상 사건들의 배열 안에 있었다. 그러나 합창이 드라마의
진행에 참여했던 방법은 개인적 소리가 아니라 익명의 집단성을 통
한 것이다.[27] 그들은 항상 연기자들과의 직접적인 들음과 말함을 통
한 소통 안에 있었다. 그리고 합창은 무대 원칙에 있어서 흥미로운
효과를 갖고 있었다. 합창은 무대에서 상연했어야만 그 자체의 효과
를 극대화했다는 점에서, 이 효과는 무대에서 재현되어야 했던 행동
의 과정에 상당한 영향을 미치고 있다. 이러한 극대화의 목표는 관
객들의 이성을 자극하여 카타르시스에 도달하게 하는 것이다. 왜냐
하면 합창은 경우에 따라 극에 관련된 중요한 에피소드를 해석했었
는데, 이러한 해석을 통하여 관객에게 의미를 부여했고 그들의 반응
을 불러일으켰기 때문이다. 합창의 사고는 에피소드에 대한 평가와
해석을 제공하는 것이 사실이다. 물론 합창단의 해석과 평가는 철저
히 관객들의 의지를 표명하는 것에 있다. 그런 점에서 합창은 플롯
의 흐름에 참여하여 행동을 재현했던 것이 아니라 관객들에게 특별
한 가르침을 제공하려는 측면이 있었던 것이다. 그러나 그리스 비극
에서 등장인물들은 합창의 사고에 영향을 받지 않았다. 그들은 합창
의 사고에 상관없이 자신들이 재현해야 하는 행동을 변함없이 수행
하곤 했다. 그런 점에서 그리스 비극의 인물상은 일관성의 원칙을 잘
유지하고 있다.

실질적으로 그리스 비극에서 합창의 사고는 논리적이지 않으며

---

27) A. M. Dale, "The Chorus in the Action of Greek Tragedy", *Collected Papers* (Cambridge: Cambridge
University Press, 1969), 210.

이성에 맞지 않은 것을 표현하기도 한다. 전쟁의 고통이 백성들에게 있는데, 합창은 전쟁의 종결을 즐기고 있었다. 클리타임네스트라는 합창단의 우려에도 불구하고 결국 아가멤논을 살해했으며, 오이디푸스는 자신의 고집대로 선왕 라이오스의 살인자를 색출하는 일을 중단하지 않았다. 이러한 사고를 통하여 전달된 합창은 연기자이기보다는 해설자의 기능을 하고 있었다. "합창단의 그런 해설자로서의 기능은 궁극적으로는 관객으로 하여금 극중 인물과의 감정이입과 동일시를 강화하게 만듦으로써 관객의 카타르시스를 낳는 데 기여한다."28) 『오이디푸스 왕(Oedipus the King)』에서 코러스 장은 한 사람의 배우로서 일관성 있는 성격은 아니지만 분명하고 확고한 역할을 하였다. 그리고 『아가멤논(Agamemnon)』에서 합창은 트로이 전쟁의 승리자 아가멤논의 귀환을 역사적 맥락 속에 가져다 놓았다. 그것은 10년 전으로 거슬러 올라가서 이피게니에의 비극적 사건을 관객들에게 새롭게 환기시킴으로써 현재 사건을 관객의 민족적 정체성의 형성을 위한 계기로 삼았다.

해석자로서 합창의 기능을 고려할 때 합창은 연기자로 분류될 수도 있었다. 왜냐하면 합창의 평가나 해석이 사건의 흐름을 주도할 수 있기 때문이다. 합창의 평가는 연기자로서 사건의 흐름에 개입하는 것을 보여준다. 그리스 비극의 중요한 연기자로서 합창단은 아이스킬로스의 삼부작에서 쉽게 볼 수 있다. 『아가멤논(Agamemnon)』의 가부장적 주제는 합창에 의해서 창조되고 있다.29) 『아가멤논(Agamemnon)』에서 클리타임네스트라의 정당성은 합창에 의해서 전혀 새롭게 해석되기도 한다. 클리타임네스트라는 악녀로 변화된다.30) 합창이 이

---

28) 인성기, "고대 그리스 비극에서 합창의 역할: 동일시와 카타르시스", 『뷔히너와 현대문학』 31(2008: 5~29), 11.

29) 인성기, 앞의 논문, 14.

러한 해석을 주도하고 있다.

아리스토텔레스도 이러한 평가를 갖고 있었다. 그는 합창을 연기자 중의 하나로 간주했다.[31] 합창을 연기자로 인정했다는 것의 의미는 합창 자체가 행동을 재현하기 위해 플롯의 전개에 능동적으로 참여했다는 것이다. 행동에 참여하려는 합창단의 의지는 자신들의 생각을 에피소드에 대한 해석과 평가를 제공하는 것에서 분명하게 드러낸다. 합창은 『오이디푸스 왕(Oedipus the King)』에서 오이디푸스의 의견에 동조하면서 또한 집단의 의견을 밝혔다. 경우에 따라 합창단은 연기자들을 충고하기도 했다. 이러한 의견의 드러냄은 합창단이 등장인물로 기능하고 있음을 보여주는 것이다. 등장인물로서 합창은, 일관성 있게 자신의 성격을 가지고 행동을 하는 것이 아니라, 극적 상황이 전개하는 여러 인물에 대한 해석과 평가를 제공하면서 한 사람의 배우의 기능을 수행했던 것이다. 합창은 오이디푸스 편에서, 테이레시아스 편에서 혹은 관객들의 입장에서 사고를 밝혔던 것이다. 그러면서 극의 흐름을 방해하는 행동을 하기도 했다. 그런데 에우리피데스의 비극보다 소포클레스의 비극에서 더 많이 볼 수 있다(『시학』 XVIII 1456a). 하지마 아리스토텔레스는 에우리피데스와 소포클레스에게서 드러난 차이를 분명하게 언급하지는 않았다. 그러나 마스트로나르데(Mastronrde)는 에우리피데스의 합창의 사고가 에피소드와 간접적인 연결을 갖고 있는 경향이 있음을 제시했다. 또한 그는 에우리피데스의 합창의 사고가 비극적 플롯에 올린 사건들을 다루는 데 있어서 흐름을 약간 늦추는 듯한 느낌이 있다고 지

---

30) 천병희, 『아이스킬로스 비극』(서울: 단국대학교 출판부, 2002), 78~79. "이 집과 탄탈로스의 두 자손에게 덮친 악령이여, 그대는 두 여인을 통하여 똑같은 힘을 과시하여 내 심장을 찢어 놓는구나."

31) 이정린, "아리스토파네스 희극의 서사극적 요소: 코러스의 기능을 중심으로", 『뷔히너와 현대문학』 25(2005), 111.

적했다. 이러한 현상들의 결과는 행동의 철회 그리고 일관성 있게 드러나는 드라마적 절정을 지연시키는 것이다. 반면에 대조적으로 소포클레스의 합창의 사고는 연기자의 현재 관심에 연관되어 있으며, 연기자의 상황에 정서적으로 연결되어 있다. 결과적으로 소포클레스의 합창은 에피소드들 사이의 긴장을 유지했고 드라마적 절정을 고양시켰다.[32] 뿐만 아니라 소포클레스의 합창은 긴장을 유지하여 극의 흐름을 돕고 있었다. 합창단은 비록 극의 흐름을 방해하는 요소를 갖고 있었을지라도, 비교적 극의 흐름에 필요한 행동을 재현하였다.

(2) 드라마의 강화

두 번째 관련된 기능은 크란츠(Walther Kranz)에 의해서 제안된 것이다. 그는 합창은 드라마를 강화했다고 주장했다.[33] 합창은 작품의 분위기를 설정했고, 연극적 효과를 제고했을 뿐만 아니라 극대화시키기도 했다. 전형적으로, 합창의 역할이 본질적으로 수동적인 것처럼,[34] 합창은 그리스 비극의 극중 인물들처럼 중요한 행동을 모방했고 재현했던 것으로 드라마를 고조시키지 않았다. 합창은 무대에서 재현된 사건들에 상당히 기여하는 요소들을 갖고 있음을 부인하지 않았다. 그러나 전체로서 그들은 연기자들에 의해 시작되고 수행된 것처럼 재현된 행동들에 의미 있게 반응하여 드라마적 분위기를 고조시켰다. 이렇게 이해할 수 있는 것은 아리스토텔레스의『문제들』에서 엿볼 수 있다. 여기서 아리스토텔레스는 능동적이거나 안정적

---

32) Mastronarde, 앞의 논문, 98~100.

33) W. Kranz, 앞의 책, 171.

34) Mastronarde, 앞의 논문, 92.

인 음악적 분위기가 합창에 적절하지 않은지를 설명하였다: "무대에 있는 인물들은 영웅들을 모방하고 있기 때문에; 그리고 예전에, 지도자들은 영웅이었고, 합창에 속한 나머지 사람들은 단지 남자들이었다"(『문제들』 XIX 48).[35] 연기자들이 이슈를 제기하면, 합창들은 그것에 반응했다. 이런 점에서 합창이 무대에서 수행하는 부분은 행동을 주도하는 것이 아니라 재현된 행동에 반응하는 것이다; 합창의 사고는 심지어 논리 정연한 담론이 아니라 정서적 반응에 관여하기도 한다. 이런 점에서 합창의 사고는 극 효과를 상승시키는 예술적 수단으로 작용하고 보편성보다는 그 순간에만 유효한 의미를 가지게 된다.[36] 이 같은 것은 아이스킬로스의 극에서 더 분명하게 나타난다. 왜냐하면 아이스킬로스의 합창은 극 진행에 함께 참여하는 종교·사회적 의미를 표명할 능력과 자격을 갖고 있었기 때문이다.

비록 합창은 표면적으로 의견을 표출하였지만 논리 정연한 담론을 만들지 못했으며 극을 방해하는 듯했을지라도, 합창의 사고가 의도하는 것은 관객들의 감성에 호소하는 것이다. 이러한 모습은 에우리피데스의 『메데이아(Medea)』에서도 쉽게 찾을 수 있다. 코린토의 여성으로 구성된 합창단은 메데이아가 사회의 불평등성에 대해 구체적으로 비판했을 때, 뚜렷한 식견과 통찰력을 보여주지 못했다. 주인공의 의도를 파악하지 못했고 극의 흐름에 참여하지도 못했다. 합창단은 막연히 '남자들의 속임수'를 한탄했고 신적인 노래의 재능을 부러워하고만 있었다. 『트로이아 여인들(The Trojan Women)』에서도 여성 노예들로 구성된 합창은 신분제도의 부조리함을 자각하지 못하였다. 노예로 사는 것을 한탄했을 뿐, 그것을 극복하려는 통찰력

---

35) Aristotles, *Problems* (Cambridge: Harvard University Press, 1961), 1:413.

36) 김광선, "서양 음악극의 역사(1): 그리스 극에서 현대 뮤지컬까지", 『공연과 리뷰』 12(1997: 80~89), 85.

과 의지를 분명하게 표명하지 않았다. 하지만 이러한 극 흐름에 대한 비논리적인 대응이 극을 방해하는 것은 결코 아니다. 합창의 사고는 여주인공의 고통스런 상태에 대한 부추김과 관객들의 감성을 자극하기 위한 장치이다. 이러한 모습은 『메데이아(Medea)』에서 메데이아가 남성우월주의 사회에서 발생하는 차별대우를 나열했을 때, 그때서야 합창이 그 행동을 인정했고 주인공의 복수계획에 동의했던 것에서 발견할 수 있다. 이런 점에서 합창은 작품의 지배적 분위기를 더욱 고조시키는 기능을 갖게 되었다. 에우리피데스의 합창은 관객들의 "감성에 호소하여 여주인공과의 동일시를 유도함으로써 허구의 현실감을 강화하는 데 기여"하고 있었다.[37]

이러한 모습은 소포클레스의 비극에서도 확인할 수 있다. 소포클레스는 합창의 사고를 인간의 어려움과 운명을 신적기원으로 이해하고자 한다. 『안티고네(Antigone)』의 합창은 오이디푸스의 두 아들 간의 전쟁을 다음과 같이 강화했다: "하나 그의 위협은 그의 뜻대로 되지는 않았다네. 그리고 다른 적들에게도 다른 것을 나누어 주시며 심히 치셨다네. 어려울 때의 구원자 위대한 아레스는……"[38] 곧 이러한 합창적 사고가 보여주는 것은 오이디푸스가의 불행을 신들이 부여한 운명으로 이해하는 것이다. 합창의 관객들은 주인공과 함께 신적 기원을 갖고 있는 인간의 고통에 통참해야 했다. 그러므로 주인공의 고통은 관객들의 고통이므로 주인공을 애도하고 슬픈 노래를 부르며 운명에 낙담하지 않고 능동적으로 동참하게 한다.

브레히트에게 있어서 그리스 비극의 합창 자체가 낯설게 하기를 위해 존재하는 요소이다. 그런데 이 낯설게 하기의 목적은 극의 흐

---

37) 인성기, 앞의 논문, 24.
38) 천병희, 『소포클레스 비극』 (서울: 단국대학교 출판부, 1998), 96.

332 마가복음 그 위대함

름을 강화하는 것에 있다. 드라마는 플롯을 통하여 극작가에 의한 행동의 일방적인 재현이 아니라 인간의 실제 삶과 연결되어 있는 것으로 보여주고 있다. 곧 연기자가 재현한 행동을 통하여 관객과 연기자 간의 감정의 소외를 경험하는 것이다.[39] 『안티고네(Antigone)』에서 보였던 합창의 비논리적이며 비이성적 사고도 낯설게 하기를 위한 구성이다.[40] 합창의 사고를 통하여 드러난 이러한 요소들은 드

---

39) Martin Esslin, *Brecht: A Choice of Evils* (London: Heinemann Educational Books, 1973), 110.

40) 『안티고네(Antigone)』의 첫 번째 합창의 내용은 테베의 일곱 성문을 향해 쳐들어 온 아르고스의 흰 방패의 병사들이 햇빛에 의해서 줄달음 쳐 도망갔다는 것이다. 쳐들어 온 이유는 폴리네이케스의 권리 주장 때문이다. 그리고 다음 장면은 전투 장면에 대한 서술이 있으나 그 결과에 대한 보고가 뒤엉켜 있다. 그리고 폴리네이케스와 에테오클레스가 한 부모에게서 태어났다는 것과 종전으로 밤을 새우며 춤과 노래로 신전을 순례하자고 했던 것이 나타난다. 테베의 장로들로 구성된 합창단은 죽음에 대한 기쁨을 표현했다는 점에서 이성적이지 못하다. 『안티고네(Antigone)』의 합창을 읽어보라. 『다시 읽는 원전 희랍비극 1』 아이스킬로스/소포클레스 편 (서울: 현암사, 1996), 318~320.

코로스
햇빛이여, 일곱 성문의 테베에
일찍이 보지 못한 빛나는 햇살이여.
오오, 황금의 날의 눈이여, 너는 드디어 왔구나.
너는 디르케의 흐름 위에 떠올라서
온몸을 갑옷으로 싸고
아르고스에서 온 흰 방패의 전사도
너로 하여 일어나서
줄달음 쳐 급급히 도망갔다.

폴리네이케스의 권리 주장 때문에
우리나라에 항거하여
날카롭게 소리치는 독수리같이
눈처럼 흰 날개로 덮여서
무장한 대군으로
수후한 철갑을 세우고
우리나라로 쳐들어왔다.

그는 우리들 처소 앞에서 멈추어
피에 굶주린 창으로
우리 일곱의 성 문턱을 둘러쌌다.
그래도 입이 우리 선지피를 포식하여
헤파이스토스 신의 햇불이 우리 성탑을 태워 없애기 전에
그는 여기서 도망쳐 갔다.
그의 등 뒤에서는 아레스가 외치는 소리 높고
그는 그 적인 용과 씨름하듯, 거칠게 날뛰기만 하였다.

라마를 더 극적으로 묘사하는 장치로 보인다. 『안티고네(Antigone)』에서 합창의 노래와 춤의 기능은 "극적 흐름을 중단시킨 것이 아니라 일방통로로 흐르던 정서의 흐름을 중단시키고 관객이 지적으로 작품의 내용에 개입할 수 있는 공간을 확보"하는 것에 있다.[41] 뿐만

허풍을 떠는 것을
제우스신이 싫어하시며
쩔렁대는 황금의 거만스런 자랑으로
그들이 크게 물결 쳐 옴을 보시고
이제 성벽을 기어올라
승리를 외치려는 적을
신은 불꽃을 휘둘러
힘차게 때려 눕히셨다.

그는 땅에 쓰러져 구르며
횃불을 손에 들고 미친 듯 날뛰어
격심한 미움의 폭풍으로 우리에게 덤벼 든다.
그러나 그의 위협은 뜻대로 이루지 못하고
또한 다른 적에게도
힘찬 아레스 신께서 우리를 도우사
그들을 다 패망시켰다.

일곱 성문으로 쳐들어가는 일곱의 지휘자는
저편도 이편 못지않게 싸웠지만
전세를 뒤집는 제우스신께
무기 갑옷의 전리품을 남겨 놓았다.
구하라, 저 참혹한 운명의 두 형제
한 아버지 한 어머니에게서 태어난 그들은
서로 무찌르는 두 창으로 찔려 함께 죽고 말았다.

그러나 영광의 니케 여신께서 다시 돌아오시어
수많은 전차를 가진 테베의 기쁨에 기쁨으로 대하시니
이제 이번 싸움을 기꺼이 잊고
밤을 새우며 춤과 노래로
모든 신전들을 순례하자.
테베 땅을 춤으로 흔드는 바커스께서
원컨대 우리를 이끄시옵소서!

이 나라의 왕, 메노이케우스의 아들
크레온 왕께서 오신다.
신들께서 주신 새로운 행운으로
우리의 새로운 왕이 되신 분이다.
널리 일반에게 명령하여 불러 모은 연장자의 이 특별 회의를 제안한 것은 대체 무슨 생각인가?

41) 이반, 앞의 논문, 16.

아니라 합창의 사고를 통하여 형성된 정서적 분위기와 함께 합창이
만들어낸 청각적·시각적 효과가 드라마의 전체 분위기를 고조시키
고 결국엔 드라마의 플롯의 강화를 통하여 드라마의 최종적인 목표
를 달성하는 것이다.

(3) 이상적인 관객

합창의 기능들에 대한 가장 유명하고 오래된 이론 중의 하나는 오
래 전에 제안되었다. 쉴레겔(A. W. Schlegel)은 합창이 이상적인 구
경꾼을 대표했다고 주장했다. 합창은 연기자와 함께 스케네(skene)와
관객 사이에 있는 위치를 유지하고 있었기에 비극의 극 흐름과 분리
되어 있었다. 합창단의 구성도 두 가지로 구분할 수 있다. 하나는 플
롯에 적극적으로 참여하는 인물이며 다른 하나는 스케네로부터 분
리된 오케스트라(춤추는 공간)에서 플롯의 휴지부 대목에 춤을 추며
휴식하는 노래를 부르는 단원들이다. 그에 따르면, 합창은 일반적으
로 국가의 공통의 의지를 대표했고 그리고 난 뒤 모든 인류의 일반
적인 연민을 드러냈다.[42] 그리고 쉴러도 그리스 비극의 합창을 관객
앞에서 등장인물들의 행위를 판단하는 이상적인 관객들로 이해하였
다.[43] 곧 합창은 극의 에피소드를 이상화시키는 기능을 했던 것이다.
사실상 그리스 비극은 당시의 시민 공동체의 총체적 자기반성을 보
여주는 시민의 자화상이라는 점에서 합창에 대한 쉴레겔과 쉴러의
지적은 어느 정도 수긍할 수 있는 부분이다. 합창은 그리스 비극의
무대에서 한곳에 모여 있는 관객들을 위해 말했으며 또한 관객들의

---

42) August Wilhelm Schlegel, "Vorlesungen über dramatische Kunst und Literature", *Sämmtliche Werke*
(Hildesheim: Olms, 1971~1972), 5.76.

43) Friedrich Schiller, "Über den Gebrauch des Chors in der Tragödie", *Sämtliche Werke*, ed. Gerhard
Fricke (München, 1959), 821f.

의중을 말했던 것이다. 그래서 합창은 당시의 관습적인 사회적 개념들 소위 뻔한 소리를 대변했던 것이다. 그리고 합창은 체계화된 도덕률의 관점을 표현하기도 했다. 집단적 가치와 이념의 보고로서 합창은 공동체의 전통적인 지혜를 전해줄 수 있었다. 지속되는 이 개념을 어떻게 증명하는지는 마틴 호세(M. Hose)의 최근 연구가 그것을 회복시키려고 노력했다는 사실에서 알 수 있다. 그는 에우리피데스의 비극을 연구하였다.[44]

그래서 합창의 관객들은 동일한 가치와 이념으로 뭉쳐진 단일한 집단이었으며, 아테네에서 합창은 '공동체의 생각'이였다.[45] 『아가멤논(Agamemnon)』에서 합창의 사고는 토로이 전쟁의 원인을 헬레네와 클리타임네스트라의 비이성적인 행동으로 규정함으로 아테네의 가부장적 국가 정체성 형성에 기여하고 있다. 이러한 합창의 기능은 『자비로운 여신들(The Eumenides)』에서도 확인할 수 있다. 아테네는 여기서 민주주의의 최종적 승리를 선언한다: "나에게는 나를 낳아 준 어머니가 없기 때문이다." 하지만 합창은 처음에 이러한 선언에 대하여 절망적인 태도를 보여주었다가 후에 아테네의 판결을 인정하며 민주주의 공동체의 수호자가 되었다: "나는 팔라스와의 동거를 받아들일 것이며, 결코 이 도시를 모욕하지 않겠어요." 이러한 변화는 합창단이 상황을 파악하는 직관력과 이해력을 대부분 소유하지 못했기 때문이며 뿐만 아니라 합창이 보여주었던 사고의 흔들림은 인간의 위태로운 동행자로 나타나기 때문이다.[46] 특별히 소포클레스의 합창은 관객의 모습으로 나타났다. 극에 참여하기보다는

---

44) M. Hose, *Studien zum Chor bei Euripides* (B. G. Teubner, 1990), 1.32~39.

45) 니체는 합창단이 열광하는 디오니소스적 관객을 재현한다고 단언한다. 심재민, "니체의 아리스토텔레스 비판과 비극론", 253.

46) 김광선, 앞의 논문, 85.

사건에 관심을 보여주는 관객이 되는 것이다.

아이스킬로스의 그리스 비극에서 합창은 공동체의 신분 확립을 위해 극의 흐름을 강화하였다. 3부작 『오레스테이아(Oresteia)』의 1부인 『아가멤논(Agamemnon)』에서 합창은 필요적절한 곳에서 민족주의적 신분을 확립하고자 에피소드를 해석하여 관객들에게 제공하였다. 사실상 여기서 합창의 사고는 민주주의 공동체의 수호자임을 드러내고 있다. 더 나아가 3부작의 마지막 작품인 『자비로운 여신들(The Eumenides)』에서 합창은 가부장적 민족 정체성을 민주주의적 정체성으로 변형시켰다. 곧 합창은 시공간에 변형을 초래했던 것이다. 이러한 변형은 페르시아 전쟁(BC 490~480)의 승리에 대한 새로운 해석을 가능하게 한다. 극작가는 합창의 사고를 통하여 귀족들의 업적을 인정했고 민주주의 국가의 완성을 통하여 카타르시스적 깨달음과 즐거움을 완성하고자 했다. 관객들의 이러한 카타르시스적 즐거움과 깨달음은 합창단의 에피소드에 대한 해석과 그것을 통한 감성의 자극을 통하여 일어나기 때문이다.

이러한 견해는 존-피에레 베르낭(Jean-Pierre Vernant)과 피에레 비달-나퀘트(Pierre Vidal-Naquet)에 의해 좀 더 발전되었다. 그들은 합창이 집단적인 도시의 대표자들로서 기능했다고 주장했다: 도시의 대변인.47) 합창은 집단적 진리, 평균적 진리, 도시의 진리를 대표하였다.48) 집단적으로, 그들은 연기자가 경험해야 하는 운명이 무엇이든지 변하지 않도록 전달했다. 『아가멤논(Agamemnon)』에서 합창은 클리타임네스트라의 복수계획의 정당성을 운명에서 비롯된 것으로

---

47) Jean-Pierre Vernant and Pierre Vidal-Naquet, *Myth and Tragedy in Ancient Greece*, trs. by Janet Lloyd (New York: Zone Books, 1988), 311; Oddone Longo, "The Theater of the Polis", *Nothing to Do with Dionysos?* ed. John J. Winkler and Froma I. Zeitlin (Princeton: Princeton University Press, 1990), 16~17.

48) Jean-Pierre Vernant and Pierre Vidal-Naquet, 앞의 책, 311.

이해했으며 더 나아가 그녀를 악녀로 규정했다. 그녀의 악행은 운명을 거슬릴 수 없기 때문에 일어난 일이었다.

합창에 대한 새로운 이해는 존 굴드(J. Gould)에 의해서 진행되었다.[49] 그는 합창을 도시의 시민들을 상징하기보다는 다른 것을 담고 있는 것으로 보고 있었다: 비극적 허구 속에 있는 합창의 본질적인 역할은 집단적 표현에서 대체 가능한 경험을 의미하는 것으로 보인다. 실질적으로 합창은 고통받고 있는 사람들의 수동적 실체로서 기능했다. 『테베를 공격하는 일곱 명의 장군들(Seven against Thebes)』에서 합창은 그 자체의 원인을 연기자에 의해 간청되도록 버려두었다. 그런 점에서 합창 자체가 인물로서 기능했다고는 할 수 없다. 합창은 그들의 이해와 의지를 밝혔지만 이것을 사고의 수사에 의해 드러냈다.[50] 비록 드라마 세계는 영웅적인 인물들이 주도하고 대변하는 행동을 재현했지만, 그들은 도시와 당국의 가치가 아니라 압제를 당하는 자들 그리고 약한 자, 즉 주변부의 경험을 표현하였다. 색다른 경험은 공동체의 경험이라는 것에 있다. 합창이 전했던 가치들이 관객들의 가치와 동일했고, 관객들이 완전히 합창에 동화될 수 있었던 예배, 신앙 또는 이념에 의해 뭉쳐진 단일 공동체였던 아테네에서 합창은 공동체의 표현이기도 했다. 이 공동체는 이상적인 관객들의 모습을 갖고 있기도 했다. 연극적(theathrical) 측면에서 합창은 색조와 명암, 동작 및 장관을 더해주었다. 그리고 B.C. 5세기에는 모든 합창의 막간극은 음악 반주에 맞춰 춤과 노래로 진행되었다. 이렇게 진행했던 이유는 관객들에게 시각적, 청각적 감흥을 불러일으켜 그들을 자극하여 카타르시스를 유발시키려는 것에 있었다.[51] 그러나

---

49) Gould, 앞의 논문, 217~243.

50) Dale, 앞의 논문, 212. 달레(Dale)에 따르면, 『자비로운 여신들(The Emenides)』과 『탄원하는 여인들(The Suppliants)』은 이러한 방법을 전형적으로 갖고 있는 그리스 비극이다.

중요한 것은 공동체가 성인과 남자로 구성된 독립적인 시민-단체가 아니라는 것에 있다.[52]

2. 마가복음의 합창

1) 마가 합창의 특성

마가복음에서 그리스 비극의 합창으로 등장하는 특별한 인물군을 확인하는 것은 쉬운 일이 아니다. 왜냐하면 마가복음의 본문은 그리스 비극처럼 연극 대본으로 구성된 것이 아니라 산문형식으로 구성되어 있기 때문이다. 곧 마가복음의 이러한 형식 때문에 그리스 비극의 한 요소인 합창은 마가복음 안에 거의 유명무실한 요소로 인정되었던 것이 사실이다. 이는 그리스 비극의 발전과정을 살펴보면, 어느 정도 이해될 수 있는 측면이기도 하다. 초기 그리스 비극은 합창 안에 오직 한 명의 배우를 갖고 있었고, 아이스킬로스에 이르러 두 명의 배우가 합창과 대면하면서 플롯을 전개하였다.[53] 여기서부터 노래와 춤의 형식을 갖고 있는 합창보다는 말, 곧 산문적 표현이 주도권을 갖게 되었다. 그리고 소포클레스는 한명의 배우를 더 첨가시켰고, 이후 점차 배우의 수는 늘어났지만 합창의 수는 점점 줄어들게 되었다. 합창의 축소는 에우리피데스의 비극에 이르러 완벽하게 일어났다. 에우리피데스의 비극의 형식이 노래와 춤보다 산문적

---

51) David Wiles, *Greek Theatre Performance* (Cambridge: Cambridge University Press, 2000), 141~144.

52) Wiles, 앞의 책, 224.

53) 아이스킬로스의 비극은 고대 비극의 특징인 노래와 춤을 그대로 유지한다.

운율이 더 비중 있게 다루어지는 것에서 확인할 수 있다.[54] 그리고 로마 제국에 의해 지배를 받았던 마가 시대에 그리스 비극은 아주 중요한 변화를 경험했다. 그것은 그리스 비극이 로마 서재극으로 발전했다는 것이다. 로마 서재극은 연극적인 요소를 갖고 있었지만 전달의 기술이 변화된 것인데, 로마 서재극이 사용했던 전달의 기술은 무대 상연기법이 아니라 개인적인 낭송기법이었다. 로마 서재극은 등장인물의 행동을 재현하기 위해 언급된 연극적인 지시와 안내(theatrical direction)를 생략했던 것이다. 이러한 형식의 변화는 마가의 비극에 반영될 수 있었다.[55]

이 장의 관심은 마가복음에서 그리스 비극의 합창을 기능적으로 수행할 수 있는 인물을 추적하고자 하는 것이다. 그래서 마가복음에서 이름 없이 등장하는 인물들과 설명적 문구들이 연구되어야 한다. 먼저 마가복음에 나타나는 불특정 다수에 관심을 두고자 한다. 이들은 '뭇사람' 혹은 '사람'으로 번역되고 있거나, 어떤 경우에는 번역되지 않는 불특정 다수로 나타난다. 이들은 예수의 가르침에 놀라기도 하며(막 1:22; 1:27; 6:2), 뿐만 아니라 예수의 치유에 놀라기도 한다(막 2:12; 5:15; 5:20; 7:37). 그들은 익명성의 특성을 유지할 뿐만 아니라 집단성의 특성도 갖고 있다. 그들은 마가의 플롯 전개에 있어서 있는 듯 없는 듯 자신의 존재를 뚜렷하게 드러내지 않는 것 같다. 하지만 플롯의 전개에서 그들의 존재성이 가볍게 다루어질 수 있는 것은 아니다. 왜냐하면 그들의 음성은 아주 분명하고 확고하며,

---

54) 니체는 그리스 비극의 몰락을 비극 작품에서 합창을 제거한 에우리피데스에서 찾고 있다. 니체에 따르면 비극은 디오니소스적 합창과 아폴론적 이성 간의 충돌에서 발생하였다. 사실 합창은 "죄와 무죄, 신과 인간, 고통과 행복의 상호적인과 관계를 신화적 방식으로 설명함으로써 인간의 행불행을 우주적인 것으로 승화시키는 데 목적이 있다." 인성기, "고대 그리스 비극에서 합창의 역할", 18.

55) 스테반 스미스, "기독교 비극: 마가복음의 드라마적 구조에 대한 관찰", 『신약논단』 14(2007: 735~772), 763.

이 음성은 다른 등장인물들 특별히 무리(ὄχλοι)의 마음에, 긍정적이든 부정적이든, 동요를 발생시키고 있다.[56] 더 나아가 그들의 음성은 극의 흐름을 이해하는 데 상당한 도움을 제공하고 있다. 이 인물들은 그리스 비극의 합창의 모습과 유사하다. 사실상 그리스 비극의 역사를 통하여, 합창이 한정된 크기 안에서 대화에 참여했을지라도, 그러한 참여는 결코 연설적인 논쟁을 사용하지 않았을 뿐만 아니라 서술적인 에피소드로 말하지 않아야 했다는 불문율을 갖고 있다.[57] 대신에 합창의 사고의 일부분은 공포, 희망 그리고 심판을 표현하는 것에 있다.[58] 그렇게 하면서 합창은 주어진 행동의 중요성을 극대화했으며 그리고 관객에게 그것을 해석할 수 있는 단서를 제공해 주었다.

마가복음에서는 특별히 삼인칭 복수로 언급된 뭇사람의 음성은 예수 운동에 대한 이해에 상당한 변화를 제공하기에 매우 중요하다.[59] 마가복음의 연구자들도 이런 사람들을 외부인으로 분류하여 왔다. 그러나 마가의 플롯 안에서 뭇사람으로 나타난 삼인칭 복수의 사람들은 외부인과 내부인의 경계에 있는 인물들로 분류하기도 했다. 마가의 플롯 안에서 삼인칭 복수의 뭇사람을 경계인으로 분류하는 것도 충분하지 않은 것 같다. 이 사람들은 예수의 언행을 안내하는 원인자로서 나타났다. 왜냐하면 그들은 예수의 가르침과 기적, 그리고 어떤 특정 상황에서 발생하는 사건들에 대한 뚜렷한 평가를

---

56) 역설적으로 삼인칭 복수의 사람들은 타자의 예로서 기능한다. 주요한 이유는 마가는 뭇사람과 무리를 대조적으로 다루고 있다: 뭇사람과 무리. 오클로스(ὄχλος)들은 대체적으로 평범한 보통의 사람들을 의미한다. 반면에 라오스(λαός)는 "하나님에 속한 사람들을 위해 사용된 집단"을 언급한다. J. P. Louw and E, A. Nida, *Greek-English Lexicon* (New York: United Bible Societies, 1989), 122.

57) A. M. Dale, 앞의 논문, 211.

58) Jean-Pierre Vernant and Pierre Vidal-Naquet, *Myth and Tragedy in Ancient Greece*, 34.

59) David Joy, "Markan Subatern: the Crowd and their Strategies of Resistance", *Black Theology* 3(2005: 55~74), 60.

내렸기 때문이다.[60] 그들은 예수의 가르침을 서기관과 바리새인들의 가르침과는 다른 권위가 있음을 인정하고 공개적으로 공포했다. 그들의 평가는 예수의 언행에 대한 신학적 이해에 새로운 기초를 놓는 것과 동일한 것이다. 더욱이 그들의 평가는 예수의 언행을 비극적 분위기로 이끌어가는 요인이기도 하다. 왜냐하면 그들이 예수의 권위를 인정함으로 예수의 적대자들은 그에 대한 적개심을 갖게 되었고, 예수는 결국 십자가에 이르는 비극적 삶을 경험했기 때문이다. 이러한 플롯의 진행에 뭇사람은 중요한 역할을 했던 것이다.[61]

마가복음에서 이름 없이 등장하는 '뭇사람'이 행했던 언행의 반복성과 중복성은 극의 흐름에서 상당한 동력을 제공하고 있다.[62] 반복성은 극 흐름의 밀도와 강도를 상승시킨다. 그러나 한글 개역개정본은 이름 없이 등장하는 인물들에 대한 번역에서 일관성을 유지하지 못하는 듯하다. 왜냐하면 1:22에서는 이름 없는 삼인칭 복수(ἐξεπλήσσοντο)를 '뭇사람'으로 번역한 뒤, 1:27에서는 삼인칭 복수(ἐθαμβήθησαν)를 '다'로 번역하여 불특정 다수로 만들고 있다. 그리고 1:30에 등장하는 삼인칭 복수(λέγουσιν)는 다시 '사람들'로 번역하면서 32절의 삼인칭 복수(ἔφερον)에 대한 번역은 생략하고 있다. 이러한 번역은 30절과 32절의 삼인칭 복수 사이에 상당한 혼란을

---

60) 마가복음에서 이들의 평가와 해석은 오이디푸스처럼 비밀스런 진리를 깨달은 자의 고통스런 절규를 담고 있는 것 같다. 앞으로 다가올 한 사람의 삶과 죽음의 진리에 대한 인식은 고통스러울 수밖에 없지만 그 인물이 경험하는 죽음이라는 것은 존재 전체의 승화를 가져온다. 왜냐하면 그 경험이 바로 대속적이기 때문이다.

61) D. Crossan, *The Birth of Christianity: Discovering What Happened in the Years Immediately After the Execution of Jesus* (New York: Harpers Collins, 1998), 235.

62) 마태복음은 마가복음의 이 상응구절을 약간 변형시킨다. 마태복음은 마가복음에서 이름 없이 등장한 삼인칭 복수를 구체적인 인물인 호이 오클로이(οἱ ὄχλοι)로 변형시키고 있다(마 7:28). 그리고 마태복음에서 그들은 오클로이(ὄχλοι)로서 계속적이고 일관성 있게 표기되고 있으며 마가복음보다 훨씬 더 중요한 역할을 하고 있는 것으로 보인다. 그들은 예수가 재현했던 언행의 중요한 관찰자가 되고 있다.

야기시킬 수 있다. 특별히 32절의 삼인칭 복수를 생략하게 되면 모든 병자와 귀신들린 자를 예수께 데려온 주체는 29절의 시몬과 안드레의 장모 집에 있던 사람으로 오해될 수 있다.[63] 30절의 사람들은 29절에 언급되고 있는 "야고보와 요한과 함께 시몬과 안드레의 집"에 있던 사람들을 포함한 그룹이다. 그러나 32절의 주어는 29절에 언급된 30절의 사람들과는 구별되어야 한다. 반면에 영어번역본(NIV)은 마가복음 1장의 삼인칭 복수를 'the people'로 번역하여 일관성을 유지하고 있다. 32절에 대한 영어 번역은 30절의 'they'에서 22절과 27절의 'the people'로 환원하고 있다. 이렇게 번역함으로 30절과 32절의 행동의 주체를 엄격하게 구별하고 있는 것을 확인할 수 있다. 오히려 32절의 'the people'은 22절과 27절에 연결된 사람으로 나타나고 있다.

마가복음에서 '뭇사람'은 그리스 비극의 합창적 특징의 일부를 갖고 있었다. 그들은 이름 없는 인물들이기도 했으며, 뿐만 아니라 전체로서 행동했으며 하나의 음성을 전달하고 있었다. 더욱이 마가복음에서 삼인칭 복수의 인물들은 사실상 하나의 실체로서 간주되었다. 삼인칭 복수의 인물들이 무엇을 했던지, 그리고 어떻게 반응했던지, 그들은 그것을 일제히 행하였다. 그들은 완벽한 인물로서 결코 일관성 있거나 독특한 어떤 특징을 보여주지는 않았을지라도 분명한 것은 예수의 사역의 과정을 통하여, 그들은 예수의 가르침에 반복적으로 놀라고 있다(막 1:22, 27; 6:2)는 것이다. 때론 그들은 예수의 고치심에도 놀랐다(막 2:12; 5:15; 5:20; 7:37). 극중 인물로서 그들은 예수를 무대에서 규칙적으로 따르기보다는 플롯의 전개에 항상 존재하고 있는 보이지 않은 인물들의 모습을 수행했다.

---

63) 한글 개역개정본은 34절도 '많은 사람'으로 번역하여 관객들을 혼란을 가중시키고 있다.

예수의 가르침과 행적 그리고 그의 신분에 대한 놀람의 모티프는 마가복음에서 여러 인물에 의해 소개되는 중요한 모티프이다. 마가복음 5:33에서 이 모티프는 한 여인과 연결되어 있으며 또한 9:15에서는 무리(ὄχλος)가 놀라고 있다. 나는 여인의 놀람과 무리의 놀람 모티프를 본 연구에서 제외하고자 한다. 이는 그들이 마가복음에서 조연으로서 뚜렷하게 역할을 수행했기 때문이다. 마가의 고난 내러티브에서 예수를 십자가에 못 박을 것을 요구했던 인물도 무리(ὄχλος)이다(막 15:8, 11, 13). 특별히 나는 무리(ὄχλος)와 삼인칭 복수의 인물들을 구분하고자 한다. 사실 마가복음에서 무리(ὄχλος)는 저자의 분명한 목적 안에 있었다. 무리는 극중 인물로서 확고한 위치를 갖고 있었다.[64] 왜냐하면 무리(ὄχλος)는 마가복음에서 규칙적이거나 반복적으로 등장했으며 예수의 적대자로서 분명한 행동을 재현했기 때문이다. 오클로스(ὄχλος)는 마가의 플롯에서 분명한 극중 인물로서 분명한 역할을 하였다. 이러한 관점은 마가복음 4장에서 아주 분명하게 나타난다. 제자들은 그들이 예수로부터 비유에 대한 해석이 필요했다는 것을 인식했다. 그리고 예수는 그들에게 더 많은 비유에 대하여 해석해주었다(막 4:35). 그러나 무리(막 4:1)에게는 이 모든 것이 비밀로 남아 있게 되었다(막 4:11). 비유 해석은 오직 제자들에게만 제공되고 있다(막 4:33). 그래서 제자들은 이 사건들과 관련하여 이상적인 인물로서 나타났다. 그러나 그들은 예수의 인물성에 대하여 부분적으로 이해했다. 만일 마가가 집단적 인물을 이상적인 관객으로 보여주길 원했다면, 그것은 이해하지 못하고 하나님 나라의 비밀을 알지 못하는 무리이기보다는 많은 사람으로 나타난

---

64) E. S. Malbon, *In the Company of Jesus: Characters in Mark's Gospel* (Westminster John Knox Press, 2000).

삼인칭 복수의 인물일 것이다.[65] 삼인칭 복수의 사람들이 이 역할에 훨씬 더 적절했다. 이들은 모두가 갖기를 원하는 이해와 감정을 갖고 있었다. 이들이 갖고 있었던 이해와 감정은 관객들과의 동일시를 위해 필요한 요소이다.

마가복음에서 삼인칭 복수의 인물들은 내레이터의 목소리를 보여주는 도구이기도 하였다.[66] 마가복음의 삼인칭 복수의 그들에 대한 묘사를 볼 때 이 같은 지적은 적절하다. 특별히 마가복음 11장에서 저자는 분명히 예루살렘 입성에서 예수를 칭송하는 인물들을 오클로스(ὄχλος)와는 구별된 폴로이(πολλοὶ)를 사용하였다. 그리고 삼인칭 복수의 폴로이(πολλοὶ)는 내레이터의 목소리를 분명하게 전하였다: "호산나 찬송하리로다. 주의 이름으로 오시는 이여 찬송하리로다. 오는 우리 조상 다윗의 나라여 가장 높은 곳에서 호산나 하더라"(막 11:9~10). 그리고 이 내레이터의 목소리는 당시의 일반 대중의 바람을 전하였다(참조 막 10:48). 마가 시대의 대중은 예수와 같은 능력자들을 정치적 개념 안에서 다윗의 나라를 회복할 자로 기대하였다. 이러한 기대는 사무엘 하에 언급된 나단의 신탁으로 세워진 유대인들의 이상을 반영하고 있다. 그들에게 있어서 다윗의 나라는 정치적 회복과 번영을 가져오는 나라이다.[67]

---

65) 뭇사람에 대한 묘사를 확인하면 이것이 주변부 사람들에게 연결되어 있는 것을 알 수 있다. 여자와 어린이들에게 행했던 것처럼, 아픈 자와 도움이 필요한 자들에게 행했다. 그들은 상처입기 쉽고 그리고 억압받은 자들이었다: 목자 없는 양(6:34)과 흩어질 양(14:27)처럼, 그들은 비공식적인 관점을 구체화했다. 무리들에 대한 연구는 다음을 보라. J. F. Williams, *Other Followers of Jesus: Minor Characters as Major Figures in Mark's Gospel* (Sheffield: JSOT Press, 1994); E. Best, *Following Jesus*, 210~211; F. C. Synge, "A Plea for the Outsiders: Commentary on Mark 4:10~12", *Journal of Theology for Southern Africa* 30(1989: 53~58), 58.

66) 샌더스(E. P. Sanders)는 삼인칭 복수의 그들과 무리를 구분하지는 않지만 복음서들과 사도행전에서 무리의 특징을 내레이터의 소리를 전달하는 것에서 찾고 있다. E. P. Sanders, *Jesus and Judaism* (London: SCM, 1985), 289.

67) 박노식, "마가복음의 다윗의 자손과 이상적 제자", 『신약논단』 16(2009: 705~743), 719~720.

또한 삼인칭 복수의 사람들의 소리와 함께 집중하고자 하는 마가복음의 합창적 특성은 설명적 문구들(explanatory statement)이다.[68] 삼인칭 복수의 그들이 내레이터의 목소리를 전달했듯이 설명적 문구 역시 내레이터의 이상을 재현하였다. 설명적 문구들도 이상적 관객들의 이상과 그들의 근원적 이해의 원천을 제공하였다. 마가는 설명적 문구를 시기적절하게 이용하여 플롯의 전개를 만들었다. 설명적 문구로 드러난 마가의 문체는 플롯의 전개를 방해하지 않고 있으며 또한 아주 분명한 음성과 사고를 전달함으로 관객들에게 내러티브의 전개와 사건들에 대한 기초적인 정보와 그것에 대한 평가를 제공하고 있다. 그렇다고 이러한 설명적 문구들이 플롯의 방향을 전환하게 하는 역동적인 역할을 수행하는 것은 아니다.

마가복음에서 뭇사람과 설명적 문구들은 예수가 재현했던 언행의 중요한 관찰자 혹은 안내자가 되었다. 그들의 존재감은 있는 듯 없는 듯했지만, 그들은 그리스 비극의 합창적 특성을 그대로 반영하고 있었다. 그들은 그리스 비극의 합창처럼 다양성, 익명성, 그리고 집단성의 특성을 유지했다. 또한 기능적인 측면에서도 그리스 비극의 기능들과의 유사성을 확인할 수 있었다. 그리고 관찰자와 안내자로서 그들의 존재감은 마가의 비극적 플롯의 전개에 있어서 에피소드와 에피소드 사이를 잇는 연결고리 중의 하나로 기능한다. 그들의 중요성은 예수의 가르침에 대한 평가를 갖고 있는 것에서 뿐만 아니라 에피소드에 대한 해석을 통하여 에피소드들 간의 개연성과 필연

---

68) 한글 번역은 다음과 같은 다수의 설명적 문구를 갖고 있다: 3:10, 3:21, 3:30, 4:12, 5:4, 5:8, 5:41, 6:18, 6:31, 6:52, 7:19; 9:6, 9:31, 9:34, 11:13, 11:18, 12:14, 13:9, 13:19, 14:40, 14:56, 15:10, 15:34. 좀 더 세분화시키면, 가르(γὰρ)를 번역한 설명적 문구는 다음과 같다(3:10; 3:21; 5:8; 6:18; 6:31; 6:52; 9:6; 9:30; 9:34; 11:13; 11:18; 12:14; 13:19; 14:40; 14:56; 15:10). 그리고 한글 번역은 특별히 16:4와 16:8의 가르(γὰρ)를 생략하고 있다. 가르(γὰρ)를 번역한 설명적 문구가 이 연구를 위해 필요한 구절들이다.

성을 높이는 것에 있다. 그들의 평가와 해석은 관객들에게 극의 흐름과 방향성에 대한 신뢰를 갖게 하거나 예수의 행동으로 드러난 인물구성에 대한 이해를 갖게 한다.

2) 마가 합창의 기능

(1) 해석하는 인물로서 뭇사람과 설명적 문구들

아이스킬로스, 소포클레스 그리고 에우리피데스가 합창을 통하여 행동을 촉진했다는 점에서 마가복음의 뭇사람은 해석자로서 저자의 의도된 인물구성에 따른 존재였다. 왜냐하면 마가복음의 합창단으로서 뭇사람은 마가의 비극적 플롯 진행에서 아주 간단하고 명료한 해석적 평가를 제공할 뿐만 아니라 이러한 해석적 평가들이 마가가 재현하려는 행동을 촉진했기 때문이다. 뭇사람은 예수가 가르치는 것의 권위를 인정했으며 그의 가르침이 서기관들과 동일하지 않았다고 주장했다(막 1:22). 그리고 마가복음 1:27에서도 뭇사람은 예수의 행동을 평가했다: "어찜이냐 권위 있는 새 교훈이로다. 더러운 귀신들에게 명한즉 순종하는도다." 이러한 평가와 해석은 관객들에게 예수의 언행의 본질적인 특성에 대한 기초적인 개념을 제공한다. 또한 이러한 언행이 기존질서와의 대립을 보여주어 관객들의 호기심을 자극하고 있다. 계속되는 플롯의 전개에 있어서 이 평가들은 새로운 권위가 어떻게 작용할 것인지를 암시함으로써 관객들의 눈과 귀를 사로잡고 있다. 뭇사람에 의해 관련된 사건에 관한 효과적인 해석은 앞으로 어떤 일이 일어날 것인지를 감지하게 한다.

뭇사람의 평가는 단호할 뿐만 아니라 명료함을 갖고 있다. 합창단의 사고의 명료성은 행동을 늦추거나 그것을 철회하는 경우가 없다는 의미이기도 하다. 마가의 흐름과 사건에 대한 해석적 평가는 마가복음에서 저자가 재현하려는 행동을 극대화시킨다. 그리고 마가의 설명적 문구들을 통하여 드러난 암시는 마가의 극 진행에 관한 분명한 가능함, 있음직함 그리고 필요성을 보여주고 있다.[69] 특별히 이러한 가능함, 있음직함과 필요성은 설명적 문구들을 통하여 더 확고하게 드러나고 있다. 개연성과 필연성을 유지하는 뭇사람의 평가와 설명적 문구들은 마가복음에서 그리스 비극의 합창의 기능인 해석자의 모습을 분명하게 보여주는 요소들이다. 이런 점에서 마가의 합창은 플롯의 흐름에 참여하여 행동을 재현했던 것이 아니라 관객에게 특별한 가르침을 제공했으며 다음을 준비하게 했다. 극의 전개안에서 특정 사건이나 상황을 해석했던 합창의 기능은 아이스킬로스의 합창적 특징을 보여주는 일면이다. 비극에서 합창은 극의 주인공이 되어 플롯의 전개에 직접 참여하기도 하였다. 그러나 소포클레스에 와서, 합창은 직접적인 역할을 하는 인물이 아니라 간접적인 역할을 수행하는 배경적인 안내자의 역할을 수행하게 되었다. 배경적인 안내자의 역할이라 함은 플롯의 전개 속에서 보편적인 흐름을 인도하기보다는 어떤 특정한 상황과 순간에 필요한 의미를 제공할 뿐이다.[70] 그렇다고 이러한 순간성이 극의 논리성, 즉 가능함, 있음직함 그리고 필요성을 파괴하지는 않는다.

뭇사람의 암시와 함께 마가복음 3장의 설명적 문구들(막 3:10, 21)은 마가 합창의 해석자로서의 모습을 잘 보여주었다. 마가복음 3:10의 설명적 문구는 예수의 행하심으로 '허다한 무리(πλῆθος πολὺ)'들을 통한 그에 대한 열정이 표현되었다. 그리고 3:21은 이러한 열정

---

69) 마가복음 1:22과 27은 뭇사람의 놀라움과 함께 설명적 문구가 같이 등장하고 있다. 이러한 형식은 사실상 예수의 고치심에 대한 반응을 강조하고 있다. Gundry, 앞의 책, 77.

70) 김광선, 앞의 논문, 85.

으로 인하여 허다한 무리에 에워싸인 예수를 구출하려는 가족의 행동에 대하여 설명한다. 해석적 설명은 예수의 미쳤음이란 모티프를 사용한다. 이러한 합창적 문구들은 서기관의 반박을 촉진시켰으며, 바알세불 논쟁에 대한 개연성과 필연성을 보여주었다. 예수가 많은 사람을 고쳤기에 그에 대한 소문이 팽배해졌으며, 그의 가족은 예수를 미쳤다고 배척하기에 이르렀고 서기관들도 이러한 예수에 대한 거부와 배척을 위한 분위기를 형성하였다.

그리고 서기관들의 반박뿐만 아니라 제자들의 몰이해도 합창적 문구를 통하여 극 진행을 강화하고 있다. 제자들이 깨닫지 못했던 것은 예수가 아무에게도 알리지 말라는 의도를 알지 못했던 것에 있다(막 9:30). 마가는 설명적 문구를 통하여 예수의 고난, 죽음 그리고 부활을 예언했다(막 9:31~32). 곧 설명적 문구를 통하여 해석된 것은 예수의 귀신을 몰아냄이 그의 십자가의 길을 방해하는 요인임을 나타낸다. 마가는 이것을 예수의 고난에 연결시켜 해석하였다. 제자들의 몰이해의 원인을 합창의 사고를 통하여 밝히는 것은 합창의 해석적 기능을 강화시키는 것이다. 그리고 합창의 해석을 통하여 몰이해라는 모티프의 중요성이 좀 더 명확하게 드러난다. 결과적으로 그들의 몰이해도 마가복음의 합창의 사고에 지배되고 있다. 그들의 몰이해는 예루살렘에 이르는 길에서 일어난 사건에서도 뚜렷하게 나타나고 있다(막 9:34). 설명적 문구는 예수에 의해 긴 응수를 놓고 있다. 비슷한 상황은 뭇사람이 예루살렘 입성에서 예수를 다윗의 나라를 회복하는 자로 칭하는 것에서도 나타나고 있다(막 11:10).[71) 여

---

71) 마태복음의 예루살렘 입성은 여러 측면에서 마가복음의 그것과는 사뭇 다르다. 무리가 예수를 다윗의 자손으로 칭하고 있으며, 또한 무리의 외침은 온 도시가 소동을 갖게 되는 원인이 되었다. 이 소동은 예수가 누구인지를 알기 원하기에 일어난 일이다. 이러한 행동들이 예수에 대한 응답이기는 하지만, 그들의 수동성에도 불구하고, 무리는 행동에 참여하고 있다. 이러한 참여는 예수의 재판에서도 일어나는 일이다. 지도자들의 설득에 관련하여 그들은 예수의 십자가를

기서 뭇사람의 외침은 에피소드를 종결하는 원인이다. 합창적 평가는 다가올 사건에 대한 예감을 창조할 수 있으며 뿐만 아니라 강력한 반전을 가져오는 데도 일익을 담당한다.[72] 하지만 그들의 외침은 다음 내러티브의 단락에 연결고리를 제공하고 있다. 이 외침은 다윗의 나라를 상징적으로 보여주는 예루살렘 성전의 열매 없음에 대한 비판으로 연결되어 있다. 그리고 곧이어 성전에서 예수는 대제사장들과 서기관들과 장로들과의 논쟁을 가졌다(막 11:27~33). 합창단에 의해 제안된 해석과 평가들은 행동에 실질적인 틈이 없을 정도로 매우 유용하게 역할을 하고 있는 것을 확인할 수 있다.

(2) 드라마의 강화

그리스 비극으로서 마가복음의 합창적 특징을 갖고 있는 삼인칭 복수의 뭇사람과 설명적 문구들이 드라마를 고양시켰다는 것은 분명한 사실이다. 첫 번째 장소에서 이들의 행동들은 전적으로 예수에 대한 반응으로 감지되고 있다. 그들의 따름은 그에 의해 시작된 것이 아니다. 오히려 그의 인물됨에 따른 그들의 반응으로서 간주될 수 있다. 그들의 두려움, 놀라움, 외침 그리고 설명적 문구들은 예수의 말씀과 행동에 대한 반응일 뿐만 아니라 사건에 대한 분명한 해석이며 이 해석은 플롯 진행의 방향성과 일관성을 보여주고 있다. 이 방향성과 일관성으로 인하여 관객들은 극에 자연스럽게 참여할 수 있으며 카타르시스에 도달할 수 있는 준비를 하게 된다. 극 사건의 해석은 결국에 관객들의 감성을 위해 아주 중요한 요소가 되는 것이다. 설명적 문구들이 제공하는 해석들은 직접적인 담론의 구성

요구하고 빌라도가 그를 죽이도록 독촉한다(27:22~23).

72) Thomas Paulsen, 앞의 논문, 69~92.

요소로서 중요한 위치를 갖고 있다. 왜냐하면 그것들은 사건에 대한 이해와 그것에 대한 놀라움을 야기시켜 관객들을 감정적으로 자극했을 뿐만 아니라 동일시의 효과를 극대화할 수 있었기 때문이다. 그리고 이러한 동일시를 통한 자극은 극 진행을 위해 필수적인 부분이기도 하다. 이러한 감정적 자극과 동일시는 뭇사람의 놀라움을 이야기한 경우에서 볼 수 있다: "그가 가르치시는 것이 권위 있는 자와 같고 서기관들과 같지 아니함일러라"(막 1:22). 이러한 상황들은 예수의 말씀과 행동에 대한 초월적인 특징을 극대화하기 위하여 고안된 것이다. 이 뭇사람의 놀라움에 대한 첫 번째 언급이 예수의 첫 번째 가르침을 보여준 뒤에 '곧바로' 일어났기에 플롯의 진행에 있어서 특별한 것이다. 그러나 이러한 진행과 행동들은 매우 자연스럽게 일어나는 듯하다. 합창의 사고는 독자나 관객에게 예수의 말씀과 행동의 두드러진 특징의 새로움과 권위를 생각하게 한다.

또한 마가복음 6장의 삼인칭 복수의 사람(πολλοί)의 행동도 다음 내러티브에 중요한 영향을 미치면서 드라마를 강화하고 있다(막 6:2). 많은 사람이 안식일에 그의 가르침에 놀라서 질문을 한다: "이 사람이 어디서 이런 것을 얻었느냐. 이 사람이 받은 지혜와 그 손으로 이루어지는 이런 권능이 어찌됨이냐. 이 사람이 마리아의 아들 목수가 아니냐. 야고보와 요셉과 유다와 시몬의 형제가 아니냐. 그 누이들이 우리와 함께 여기 있지 아니하냐"(막 6:2~3). 이 합창적 평가는 예수에 대한 배척을 극대화시키고 있다. 이 평가의 결과는 배척이다. 예수에 대한 거부와 배척은 마가의 예수에게 있어서 십자가에 이르는 길을 위한 중요한 원인 중의 하나로 기능하고 있다. 그리고 이러한 배척으로 인하여 예수는 제자들을 여러 지역으로 파송하게 되었다. 예수의 제자들은 예수와 같은 선포와 기적을 행하게 되었고 이로 인해 예수의 이름은 더 많이 드러나게 되었다. 그리고 마가는 헤롯을 등장시켜 침례자 요한의 죽음에 관련된 내러티브를 완성했다. 곧 마가복음 6장의 합창에 의하여 야기된 고향 마을의 거부는 예수의 수난의 비극적 측면을 고양시킨 것이다. 마가복음에서 뭇사람의 행동은 결국 예수를 배척하거나 거부하는 것으로 나타난다. 이런 거부와 배반 그리고 배척은 결국 예수의 길에 결정적인 역할을 하고 십자가 사건에 개연성과 필연성을 제공하고 있다. 그가 가르쳤고, 고쳐주었지만, 마가가 본 예수는 곧 완벽하게 버림을 받게 될 것이다. 이 점에서 마가복음의 합창은 예수의 비극적인 영웅성을 더욱 확고하게 만들었다.

예수와 그의 행동에 관한 뭇사람의 평가와 설명적 문구들을 통해 제공된 해석을 보여주는 합창의 관심이 수평적이라면, 사건들에 대한 초월적 특징을 극대화시킨다는 점에서 합창의 관심은 매우 수직적이다. 현재를 분명하게 하기 위하여 과거의 영웅적 신비로운 행동을 현재로 가져왔다면, 현재는 하나님의 백성과 관계하는 예수의 계속적인 행하심에 붙여진 과거에 의하여 양각된 존재에 의해 명백하게 된다. 그리스 합창이 극작가가 알고 있던 신화적인 인물을 제공하였듯이, 마가복음의 합창단도 과거에 하나님께서 이스라엘에게 행했던 일을 알았고 이것을 드러내었다. 합창은 그 행하신 일들에 관심을 돌리게 할 수 있었다. 그래서 마가복음에는 예수의 언행과 행적을 요약하고 있는 단락들이 있다(막 1:32~34; 3:7~12). 이러한 요약적 단락들의 기능이 드라마의 흐름을 강화하는 합창의 기능에 밀접한 연관성을 보여주고 있다.

(3) 이상적인 관객들

마가복음의 합창단은 이상적인 관객이 될 수 있는가? 이들이 특별히 모든 가능한 독자나 관객의 일반적인 연민(공감)을 갖고 있는 관객이 될 수 있는가? 이런 질문들에 대한 답은 적어도 마가복음의 합창이 복음서의 관객들의 일반적인 감정을 자극하였다는 것이다. 예수의 가르침과 권능적인 행동에 대하여 합창단이 어떻게 반응했는지는 위에서 언급한 사항이다. 이러한 반응을 통하여 관객들은 예수의 가르침을 직접 대면하는 효과를 갖게 된다. 그러나 마가복음에서 예수의 가르침의 내용은 직접적으로 언급되지 않았다. 그렇다고 예수의 가르침과 행동에 대하여 뭇사람의 반응이 놀라움으로 다가왔다는 것이 비이성적이거나 관객의 기대를 위배시키는 것은 결코 아니다. 어떤 점에서 마가의 플롯 안에서 뭇사람의 놀라움은 자연스럽게 보이기까지 한다. 뭇사람이 그의 행동과 가르침에 대하여 즉각적으로 평가했다는 점에서 이것은 복음서에 몇 개의 다른 모델을 통하여 부분적으로 입증된다. 전반부에서 마가의 제자들은 예수에 대한 충분한 이해를 갖고 있었던 것으로 나타난다: 그들은 예수의 부르심에 즉각적으로 반응하여 따르며, 거의 놀라지 않았다.[73] 반면에 유대 지도자들은 즉각적이고 전적으로 그에 대하여 반대하였다. 유대 지도자들은 예수의 행동들이 사탄에 연계되었다고 주장했다(막 3:20~30).

불특정 다수로 지목된 삼인칭 복수의 인물은 당시의 일반대중과 마가 공동체를 대표하는 것으로 볼 수 있다. 그들의 외침은 일반대중의 바람을 대변하는 소리가 될 수 있다. 그들의 기대감과 열망이

---

73) 마가복음에서 제자들은 4장과 6장에서 바다를 통제하는 예수의 능력을 보고 두려워하고 있다 (4:34; 6:50; 6:51). 마가복음의 전반부에서 제자들은 그의 가르침에 대한 어떤 반응도 보이고 있지 않다. 마가복음 10장에서 제자들은 예수의 가르침에 겨우 반응하고 있다.

그들의 목소리를 통하여 드러난 것이다. 이들은 예수의 가르침을 당시의 권위와 비교하여 그 권위를 능가하는 것으로 새로운 권위를 창출하고 있다. 새로운 권위를 창출하려는 의도는 마가 공동체의 바람을 담고 있다. 이것은 가르침의 권위뿐만 아니라 행동의 권위에도 적용된다. 그리고 일반대중의 열망은 예수를 통한 다윗 나라의 정치적 그리고 종교적 회복에 있었다. 저자는 이러한 열망과 기대를 합창단으로 설정된 이들의 목소리와 감정을 통하여 대변하려 한 것이다. 이런 점에서 11장의 많은 사람(πολλοι)이 사용한 기독론적 칭호는 상당한 관심을 불러일으킨다. 그들은 '다윗의 나라'에 대한 기대를 갖고 있었다. 이것은 당시에 대중이 갖고 있는 정치적 기대를 대변하는 것이다. 이러한 기대는 뭇사람이 외친 "주의 이름으로 오시는 이여……오는 우리 조상 다윗의 나라여"에 드러난 뭇사람의 사고를 통하여 드러나고 있다.

종합적으로 보면, 마가의 뭇사람은 관습적으로 중용적인 인물로 그려졌다. 뭇사람인 많은 사람은 관습적인 지혜의 보존장치로서 행동했다. 이러한 모습은 그리스 비극의 합창적 기능과 유사하다. 정치적 기대를 소개한 것도 바로 많은 사람이다. 사실상 그들은 이스라엘의 역사를 통하여 예수를 해석하려 했다. 이 모습은 당시의 대중이 원하고 있던 모습이다. 일반대중은 예수를 이러한 모습으로 기대했다. 마가의 많은 사람은 이상적인 인물들의 바람과 동기를 보여주고 있는 것이었다. 동시에, 마가는 일반적인 기대나 형상에 대하여 예리하게 비난하였다(11:12~14). 그리고 그의 관객들은 많은 사람의 관점의 한 부분으로부터 자신들을 분리시켜 생각하게 했다. 하지만 마가복음 11장에서 시작된 뭇사람은 경우에 따라 재현되었던 행동에 대한 직관력과 이해력을 갖고 있지 못했던 것이 사실이다.

마가복음에서 뭇사람 혹은 이름 없는 불특정 다수의 사람이 급격한 사고의 전환을 확인할 수 있었던 요소들도 있다. 마가복음 11장에서 시작된 뭇사람의 사고(막 11:8~10)를 통하여 드러난 기대 그리고 설명적 문구들(막 11:13, 18)을 통하여 드러난 해석과 평가는 모순과 어긋남을 보여주고 있다. 뭇사람은 일반 대중의 기대나 마가 공동체의 바람을 표현하였지만, 마가복음 11:13의 설명적 문구는 무화과의 때가 아님을 선포했다. 이스라엘의 회복에 대한 기대와 때의 아님을 함께 평가하는 합창의 사고는 분명한 모순과 어긋남을 보여주고 있다. 이스라엘의 회복의 기대는 곧바로 열매 없음을 통하여 산산이 파괴되어, 이스라엘의 회복 불능적 상태를 보여준다. 합창의 이러한 갑작스럽고 비논리적인 변화는 극의 진행을 방해하는 듯하다. 그런데 마가복음에서 가르(γὰρ)를 사용한 설명적 문구들의 비논리성에 대한 예를 여러 곳에서 확인할 수 있다. 마가복음 6:16~18에서도 확인할 수 있고, 한글 번역에서는 생략되었지만 마가복음 16:4에서도 확인할 수 있다.[74] 합창으로서 뭇사람의 언행과 설명적 문구는 재현된 행동에 대한 확고하고 일관된 직관력과 이해력을 갖고 있지 않지만, 이러한 부족함은 합창이 연약한 인간의 모습을 보여주는 일면이기도 하다. 합창을 인물로서 볼 때, 이러한 일관성의 부족은 심각한 문제를 야기시킬 수 있는 요인이지만, 합창의 이러한 특성은 그리스 비극에서도 흔히 발견되는 특징이기도 하다.

---

74) M. E. Thrall, *Greek Particles in the New Testament* (Leiden: Brill, 1962), 47; C. A. Evans, *Mark 8:27-16:20* (Nashville: Thomas Nelson Publishers, 2001), 156~157.

3. 결론

마가복음의 삼인칭 복수의 사람과 설명적 문구들은 그리스 합창이 수행했던 기능의 일부분을 공유하고 있다고 말하는 것은 적절할 것이다. 뭇사람은 마가복음에서 긍정적인 면과 부정적인 면 모두를 갖고 있었다. 아마도 그들은 예수의 행적에 상당한 관심을 보였다. 어쩌면 그들은 예수의 행적에 상당한 희망을 두고 있는 것으로 보였다. 뭇사람은 마가복음에서 극의 방향을 전환하는 것을 수행했다. 마가복음의 뭇사람의 변화는 갑작스럽기도 하다. 그들은 예수를 향한 이전 태도에서 정반대의 길을 선택하기도 했다. 합창도 그렇게 전혀 다른 방향을 보여줬던 것이 사실이다. 하지만 마가복음의 제자들의 태도 변화도 갑작스럽게 나타난다. 그런 점에서 갑작스럽게 일어난 변화가 잘못된 것은 아니다. 마가복음의 문맥에서 뭇사람은 돌아다니는 사람처럼 보였다. 왜냐하면 다양한 사건에 이 인물들이 연결되어 있기 때문이다.

뭇사람의 사고에 대한 가장 중요한 특징은 그리스 비극의 그것과는 근본적으로 차이가 있다. 그리스 비극의 합창은 매우 뛰어난 서정적 시의 형식을 빌려 노래했던 반면에, 마가복음의 뭇사람은 산문형식으로 말하여 심지어 지극히 평범하기까지 했다. 그리고 마가복음에서 뭇사람의 역할은 매우 한정적이다. 만일 비극적 합창을 인물로서 묘사하기에 적절하다면, 복음서의 뭇사람을 인물로 규정하는 것도 충분할 수 있다. 대조적으로 마가복음의 뭇사람은 단순히 문학적 인물들이었다.

니체는 초기 비극의 본질과 웅장함을 음악의 정신에서 그리고 여러 신화적 힘에서 찾았다. 드라마는 언어를 전제로 한 개념예술이 아니라 개념과 시각적 조형을 동시에 요구하는 공연예술이다. 드라마는 세계 속에 존재하면서 세계를 재현하거나 새로운 세계를 창조해야 하는 의무를 지니고 있다. 그리스 비극의 인물들은 거의 한결같이 영웅들로 이루어졌다. 비극은 고귀한(심각한) 행동의 재현이라는 점에서 행동을 수반하는 언어를 갖고 있다. 또한 마가복음을 행동의 복음이라고 한다. 반면에 합창은 원로들로 구성되었을지라도 평범한 성인들이었다. 곧 극작가는 자신의 비극세계에 영웅들 간의 갈등만을 재현한 것이 아니라 이러한 갈등을 해소시킬 수 있는 연기자의 필요성을 확인하고 합창을 출현시킨 것이다. 합창은 무대 위의 빈 공간을 채워주고 약한 인물에게는 힘을 주고 강한 인물은 부드럽게 만들어 절정에 이르기까지 균형을 유지했다. 이 균형은 바로 비극을 가장 비극답게 만드는 요인이기도 하다.

드라마틱한 요소들은 필수적이며 다양한 기능을 하게 된다. 그리고 이러한 드라마적 요소들은 연기자들에 의해 수행되어야 한다. 사건의 행동을 진행시키며, 연기자들의 특징을 발전시키도록 한다. 극적 흐름을 통하여 극작가는 이야기를 들려주려 했다. 이러한 특징은 그리스 비극에서 수사적 요소를 찾을 수 있는 동기이기도 하다.

참고문헌

권성수. "장르 분석과 성경 해석." 『신학지남』 61(1994): 31~76.

권종선. "마가복음의 서사적 기독론." 『복음과 실천』 77(2000).

거스리 도널드. 『메시아 예수』. 서울: 아가페, 1999.

김광선. "서양 음악극의 역사(1): 그리스 극에서 현대 뮤지컬까지." 『공연과 리뷰』 12(1997), 80~89.

김광수. 『마가 마태 누가의 예수 이야기』 (대전: 침례신학대학교출판부, 1997).

김덕기. "푸코의 역사 이해로 본 하나님의 나라." 『신약논단』 1(1995), 9~43.

김병택. 『현대시론의 새로운 이해』. 새미, 2004.

김상봉. 『그리스 비극에 대한 편지: 김상봉의 철학이야기』. 한길사, 2003.

김세윤. 『그 사람의 아들: 하나님의 아들』. 엠마오, 1992.

김종기. "카타르시스에서 디오니소스적 긍정으로: 아리스토텔레스와 니체의 비극 이해 비교연구." 『민족미학』 11(2012).

김재성. "예수의 기적에 나타난 하나님의 구원 행동." 『신약논단』 15(2008), 569~604.

김은애. "아리스토텔레스의 『시학』에 나타난 카타르시스 이해." 『인문학연구』 32(2002).

김학철. "마태복음의 '하늘나라'를 다시 살핌: '하늘' 가족의 권세와 상과 '하늘나라.'" 『신약논단』 14(2007), 1~37.

니체/송무 역. 『우상의 황혼』. 청하, 1995.

니체/곽복록 역, 『비극의 탄생』. 서울: 동서문화서, 2009.

니체/곽복록 역. 『음악의 정신으로부터 비극의 탄생』. 서울: 동서문화사, 1976.

박노식. "마가의 예수 이해: 칭호를 통한 인물구성." 『신약논단』 10/2(2003), 229~262.

박노식. "마가복음의 문학적 구성과 모티프: 마가복음 1:1~3:6을 중심으로." 『신약논단』 15(2008), 895~930.

박노식. "마가의 플롯: 능동적 존재를 향한 참여적 기독론." 『신약논단』 12(2005), 333~375.

박노식. "마가의 구원이야기: 8:22~10:52를 중심으로." 『신약논단』 11(2004), 596~628.

박노식. "마가의 비극적 카타르시스: 겟세마네 기도를 중심으로." 『신약논단』 13(2006), 811~844.

박노식. "마가복음의 시험 모티프의 기능과 함의." 『신약연구』 11(2012), 48~52.

박노식. "마가복음의 다윗의 자손과 이상적 제자." 『신약논단』 16(2009), 705~743.

박윤만. "마가의 구술-청각적 서사 이해를 위한 인지모형으로써 틀 이론." 『신약연구』 7(2008), 649~677.

박윤만. "응집성과 문단: 틀 의미론에 기초한 마가복음 1:16-20 연구." 『성경과 신학』 58(2011), 69~96.

성염. "성서가 문학에 끼친 영향." http://blog.daum.net/woon153/2401393, 2013.04.01.

신일철. "비극적 인생의 의미." 『철학과 현실』 8(1991).

심재민. "니체의 아리스토텔레스 비판과 비극론." 『드라마연구』 35(2011), 241~269.

소포클레스/김혜니 역. 『소포클레스 그리스 비극』. 타임기획, 1999.

오세영. 『문학과 그 이해』. 국학자료원, 2003.

유승원. "마가복음: 십자가 짊어지기." http://blog.naver.com/holyhillch/60008941791.

이반. "희랍비극 Chorus의 기능에 대한 연구: Sophocles의 *Oedipus the King*과 *Antigone*를 중심으로." 『고전 르네상스드라마』 2(1994), 5~21.

이상섭. 『문학비평 용어사전』. 민음사, 2001.

이정린. "아리스토파네스 희극의 서사극적 요소: 코러스의 기능을 중심으로." 『뷔히너와 현대문학』 25(2005).

이주동. "아리스토텔레스의 카타르시스 개념에 대한 수용과 비판." 『독일언어문학』 34(2006).

이중재. 『구인회 소설의 문학사적 연구』. 국학자료원, 1998.

인성기. "고대 그리스 비극에서 합창의 역할: 동일시와 카타르시스." 『뷔히너와 현대문학』 31(2008), 5~29.

임철규. 『그리스 비극: 인간과 역사에 바치는 애도의 노래』. 서울: 한길사, 2007.

조태연. 『예수운동: 그리스도교 기원의 탐구』. 서울: 대한기독교서회, 1996.

차정식. 『예수는 어떻게 죽었는가: 예수의 수난 전승 탐구』. 한들출판사, 2006.

차정식. "예수의 수난, 그 비극적 진정성." 『기독교 사상』 490(1999), 111~128.

차정식. "마태복음의 '하늘나라'와 신학적 상상력." 『한국기독교신학논총』 46(3006), 57~88.

차트만/한용환 역. 『이야기와 담론』. 서울: 고려원, 1961.

천병희. 『그리스 비극의 이해』. 서울: 문예출판사, 2002.

천병희. 『아이스킬로스 비극』. 서울: 단국대학교 출판부, 2002.

천병희. 『소포클레스 비극』. 서울: 단국대학교 출판부, 1998.

최재덕. "고난에 대한 역사적 예수의 시각." 『신약논단』 12/3(2005), 531~557.

포웰/이종록 역. 『서사비평이란 무엇인가?』. 서울: 한국장로교출판사, 1993.

쿨만/ 김근수 역. 『신약의 기독론』 (서울: 나단출판사, 2008).

Abrams, M. H. *A Glossary of Literary Terms.* New York: Holt, Rinehart & Winston, 1988.

Achtemeier, Paul J. "And He Followed Him: Miracles and Discipleship in Mark 10:46~52." *Semeia* 11(1978), 115~145.

Achtemeirer, Paul J. "Toward The Isolation of Pre-Markan Miracle Catenae." *Journal of Biblical Literature* 89(1970), 265~291.

Ahle, F. *Seneca: Three Tragedies.* Ithaca/London: Cornell University Press, 1986.

Allison, D. C. Jr. "Apocalyptic." Joel B Green and Scot McKnight eds. *Dictionary of Jesus and The Gospels.* Downers Grove: IVP, 1992, 17~20.

Anderson, H. *The Gospel of Mark.* London: Oliphants, 1976.

Aristotles. *Poetics.* Cambridge: Harvard University Press, 1927.

Aristotles. *Problems.* Cambridge: Harvard University Press, 1961.

Arrowsmith, William. "Chorus." *The New Princeton Encyclopedia of Poetry and Poetics.* Princeton: Princeton University Press, 1993. Helen.

Aune, D. "The Gospels as Hellenistic Biography." *Mosaic* 20(1987), 1~10.

Aune, D. *The New Testament in Its Literary Environment.* Philadelphia: Westminster, 1987.

Bacon, Helen H. "The Chorus in Greek Life and Drama." *Arion* 3(1995), 6~24.

Bain, David. *Actors and Audience.* Oxford: Oxford University Press, 1977.

Baird, J. A. "A Pragmatic Approach to Parable Exegesis: Some New Evidence on Mark 4:11, 33~34." *Journal of Biblical Literature* 76(1957), 210~217.

Baird, J. A. "Genre Analysis as a Method of Historical Criticism." *Society of Biblical Literature Seminar Papers* (1972), 385~411.

Baltzer, K. *Die Biographie der Propheten.* Neukirchen: Neukirchener Verlag, 1975.

Barbour, R. S. "Gethsemane in the Tradition of the Passion." *New Testament Studeis* 16(1970), 231~251.

Barton, Stephen C. *Discipleship and Family Ties in Mark and Matthew,* Cambridge: Cambridge University Press, 1994.

Beach, C. *The Gospel of Mark: Its Making and Meaning.* New York: Harper & Row, 1959.

Beardslee, W. A. *The Literary Criticism of the New Testament: Guide to Biblical Scholarship.* Philadelphia: Fortress Press, 1970.

Beasley-Murray, G. R., *Jesus and the Kingdom of God.* Grand Rapids: Eerdmans, 1986.

Beavis, M. A. "The Trial Before the Sanhedrin(Mark 14:53~65): Reader Response and Greco-Roman Readers." *Catholic Biblical Quarterly* 49(1987), 581~596.

Beavis, M. A. "From the Margin to the Way: A Feminist Reading of the Story of Bartimaeus." *Journal of Feminist Studies in Religion* 14(1998), 19~39.

Behm, J. "οι᾽ ἔξω." *Theological Dictionary of the New Testament.* Vol. II, Grand Rapids: Eerdmans, 1964.

Berger, Klaus. "Hellenistische Gattunngen im Neuen Testament." *Aufstieg und Niedergang der römischen Welt II.* ed. Wolfgang Haase, 1931~1432. Berlin: Walter de Gruyter, 1984.

Bernays, Jakob. *Grundzüge der verlorenen Abhandlung des Aristoteles über Wirkung der Tragödie.* George Olms Verlag, 1970.

Best, E. *Following Jesus: Discipleship in the Gospel of Mark.* Sheffield: JSNT Press, 1981.

Best, E. *The Temptation and the Passion: The Markan Soteriology.* SNTSMS 2. Cambridge: CUP, 1965.

Best, E. *Disciple and Discipleship: Studies in the Gospel According to Mark.* Edinburgh: T. & T. Clark, 1986.

Best, E. *Mark: The Gospel as Story.* Edinburgh: T & T Clark, 1983.

Bilezikian, G. *The Liberated Gospel: A Comparison of the Gospel of Mark and Greek*

Tragedy. Grand Rapids: Baker Book House, 1977.

Blevins, James L. *Revelation as Drama*. Nashville: Broadman Press, 1984.

Blomberg, Craig L. "Genre Criticism for the 1990s." *Themelios* 15(1990), 40~49.

Booth, Wayne C. *A Rhetoric of Irony*. Chicago: University of Chicago Press, 1974.

Borchert, Gerald L. *John 1~11*. Nashville: Broadmann and Holman Publishers, 1996.

Boring, M. E. "The Kingdom of God in Mark." *The Kingdom of God in 20th-Century Interpretation*. ed. Wendell Willis, Pedbody: Hendrickson, 1987.

Bornkamm, Günther. Barth, Gerjard. and Held, Hands-Joachim. *Tradition and Interpretation in Matthew*. London: SCM, 1963.

Botterweck, G. "Die Gattung Des Buches Ester im Spektrum Neuerer Publikationen." *Bibel und Leben* 5 (1964), 274~292.

Bousset, W. *Kyrios Christos: A History of the Belief in Christ from the Beginnings of Christianity to Irenaeus*. New York: Abingdon Press, 1970.

Bowman, John W. *The Gospel of Mark: A New Christian Passover Haggadah*. Leiden: Brill, 1965.

Brewer, Julius August. *The Literature of the Old Testament*. New York: Columbia University Press, 1962.

Brown, Raymond. "Jesus and Elijah." *Perspective* 12(1971), 87~90.

Brown, R. *The Gospel According to John (I-xii): Introduction, Translation, and Notes*. Garden City: Doubleday & Company, 1966.

Bultmann, R. *The History of the Synoptic Tradition*. New York: Harper and Row, 1963.

Bultmann, R. *Theology of the New Testament*. London: SCM Press, 1983.

Burch, E. W. "Tragic Action in the Second Gospel: A Study in the Narrative of Mark." *The Journal of Religion* 11(1931), 346~358.

Burkhill, T. A. *New Light on the Earliest Gospel*. Ithaca: Cornell University Press, 1972.

Burkhill, T. A. "Strain on the Secret: An Examination of Mark 11:1~13:37." *Zeitschrift für die Neutestamentliche Wissenschaft* 51(1960).

Burkhill, T. A. *Mysterious Revelation*. Ithaca: Cornell University Press, 1963.

Burnett, F. W. "Characterization and Reader Construction of Characters in The

Gospels." *Semeia* 63(1993).

Burridge, Richard A. *What are the Gospels?: A Comparison with Graeco-Roman Biography.* Cambridge: Cambridge University Press, 1992.

Burridge, Richard A. *Imitating Jesus: An Inclusive Approach to New Testament Ethics.* Grand Rapids: Eerdmans, 2007.

Burton, Reginal W. B. *The Chorus in Sophocles' Tragedies.* Oxford: Clarendon, 1980.

Butcher, S. H. *Aristotle's Theory of Poetry and Fine Art.* New York: Dover Publications, 1951.

Cairns, Franscis. *Generic Composition in Greek and Roman Poetry.* Edinburgh: University Press, 1972.

Calame, Claude. "Performative Aspects of the Choral Voice in Greek Tragedy: Civic Identity in Performance." *Performance Culture and Athenian Democracy.* Cambridge: Cambridge University Press, 1998.

Camery-Hoggatt, Jerry. *Irony in Mark's Gospel: Text and Subtext.* Cambridge: University Press, 1992.

Campbell, Edward. "The Hebrew Short Story: A Study of Ruth." *A Light unto My Path: Old Testament Studies in Honor of Jacob M. Myers.* ed. Howard Bream. 83~101. Philadelphia: Temple University Press, 1974, 83~101.

Carré, H. B. "The Literary Structure of the Gospel of Mark." *Studies in Early Christianity.* ed. J. Case, 105~126. New York: The Century Co., 1928.

Carrington, Philip. *Primitive Christian Calendar: A Study in the Making of the Markan Gospel.* Cambridge: University Press, 1952.

Carrington, P. "St. Mark and His Calendar." *The Church Quarterly Review* 154(1953), 211~218.

Casey, P. M. "Culture and Historicity: The Cleansing of the Temple." *CBQ* 59(1997), 306~332.

Casey, R. P. "St. Mark's Gospel." *Theology* 55(1952), 124~152.

Cicero. *Brutus, Orator.* Loeb Classical Library Cambridge: Harvard University Press, 1939.

Colijin, Brenda B. "Salvation as Discipleship in the Gospel of Mark." *Ashland Theological Journal* 30(1998).

Conzelmann, Hans. *Theology of St. Luke.* New York: Harper & Row, 1960.

Conzelmann, Hans. *Grundriß der Theologie des Neuen Testaments.* Tübingen: Paul

Siebeck, 1987.

Cox, Roger L. "Tragedy and the Gospel Narrative." *The Yale Review* 57(1968), 545~570.

Crane, R. S. "The Concept of Plot and the Plot of Tom Jones." *Critics and Criticism: Ancient and Modern*. ed., Ronald Salmon Crane. Chicago: University of Chicago, 1952.

Cranfield, C. E. B. *The Gospel according to Saint Mark*. Cambridge: Cambridge University Press, 1963.

Croce, Benedetto. *Ariosto, Shakespeare E. Corneille*. Bari: Laterza, 1968.

Crossan, John D. "Review of Kerygma and Comedy in the New Testament." *Journal of Biblical Literature* 95 (1976), 486~487.

Crossan, J. D. "Redaction and Citation in Mark 11:9~10 and 11:17." *Papers of the Chicago Society of Biblical Research* 17(1972), 33~50.

Crossan, J. D. *The Birth of Christianity: Discovering What Happened in the Years Immediately After the Execution of Jesus*. New York: Harpers Collins, 1998.

Culbertson, Diana. *The Poetics of Revelation: Recognition and the Narrative Tradition*. Mercer: Mercer University Press, 1989.

Culler, Jonathan. *Structuralist Poetics: Structuralism, Linguistics and the Study of Literature*. London: Routledge and Kegan Paul, 1975.

Culpepper, R. Alan. "Mark 10:50: Why Mention the Garment?" *Journal of Biblical Literature* 101(1982), 131~132.

Dale, A. M. "The Chorus in the Action of Greek Tragedy." *Collected Papers*. Cambridge: Cambridge University Press, 1969.

Dalman, G. *The Words of Jesus Considered in the Light of Post-biblical Jewish Writings and the Aramaic Language*. Edinburgh: T. & T. Clark, 1902.

Danker, F. W. "The Demonic Secret in Mark: A Re-examination of the City of Dereliction(15:34)." *Zeitschrift für die Neutestamentliche Wissenschaft* 61(1970), 48~69.

Danove, Paul L. "A Failed but a Successful Plot: An Analysis of the Plot of the Gospel of Mark as a Guide to the Narrative Rhetoric." PhD. Dis., Graduate Theological Union, 1991.

Davis, P. "Christology, Disciples and Self-Understanding in Current Debate." in *Self-Definition and Self-Discovery in Early Christianity: A Case of Shifting Horizons. Essays in Appreciation of Ben F. Meyer from his former Students*. ed.

D. Hawkin & T. Robinson, Lewiston: Mellen, 1990.

Davies, W. D. "Reflections on Archbishop Carrington's *The Primitive Christian Calendar.*" *The Background of the New Testament and Its Eschatology.* 124~152. Cambridge: Cambridge University Press, 1956.

Davies, W. D. and Allison, D. C. *A Critical and Exegetical Commentary on the Gospel according to Saint Matthew.* vol. 1. Edinburgh: T. & T. Clark, 1988.

Deleuze, Gilles. *Nietzsche und die Pilosphie.* Europäisch: Verlagsanstatt, 2002.

Demosthenes. *The Orations of Demosthenes.* Loeb Classical Library. Cambridge: Harvard University Press, 1926~1949.

Dewey, Joanna. "The Literary Structure of the Controversy Stories in Mark 2:1~3:6." *Journal of Biblical Literature* 92(1973), 394~401.

Dewey, Joanna. "The Gospel of Mark as an Oral-aural Event: Implications for Interpretation." *The New Literary Criticism and the New Testament.* eds. E. S. Malbon and E. V. McKnight. Sheffield: Academic Press, 1994.

Dewey, Joanna. *Markan Public Debate: Literary Technique, Concentric Structure, and Theology In Mark 2:1~3:6.* Chico: Scholar Press, 1980.

Dibelius, Martin. *Die Formgeschichte des Evangeliums.* Tübingen: J. C. B. Mohr, 1933.

Dihle, Albrecht. "The Gospels and Greek Biography." *The Gospel and the Gospels.* Grand Rapids: Eerdmans, 1991.

Dodd, C. H. *The Parable of the Kingdom.* London: Collins, 1961.

Dodd, C. H. *The Apostolic Preaching and Its Development: Three Lectures, with an Appendix on Eschatology and History.* New York and London: Harper & Brothers, 1962.

Donahue, John R. "Jesus as the Parable of God in the Gospel of Mark." *Interpretation* 32(1978).

Donahue, John R. *Are You the Christ?: The Trial Narrative in the Gospel of Mark.* Missoula: Scholars Press, 1973.

Donahue, John R. "From Passion Tradition to Passion Narrative." *The Passion in Mark: Studies on Mark 14~16.* ed. by W. H. Kelber. Philadelphia: Fortress Press, 1976.

Donahue, John R. & Daniel J. Harrington. *The Gospel of Mark.* Collegeville: The Liturgical Press, 2002.

Donahue, J. R. "A Neglected Factor in the Theology of Mark." *Journal of*

Biblical Literature 101(1982), 563~594.

Donahue, John R. *The Theology and Setting of Discipleship in the Gospel of Mark.* Milwaukee: Marquette University Press, 1983.

Donahue, John R. *The Gospel in Parable: Metaphor, Narrative, and Theology in the Synoptic Gospels.* Philadelphia: Fortress Press, 1988.

Dormeyer, D. *The New Testament among the Writings of Antiquity.* trans. Rosemarie Kossov Sheffield: Sheffield Academic Press, 1998.

Dormeyer, D. *Die Passion Jesu als Verhaltensmodell.* Münster: Aschendorff, 1974.

Doty, William G. "The Concept of Genre in Literary Analysis." *Society of Biblical Literature Seminar Papers.* (1972), 413~448.

Dowd, S. E. *Prayer, Power, and the Problem of Suffering Man 11:22~25 in the Context of Markan Theology.* Atlanta: Scholars Press, 1988.

Downing, F. Gerald. "A Bas les Aristos: The Relevance of Higher Literature for the Understanding of the Earliest Christian Writings." *Novum Testamentum* 30(1988), 212~230.

Downing, F. G. "Contemporary Analogies to the Gospels and Acts: 'Genre' or 'Motifs'?" *Synoptic Studies: The Amplefoth Conferences of 1982 and 1983.* ed. C. M. Tuckett, 51~65. Sheffield: JSOT Press, 1984.

Dubrow, H. *Genre.* London: Methuen, 1982.

Duff, Paul Brooks. "The March of the Divine Warrior and the Advent of the Greco-Roman King: Mark's Account of Jesus' Entry into Jerusalem." *Joournal of Biblical Literature* 111/1(1992), 55~71.

Duling, Dennis C. "Solomon, Exorcism, and The Son of David." *Harvard Theological Review* 68(1975), 237~252.

Dulles, A. *Models of the Church.* London: Macmillan, 1974.

Dunn, J. *Jesus' Call to Discipleship.* Cambridge: Cambridge University Press, 1992.

Easterling, E. P. *Greek Tragedy.* ed. Ian McAusland and P. Walcot. Oxford: Oxford University Press, 1993.

Edwards, J. *The Gospel According to Mark.* Grand Rapids: Eerdmans, 2002.

Edwards, J. "The Baptism of Jesus in the Gospel of Mark." *Journal of Evangelical Theological Studies* 34(1991), 43~57.

Eissfeldt, Otto. *The Old Testament.* trans. Pete Ackroyd. New York: Harper and Row, 1965.

Elliott, J. K. "The Anointing of Jesus." *Expository Times* 85(1974).

Elliott, Robert C. *The Power of Satire: Magic, Ritual, Art*. Princeton: Princeton University Press, 1960.

Else, G. F. *Aristotle's Poetics: The Argument*. Cambridge: Harvard University Press, 1957.

Ernst, J. *Das Evangelium nach Markus*. Regensburg: Puster, 1981.

Esposito, Stephen. "The Changing Roles of the Sophoclean Chorus." *Arion* 4(1996), 85~114.

Esslin, Martin. *Brecht: A Choice of Evils*. London: Heinemann Educational Books, 1973.

Evans, Carig A. *Mark 8:7~16:20.* Nashville: Thomas Nelson Publishers, 2001.

Farmer, R. "The Kingdom of God in the Gospel of Mark." *The Kingdom of God in 20th Century Interpretation*. Peabody: Hendrickson, 1987.

Farrer, A. "A Liturgical Theory about St. Mark's Gospel." *Church Quaterly* 153(1952), 501~508.

Fee, Gorden. "The Genre of New Testament Literature and Biblical Hermeneutics." *Interpreting the Word of God*. Chicago: Moody, 1976.

Fiorenza, E. S. *In Memory of Her: A Feminist Theological Reconstruction of Christian Origins*. New York: Crossroad, 1983.

Fitzmyer, Joseph A. "The Use of Explicit Old Testament Quotations in Qumran Literature and in the New Testament." *New Testament Studies* 7(1961), 297~333.

Fowler, Alastair. *Kinds of Literature: An Introduction to the Theory of Genres and Modes*. Cambridge: Harvard University Press, 1982.

Fowler, Robert M. *Let the Reader Understand*. Minneapolis: Fortress, 1991.

Fowler, Robert M. *Loaves and Fishes: The Function of the Feeding Stories in the Gospel of Mark*. Chico: Scholars Press, 1981.

Freyne, S. *Galilee, Jesus and The Gospels: Literary Approaches and Historical Investigation*. Philadelphia: Fortress Press, 1988.

Frye, Northrop. *Anatomy of Criticism: Four Essays*. Princeton: Princeton University Press, 1957.

Fuller, R. H. *The New Testament in Current Study*. London: SCM Press, 1963.

Fuller, R. H. *The Foundations of New Testament Christology*. New lork: Scriber, 1965.

Gardiner, Cynthia P. *The Sophoclean Chorus: A Study of Character and Function.* Iowa City: University of Iowa Press, 1987.

Garrett, Susan R. *The Temptation of Jesus in Mark's Gospel.* Grand Rapids: Eerdmans, 1998.

Georgi, Dieter. "The Records of Jesus in the Light of Ancient Accounts of Revered Men." *Society of Biblical Literature Seminar Papers* (1972), 527~542.

Gerhart, Mary. "Genre, the larger Context." *Journal of the American Academy of Religion Thematic Studies* 49(1983).

Gerhart, Mary. "The Dilemma of the Text: How to 'Belong' to a Genre." *Poetics* 18(1989).

Gese. "Psalm 22 und das Neue Testament. Der älteste Bericht vom Tode Jesu und die Entstehung des Herrenmahles." *Zeitschrif für Theologie und Kirche* 65(1968), 1~22.

Gnilka. J. *Das Evangelium nach Markus.* EKK II/I. Zürich/Neukirchen: Benziger/Neukirchener, 1978.

Gnilka, J. *Die Verstockung Israels.* Munich: Kösel, 1961.

Golden, L. "Catharsis." *Transactions of the American Philological Association* XCIII- (1962), 51~60.

Golden, L. "The Purgation Theory of Catharsis." *Journal of Aesthetics and Art Criticism* XXXI 14(1973).

Golden, L. "Is Tragedy the Imitation of s Serious Action?" *Greek, Roman and Byzantine Studies* 6(1965).

Golden, Leon/최상규 역. 『아리스토텔레스의 시학』. 예림기획, 1997.

Goldhill, Simon. "Collectivity and Otherness: The Authority of the Tragic Chorus." *Tragedy and the Tragic: Greek Theatre and Beyond.* Oxford: Clarendon, 1996.

Goldmann, L. *The Hidden God: The Tragic Vision in Pascal's Pensées and the Tragedies of Racine.* tr. by P. Thody. London: Routledge & Kegan Paul, 1964.

Goodman, Paul. *The Structure of Literature.* Chicago: University of Chicago, 1964.

Goppelt, L. "ποτήριον." *Theological Dictionary of the New Testament.* Vol. VI, Grand Rapids: Eerdmans, 1964.

Goppelt, L. *Theology of the New Testament.* Grand Rapids: Eerdmans, 1981.

Gould, J. "Tragedy and Collective Experience." *Tragedy and the Tragic: Greek Theatre and Beyond.* ed by Silk. Oxford: Clarendon Press, 1996.

Goulder, Michael. *The Evangelist's Calendar: A Lectionary Explanation of Development of Scripture.* London: SPCK, 1978.

Goulder, M. *Midrash and Lection in Matthew.* London: SPCK, 1974.

Grassi, Joseph A. "Abba, Father: Another Approach." *Journal of the American Academy of Religion* 50(1982), 449~458.

Greenwood, David. "Rhetorical Criticism and Formgeschichte: Some Methodological Considerations." *Journal of Biblical Literature* 89(1970).

Grube, G. M. A. *Aristotle on Poetry and Style.* Indianapolis: Bobbs-Merrill, 1958.

Grundmann, W. *Das Evangelium nach Markus.* Berlin: Evangelische Verlagsanstalt, 1977.

Guelich, Robert A. *Mark 1~8:26.* WBC 34. Dallas: Word Books, 1989.

Guelich, Robert A. "The Gospel Genre." *Das Evangelium Und Die Evangelien.* Tübingen: Mohr, 1983.

Gundry, Robert H. *Mark: A Commentary On His Apology for the Cross.* Grand Rapids: Eerdmans, 1993.

Guthrie, D. *New Testament Theology.* Downers Grove: IVP, 1981.

Hadas, M. and Smith, M. *Heroes and Gods: Spiritual Biographies in Antiquity.* New York: Harper & Row, 1965.

Hagner, Donald A. *Matthew 14~28.* WBC 33b. Dallas: Word Books, 1995.

Hahn, F. *Christologische Hoheitstitel.* 1966.

Halperin, S. "Tragedy in the Bible." *Semitics* 7(1980), 28~39.

Hamerton-Kelly, Robert G. *The Gospel and the Sacred: Poetics of Violence in Mark.* Minneapolis; Fortress Press, 1994.

Hardison, O. B. *Aristotle's Poetics.* Englewood Cliffs: Prentice-Hall, 1968.

Harsh, Philip W. *A Handbook of Classical Drama.* Stanford: Stanford University Press, 1944.

Heil, John P. *The Gospel of Mark as A Model for Action: A Reader-Response Commentary.* New York: Paulist Press, 1992.

Hegel. *The Letters.* tr. by Clark Butler. Bloomington: Indiana University Press, 1984.

Hengel, M. *Studies in the Gospel of Mark.* Philadelphia: Fortress Press, 1985.

Hengel, M. *The Charismatic Leader and His Followers.* Edinburgh: T. & T. Clark,

1981.

Hengel, M. "Literary, Theological, and Historical Problems in the Gospel of Mark." *The Gospel and the Gospels.* ed. Peter Stuhlmacher. Grand Rapids: Eerdmans, 1991.

Hengel, M. *Der Sohn Gottes.* Tübingen, 1975.

Henrichs, Albert. "Why Should I Dance? Choral Self-Referentiality in Greek Tragedy." *Arion* 3(1995), 56~111.

Herdick, C. W. "The Role of 'Summary Statements' in the Composition of the Gospel of Mark: A Dialogue with Karl Schmidt and Norman Perrin." *Novum Testamentum* 26(1984), 289~311.

Hester, J. David "Dramatic Inconclusio: Irony and the Narrative Rhetoric of the Ending of Mark." *Journal for the Study of the New Testament* 57(1995), 61~86.

Higgins, A. J. B. "The Old Testament and Some Aspects of New Testament Christology." *Promise and Fulfillment.* Edinburgh: T. & T. Clark, 1963.

Higgins, A. J. B. *Jesus and the Son of Man.* Lutterworth Press, 1964.

Hirsch, Jr. E. D. *Validity in Interpretation.* New Haven: Yale University Press, 1967.

Hoffmann, P. "Mk 8,31. Zur Herkunft und markinischen Rezeption einer alten Überlieferung." *Orientierung an Jesus.* ed. J. Schmid. Freiburg-Basel-Vienna, 1973.

Holleran, J. W. *The Synoptic Gethsemane: A Critical Study.* Rome: Università Gregoriana, 1973.

Hooker, E. G. *The Son of Man in Mark.* London: SPCK, 1967.

Hooker, M. D. *The Gospel According to St. Mark.* London: A. & C. Black, 1991.

Hooker, M. D. *The Message of Mark.* London: Epworth, 1983.

Hooker, M. D. *Jesus and The Servant.* London: SPCK, 1959.

Horace. *Satires, Epistles, Ars Poetica.* trans. H. Rushton Fairclough. Loeb Classical Library. Cambridge: Harvard University Press, 1929.

Hose, Martin. *Studien zum Chor bei Euripides.* Stuttgart: Teubner, 1990.

Hurtado, Larry W. "Following Jesus in the Gospel of Mark and Beyond." *Patterns of Discipleship in the New Testament.* ed. R. N. Longenecker, Grand Rapids: Eerdmans, 1996.

Jeremias, J. "νύμφη." *Theological Dictionary of the New Testament.* vol. 4. Grand

Rapids: Eerdmans Publishing Company, 1967, 1099~1106.

Jeremias, J. *Abba: Studien zur neutestamentlichen Theologie und Zeitgeschichte.* Götersloh, 1971.

Jeremias, J. *New Testament Theology.* London-New York, 1971.

Jeremias, J. *Infant Baptism in the First Four Centuries.* London: SCM, 1960.

Jervis, L. A. "Suffering For the Reign of God: The Persecution of Disciples in Q." *Novum Testamentum* XLIV (2002).

Johnson Jr., Earl S. "Mark 10:46~52: Blind Bartimaeus." *Catholic Biblical Quarterly* 40(1978), 191~204.

Johnson, S. E. *The Gospel According to St. Mark.* London: A. & C. Black, 1972.

Johnson, S. E. "The Davidic Royal Motif in the Gospels." *Journal of Biblical Literature* 87(1968), 136~150.

Joy, David. "Markan Subatern: the Crowd and their Strategies of Resistance." *Black Theology* 3(2005), 55~74.

Juel, Donald. *Introduction to New Testament Literature.* Nashville: Abingdon, 1978.

Kaimio, Maarit. *The Chorus of Greek Drama within the Light of the Person and Number Used.* Helsinki: Societas Scientiarum Fennica, 1970.

Kasper, W. *Jesus the Christ.* New York: Paulist, 1976.

Kauffman, Linda S. *Discourse of Desire: Gender, Genre and Epistolary Fictions.* Ithaca and London: Cornell University Press, 1986.

Kayse, Wolfgang. *The Grotesque in Art and Literature.* trans. by Ulrich Weisstein. Bloomington: Indiana University Press, 1963.

Kazmierski, C. K. *Jesus, Son of God: A Study of the Markan Tradition and Its Redaction by the Evangelist.* Würzburg, 1979.

Kähler, Martin. *The So-Called Historical Jesus and the Historic, Biblical Christ.* Philadelphia: Fortress Press, 1964.

Kee, Alistair. "Question about Fasting." *Novum Testamentum* 11 (1969), 161~173.

Kee, Howard C. "Aretalogy and Gospel." *Journal of Biblical Literature* 92 (1973).

Kee, Howard C. *Community of the New Age: Studies in Mark's Gospel.* Macon: Mercer University Press, 1983.

Kee, H. C. "The Terminology of Mark's Exorcism Stories." *New Testament Studies* 14(1967~1968), 232~246.

Kee, H. C. "The Function of Scriptural Quotations and Allusions in Mark 11~16." *Jesus und Paulus.* Göttingen: Vandenhoeck und Ruprecht,

1975: 165~188.

Kelber, Werner H. *The Kingdom in Mark*. Philadelphia: Fortress Press, 1974.

Kelber, Werner H. "Kingdom and Parousia in the Gospel of Mark." PhD. diss., University of Chicago, 1970.

Kelber, Werner H. *Mark's Story of Jesus*. Philadelphia: Fortress Press, 1979.

Kelber, Werner H. "The History of the Kingdom in Mark: Aspects of Markan Eschatology." *Society of Biblical Literature Seminar Paper* (1972).

Kelber, W. H. *Oral and Written Gospel: The Hermeneutics of Speaking and Writing in the Synoptic Tradition, Mark, Paul, and Q*. Philadelphia: Fortress, 1976.

Kent, Thomas. *Interpretation and Genre: The Role of Generic Perception in the Study of Narrative Texts*. London and Toronto: Bucknell University, 1986.

Kermode, F. *The Genesis of Secrecy*. Cambridge: Harvard University, 1979.

Kertelge, K. "Der dienende Menschensohn." *Jesus und der Menschensohn*. ed. A. Vögtle. Freiburg im Breisgau: Heder, 1975.

Kingsbury, J. D. "The Gospel in Four Editions." *Interpretation* 33(1979), 363~375.

Kingsbury, J. D. *Conflict in Mark*. Minneapolis: Fortress Press, 1989.

Kingsbury, J. D. *The Christology of Mark's Gospel*. Philadelphia: Fortress, 1983.

Kingsbury, Jack D. "The Significance of the Cross within Mark's Story." *Gospel Interpretation: Narrative-Critical and Social-Scientific Approach*. ed. J. D. Kingsbury. Harrisburg: Trinity Press International, 1997.

Kirkwood, Gordon M. "What is Greek Tragedy?" *Critical Thinking: Reading Across the Curriculum*. ed. Anne Bradstreet Grinols. Ithaca and London: Cornell University Press, 1984.

Kittel, G. "ἀκολουθέω." *Theological Dictionary of the New Testament*. Vol. I, Grand Rapids: Eerdmans, 1964.

Kitto, H. D. F. *Greek Tragedy: A Literary Study*. Garden City: Doubleday, 1955.

Kline, M. "The Old Testament Origins of the Gospel Genre." *Westminster Theological Journal* 38(1975).

Koch, D. A. "Inhaltliche Gliederung und geographischer Aufriess im Markusevangelium." *New Testament Studies* 29(1982~1983).

Köster, Helmut. ed. "The Genre of the Gospels." Missoula: Society of Biblical Literature, University of Montana, 1972.

Köster, Helmut. "Romance, Biography, and Gospel." *The Genre of the Gospels*.

unpublished working papers of the Task-group on the Genre of the Gospels, ed. Helmut Köester. Missoula: Society of Biblical Literature, University of Montana, 1972.

Köster, H. and Robinson, J. *Trajectories Through Early Christianity.* Philadelphia: Fortress Press, 1971.

Kranz, Walther. *Stasimon.* Berlin: Weinmannsche Buchhandlung, 1933.

Kuhn, Heins-Wolfgang. "Das Reittier Jesu in der Einzugsgeschichte des Markusevangeliums." *Zeitschrift für die Neutestamentliche Wissenschaft* 50(1959), 82~91.

Küng, H. *On Being A Christian.* New York: Doubleday, 1976.

Ladd, George E. *The Gospel of The Kingdom: Scriptural Studies in The Kingdom of God.* Grand Rapids: Eerdmans, 1959.

Lambino, Antonio B. "A New Theological Model: Theology of Liberation." *Towards Doing Theology in the Philippine Context.* Manila: Loyola, 1977.

Lane, W. L. *The Gospel of Mark.* Grand Rapids: Eerdmans, 1974.

Lang, F. G. "Kompositionnalyse des Markusevangeliums." *Zeitschrif für Theologie und Kirche* 74(1977), 1~24.

Lattimore, Richard. *Story Patterns In Greek Tragedy.* Ann Arbor: University of Michigan Press, 1964.

Laufen, R. *Die Doppelüberlieferungen der Logienquelle und des Markusevangeliums.* Königstein/Ts.-Bonn: Hanstein, 1980.

Lausberg, H. *Handbuch der literarischen Rhetorik.* Band I: München: Hueber, 1960.

Leck, L. E. "The Introduction to Mark's Gospel." *New Testament Studies* 12(1965~1966), 352~370.

Leech, Clifford. *Tragedy.* Methuen & Co. Ltd, 1969.

Lemcio, E. E. "External Evidence for the Structure and Function of Mark iv. 1~20, vii. 14~23 and viii. 14~21." *Journal of Theological Studies* 29(1978).

Lesky, Albin. *Greek Tragic Poetry.* tr. by Matthew Dillon. New Haven: Yale University Press, 1983.

Lessing, Gotthold E. *Hamburgische Dramaturgie.* Wilhelm Goldmann Verlag, 1966.

Lewis, C. S. *Preface to Paradise Lost.* Oxford: Oxford University Press, 1942.

Lohmeyer, E. *Das Evangelium des Markus.* Göttingen: Vandenhoeck und Ruprecht, 1959.

Lohse, E. "υἱός Δαυίδ." *Theological Dictionary of the New Testament.* Vol. VIII. Grand Rapids: Eerdmans, 1972, 478~488.

Lohse, E. "σάββατον." *Theological Dictionary of the New Testament.* Vol. 7. Grand Rapids: Eerdmans Publishing Company, 1971, 1~35.

Lohse, E. *Grundriß der neutestamentlichen Theologie.* Stuttgart: Verlag, 1998.

Longenecker, R. N. *The Christology of Early Jewish Christianity.* London: SCM, 1970.

Longman III, Tremper. *Fictional Akkadian Autobiography: A Generic and Comparative Study.* Winona Lake: Eisenbrauns, 1992.

Longo, Oddone. "The Theater of the Polis." *Nothing to Do with Dionysos?* ed. John J. Winkler and Froma I. Zeitlin. Princeton: Princeton Univserity Press, 1990.

Louw, Johannes & Eugene Nida. *Greek-English Lexicon of the New Testament based on Semantic. Domains.* Vol 1. New York: United Bible Societies, 1988.

Lucas, F. L. *Tragedy in Relation to Aristotle's Poetics.* New York: Harcourt, Brace and Co., 1928.

Lunn, A. J. "Christ's Passion as Tragedy." *Scottish Journal of Theology* 43(1990), 308~320.

Lührmann, D. "Biographie des Gerechten als Evangelium." *Word und Dienst* 14(1977), 25~50.

Luz, U. "Das Geheimnismotiv und die markinische Christologie." *Zeitschrift für die Neutestamentliche Wissenschaft* 56(1965), 9~30.

Mack, Burton L. "The Innocent Transgressor: Jesus in Early Christian Myth and History." *Semeia* 33(1985).

Mack, Burton L. *A Myth of Innocence: Mark and Christian Origins.* Philadelphia: Fortress Press, 1991.

Malbon, E. S. *In the Company of Jesus: Character in Mark's Gospel.* Louisville: Westminster John Knox Press, 2000.

Malbon, E. S. "Narrative Criticism: How Does the Story Mean?" *Mark and Method: New Approaches in Biblical Studies.* eds. J. C. Anderson and Stephen D. Moore. Minneapolis: Fortress Press, 1992, 23~49.

Malbon, E. S. "Fallible Followers: Women and Men in the Gospel of Mark." *Semeia* 28(1983), 29~48.

Mann. *Mark.* Garden City: Doubleday, 1986.

Marcus, Joel. *Mark 1~8: A New Translation with Introduction and Commentary*. Doubleday: The Anchor Bible, 1999.

Marcus, J. "Mark 4:10~12 and Marcan Epistemology." *Journal of Biblical Literature* 103(1984), 557~574.

Marcus, J. *The Way of the Lord: Christological Exegesis of the Old Testament on the Gospel of Mark*. Edinburgh: T. & T. Clark, 1992.

Marrou, H. I. *A History of Education in Antiquity*. trans. G. Lamb. New York: Sheed & Ward, 1956.

Marshall, I. H. "The Synoptic Son of Man Sayings in Recent Discussion." *New Testament Studies* 12(1965/66), 335~343.

Marxsen, W. *Mark the Evangelist*. Tr. by J. Boyce, D. Juel, W. Poehlmann, & R. Harrisville. Nashville: Abingdon, 1969.

Marxsen, W. *Introduction to the New Testament*. Philadelphia: Fortress Press, 1968.

Mastronarde, Donald. "Knowledge and Authority in the Choral Voice of Euripidean Tragedy." *Syllecta Classica* 10(1999), 87~104.

Matera, Frank J. *The Kingship of Jesus: Composition and Theology in Mark 15*. SBLDS 66, Chico: Scholars, 1982.

Maurer, C. "Knecht Gottes und Sohn Gottes im Passionbericht des Markus." *Zeitschrif für Theologie und Kirche* 50(1953), 1~51.

Mays, James L. "Prayer and Christology: Psalm 22 as Perspective on the Passion." *Theology Today* 42(1985).

McCollom, William G. *Tragedy*. New York: Macmillan, 1957.

Meier, J. P. *A Marginal Jew: Rethinking the Historical Jesus*. Doubleday, 1991.

Meagher, John C. "The Implication for Theology of a Shift from the K. L. Schmidt's Hypothesis of the Literary Uniqueness of the Gospels." *Colloquy on New Testament Studies: A Time for Reappraised and Fresh Approaches*. ed. Bruce Corley. Macon: Mercer University Press, 1983.

Merenlahti, P. *Poetics for the Gospels?: Rethinking Narrative Criticism*. London: T & T Clark, 2002.

Meyers, E. M. "The Cultural Setting of Galilee." *Aufstieg und Niedergang der römischen Welt* II 19/1(1979), 686~702.

Mitchell, Joan L. *Beyond Fear and Silence: A Feminist-Literary Reading of Mark*. New York: Continuum, 2001.

Miller, James E. *Word, Self, and Reality*. NY: Dodd, Mead & Co., 1972.

Moffatt, James. *Introduction to the Literature of the New Testament.* New York: Charles Scribner's Sons, 1910.

Momigliano, Arnaldo. *The Development of Greek Biography.* Cambridge: Harvard University Press, 1993.

Montgomery, Robert L. *The Reader's Eye: Studies in Didactic Literary Theory from Dante to Tasso.* Berkeley: University of California Press, 1979.

Morgenthaler, Robert. *Statistik des neutestamentlichen. Wortschatzes.* Zurich, 1958.

Morris, L. *The New Testament and Jewish Lectionary.* London: Tyndale, 1964.

Moser, T. "Mark's Gospel-A Drama?" *Bib Tod* 80(1975), 528~533.

Moule, C. F. D. "The Son of Man: Some of the Facts." *New Testament Studies* 41(1995).

Muecke, D. C. *The Compass of Irony.* London: Meth & Co., 1969.

Myers, C. *Binding the Strong Man: A Political Reading of Mark's Story of Jesus.* Maryknoll: Orbis, 1988.

Neirynck, Frans. *Duality in Mark: Contributions to the Study of the Markan Redaction.* Leuven: Leuven University Press, 1972.

Nickelsburg, G. W. E. *Jewish Literature Between the Bible and the Mishnah.* London: SCM, 1981.

Nineham, D. E. *St. Mark.* Harmondsworth; Penguin, 1963.

Noth, M. "Geschichtsschreibung: Im AT." *Die Religion in Geschichte und Gegenwart.* Zweiter Band. Tübingen: J. C. B. Mohr, 1958.

Nussbaum, M. C. *The Therapy of Desire: Theory and Practice in Hellenistic Ethics.* Princeton: Princeton University Press, 1944.

O'Neill, J. C. "The Kingdom of God." *Novum Testamentum* XXXV (1993).

Ong, Walter J. *Orality and Literacy: The Technologizing of the Word.* New York: Methuen Press, 1982.

Osley, A. S. "Greek Biography Before Plutarch." *Greece & Roman* 15(1946), 1~20.

Overbeck, Franz. "Über die Anfänge der patristischen Literatur." *Historische Zeitschrift* 48(1882).

Otto, R. *The Idea of the Holy.* New York: Oxford University Press, 1923.

Palmer, Richard H. *Tragedy and Tragic Theory: An Analytical Guide.* Westport: Greenwood Press, 1992.

Paolucci, Anne and Paolucci. Henry. *Hegel: On Tragedy.* New York: Harper and

Row, 1962.

Paolucci, H. *Hegel: On the Arts, Selections from the Philosophy of Fine Art*. New York: Frederick Ungar, 1979.

Parrott, Rod. "Conflict and Rhetoric in Mark 2:23~28." *Semeia* 64(1993), 117~137.

Parunak, H. "Oral Typesetting: Some Use of Biblical Structure." *Biblica* 62(1981), 153~168.

Paulsen, Thomas. "Die Funktionen des Chores in der Attischen Tragödie." *Das antike Theater: Aspekte seiner Geschichte, Rezeption und Aktualität*. Trier: Wissenschaftlicher Verlag, 1998.

Perrin, Norman. "The Evangelist as Author: Reflections on Method in the Study and Interpretation of the Synoptic Gospels and Acts." *Biblical Research* 17(1972), 9~10.

Perrin, N. "Toward an Interpretation of the Gospel of Mark." *Christology and a Modern Pilgrimage*. Ed. H. D. Betz. Claremont, Ca.,: New Testament Colloquium, 1971.

Perrin, Norman. "The Christology of Mark: A Study in Methodology(1971, 1974)." *The Interpretation of Mark, Issues in Religion and Theology*. Philadelphia: Fortress Press, 1985, 95~108.

Perrin, N. *The New Testament: An Introduction, Proclamation and Parenesis, Myth and History*. New York: Harcourt Brace Dovanovich, 1974.

Perrin, N. *Jesus and the Language of the Kingdom*. Philadelphia: Fortress Press, 1975.

Perrin, N. *The Kingdom of God in the Teaching of Jesus*. Philadelphia: Westminster, 1963.

Perrin, N. *What is Redaction Criticism?* Philadelphia: Fortress Press, 1969.

Pesch, R. *Markusevangelium*. Freiburg: Herder, 1977.

Petersen, N. "When is an End not an End?: Literary Reflections on the Ending of Mark's Narrative." *Interpretation* 34(1980), 151~166.

Petersen, Norman R. "So-called Gnostic Type Gospels and the Question of the Genre of Gospel." *Society of Biblical Literature Seminar Papers* (1970), 40~53.

Piper, O. A. "Unchanging Promises: Exodus in the New Testament." *Interpretation* 11(1957).

Piper, O. A. "Gospel(Message)." *The Interpreter's Dictionary of the Bible: An Illustrated Encyclopedia.* ed. George A. Buttrick. Nashville: Abingdon Press, 1962.

Plummer, Alfred. *Critical and Exegetical Commentary on the Gospel According to St. Luke.* Edinburgh: T & T Clark, 1977.

Pope, M. H. *Job.* Garden City: Doubleday, 1965.

Quintillian. *Institutio Oratoria.* Loeb Classical Library. New York: Putnam's Sons, 1921~1922.

Räisänen, H. *Das Messiaegeheimnie im Markusevangelium.* Schriften der Finnischen Exegetischen Gesellschaft 28, Helsinki, 1976, 15~151.

Randolph, Mary. "The Structural Design of the Formal Verse Satire." *Philological Quarterly* 21(1942).

Raphael, D. D. *The Paradox of Tragedy.* Bloomington: Indiana University Press, 1960.

Rehm, R. *Greek Tragic Theatre.* New York: Routledge, 1992.

Rengstorf, K. H. *Das Evangelium nach Lukas.* Göttingen: Vandenhoeck & Ruprecht, 1965.

Rhoads, David. Michie, Donald. and Dewey, Joanna. *Mark as Story: An Introduction to the Narrative of a Gospel.* Philadelphia: Fortress Press, 1999.

Ricoeur, Paul. "From Proclamation to Narrative." *The Journal of Religion* 64(1984). 501~512.

Robbins, Vernon K. and Mack, B. L. *Patterns of Persuasion in the Gospels.* Sonoma: Polebridge Press, 1989.

Robbins, Vernon K. *Jesus the Teacher: A Socio-Rhetorical Interpretation of Mark.* Philadelphia: Fortress Press, 1984.

Robbins, V. K. "The Healing of Blind Bartimaeus(10:46~52) in the Marcan Theology." *Journal of Biblical Literature* 92(1973), 224~243.

Robbins, Vernon. "Mark as Genre." *Society of Biblical Literature Seminar Oratoria.* (1980).

Robinson, J. M. *The Problem of History in Mark.* SBT 21. London: SCM, 1957.

Rollins, Wayne. *The Gospels: Portraits of Christ.* Philadelphia: Westminster Press, 1963.

Rösler, Wolfgang. "Der Chor als Mitspieler: Beobachtungen zur 'Antigone.'" *Antike und Abendland* 29(1983): 107~124.

Sanders, E. P. *Jesus and Judaism*. London: SCM, 1985.

Sandmel, S. "Prolegomena to a Commentary on Mark." *New Testament Issues.* New York: Harper, 1970.

Sargeant, J. *Lion Let Loose: The Structure and Meaning of St. Mark's Gospel*. Exeter: Paternoster, 1988.

Schillebeeckx, E. *Jesus: An Experiment in Christology*. New York: Seabury, 1979.

Schiller, Friedrich. "Über den Gebrauch des Chors in der Tragödie." *Sämtliche Werke*. ed. Gerhard Fricke. München, 1959.

Schlatter, Adolf. *Der Evangelist Matthäus. Seine Sprache, sein Ziel, seine Selbständigkeit.* Calwer Verlag, 1959.

Schlegel, August Wilhelm. "Vorlesungen über dramatische Kunst und Literatur." *Sämmtliche Werke*. Hildesheim: Olms, 1971~1972.

Schnackenburg, Rudolf. *Jesus in the Gospels: A Biblical Christology*. Louisville: Westminster John Knox Press, 1995.

Scholes, Robert. *Structuralism in Literature*. New Haven and London: Yale University Press, 1974.

Scholes, Robert. and Kellogg, Robert *The Nature of Narrative*. New York: Oxford University, 2006.

Schmidt, K. "Die Stellung der Evangelien in der allgemeinen Literaturgeschichte." *EUCHARISTERION: Studien zur Religion und Literatur des Alten und Neuen Testaments: Hermann Gunkel sum 60.* Göttingen: Vandenhoeck & Ruprecht, 1923.

Schnackernburg, R. "Das Evangelium im Verständnis des ältesten Evangelisten." *Orientierung an Jesus*. Freiburg: Herder, 1973.

Schweitzer, A. *The Mystery of the Kingdom of God*. New York: Schocken, 1914.

Schweizer, Eduard. *The Good News according to Mark*. Atlanta: John Knox Press, 1970.

Scott, B. *Jesus, Symbol-Maker for the Kingdom*. Philadelphia: Fortress Press, 1981.

Sedgewich, W. B. "Reading and Writing in Classical Antiquity." *Contemporary Review* 135(1929).

Segovia, Fernando F. "Introduction: Call and Discipleship-Toward a Re-examination of the Shape and Character of Christian Existence in the New Testament." *Discipleship in the New Testament*. ed. Fernando F. Segovia, Philadelphia: Fortress Press, 1985.

Selvanayagam, Israel. "Interpreting a Riddle: Jesus' Subversion of the Davidic Legacy." *Black Theology: International Journal* 6/2(2008), 262~268.

Senior, D. *The Passion of Jesus in the Gospel of Mark.* Collegeville: The Liturgical Press, 1984.

Shepherd, Tom. "The Narrative Function of Markan Intercalation." *New Testament Studies* 41(1995), 522~540.

Shuler, Philip L. *A Genre for the Gospels: The Biographical Character of Matthew.* Philadelphia: Fortress Press, 1982.

Silk, M. S. "Style, Voice and Authority in the Choruses of Greek Drama." *Der Chor im antiken und mdernen Drama.* ed. Peter Reimer and Bernhard Zimmermann. Stuttgart: Metzler, 1999: 1~26.

Simon, Ulrich. *Pity and Terror: Christianity and Tragedy.* London: Macmillan, 1989.

Smith, Morton. "Prolegomena to a Discussion of Aretalogies, Divine Men, the Gospels and Jesus." *Journal of Biblical Literature* 90(1971).

Smith, Morton. *The Aretalogy used by Mark.* Berkeley: The Center for Hemeneutical Studies, 1973.

Smith, Stephen H. "The Function of the Son of David Tradition in Mark's Gospel." *New Testament Studies* 42(1996), 523~539.

Smith, Stephen H. *A Lion with Wings: A Narrative-Critical Approach to Mark's Gospel.* Sheffield: Sheffield Academic Press, 1996.

Smith, S. H. "A Divine Tragedy." *Novum Testamentum* 37(1995).

Snyder, Howard A. *Models of the Kingdom.* Nashville: Abingdon Press, 1991.

Solmsen, F. "Euripides's Ion im Vergleich mit anderen Tragödien." *Hermes* 9(1934), 390~419.

Spivey, Robert A. and Smith, D. Moody Jr. *Anatomy of The New Testament.* New York: Macmillan Co., 1969.

Spong, Jack Shelby. *Born of a Woman: A Bishop Rethinks the Birth of Christ.* San Francisco: Harper & Row, 1992.

Standaert, B. *L'Evangile selon Marc: Composition dt genre Littérair.* Zevenkerken-Brugge, 1978.

Steinhauser, Michael G. "The Form of the Bartimaeus Narrative(Mark 10.46-52)." *New Testament Studies* 32(1986), 583~595.

Stock, A. *Call to Discipleship: A Literary Study of Mark's Gospel.* Wilmington:

Michael Glazier, Inc., 1982.

Stock, A. "The Structure of Mark." *Bible Today* 23(1985).

Strathmann, Hermann. "πόλις." *Theological Dictionary of the New Testament.* vol.
6. Grand Rapids: Eerdmans Publishing Company, 1968, 516~535.

Strobel, August. *Die Stunde der Wahrheit.* Tübingen, 1980.

Stuhlmacher, Peter. "The Theme: The Gospel and the Gospels." *The Gospel and
The Gospels.* ed. Peter Stuhlmacher. Grand Rapids: Eerdmans Publishing
Company, 1991, 1~25.

Suhl, A. *Die Funktion der alttestamentlichen Zitate und Anspielungen im Markusevangelium.*
Guttersloh: Gerd Mohn, 1965.

Sutherland, Steward R. "Christianity and Tragedy." *Literature and Theology*
4(1990), 157~168.

Swartley, M. A. "The Structural Function of the Term 'Way'(Hodos) in Mark's
Gospel." *The New Way of Jesus: Essays Presented to Haward Charles.* ed.
W. Klassen. Kansas: Faith and Life Press, 1980.

Synge, F. C. "A Plea for the Outsiders: COmmentary on Mark 4:10~12."
Journal of Theology for Southern Africa 30(1989), 53~58.

Talbert, Charles H. *What is A Gospel? The Genre of the Canonical Gospels.*
Philadelphia: Fortress Press, 1977.

Tannehill, Robert C. *The Narrative Unity of Luke-Acts: A Literary Interpretation
volume 1: The Gospel according to Luke.* Philadelphia: Fortress Press, 1986.

Tannehill, Robert. "The Gospel of Mark as Narrative Christology." *Semeia* 16(1979),
57~95.

Tarrant, R. J. *Seneca's Thyestes.* APATS 11. Atlanta: Scholars, 1985.

Taylor, V. *The Gospel According to St. Mark.* London: Macmillan, 1966.

Taylor, V. *The Names of Jesus.* London: Macmillan, 1993.

Teeple, H. M. "The Origin of the Son of Man Christology." *Journal of Biblical
Literature* 84(1965), 213~250.

Telford, K. *Aristotle's Poetics: Translation and Analysis.* Chicago: Henry Regnery
Co., 1965.

Theissen, G. *Sociology and Early Palestine Christianity.* tr. by J. Bowden,
Philadelphia: Fortress Press, 1977.

Thompson, Mary R. *The Role of Disbelief in Mark.* New York: Paulis Press, 1989.

Thompson, Stith. *Motif-index of folk-literature; a classification of narrative elements in folktales, ballads, myths, fables, mediaeval romances, exempla, fabliaux, jest-books, and local legends.* Bloomington: Indiana University Press, 1955.

Thiel, Rainer. *Chor und tragische Handlung im 'Agamemnon' des Aischylos.* Stuttgart: Teubner, 1993.

Thiering, Barbara. *Jesus the Man: A New Interpretation From the Dead Sea Scrolls.* London: Doubleday, 1992.

Thrall, M. E. *Greek Particles in the New Testament.* Leiden: Brill, 1962.

Todorov, Tzvetán. *Genres in Discourse.* trans. Catherine Porter. Cambridge: Cambridge University Press, 1990.

Tolbert, Mary Ann. *Sowing the Gospel: Mark's World in Literary-Historical Perspective.* Minneapolis: Fortress Press, 1996.

Tödt, H. E. *The Son of Man in the Synoptic Tradition.* Westminster, 1965.

Tuckett, Christopher M. *Christology and the New Testament: Jesus and His Earliest Followers.* Edinburgh: Edinburgh University Press, 2001.

Turner, "My Beloved Son." *Journal of Theological Studies* 27(1925/26), 113~129.

van Iersel, Bas M. F. *Mark: A Reader-Response Commentary.* Sheffield: Sheffield Academic Press, 1998.

van Iersel, B. M. F. "The Gospel According to St. Mark: Written for a Persecuted Community?" *Nederlands Theologisch Tijdschrift* 34 (1980).

Vernant, Jean-Pierre. and Vidal-Naquet, Pierre. *Myth and Tragedy in Ancient Greece.* trs. by Janet Lloyd. New York: Zone Books, 1988.

Via, D. O. *Kerygma and Comedy in the New Testament.* Philadelphia: Fortress, 1975.

Via, D. O. *The Ethics of Mark's Gospel-In the Middle of Time.* Philadelphia: Fortress, 1985.

Via, D. O. "Irony as Hope in Mark's Gospel: A Reply to Werner Kelber." *Semeia* 43(1988).

Vielhauer, P. "Jesus und der Menschensohn." *Zeitschrif für Theologie und Kirche* 60(1963), 133~177.

Viviano, Benedict T. *The Kingdom of God in History.* Wilmington: Michael Glazier, 1988.

von Wilamowitz-Moellendorff, Tycho. *Die dramatische Technik des Sophokles.* Berlin: Weidmann, 1917.

Vorster, W. S. "Kerygma/History and the Gospel Genre." *New Testament Studies*

29(1983).

Votaw, C. W. "The Gospels and Contemporary Biographies." *American Journal of Theology* 19(1915), 45~73, 217~249.

Wardman, Alan. *Plutarch's Lives*. London: Paul Elek, 1974.

Watling, E. F. *Seneca: Four Tragedies and Octavia*. Harmondsworth: Penguin, 1966.

Watts, Rikki E. *Isaiah's New Exodus in Mark*. Grand Rapids: Baker Academic, 1997.

Webster, T. B. L. *The Greek Chorus*. London, 1970.

Weeden, Theodore J. *Mark-Traditions in Conflict*. Philadelphia: Fortress Press, 1971.

Weiss, J. *Die Schriften des Neuen Testaments, neu übersetzt und für die gegenwart erkldrt von Otto Baumgartern, Willhelm Bousset*. Göttingen: Vandenhoeck & Ruprecht, 1907.

Weiss, J. *Jesus' Proclamation of the Kingdom of God*. Philadelphia: Fortress, 1971.

Wellek, Ren. and Warren, Austin. *Theory of Literature*. New York & London: A Harvest/HBJ Book, 1977.

Wheelwright, P. *Metaphor and Reality*. Bloomington: Indiana University Press, 1962.

Wimsatt, Jr. William. & Brooks, Cleanth. *Literary Criticism: A Short History*. New York: Knopf, 1966.

Wilcox, M. "On the Ransom-Saying in Mark 10:45c, Matt 20:28c." *Frühes Christentum*. Tübingen: Mohr-Siebeck, 1996.

Wilder, Amos. *The Language of the Gospel: Early Christian Rhetoric*. New York: Harper and Row Publishers, 1964.

Wilder, A. *Early Christian Rhetoric: The Language of the Gospel*. Cambridge: Harvard University, 1971.

Wiles, David. *Tragedy in Athens: Performance Space and Theatrical Meaning*. Cambridge University Press, 1997.

Wiles, David. *Greek Theatre Performance*. Cambridge: Cambridge University Press, 2000.

Williams, James G. *Gospel Against Parable: Mark's Language of Mystery*. Sheffield: Almond, 1985.

Williams, Joel F. *Other Followers of Jesus: Minor Characters as Major Figures in*

Mark's Gospel. Sheffield: JSOT Press, 1994.

Williams, Joel F. "Discipleship and Minor Characters in Mark's Gospel." *Bibliotheca Sacra* 153(1996), 332~343.

Witherington II, Ben. *The Gospel of Mark: A Socio-Rhetorical Commentary.* Grand Rapids: Eerdmans Publishing Company, 2001.

Wright, J. W. *And Then There Was One: A Search for the True Disciple in the Gospel of Mark.* Kansas City: Beacon Hill, 1985.

Wright, T. *Mark for Everyone.* London: SPCK, 2001.

Zumthor, Paul. *Oral Poetry: An Introduction, Theory and History of Literature.* trans. Kathryn Murphy-Judy. Minneapolis: University of Minnesota Press, 1990.

박노식 ———————————————————————————————————

침례신학대학교 졸업
The Southern Baptist Theological Seminary, M.Div.
The Southern Baptist Theological Seminary, Ph.D.
강남대학교 실천신학대학원 신약학 교수

넬슨 크레이빌, 『요한계시록의 비전』(역, 2012)
수잔 가렛, 『시험당하신 예수』(역, 2012)
안드레아스 J. 쾨스텐버거, L. 스캇 켈럼, 찰스 L. 퀄츠, 『신약개론』(공역, 2013)
「마가복음의 문학적 구성과 모티프: 마가복음 1:1-3:6을 중심으로」
「마가의 구원이야기: 8:22-10:52를 중심으로」
「마가복음의 시험 모티프의 기능과 함의」
「마가복음의 다윗의 자손과 이상적 제자」 외 다수

마가복음
그 위대함

초판인쇄 2014년 3월 14일
초판발행 2014년 3월 14일

지은이 박노식
펴낸이 채종준
펴낸곳 한국학술정보㈜
주소 경기도 파주시 회동길 230(문발동)
전화 031) 908-3181(대표)
팩스 031) 908-3189
홈페이지 http://ebook.kstudy.com
전자우편 출판사업부 publish@kstudy.com
등록 제일산-115호(2000. 6. 19)

ISBN 978-89-268-6115-8 93230